教育部高等学校机械类专业教学指导委员会规划教材

智能车辆系统动力学与控制

刘丛志 张亚辉 编著

清华大学出版社
北京

内 容 简 介

本书在梳理车辆系统动力学与控制相关知识体系的基础上,紧密结合智能驾驶车辆技术的现状和发展趋势,对智能驾驶车辆动力学控制所涉及的基本理论及关键技术进行全面论述。本书分为 9 章,第 1 章主要回顾智能驾驶车辆关键技术及其发展现状,第 2 章主要介绍智能驾驶车辆运动学与动力学建模,第 3 章和第 4 章主要介绍智能车辆控制理论基础和常用优化方法基础,第 5~8 章分别介绍环境感知、决策与规划、动力学控制、线控底盘等,第 9 章介绍智能车辆测试与评价。

本书可作为车辆工程专业课程教材,也可作为自动化类、电子信息类、计算机类等专业的参考教材,还可供从事智能车辆相关工作的技术人员阅读参考。

版权所有,侵权必究。举报: 010-62782989,beiqinquan@tup.tsinghua.edu.cn。

图书在版编目(CIP)数据

智能车辆系统动力学与控制/刘丛志,张亚辉编著.—北京:清华大学出版社,2023.2
教育部高等学校机械类专业教学指导委员会规划教材
ISBN 978-7-302-62363-2

Ⅰ.①智… Ⅱ.①刘… ②张… Ⅲ.①智能控制-汽车-系统动态学-高等学校-教材 Ⅳ.①U461.1

中国国家版本馆 CIP 数据核字(2023)第 012939 号

责任编辑:许　龙
封面设计:常雪影
责任校对:赵丽敏
责任印制:杨　艳

出版发行:清华大学出版社
　　　　网　　址: http://www.tup.com.cn, http://www.wqbook.com
　　　　地　　址: 北京清华大学学研大厦 A 座　　邮　编: 100084
　　　　社 总 机: 010-83470000　　邮　购: 010-62786544
　　　　投稿与读者服务: 010-62776969, c-service@tup.tsinghua.edu.cn
　　　　质量反馈: 010-62772015, zhiliang@tup.tsinghua.edu.cn
印 装 者:三河市龙大印装有限公司
经　　销:全国新华书店
开　　本: 185mm×260mm　　印　张: 22.75　　字　数: 553 千字
版　　次: 2023 年 3 月第 1 版　　　　　　　　印　次: 2023 年 3 月第 1 次印刷
定　　价: 65.00 元

产品编号: 096244-01

前言
FOREWORD

　　随着社会经济的快速发展,人们对交通出行的需求日益增长,机动车保有量也持续增加,但是,随之出现的交通事故与拥堵等问题也给道路交通安全带来新的挑战。为了保障交通安全,车辆主动安全技术得到大量商业化应用,例如防抱死制动系统、汽车电子稳定装置、自动紧急制动等,它们能够在特定的场景中保障行驶安全,随后,各类高级驾驶辅助系统技术得到一定的应用。在主动安全技术日臻成熟之际,汽车技术呈现出从安全辅助驾驶向智能驾驶方向发展的趋势。在此背景下,集成了先进传感器技术、信息技术、人工智能、控制技术等的自动驾驶技术应运而生。由于自动驾驶车辆的发展有助于减少交通事故数量、改善交通拥堵状况、减少资源的浪费,同时可带动各相关学科、上下游产业整体协同发展,因此,全世界相关企业及研究机构都竞相对智能汽车技术进行研发与推广。

　　发展智能汽车现已成为国家发展战略,对促进我国汽车产业转型升级具有重大的战略意义。在当今全球智能汽车产业大变革的背景下,智能汽车逐步发展为全球创新创业的行业制高点,在教育领域是涉及汽车、电子、通信、自动化等专业交叉的新工科,而目前智能车辆人才短缺并且培养体系不全,因此,将动力学、控制理论、信息技术等应用于车辆工程的重要性日益突出。在燕山大学相关学院的大力支持下,作者团队对智能驾驶微专业建设进行了积极探索,也对相关专业课程、教材进行了同步建设。

　　本书由刘丛志、张亚辉共同编写,具体分工如下:第1章、第5~8章由刘丛志编写,第2~4章、第9章由张亚辉编写。燕山大学智能运载装备实验室研究生杜志彬、王倩、孙钦葆、董浩然、方睿祺以及聊城大学闫宁、吴健、杜二磊、刘玉杰等为部分章节的编写工作提供了支持,北京林业大学陈绮桐博士也为本书的编写提供了帮助。本书的姊妹篇《智能车辆系统动力学建模与仿真》更加突出项目实践,也编写了适量的习题。本书得益于国家自然科学基金项目(项目批准号52102444)的支持,在此对国家自然科学基金委员会的资助表示感谢。

　　在本书的编写过程中,编者参考了大量国内外发表的资料,在此向相关作者表示感谢,同时感谢清华大学出版社的大力支持。

由于编者经验不足,水平有限,加之时间仓促,书中难免存在疏漏之处,恳请广大读者批评指正,我们将不胜感激并持续改进。

编　者

2022 年 5 月

目 录
CONTENTS

第 1 章 智能驾驶车辆概述 1
　1.1　概述 1
　1.2　智能驾驶车辆 2
　1.3　智能驾驶车辆发展动态 4
　1.4　智能驾驶车辆关键技术概述 7
　1.5　本章小结 21

第 2 章 智能驾驶车辆运动学与动力学建模 22
　2.1　概述 22
　2.2　常用坐标系 22
　2.3　车辆运动学模型 32
　2.4　车辆单自由度模型 34
　2.5　复杂车辆动力学模型 37
　2.6　本章小结 55

第 3 章 现代控制理论基础 56
　3.1　概述 56
　3.2　状态空间模型 57
　3.3　系统辨识 69
　3.4　卡尔曼滤波算法 77
　3.5　控制系统设计与分析基础 90
　3.6　滑模控制基础 100
　3.7　H_∞ 控制基础 108
　3.8　最优控制基础 113
　3.9　模型预测控制基础 127
　3.10　非线性控制器设计 132
　3.11　本章小结 152

第 4 章 优化方法基础 154
　4.1　概述 154

4.2　优化问题描述 ································· 154
　　4.3　二次规划 ····································· 158
　　4.4　序列二次规划 ································· 162
　　4.5　本章小结 ····································· 165

第 5 章　环境感知 ································· 166
　　5.1　概述 ··· 166
　　5.2　环境感知传感器 ······························· 166
　　5.3　导航定位系统 ································· 169
　　5.4　车辆行驶状态估计 ····························· 172
　　5.5　行驶道路曲率估计 ····························· 178
　　5.6　多传感器融合与多目标跟踪 ····················· 184
　　5.7　本章小结 ····································· 215

第 6 章　决策与规划 ······························· 217
　　6.1　概述 ··· 217
　　6.2　规划模型框架 ································· 219
　　6.3　车辆安全速度 ································· 220
　　6.4　行为决策规划 ································· 226
　　6.5　车辆轨迹规划 ································· 240
　　6.6　车辆速度规划 ································· 256
　　6.7　本章小结 ····································· 265

第 7 章　系统动力学与控制 ························· 266
　　7.1　概述 ··· 266
　　7.2　驾驶员模型 ··································· 267
　　7.3　车辆横向动力学控制 ··························· 277
　　7.4　车辆纵向动力学控制 ··························· 288
　　7.5　本章小结 ····································· 298

第 8 章　线控底盘 ································· 299
　　8.1　概述 ··· 299
　　8.2　线控驱动系统 ································· 301
　　8.3　线控制动系统 ································· 305
　　8.4　线控转向系统 ································· 319
　　8.5　人机共驾系统 ································· 327
　　8.6　CAN 通信 ····································· 330
　　8.7　本章小结 ····································· 335

第 9 章　智能车辆测试与评价 ……………………………………………………… 336
9.1　概述 …………………………………………………………………… 336
9.2　常用测试方法 …………………………………………………………… 338
9.3　试验验证技术 …………………………………………………………… 344
9.4　智能车辆综合试验场 …………………………………………………… 351
9.5　本章小结 ………………………………………………………………… 353

参考文献 ……………………………………………………………………………… 354

第 1 章

智能驾驶车辆概述

1.1 概　　述

随着社会经济的快速发展,人们对交通出行的需求日益增长,机动车保有量也持续增加,但是,随之出现的交通事故与拥堵等问题也给道路交通安全带来新的挑战,而驾驶员误操作已经成为重大交通事故的主要原因。美国高速公路安全管理局(National Highway Traffic Safety Administration,NHTSA)的一项研究结果表明,超过 90% 的交通事故是由驾驶员操作失误导致的,其中,由驾驶员注意力不集中导致的事故比例就超过了 25%。因此,提高驾驶行为质量、保证车辆行驶安全,是减少交通事故的关键。

为了保障交通安全,车辆主动安全技术得到大量商业化应用,如防抱死制动系统(Antilock Braking System,ABS)、汽车电子稳定装置(Electronic Stability Program,ESP)、自动紧急制动(Autonomous Emergency Braking,AEB)等,它们能够在特定的场景中保障行驶安全,随后,各类高级驾驶辅助系统(Advanced Driver Assistant System,ADAS)技术得到一定的应用。在主动安全技术日臻成熟之际,汽车技术呈现出从安全辅助驾驶向智能驾驶方向发展的趋势。在此背景下,集成了先进传感器技术、信息技术、人工智能、控制技术等的自动驾驶技术应运而生,如图 1.1 所示。由于自动驾驶车辆的发展有助于减少交通事故数量,改善交通拥堵状况,减少资源的浪费;同时可带动各相关学科、上下游产业整体协同发展,因此,全世界相关企业及研究机构都竞相对智能汽车技术进行研发与推广。

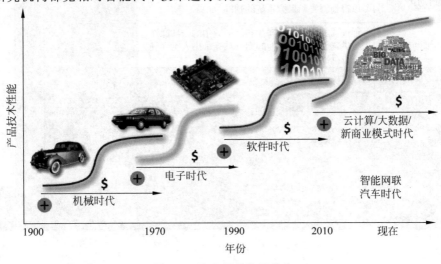

图 1.1　汽车行业发展趋势

本章首先介绍智能驾驶车辆的概念与分级标准以及 ADAS 功能，对国内外发展动态进行了回顾，然后针对智能驾驶车辆系统总体架构、环境感知、决策与规划、动力学控制、线控底盘等关键技术分别进行原理和发展说明。

1.2 智能驾驶车辆

1.2.1 智能驾驶车辆的概念与分级标准

智能驾驶车辆是一种集感知、决策、控制于一体的智能化系统，其被视为交通安全事故、交通拥堵等问题的最终解决方案，自诞生以来一直备受各国政府、高等院校以及相关机构重视，成为国际汽车行业竞相角逐的战略高地，近年来取得显著研究成果，各类 ADAS 产品在多款车型量产，智能汽车在全球范围内技术趋于成熟，临近商业化应用。

NHTSA 和美国汽车工程师学会（Society of Automotive Engineers,SAE）都对自动驾驶分级标准进行了详细定义，其中，SAE 制定的 J3016 自动驾驶分级标准是应用最多的一种分级标准，SAE 将自动驾驶技术分为 L0～L5 共六个等级，如图 1.2 所示。L0 代表没有自动驾驶加入的传统人类驾驶，L1～L5 则随自动驾驶的技术配置和成熟程度进行了分级，分别为辅助驾驶、部分自动驾驶、有条件自动驾驶、高度自动驾驶、完全自动驾驶。当前已开放上路的 ADAS 功能主要集中在 L3 以下的自动驾驶级别所对应的技术，例如自适应巡航（ACC）、车道保持辅助（LKA）、自动紧急制动（AEB）等，当前已搭载 L2 级自动驾驶功能的车型也越来越多。

分级 SAE	称呼(SAE)	SAE定义	主体			
			驾驶操作	周围监控	辅助	系统作用域
L0	自动化驾驶	由人类驾驶者全权操作汽车，在行驶过程中可以得到警告和保护系统的辅助	人类驾驶者	人类驾驶者	人类驾驶者	无
L1	辅助驾驶	通过驾驶环境对方向盘和加减速中的一项操作提供驾驶支援，其他的驾驶动作都由人类驾驶员进行操作	人类驾驶者-系统			
L2	部分自动驾驶	通过驾驶环境对方向盘和加减速中的多项操作提供驾驶支援，其他的驾驶动作都由人类驾驶员进行操作	系统			部分
L3	有条件自动驾驶	由无人驾驶系统完成所有的驾驶操作。根据系统请求，人类驾驶者提供适当的应答			系统	
L4	高度自动驾驶	由无人驾驶系统完成所有的驾驶操作。根据系统请求，人类驾驶者不一定需要对所有的系统请求做出应答，限定道路和环境条件等				
L5	完全自动驾驶	由无人驾驶系统完成所有的驾驶操作，人类驾驶者在可能的情况下接管。在所有的道路和环境条件下驾驶				全域

图 1.2　SAE 自动驾驶分级

1.2.2 高级驾驶辅助系统

智能驾驶车辆及高级驾驶辅助系统技术是汽车工业科技创新的前沿,世界各国或地区纷纷部署,相继颁布各类利好法规、政策,以促进智能汽车的产业发展;国际汽车工业各大企业竞相研发智能汽车核心关键技术,以谷歌、Uber、百度等互联网公司,特斯拉、小鹏等新势力造车企业,博世、大陆、华为等零部件供应商为代表的巨头企业,均在高级驾驶辅助系统以及智能驾驶核心技术方面取得了重大突破。此外,各国政府纷纷立法要求强制安装ADAS功能,将其列为汽车标准配置;另外,消费者对行车安全性高度重视,智能汽车及ADAS市场需求日益增长。清华大学李克强院士、吉林大学高振海教授、江苏大学陈龙教授以及清华大学苏州汽车研究院等在高级驾驶辅助系统技术及智能网联汽车领域的研发取得积极进展,为我国ADAS产业发展做出了卓越的贡献。此外,还有众多学者、专家在ADAS领域做了大量积极工作,在此不再一一详述。

ADAS一般指利用车载传感器在汽车行驶过程中随时检测与理解周围的行驶环境,进行静态、动态障碍物的检测与追踪,并结合导航地图数据,进行系统的运算与分析,利用各类预警提醒方式预先让驾驶者察觉到可能发生的危险,在必要情况下直接控制车辆以避免碰撞事故,可有效提升驾驶安全性、舒适性。

如图1.3所示为目前已应用于量产车型的ADAS功能,ADAS部分核心功能描述如下。

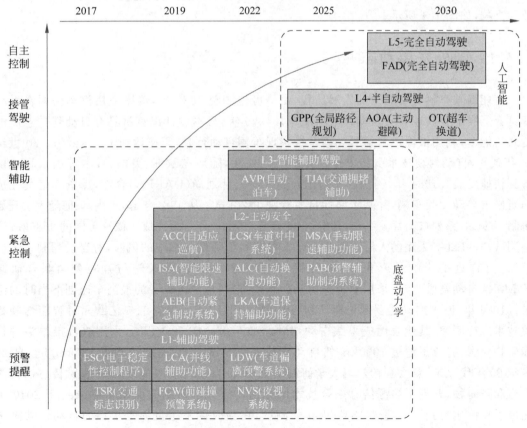

图1.3 ADAS功能在自动驾驶中的分级

自适应巡航系统(ACC)：该系统通过摄像头、毫米波雷达等传感器实时测量与前车的距离和相对速度，计算出合适的油门或刹车控制量并进行自动调节，从而实现本车的车速控制以及与前车的车距控制。在无前车的情况下，ACC系统将根据预设的行驶速度，通过控制发动机油门开度和制动系统压力保持定速行驶。近年来，针对城市交通环境中低速行驶和频繁起停等情况，ACC系统功能现已包括全速起停控制、避撞控制等。

车道保持辅助系统(LKA)：该系统是在LDW功能上发展而来的横向运动控制系统，通常通过前视摄像头识别本车相对于车道中心线的横向距离和航向偏差，如果驾驶员无意间偏离车道，则应向驾驶员发出警告并通过自动转向干预使车辆重新回到车道内，以减少驾驶员的转向负担，提升驾驶舒适性。

自动紧急制动系统(AEB)：该系统采用摄像头或雷达检测出与前方障碍物的距离，然后利用数据分析模块将测出的距离与警报距离、安全距离进行比较，小于警报距离时就进行报警提示，而小于安全距离时AEB系统会采取不同程度的制动干预，以致完全刹停。

1.3 智能驾驶车辆发展动态

智能驾驶车辆集成了先进传感器技术、信息技术、通信技术、人工智能、控制技术等核心技术，国内外先进企业以及科研机构均对自动驾驶技术开展研究，涌现出一批有竞争力的企业和高校，如图1.4所示。

1.3.1 国外发展动态

智能驾驶车辆有着悠久的发展历程，最早可追溯至1939年，美国通用汽车公司在世界博览会上展示了高速有轨自动驾驶原型车。1979年，日本设计出首款具有自动驾驶意图的轮式智能车，利用摄像机与信号处理系统实现车辆自动行驶，车速达到了30km/h。20世纪80年代初，自动驾驶技术引起了全世界的广泛关注，随后在欧洲、美国、日本等国家和地区得到快速发展。1984年，美国陆军与国防高级研究计划局(DARPA)合作，斥资6亿美元成功研制出自动驾驶车辆，并基于路标自主行驶了20km。从1984年起，卡内基-梅隆大学开始研制NavLab系列自动驾驶汽车，其中NavLab-5在1995年7月完成了横穿美国的4586km道路测试，NavLab-5采用的人机共驾的设计方案有利于降低测试中的风险，对自动驾驶技术研发产生了深远的影响。20世纪80年代初，慕尼黑联邦国防大学与奔驰公司联合研制VaMoRs自动驾驶汽车，采用双目摄像头的感知方案，以96km/h的最高车速创下当时的纪录。1986年，欧洲启动普罗米修斯计划(PROMETHEUS)，投资7.5亿欧元对智能驾驶相关技术进行研究，其代表性成果是自动驾驶原型车VaMP和VITA，采用双目摄像头进行障碍物检测，完成了超过1000km的自动驾驶道路测试，平均速度达到了160km/h。自20世纪90年代以来，意大利帕尔玛大学研制了ARGO自动驾驶汽车，采用多视觉传感器检测车道和障碍物，开创了多源信息融合技术的先河。该大学研制的原型车Porter于2010年完成了从帕尔玛到上海超过13 000km的测试，在当时创下了世界上最长的自动驾驶测试里程纪录。

彩图 1.4

图 1.4 自动驾驶生态圈(部分单位)

为推动自动驾驶技术的进步,DARPA 于 2004—2007 年期间举办了三届自动驾驶挑战赛,参赛车辆(见图 1.5)可使用车载传感器检测行驶环境,但严禁驾驶员操作车辆。在 2004 年的第一届挑战赛中,成绩最好的是卡内基-梅隆大学的 Sandstorm,该车仅行驶了全程的 5.28%。在 2005 年的第二届挑战赛中,斯坦福大学的 Stanley 率先完成赛程,其平均速度达到了 40.5km/h,Stanley 的成功被视为自动驾驶技术发展的里程碑。在 2007 年的第三届比赛中,卡内基-梅隆大学的 Boss 以 22.53km/h 的平均速度完成比赛,并获得冠军。随后,斯坦福大学、卡内基-梅隆大学、麻省理工学院(MIT)、加州大学伯克利分校等优势强校展开了一轮自动驾驶研发竞赛。2019 年,斯坦福大学的 MARTY 项目在一辆改制的 DeLorean 上(见图 1.6),利用极其精确的姿态控制实现了精确的自动驾驶漂移动作,通过对车辆自动驾驶操作极限能力进行系统研究,探索了自动驾驶车辆的性能边界。

2008 年,Google X 实验室在斯坦福大学 Sebastian Thrun 教授的带领下秘密启动了代号为 Project Chauffeur 的自动驾驶研究计划,并于 2014 年展示了自动驾驶原型车,该车辆

图 1.5　参加 DARPA 大赛的 Sandstorm、Stanley 和 Boss 自动驾驶汽车

(a) Sandstorm；(b) Stanley；(c) Boss

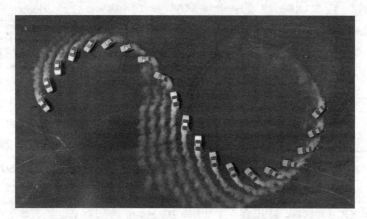

图 1.6　斯坦福大学的 DeLorean 自动驾驶车辆漂移

没有方向盘、油门或刹车踏板。2016 年底，该研究部门从 Google 独立出来并成立 Waymo 公司。2017 年 10 月，Waymo 在其安全报告中首次公开其行车安全核心技术体系(见图 1.7)。据报道，Waymo 自动驾驶汽车的道路测试累计超过 2000 万英里(mile，1mile＝1609.344m)，模拟测试里程突破 100 亿英里。在 2019 年 9 月 26 日摩根士丹利的一份分析报告中，Waymo 的估值达到了 1050 亿美元。

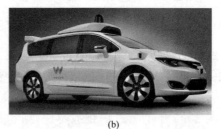

图 1.7　Google 与 Waymo 自动驾驶原型车

(a) Google 原型车；(b) Waymo 原型车

以 Waymo、Uber、Mobileye 等互联网公司为首掀起了一股自动驾驶研发热潮，各汽车主机厂也加大研发投入。福特公司于 2014 年公布 Fusion 无人车测试计划，采用四个车载激光雷达以 250 万次每秒的扫描频率检测周围环境。2013 年 8 月，奔驰公司启动了自动驾驶路测项目，实验车以 120km/h 的速度完成了城市和郊区等环境下的测试项目。奥迪公司于 2017 年底发布全球首款实现 L3 自动驾驶的量产车奥迪 A8。2017 年底，沃尔沃公司启

动 DriveMe 测试项目,向公众开放了 100 辆 XC90 自动驾驶汽车,这是全球首例主机厂向大众开放的自动驾驶测试项目。除此之外,以博世、大陆、德尔福、特斯拉、英伟达等为代表的一批技术公司也充分发挥自身优势,加大对自动驾驶汽车的研发投入力度。

1.3.2 国内发展动态

20 世纪 80 年代末期,我国开始研究自动驾驶汽车,近年来发展势头迅猛,已逐步掌握了部分核心技术。1992 年,北京理工大学、国防科技大学、南京理工大学、清华大学、浙江大学五所高校联合成功研制了自主行驶样车 ATB-1,这是我国自动驾驶技术发展的标志性事件。清华大学于 1986 年启动 THMR 系列智能车研究项目,其中 THMR-5 配备了 GPS、激光雷达及视觉传感器,具备信息融合、路径规划、自动控制等功能,并在 2003 年创下了 151km/h 的最高行驶车速纪录。2003 年,国防科技大学和一汽集团联合开发的自动驾驶车辆,在高速场景测试中的最高车速达到了 170km/h。2006 年,国防科技大学研制的第二代无人车完成了从长沙到武汉的 286km 道路测试,期间完成自主超车 67 次,在大雾、降雨等恶劣天气环境下依然能正常行驶,是国内首次实现自主汇入高速等行为的自动驾驶汽车,创造了当时自动驾驶领域的多项国内纪录,标志着我国自动驾驶技术已经达到了国际先进水平。2019 年 7 月 3 日,红旗与百度携手开发的国内首批量产 L4 级自动驾驶车 Robotaxi 首次亮相百度 AI 开发者大会,并相继在长沙、沧州、北京等地展开测试。

为了促进我国自动驾驶技术的进步,国家自然科学基金委和中国汽车工程研究院分别举办了"中国智能车未来挑战赛"和"i-VISTA 自动驾驶汽车挑战赛"这两项官方最大规模赛事。清华大学、中科院合肥物质科学研究院、国防科技大学、解放军军事交通学院、北京理工大学等分别获得过历届挑战赛冠军。同济大学、中科院自动化研究所、上海交通大学、北京航空航天大学、江淮汽车、中通客车等数十家单位的自动驾驶汽车也先后参赛,均取得了较好的成绩。上汽、东风、吉利、长安等主机厂与高校或科研院所加强合作推进自动驾驶技术研发,如东风与清华大学汽车动力学与控制团队合作开发了 Sharing Box 智慧物流平台。创业公司如图森未来、Momenta、驭势科技、宏景智驾、文远知行、清智科技、智行者、英创汇智等,互联网巨头如百度、阿里巴巴、腾讯、华为以及京东等,也纷纷结合自身优势加大研发力度,掌握了部分自动驾驶核心技术。2017 年 7 月,百度发布了自动驾驶开放平台 Apollo,旨在搭建自动驾驶生态系统,提供开放、安全、系统的自动驾驶研发软件平台。近年来,在我国各项利好政策的支持下,各类资本相继进入该市场,我国智能驾驶汽车行业呈现百花齐放的局面,引领着国内外的发展前沿方向。

1.4 智能驾驶车辆关键技术概述

1.4.1 智能驾驶车辆系统总体架构

智能驾驶车辆是一个高度智能化的复杂系统,它通过智能环境感知设备实现环境感知,进而进行智能决策与智能集成控制。自 1886 年由德国人卡尔·本茨研制的汽车诞生发展至21世纪掀起的智能汽车热潮,汽车关键技术发展从最开始的侧重结构设计到部件电控化再至如今的人工智能控制,一直随着汽车行业变革和信息技术发展不断完善、迭代更新,逐渐形成完备、可持续发展的智能驾驶车辆核心技术理论体系。智能驾驶车辆关键技术研究方面,美国工程院院士Hedrick和加州大学伯克利分校Tomizuka教授于1994年最先对自动驾驶系统架构进行了详细的描述,在此基础上,众多科研工作者共同构建出一种智能驾驶车辆通用系统架构,如图1.8所示。纵观不同的系统架构,采用分层、分布式与模块化设计是所有系统架构的共同点,并且都将智能驾驶车辆的核心关键技术分解为环境感知技术、决策与规划技术、动力学控制技术、线控底盘技术共四项关键技术。

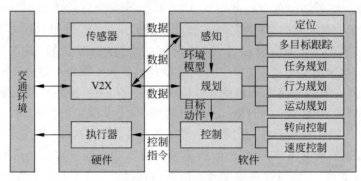

图1.8 智能驾驶车辆通用系统架构

1.4.2 环境感知技术

环境感知是一个复杂的系统,它需要利用多种车载传感器实时获取车辆周边环境信息,建立交通行驶环境模型并对环境的动态演变行为进行预测和分析,进而对车辆行驶安全性进行评估,以保证智能车安全行驶。交通场景建模的关键技术包括目标检测与跟踪、车道线检测、道路交通标识识别等。伴随着机器学习的发展,特别是近年来深度学习技术的再度崛起,环境感知技术掀起了工业界和学术界的一股研究热潮。

1. 深度学习

1986年反向传递算法被成功应用于神经网络的训练,在20世纪八九十年代得以盛行,并沿用至今。然而,神经网络参数量巨大,容易出现过拟合问题,即往往在训练集上准确率很高,而在测试集上效果差。这主要归因于当时的训练数据集规模都较小,而且计算资源有限。因此,神经网络的研究自20世纪80年代后进入寒冬期。2006年以后,图形处理器(GPU)性能飞速提升,使得计算机的计算性能也大幅提高,与此同时,互联网的飞速发展积累了大量数据。在海量数据和强大算力的推动下,神经网络的研究热潮再度爆发。2012年,由Krizhevsky、Sutskever和Hinton提出了第一个现代卷积神经网络AlexNet(见图1.9和图1.10),并成功将其应用于ImageNet图像分类竞赛且赢得了冠军,这是深度学习领域具有里程碑意义的事件。AlexNet的成功体现了表征学习在计算机视觉任务的核心地位,其巨大成功源于引入了诸多现代神经网络设计和训练的技术,如采用Rectified Linear Unit(ReLU)作为激活函数,使用dropout(随机失活)技术防止过拟合,利用GPU进行并行训练,并采用数据增广来提高准确率。AlexNet 实现了神经网络在计算机视觉上真正意义的突破,极大地推动了端对端机器学习的发展,它的出现掀起了卷积神经网络(Convolutional Neural Network,CNN)在计算机视觉领域的研究热潮。至此,以 CNN 为主的深度学习技术渗透到计算机视觉各个应用领域,极大地推动了人工智能的飞速发展。

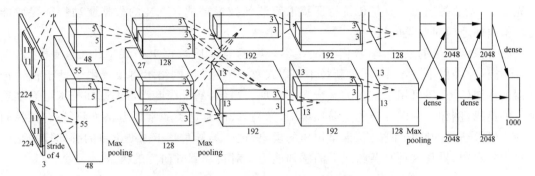

图 1.9　AlexNet 的 5 个卷积层和 3 个全连接层网络结构图

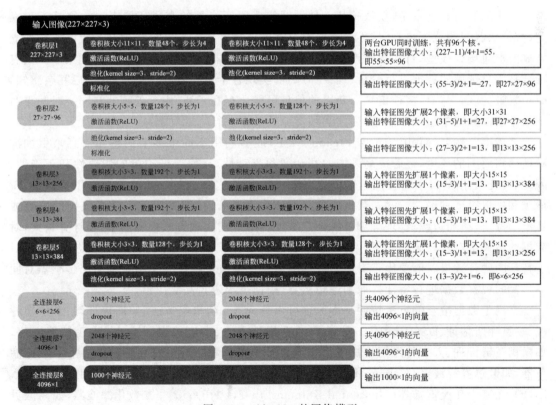

图 1.10　AlexNet 的网络模型

CNN 在环境感知技术中发挥着关键作用,被认为是一种解决自动驾驶环境感知问题的有效方案。一般的 CNN 包括四种类型的神经网络层:输入层、卷积层、池化层和输出层。CNN 的层数随任务的不同可以包含十几层甚至上百层,随着网络层数和节点数的增加,可以表达更细致、更丰富的识别物特征,这也是提高识别性能的基础,但是训练网络的难度和需要的数据量也相应变大,一般都需要根据任务的特性和拥有的数据量来设计相应的网络结构。与传统的计算机视觉技术相比,深度学习在自动驾驶中的应用有着诸多优势:一是能够较为容易地迁移到新的目标种类上,只要获取该类别足够的样本就可以训练得到识别该目标类别的网络;二是能够提高对遮挡物体的识别准确率,这一优势主要源于CNN强大的特征提取能力;三是对光线变化相对比较鲁棒,能够应对光线较暗的环境,而光照突变、弱光照、强光照等场景一直是传统特征提取算法的技术挑战,CNN的数据驱动特征提取能力能够很好地应对此类问题。

随着深度学习的发展,学者们尝试在不规则的非欧氏数据上扩展应用CNN模型,因此,图卷积神经网络、PointNet等新技术得以发展,使得神经网络不再仅局限于基于视觉传感器的感知任务,还可用于雷达的点云数据处理。当然,基于深度学习的感知技术也面临着很大的挑战,例如在中国复杂的交通环境中,像马车、吊车这类非常规道路车辆,还有在我们生活中经常遇到的摩托车拉猪、卡车拉树的现象,这些场景对基于深度学习的感知技术是一个较大的难题,提高这种复杂路况下的感知能力是对自动驾驶研究的挑战。

2. 多传感器融合

在实际的行驶场景中,仅依赖某一种类型传感器所建立的交通环境模型往往是不可靠的,且传感器探测范围也有限,不可避免地存在时空盲区。为保证环境感知系统能实时建立可靠的交通场景模型,自动驾驶汽车一般采用多种传感器相互形成冗余互补,利用多源信息融合技术对传感器数据进行分析、加权和综合,实现各个传感器的优势互补,形成冗余感知,减小视野盲区。然而,多种传感器获得的信息可能会存在矛盾,由于处理器在同一时间点对于某个动作只能给出一个决策,因此必须对原始数据进行筛选和删减。

多传感器融合(Multi-sensor Fusion,MSF)能够利用不同维度上的感知信息来更加准确地感知周围的环境,显著提高系统的冗余度和容错性,从而保证决策的快速性和正确性,因此,MSF是当前自动驾驶汽车采用的主流环境感知方案。目前MSF主要采用数据级、特征级和决策级三种融合方式。数据级融合又称像素融合,主要通过整合像素级别的图像或者点云特征,增加边缘、纹理等细节特征。数据级融合的实现方式比较简单,但计算量大,对数据的格式也有着较高的要求。特征级融合是指对原始数据提取的特征向量进行融合,对于特征的融合效果一般要优于对原始数据的融合。而决策级融合是指根据多个传感器对同一目标的观察数据进行特征提取和逻辑运算,根据需求进行高级决策。

常用于数据融合的方法按照基本原理可以分为:①随机类方法,如加权平均、卡尔曼滤波、多贝叶斯估计、DS(Dempster Shafer)证据推理方法、产生式规则法;②人工智能方法,如模糊逻辑推理、人工神经网络法等。按照贝叶斯模型参数化特征可以分为:①参数化滤波器,如卡尔曼滤波器(Kalman Filter,KF)、扩展卡尔曼滤波器(Extended Kalman Filter,EKF)、无迹卡尔曼滤波器(Unscented Kalman Filter,UKF);②非参数化滤波器,如离散贝叶斯滤波、直方图滤波、粒子滤波器等。

多传感器感知系统可以获得比单传感器系统更高的测量精度和可靠性,而MSF背景下的多目标跟踪(Multi-target Tracking,MTT)问题的本质是测量-航迹的数据关联,而数据关联中两个最经典的方法是强近邻滤波器(Strongest Neighbor Filter,SNF)和最近邻滤波器(Nearest Neighbor Filter,NNF)。数据关联效果直接影响MSF的性能,为了解决强干扰环境下较低的目标检测率或较高的误报率等问题,各种数据关联方法被相继提出来,主流的关联算法包括匈牙利算法、模糊关联、DS证据理论、非线性优化等算法。

3. 多目标跟踪

交通场景建模的核心之一是障碍物运动轨迹跟踪与预测,即根据环境感知传感器的测量信息与车辆运动状态信息实时跟踪、预测障碍物的运动轨迹与行为。清华大学李升波等利用超声波阵列传感器和卡尔曼滤波实现了运动目标跟踪。基于贝叶斯估计理论和卡尔曼滤波方法,墨尔本大学的 Musicki 和康涅狄格大学的 Bar-Shalom 共同提出了著名的概率数据联合滤波(Probabilistic Data Association Filter,PDAF)算法,利用验证门内的所有测量信息来估计各障碍物的运动状态。

为了提高障碍物运动状态和行为的预测精度,贝叶斯滤波器、马尔可夫链模型、有限状态机(Finite State Machine,FSM)等方法被相继采用。随着理论技术的发展,博弈论也被应用于车辆与环境交互时的目标运动轨迹预测。例如,Derq 公司的创始人 Georges Aoude 在 MIT 攻读博士学位阶段,对城市交叉路口处车辆交互时的障碍物行为预测进行研究,建立了完整的信息博弈机制,创立 Derq 公司后,开发出基于行人意图预测平台的智能交通系统。帕多瓦大学的 Andrea Martin 利用博弈论预测了高速上目标车辆的运动趋势。

车辆行驶环境的局部交通场景实时建模方法是求解智能驾驶车辆动力学控制问题的关键所在。但是,不确定环境下的驾驶场景模型的精度和可靠性不足可能会导致车辆动力学问题的模型与实际行驶环境不匹配,进而难以保证车辆行驶的安全性与舒适性,其行驶环境和可行驶区建模的困难和挑战主要集中在以下四方面。

1) 多传感器融合与多目标跟踪算法

当障碍物数目和传感器数目较大时,测量-航迹数据关联算法的实时性将大受影响。当出现疑似新目标或者存在目标丢失、误报、漏报时,目标真实性的确认一般采用检测门法来判断,难以适用于所有的应用场景且对干扰的抑制能力有限,因此,开发更有效、适用性更强的数据关联算法具有一定的挑战性。算法的实时性要求、障碍物车道判别的难度、算法的抗干扰性能,以及在发生目标丢失、误报与漏报后的障碍物跟踪性能,都使得 MSF 与 MTT 问题成为智能车行驶场景建模最核心的问题,而稳定、可靠的障碍物跟踪与预测结果直接决定着智能车辆动力学问题求解的准确性。

2) 目标行为预测

考虑交通环境的不确定性时,若对于交通参与者运动过程的模型描述不准确,则障碍物运动轨迹预测的精度就难以保证,该不确定性甚至会导致交通危险评估的失准,进而发生误报与漏报,降低车辆安全性与舒适性。此外,合理的目标筛选策略尤其是在弯道、换道和强干扰环境下,将环境中目标障碍物合理地分为车道外干扰、本车道最近目标车(Closest In-Path Vehicle,CIPV)以及相邻车道其他备选目标车(Potential Object,PO)就显得尤为重要,针对筛选出的目标进行跟踪与预测,尤其是 PO 的切入以及 CIPV 的切出行为预测将直接影响智能车的安全性与舒适性,这是因为如果 CIPV 切出行为预测不准将出现急加速情况,若预测不出 PO 的切入行为将存在严重的碰撞风险。因此,基于准确的动态目标行为预测轨迹,对车辆行驶环境进行安全性评估,进而建立车辆可行驶区和智能车辆动力学控制模型的可行域,是智能车行驶场景建模中最重要的目标之一。

3) 传感器信号处理

当传感器测量值中存在严重的噪声、丢包、误报、漏报等干扰时,将导致 MTT 性能的下降,严重时将得到错误的跟踪结果,这对智能车的安全行驶是非常不利的。除了采用高可靠性的传感系统与通信网络之外,设计实时性与鲁棒性更强的 MSF 和 MTT 算法就显得尤为重要,这也对算法的数据处理能力提出了更高的要求。

4) 障碍物行为预测与车辆安全评估

建立交通场景模型对障碍物的轨迹进行跟踪与预测,并对车辆行驶环境的安全性进行评估,建立智能车辆动力学控制问题求解相应的安全性动态约束集,对智能车的安全行驶至关重要。如果模型简化不合理,则动力学问题的解可能与实际可行驶区不匹配,车辆存在碰撞风险;如果模型过于保守,则动力学模型质量不高,并牺牲了动力学求解算法的泛化能力。因此,设计合理的数学抽象模型来描述车辆可行驶区,建立起智能车辆动力学控制问题的可行域,是实现动力学问题高效、可靠求解的关键所在。

1.4.3 决策与规划技术

当前,智能车辆决策与规划方法主要分为两种:

(1) 随着以神经网络为代表的人工智能技术的快速发展,许多传统的决策与规划问题有了新的解决思路,例如,使用一个深度神经网络直接根据车辆运动状态和外部环境信息求解车辆的控制输入。尽管当前端到端模型存在类似"黑箱"的不可解释性,但相信随着研究人员对深度神经网络理解的不断加深,这一方法因其突出的简捷、高效优势势必将迸发出广阔的应用潜力。基于人工智能的方法能够使模型学习到适应环境信息决策与规划的参数,扩展性强,但是其应用前提是需要海量数据训练模型。

(2) 将车辆动力学问题和决策与规划问题相结合,从最优控制理论、车辆动力学等理论角度进行决策与规划是近年来采用较多的方法,该方法充分考虑了车辆动力学问题,因此,决策与规划的结果更加合理,例如采用模型预测控制(Model Prediction Control,MPC)求解决策与规划问题。其缺点在于考虑的车辆动力学约束越多,决策与规划的难度就越大,也就越难以实现实时决策与规划。

1. 基于人工智能的方法

决策与规划过程既是一个搜索过程,也是一个推理过程。人工智能中的很多高效优化技术也被应用于智能车辆决策与规划问题的求解,其代表性的方法是基于神经网络的决策与规划方法。

由于现实交通场景是复杂多变的,各交通主体的驾驶行为随机且时变,针对该问题,高振海等人在马尔可夫决策过程中建立了最优的上层状态集和动作集,通过强化学习匹配概率最大化实现实时最优决策。曹东璞等设计了概率图模型,仅使用速度和距离信息而不需要设计奖惩函数。

智能驾驶车辆在复杂环境中的最优决策与规划问题与强化学习的定义非常吻合,因此,越来越多的研究团队开始将其应用于自动驾驶决策与规划中,通过各类学习算法直接求得期望的行驶轨迹。宋晓琳等提出基于模仿学习和强化学习的行为决策分类器。随着 GPU

计算能力的提升,2016年,英伟达的Bojarski等利用卷积神经网络对摄像头图像进行训练,构建了可以直接输出方向盘转角的端到端行为决策架构,从而使得传统的环境感知-信息融合-运动预测-自主决策的分布式流程变得极为简单。

2. 基于动力学的方法

实际上,智能车辆决策与规划和动力学控制是两个深度耦合的优化问题,考虑到车辆实时控制的需求,学者们大多将二者解耦,利用分层求解与分层控制的思想,上层实现决策与规划问题求解,下层实现车辆动力学控制,两层之间利用通信网络相互传输反馈信息、求解结果和控制指令等,这种分层的设计理念一直影响至今。

与车辆动力学问题不同,智能车辆决策与规划是一个复杂的优化问题,即综合考虑环境约束、边界约束、车辆动力学约束、安全性约束、舒适性约束等约束条件以及车辆安全性、舒适性等优化目标的多约束多目标非线性优化问题,此时,车辆动力学变成决策与规划问题求解的一个非完整约束条件。美国俄亥俄州立大学王俊敏教授等提出了拟人式驾驶员模型,明尼苏达大学双城分校Rajesh Rajamani教授考虑车辆稳定性和乘坐舒适性提出了安全车速模型,而这些模型为建立智能驾驶车辆决策与规划问题中的动力学约束(或非完整约束)提供了理论参考依据。加拿大滑铁卢大学曹东璞教授等研究了基于深度强化学习的智能驾驶认知、决策方法。Hatwal等证明了可以用优化方法求解智能车辆决策与规划中的动力学问题。南京航空航天大学赵又群教授等建立了基于最优控制方法的智能车辆动力学求解算法,并将其成功应用于智能驾驶车辆最优操纵输入问题,在智能车辆动力学领域做了较多开创性的研究。

根据决策与规划模型的搜索空间是否连续,其求解方法可分为采样法和优化法。例如,Howard等利用状态采样法构造了一种基于MPC的规划求解方法,并利用打靶法和牛顿法进行实时求解。加州大学伯克利分校刘畅流博士提出一种基于凸可行集算法的快速规划方法,以求解基于优化的智能车辆动力学问题。根据搜索空间是否解耦,决策与规划求解算法也可以分为解耦求解法和直接求解法,其中,解耦求解法通常将决策与规划求解问题转化为多个简单的优化问题,从而改善算法的实时性,按照解耦对象不同可分为车辆横纵向轨迹解耦方法和路径-速度解耦方法。例如,在笛卡儿坐标系或Frenet坐标系下将车辆横纵向运动轨迹规划求解问题解耦,利用多项式参数优化算法求得最优的运动轨迹。国防科技大学李晓辉教授等利用多项式采样方法分别对解耦后的路径和速度进行优化求解。考虑到算法的实时性,直接求解法和解耦求解法通常都会采用采样法将搜索空间离散化,再利用优化算法求解决策与规划问题。但是,当考虑环境与系统的动态不确定性与干扰时,决策与规划问题求解算法的实时性与求解质量依然难以兼顾。针对该难题,目前智能车辆决策与规划问题的研究主要集中在可行域凸化、速度规划、轨迹规划等高效求解方法方面。

1) 可行域凸化

在智能车辆决策与规划问题抽象建模中需要考虑动力学约束、模型与环境不确定性等因素,但是,动态不确定环境下的车辆可行驶区即决策与规划求解模型的可行域往往是非凸的,这不利于问题的实时求解。为了保证决策与规划的实时性,一般将可行域凸化,然而非凸优化问题的凸化描述方法一直是一个难点。纽约大学Vikram Kapila教授等系统总结了决策与规划问题的参数优化抽象模型,阐述了车辆决策与规划模型中约束条件的建立方法,并给出了考虑各类约束条件的凸化模型抽象与求解的必要条件。

2) 速度规划

根据车辆当前行驶环境规划出无碰撞的、平稳的车辆速度分布是车辆运动规划模型求解中另一个重要的功能,其中一个重要的约束条件即为车辆极限安全速度,目前对于安全车速模型的研究较为成熟,大多以车辆横向极限加速度作为求解依据,详细内容可参阅本书后文相关章节内容。

MIT 的 Campbell 博士提出一种速度规划算法,当车辆前方没有障碍物时,以交通环境确定的安全车速为目标车速;当车辆前方有障碍物时,根据本车和障碍物运动状态,对目标车速进行规划,实现车辆速度与距离控制。这种速度规划思想影响极为深远,是目前应用最多的一种速度规划算法,并且可以与智能车 ACC 等纵向控制功能巧妙结合,例如,北京理工大学龚建伟教授等对该方法进行改进,结合车辆线控底盘直接响应加速度请求的特点,利用加速度规划代替速度规划,并引入车辆动力学约束,进而规划出平滑的速度与加速度分布,提高了车辆的安全性与舒适性。

基于这种速度规划的思想,大量优化算法被提出来解决速度规划问题。北京理工大学熊光明教授等利用凸优化的方法求解了非线性速度规划问题。俄亥俄州立大学杨东方等利用二次规划(Quadratic Programming,QP)算法对交通拥堵时的车辆速度进行规划。加州大学伯克利分校刘畅流博士利用时空优化方法得到车辆速度分布最优解。丰田汽车提出一种考虑多重约束的多目标优化思想,并将其应用于速度规划和轨迹平滑。

3) 轨迹规划

轨迹规划是求解车辆运动规划问题的核心,将其抽象为一个考虑多约束多目标的非线性规划(Non-linear Programming,NLP)问题,首先需要建立规划模型,其建模难点在于建立车辆行驶环境与规划模型的映射关系,因此,车辆轨迹规划模型的状态空间描述方法是建立非线性优化模型的关键。图搜索算法正好可以很好地解决这个问题,其基本思想是将车辆的初始位姿和目标位姿映射到一个状态空间,然后将状态空间离散化,并将其构成一张图,随后从图中搜索满足约束条件的最优轨迹。目前主流的方法主要包括 Voronoi 图、栅格地图与代价地图、Lattice 状态图、驾驶通道(Driving Corridor)图等。这些搜索空间建模方法还可以与其他方法联合使用,例如,Voronoi 图与人工势场法结合的 Voronoi 场以生成安全轨迹。为了兼顾实时性与环境约束空间处理能力,在动态环境下的智能车辆运动规划模型中,一般采用 Lattice 状态图和通道图的方式。

随机采样方法是另一类被广泛采用的方法,其基本思想是在构型空间中随机采样,并筛选出满足性能需求的最优采样点。由于随机采样方法的概率完备性,因而更适合求解高维采样空间下的决策与规划问题,其最大的缺点是舒适性较差,且计算效率随着障碍物数量的增加而下降。最常用的方法包括概率路标(Probabilistic Road Map,PRM)算法以及快速搜索随机树(Rapidly-exploring Random Tree,RRT)算法,其中,早期 MIT 参加 DARPA 挑战赛时采用的就是 RRT 算法。

智能车辆决策与规划问题的本质是多约束多目标非线性优化问题,通常无法找到该优化问题的显式解,一般将其抽象为 NLP 问题进而利用一些成熟的数值算法进行迭代寻优,例如 QP 和 MILP 方法。由于将智能车辆决策与规划问题在时间-空间域上的求解难题抽象为构型空间的标准优化问题,因而可以大幅降低问题的求解难度。基于这种抽象降维的方法，可采用直接法利用多项式参数化模型，将决策与规划问题转化为较为简单的优化问题，这也是目前应用最多的一种方法。基于该思想，各类变种方法也相继被提出来，例如样条曲线、螺旋线、回旋曲线、贝塞尔曲线等各类参数化曲线优化方法，因此有时候也称这一类方法为采样插值或确定性采样方法。得州 A&M 大学 Raktim 教授等基于样条法原理，通过局部近似法解决了全局连续的时空轨迹求解难题。为探索决策与规划问题的实时求解方法，南京信息工程大学付章杰教授等对各类启发式搜索算法进行了详细的对比分析。

Lattice 规划器将搜索空间离散化以保证轨迹规划的实时性，还可以处理各类非凸、非线性、非连续等约束条件。卡内基-梅隆大学提出一种时空 Lattice 分层规划方法，上层生成无碰撞的参考轨迹以模拟驾驶员特征，下层利用状态空间采样找出最优的轨迹，同时，利用先验决策结果将非凸的优化问题转化为凸优化问题以实现实时规划。北京科技大学孟宇教授提出一种分层规划架构，并利用凸优化和 Lattice 搜索实现了结构化环境中的车辆运动规划求解。

MPC 可有效解决智能车辆决策与规划中的多重约束条件和优化目标。例如，加州大学伯克利分校 Ashwin Carvalho 等利用分层 MPC 实现了高速场景下的自动驾驶，上层 MPC 实现规划问题的实时求解，并将 MPC 问题转化为标准 QP 问题，下层 MPC 实现车辆横纵向动力学控制，进而实现智能驾驶车辆的动力学闭环控制。

综上，各类规划方法都有各自不同的特点，因此，在设计智能车辆决策与规划求解算法时应充分结合实时动态行驶场景的需求特点选择最合适的降维与优化方法，即充分利用先验知识进行先验设计。例如，根据道路边界或车道边界，并结合由驾驶经验指定的先验规则，降低搜索空间的维度，进而提高轨迹规划的效率。由于智能车辆决策与规划问题的多重约束条件所构成的可行域往往是非凸和非连续的，针对该非凸优化问题，百度 Apollo 自动驾驶团队的做法是，根据先验规则和行为决策结果，将优化模型转化为标准的凸优化问题，进而保证决策与规划问题求解算法的实时性。

决策与规划实时求解算法是智能驾驶车辆动力学模型的核心部分，其求解质量与求解效率直接关系着车辆的安全可靠行驶，但是求解算法的实时性与求解质量难以兼顾的问题依然存在，其主要困难和挑战在于以下三方面。

(1) 决策与规划问题抽象建模方法。

考虑智能车底盘系统的运动特性和车辆非完整性约束、安全性约束、舒适性约束以及环境的动态变化等因素时，智能车辆决策与规划抽象问题中势必将引入复杂的非线性、非凸性、非连续性等约束条件，同时兼顾车辆的安全性与舒适性等目标，此时的决策与规划问题将变得更加复杂和强非线性。为了保证决策与规划问题求解算法的实时性，必须设计一种合理的抽象建模方法，将原始非凸的优化问题转化为凸优化问题，如何在考虑车辆动力学以及保证决策与规划模型精度、车辆安全舒适行驶的前提下实现原始决策与规划问题的凸化建模是当前智能驾驶行业所面临的核心难点之一。

(2) 决策与规划问题计算效率与求解质量。

由于智能驾驶车辆的主要行驶场景是具有动态不确定性的交通环境，保证计算效率是决策与规划问题实时求解算法的最基本要求。为了提高决策与规划求解算法的实时性，大多数算法并不追求全局最优解，而是牺牲一部分求解质量以保证计算效率，例如针对非凸的跟车/超车运动规划场景中，采用动态规划(Dynamic Programming，DP)、启发式搜索等算法相结合以保证实时性。但是,这种决策与规划求解方法有可能因陷入局部解而无法保证行驶质量。因此,对兼顾实时性、舒适性和安全性的多目标多约束 NLP 算法提出了更高的要求。

(3) 路径-速度解耦的求解算法。

路径规划与速度规划是车辆运动规划模型中最重要且深度耦合的两个部分,在理论上两者应该同时进行解算。但是这对运动规划求解算法的实时性提出了较高的要求。现阶段存在两种较为普遍的方法来解决实时性问题:一种是采用更高效的求解算法和计算能力更强的处理器;另一种更为合理的方法是将路径与速度解耦后进行分步规划。解耦算法需要充分考虑车辆各类约束条件,尤其是环境中的动态多障碍物将增加问题实时求解的负担,可能会求得质量较低的行驶行为,最终难以保证安全性与舒适性。因此,设计一种可靠的分层解耦实时求解算法仍然是一个极具挑战性的难题,也是未来决策与规划技术发展的主流方向。

1.4.4 动力学控制技术

汽车已经发展成为由车轮、车身、悬架等众多运动部件构成的复杂机电系统。分析汽车动力学问题时,将汽车看作是由 5 个刚体即 4 个车轮和 1 个车身组成的,并由悬架导向装置、弹簧和减震器连接在一起的复杂动力学系统。车轮和车身每个刚体有 3 个平移和 3 个转动共 6 个自由度,简化的汽车动力学系统有 30 个运动自由度。

针对车辆动力学控制问题,众多专家学者潜心研究,通过问题观察、经验积累、理论研究、技术发展与实践测试,从底盘构造设计、轮胎特性机理探究、动力学分析、底盘电控研究等方面深度剖析,笔耕不辍,留下众多经典著作。荷兰 H. B. Pacejka 的 *Tire and Vehicle Dynamics*、德国 M. Mitschke 和 H. Wallentowitz 的 *Dynamik der kraftfahrzeuge*、日本安部正人的《自動車の運動と制御》、美国 William F. Milliken 和 Douglas L. Milliken 的 *Race Car Vehicle Dynamics*、中国余志生先生的《汽车理论》、郭孔辉院士的《汽车操纵动力学》等,构建出车辆动力学理论体系。

目前车辆动力学领域发展可以大致划分为四个里程碑式的发展阶段。第一个阶段(延续到 20 世纪 40 年代末)为车辆动力学发展的探索时期(理论探索期)。第二个阶段(20 世纪 50—90 年代)为车辆动力学发展的理论成熟和实践探索的黄金时期(实践探索期)。第三个阶段(20 世纪 90 年代至 20 世纪末)为车辆动力学发展的规模工程应用发展时期(工程应用期)。进入 21 世纪,车辆动力学发展进入第四个阶段,即智能驾驶车辆动力学发展新时期(智能驾驶赋能期)。

1. 理论探索期

由于早期缺乏成熟的理论支撑,对车辆的动态性能和乘坐舒适性仅仅只有经验性的观察和尝试性的改进设计。20 世纪 30 年代,一些学者和工程师由车辆行驶过程中的振动问题入手,开始探索车辆转向、稳定性和悬架研究,分析车辆转向和悬架运动对车辆性能的影响。针对车辆的平顺性提升问题,众多学者、工程师们开始探索着设计各种各样的独立悬架结构,以克服车辆的摆振问题,同时开始关注车辆平顺性和操纵稳定性协调问题。清华大学管迪华教授等早期针对汽车转向摆振问题进行了深入研究,分析设计了汽车转向系统机构。

2. 实践探索期

20世纪50—90年代为车辆动力学发展的理论成熟和实践探索的黄金时期,汽车操纵动力学建立了完整的理论体系并且通过测试试验开始尝试将各种底盘电控零部件应用在实车上。在这一期间,各类轮胎模型的提出为车辆动力学研究和动力学性能提升提供了基础理论支撑,如半经验模型——魔术公式(Magic Formula,MF)、HSRI轮胎模型(又称Dugoff轮胎模型)等。魔术公式由Volvo公司和荷兰Delft大学在20世纪80年代联合提出,H. B. Pacejka等人为此做出了非常突出的贡献。HSRI轮胎模型是Dugoff在20世纪70年代提出的半经验模型。吉林大学郭孔辉院士提出了UniTire轮胎模型。

1956年,机械工程师学会在伦敦组织关于汽车稳定性和控制及轮胎性能的研究会议,众多学者针对车辆动力学的关键问题提出很多极具创意的思想,至今仍被广泛参考,标志着汽车操纵、转向动力学建立起完整的基础理论体系。至20世纪80年代末,许多学者都已经研究通过横摆力偶矩改善车辆极限工况下的稳定性问题。清华大学宋健教授等提出了基于制动器耗散的ABS研究方法。同济大学余卓平教授等在车辆动力学控制及四轮分布式驱动控制领域取得了积极进展。东南大学殷国栋、陈南教授等在四轮转向车辆的操纵稳定性控制领域进行了研究。上海交通大学喻凡教授对车辆操纵稳定性及其集成控制关键技术进行了研究。清华大学李亮教授提出了临界失稳判据以及动力学扩稳机理。吉林大学陈虹教授等研究了模型预测控制理论并将其应用于车辆动力学稳定性控制及自动驾驶控制领域。至此,车辆底盘动力学理论体系研究得到快速发展。

3. 工程应用期

随着传感器技术、电子技术以及自动控制技术的快速发展,汽车主要零部件完成了纯机械系统到机电一体化电控系统的转变,车辆动力学研究成果开始应用于实车进行测试分析,如牵引力控制系统(Traction Control System,TCS)、ABS、ESC和主动悬架系统等。1995年德国博世公司与奔驰公司联合开发了ESC产品并成功匹配到奔驰S600车型上。这一时期,福特、宝马、丰田、本田等汽车公司相继推出了自己的ESC产品,在很大程度上促进了汽车动力学控制技术的发展。

20世纪90年代至20世纪末为车辆动力学发展的规模工程应用发展时期,各种底盘电控零部件开始大规模应用于量产车型,成功解决了车辆动力学发展初期汽车存在的各种各样的行驶问题,极大地提升了车辆的舒适性和主动安全性。目前,ESC生产厂商包括德国博世(Bosch)、德国大陆特维斯(Teves)、美国天河(TRW)、德国德尔福(Delphi)、日本爱信(Aisin)、日本电装(Denso)、韩国万都(Mando)等。国内也开始ESC的自主产品批量生产,如英创汇智、亚太、伯特利、元丰、拿森等。

4. 智能驾驶赋能期

进入21世纪后,车辆动力学技术进入智能车辆发展时代。人工智能技术、互联网技术、环境感知传感器技术、高性能运算硬件系统的发展使智能汽车成为可能,汽车工业迎来颠覆性技术变革。1984年,美国陆军与DARPA合作推进智能驾驶研发计划。1986年,美国加利福尼亚州交通运输局、加州大学伯克利分校与其他研究机构联合开展了先进交通和高速公路伙伴(PATH)计划,旨在发展智能驾驶技术来提高公路通行能力、消除交通拥堵并减少能源消耗。1986年,欧洲启动普罗米修斯计划(PROMETHEUS),投资7.5亿欧元对智能驾驶相关技术进行研究。日本交通运输部执行先进安全车辆(Advanced Safe Vehicle)计划,将智能汽车和安全驾驶系统开发放在关键位置。《中国制造2025》将智能网联汽车列入国家智能制造发展的重点领域,指出到2025年攻克自动驾驶总体及各项关键技术,构建了如图1.11所示的基于人-车-路协同的事故零死亡智能交通系统。百度发布自动驾驶开放平台Apollo,旨在搭建自动驾驶生态系统。中国汽车工程研究院股份有限公司自2018年起举办"i-VISTA自动驾驶汽车挑战赛",并持续至今。北京、苏州、上海、广州等地政府相继发布智能驾驶行业相关政策,并建立了智能驾驶产业园及公开测试道路,促进我国智能驾驶产业快速发展。

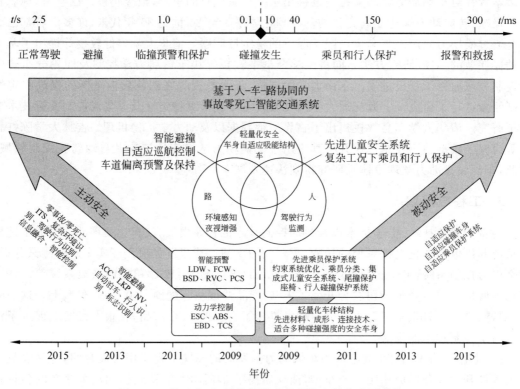

图1.11 基于人-车-路协同的事故零伤亡智能交通系统

安全、节能与高效运行是汽车工业永恒的主题,也是车辆动力学理论不断完善、形成完备体系的促动力以及可持续发展的源泉。随着汽车向高速化、高性能化发展,在经历了底盘部件结构反复迭代优化后,在电子化、信息化技术发展驱使下底盘电控技术飞速发展,以进一步提升车辆操稳、平顺、通过等各方面性能。随后,人工智能技术使汽车工业迎来智能汽车的颠覆性变革发展,智能汽车逐渐成为国际竞争焦点。驾驶员的操作权逐步向车辆智能驾驶控制系统转移,甚至完全由智能驾驶控制器操纵车辆运动。各类高级驾驶辅助系统被开发和应用于量产车型,全球汽车工业纷纷部署智能汽车关键技术开发。然而,人机共驾机理尚付阙如、智能汽车动力学数字化技术及底盘动力学控制新机制亟须探明是汽车工业进入人工智能时代面临的新挑战。

如图1.12所示，汽车动力学在百余年发展历程中经历了底盘部件机构设计创新、动力学性能匹配设计、底盘动力学电控突破等阶段，逐步解决了各种车辆动力学问题，并进一步针对性地提升车辆动力学性能。在汽车高速高效运行发展趋势下，未来汽车动力学在应对智能汽车这一颠覆性变革时仍有很远的路要走。底盘机电一体化导致电控部件日益增多的趋势迫切要求底盘从单目标控制到多系统集成控制，以致面向智能汽车的底盘动力学域控制。

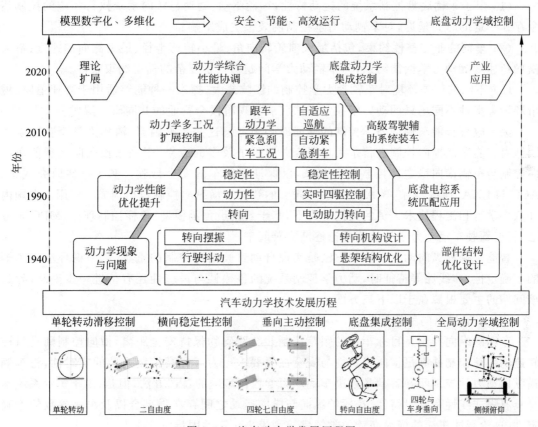

图1.12 汽车动力学发展历程图

驾驶员在车辆行驶过程中根据车辆期望行驶状态，操纵车辆加速踏板、制动踏板和方向盘以控制车辆车速和运行方向，根据车辆的实时响应和由于道路倾斜、大风等不可避免的交通环境干扰造成的汽车偏离期望行驶轨迹而再进行车辆操纵修正其行驶状态。因此，针对人-车-路闭环系统，研究汽车的行驶运动状态就不仅要把车辆系统用数学模型描述出来，还需要把驾驶员甚至是道路环境用数学模型描述出来。可见，车辆动力学分析面临着建模非线性、不确定性的挑战，针对该问题，美国密歇根大学彭辉教授等取得了积极进展。明尼苏达大学Rajamani教授等指出，预瞄控制是提高车辆横向控制鲁棒性最好的方法之一，其中，经典控制方法——纯跟踪方法和Alice方法都利用了预瞄控制的思想。吉林大学的郭孔辉院士为预瞄控制在车辆横向控制和操纵稳定性研究中的应用做出了重要贡献。

清华大学李克强院士等指出，智能车辆动力学控制的主要问题在于解决系统非线性和不确定性等,针对系统非线性特性,主要方法包括精确线性化、泰勒线性化、逆模型补偿等;针对系统不确定性,主要方法包括滑模控制、H_∞ 控制、自适应控制、模糊控制等。MPC 可在考虑控制约束、非线性等前提下实现系统性能的最优控制,因而在智能车中得到一定应用,例如,李克强院士等利用 MPC 实现了 ACC 和换道辅助的协调控制,同时针对 MPC 的鲁棒性弱和实时性差等问题开展研究,分别利用反馈校正法、约束管理法和变量集结法对 MPC 性能进行改进,为 MPC 的工程化应用提出了很多宝贵的建议。但是,智能车辆动力学控制的性能仍受到多种因素影响,包括:

(1) 限于车辆底盘控制系统的运动特性,车辆驱动、制动与转向系统执行相应的控制指令存在一定的时间延迟,对车辆动力学控制的效果造成影响。

(2) 车辆的非完整性约束,包括最大前轮转向角、最小转弯半径、最大侧向加速度、最大横摆角速度等动力学性能约束,为车辆动力学问题引入了复杂的动态约束条件。

(3) 不同的行驶环境对车辆动力学控制的影响最大,探索一种能够适用于高速道路、城市环境等多种不同场景的动力学控制方法已成为现阶段全行业的共同研究课题。

为了改善智能车辆动力学控制的性能就必须考虑这些影响因素,清华大学李克强院士团队对智能车横纵向控制进行了大量研究并取得了较多的成果,李亮教授团队将智能车纵向控制与车辆横向稳定性控制结合起来,以保证智能车的安全行驶。基于这些研究成果,ACC 与 LKA、换道、避障等 ADAS 功能联合的智能车横纵向控制也得到成功应用。在国内外众多学者和工程技术人员的共同努力下,基于驾驶员预瞄模型、鲁棒控制理论、MPC 等方法,智能驾驶车辆动力学与控制理论逐渐完善起来。

智能车辆横纵向动力学控制方法是实现自动驾驶闭环控制的重点,当考虑环境与车辆的不确定性、非线性等特征时,动力学控制系统的鲁棒性与适应性还有待进一步提高,导致该问题的主要根源在于以下三方面。

(1) 车辆横纵向解耦控制。

车辆的纵向控制是目标车速的跟踪控制并与障碍物保持安全距离,横向控制则是目标轨迹的跟踪控制并满足横向稳定性与安全性等要求。为了提高控制系统的实时性,将车辆横纵向动力学控制问题解耦是解决车辆动力学控制难题的首选方法,但是,由于车辆系统本身具有强非线性和延时特性,车辆的纵向与横向运动之间存在强耦合以及车辆参数的不确定性,这给智能车辆的横纵向动力学解耦控制带来一定的困难。

(2) 驾驶员模型。

考虑经验驾驶员模型的智能车辆动力学控制是一种具有环境适应性的高效控制方法,但是在驾驶员模型中如何考虑车辆安全性、舒适性等因素是提高系统鲁棒性与自适应性的难点所在。此外,智能车的驾驶行为应根据行驶环境动态变化,纵向跟车时距和横向预瞄时距需要与环境变化相适应,这意味着在智能车的动力学控制过程中将驾驶员模型参数常数化并不适合车辆的轨迹跟踪问题,需要考虑车辆行驶环境的高动态不确定性。因此,建立一种更合理的驾驶员模型是提高横纵向动力学控制系统鲁棒性的关键所在。

(3) 鲁棒最优控制。

考虑车辆系统的非线性和不确定性,尤其是行驶环境中外界干扰的不确定性,导致系统的鲁棒性较弱,可能外界一个小的干扰就将导致车辆系统失稳进而发生危险。这就对车辆横纵向解耦控制进一步提出了鲁棒性约束条件,但是,系统的鲁棒性指标与车辆安全性、舒适性等指标往往是相互矛盾的,如何将它们综合起来建立多目标动态鲁棒最优控制方法,尤其是建立带性能约束系统的控制器鲁棒性设计准则,并实现控制器的高效求解,这将是车辆横纵向动力学鲁棒最优控制的一大核心难题。

1.4.5 线控底盘技术

随着汽车电控系统不断发展完善,汽车智能化进程已经开启,智能驾驶汽车成为汽车工业科技前沿。在智能汽车"前端传感、上层决策、底层执行"的分层架构中,底层执行元件是其中最为关键的组成部分。智能汽车的线控底盘是智能驾驶上层指令的执行基础,包含线控转向、线控制动、线控换挡、线控油门、线控悬架共五大系统,其中尤以线控制动技术难度最高。

车辆线控底盘技术通过电子信号代替由机械、液压或气压连接的部分,在此背景下,车辆底盘部件由机械连接转变为电气连接,要求通信网络实时性和可靠性高,而且核心线控功能必须具备安全冗余,以保证在一定故障时仍可实现其基本功能。因此,线控底盘是智能驾驶稳定安全运行的核心。

在智能汽车发展背景下,汽车动力学与智能安全控制关键技术亟须攻克,例如,包括底盘传感器共享和状态全局观测、多自由度车辆动力学模型实时精确解算、基于底盘域控制的架构设计、多目标多系统协同的底盘动力学集成与域控制技术,包括线控驱动、线控制动、线控转向的线控底盘精确控制执行技术。清华大学李亮教授团队率先提出智能汽车底盘动力学域控制技术路线,在总体架构设计、软硬件设计及通信交互等方面获得国家发明专利。

智能车辆动力学控制问题的本质是跟踪控制问题,即以决策与规划抽象模型的结果作为目标运动轨迹,动力学控制系统实时解算所需的加速度和方向盘转角,车辆线控底盘实时响应相关控制指令。同济大学熊璐教授等对智能车辆线控底盘开展了大量研究,并取得一系列研究成果。

1.5 本章小结

本章简要介绍了智能驾驶车辆的发展动态,然后回顾了智能驾驶车辆系统架构、环境感知、决策与规划、动力学控制、线控底盘等关键技术,重点对智能驾驶车辆的动力学问题进行探讨,并对其中的技术挑战和发展方向进行了针对性的阐述。

第 2 章

智能驾驶车辆运动学与动力学建模

2.1 概 述

车辆运动学与动力学是基于经典力学建立在驾驶员或其他控制输入的作用下车辆动态运动特性的数学模型,是研究给定道路环境下车辆对驾驶员或控制系统输入动态响应的学科,也是汽车电子电控系统和智能驾驶等领域技术与产品研发和测试的重要基础。

智能驾驶车辆运动规划与控制都需要充分考虑车辆运动学和动力学约束,才能取得较好的运动状态跟踪控制性能。建立合理的车辆系统模型不仅是设计智能驾驶车辆控制系统的前提,也是实现车辆智能驾驶功能的基础。因此,在建立智能车辆控制系统时,必须根据智能驾驶车辆的具体行驶工况,通过选取合适的控制变量,建立能够准确描述智能驾驶车辆运动关系约束的运动学模型和描述动力学状态约束的动力学模型。

车辆在地面运动的动力学过程是非常复杂的,为了尽量准确描述车辆的运动特性,需要建立复杂的微分方程组,并用多个状态变量来描述车辆纵向、横向以及垂向的运动。从控制理论的角度来说,用于控制系统设计的模型只要能够准确表现出车辆运动学与动力学特性,就可以使车辆控制系统高效实现预定控制目的。特别是在车辆运动规划阶段,为了保证规划算法的实时性,约束简化和近似就是一种非常重要的手段,例如轮胎摩擦圆约束和点质量模型。因此,对于智能驾驶车辆的动力学控制问题,过于复杂的模型并不是研究的重点。本章从智能驾驶车辆运动规划和轨迹跟踪控制的角度对车辆系统进行建模,建立能够尽量准确反映车辆运动学与动力学特性,并且有利于控制系统设计的简化车辆运动学模型和动力学模型。

2.2 常用坐标系

智能驾驶车辆环境感知、决策规划和动力学控制中一个必不可少的前提条件,就是计算车辆自身的位置、航向以及车辆与道路、其他车辆、行人等交通参与者之间的相对位置关系和速度关系,因此,需要建立一套时空坐标体系来描述这些复杂的时空关系。一般三维空间坐标系用三个正交轴 XYZ 表示所处位置,用绕 XYZ 轴的旋转角度——侧倾角、俯仰角和横摆角表示姿态。下面将介绍几种最常用的坐标系。

2.2.1 全球地理位置坐标系

全球地理位置坐标系可以用来表示高精地图(HD Map)中诸多元素的几何位置,通常包括纬度、经度和海拔。全球地理位置坐标系一般采用地理信息系统(GIS)中用到的WGS-84坐标系,如图2.1所示。WGS-84坐标系采用大地经度、纬度和大地高程来描述地球上任意一点的位置,经纬线相互交织构成经纬网,用经度、纬度表示地面上点的位置就是地理坐标,其中海拔定义为椭球体高程。

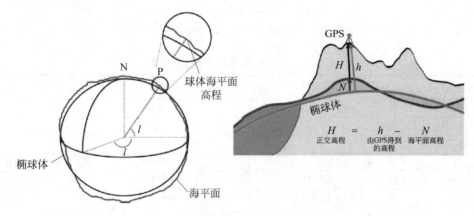

图2.1 WGS-84坐标系

在车辆实际控制过程中,一般应用局部坐标系表示车辆位置以及地图,即依赖于在地球表面上建立的三维(3D)笛卡儿坐标系。局部坐标系通过地图映射后,可将地球表面上的经纬度位置简化成二维投影坐标系来描述,进而使用二维(2D)笛卡儿坐标系来给出地球表面点的位置,以方便车辆路径跟踪控制。

GPS经纬度与二维笛卡儿坐标 XY 的转换关系如图2.2所示。假设 A 点的经纬度坐标为 (β,α),由图2.2可见,A 点在二维笛卡儿坐标系下的横坐标为 AB 的弧长,纵坐标为 AD 的弧长,因此,映射后 A 点的二维笛卡儿坐标为

$$\begin{cases} x_A = \dfrac{1}{180}\alpha\pi R \\ y_A = \dfrac{1}{180}\cos\left(\dfrac{1}{180}\alpha\pi\right)\beta\pi R \end{cases} \tag{2-1}$$

其中,R 为地球半径,α 为纬度,β 为经度。

2.2.2 车辆坐标系

车辆坐标系用来描述车辆运动姿态以及周围的物体和本车之间的相对位置关系。目前学术界和工业界有几种比较常用的车辆坐标系定义方式,分别是ISO定义、SAE定义和基于惯性测量单元(IMU)的定义,如表2.1和图2.3所示。

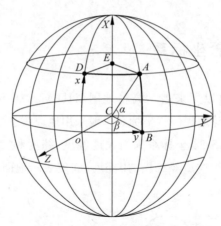

图 2.2　局部坐标系转换示意图

表 2.1　三种常见的车辆坐标系定义

坐标系定义	ISO 定义	SAE 定义	IMU 定义
X 正方向	前	前	右
Y 正方向	左	右	前
Z 正方向	上	下	上
横摆正方向	沿 Z 轴方向为顺时针	沿 Z 轴方向为顺时针	沿 Z 轴方向为顺时针
俯仰正方向	沿 Y 轴方向为顺时针	沿 Y 轴方向为顺时针	沿 Y 轴方向为顺时针
侧倾正方向	沿 X 轴方向为顺时针	沿 X 轴方向为顺时针	沿 X 轴方向为顺时针
中心	车辆重心	车辆重心	IMU 位置
是否为右手坐标系	是	是	是

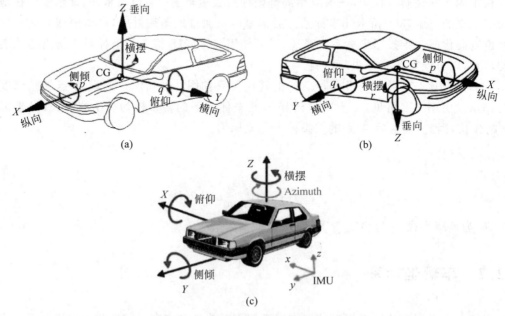

图 2.3　三种常见的车辆坐标系定义
(a) ISO 车体坐标系定义；(b) SAE 车体坐标系定义；(c) IMU 车体坐标系定义

在车辆动力学分析中，ISO 定义的车体坐标系较为常见。SAE 定义的车体坐标系与航空航天领域常用的机体坐标系相一致。基于 IMU 定义的车体坐标系则在 IMU 的相关应用中较为常见。无论使用哪一种坐标系定义，只要使用正确，都可以完成对车身位姿的描述，以及确定周围物体和本车间的相对位置关系。

2.2.3 Frenét 坐标系

Frenét 坐标系是由 BMW 公司的 Moritz Werling 提出的，有时也会将基于 Frenét 坐标系的动力学问题求解方法简称为 Werling 方法。基于 Frenét 坐标系描述车辆运动轨迹仅与参考线的选取有关，与车辆的绝对位置无关。采用 Frenét 坐标系可以很好地描述车辆与行驶环境之间的局部相对关系，车辆相对行驶道路或参考线的位姿将表达得更清晰。因此，基于 Frenét 坐标系，将车辆运动轨迹分解成与道路几何结构相关的两个方向，可降低车辆动力学建模的复杂度，系统求解效率更高，满足智能驾驶实时性要求。如图 2.4 所示，使用参考线的切线向量和法线向量建立 Frenét 坐标系，将智能车任意时刻的位置状态在 s 和 d 两个方向上进行分解来描述车辆的运动状态，从而在车辆运动轨迹曲线拟合时，减少处理坐标信息的工作量。

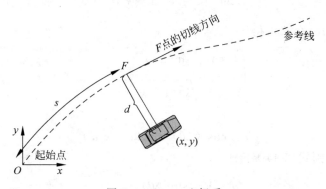

图 2.4 Frenét 坐标系

将车辆在全球地理坐标系统中的位置映射到二维平面内，则车辆的位置可用相对于全局坐标系的 (x,y) 来表示，即全局笛卡儿坐标系。根据图 2.4 所示的坐标系，将车辆从当前位置 (x,y) 投影到参考路线上，其投影的距离为 d，车辆投影点 F 距离起点的纵向行驶累计里程为 s，则车辆在笛卡儿坐标系下的坐标 (x,y) 映射到 Frenét 坐标系下的坐标位置为 (s,d)。

如图 2.5 所示，假设车辆在 Frenét 坐标系下的行驶轨迹为 $(s(t),d(t))$，为了获得 Frenét 坐标系下的运动状态 $(s,\dot{s},\ddot{s},d,\dot{d},\ddot{d})$ 映射到笛卡儿坐标系下的运动状态 $(\theta,\kappa,V_{\text{ego}},a_{\text{ego}})$，其中，$\theta$ 和 κ 分别为本车的航向角与行驶轨迹的曲率，V_{ego} 和 a_{ego} 分别为本车纵向行驶车速和加速度，定义偏微分运算符 $z'=\partial z/\partial s$，参考线的航向角为 θ_r，车辆相对参考线的航向角偏差为 $\Delta\theta=\theta-\theta_r$，参考线的曲率及曲率的导数为

$$\begin{cases} \kappa_r = \theta'_r = \dfrac{\dot{s}\ddot{d}-\ddot{s}\dot{d}}{(\dot{s}^2+\dot{d}^2)^{\frac{3}{2}}} \\ \kappa'_r = \theta''_r = \dfrac{(\dot{s}\dddot{d}-\dddot{s}\dot{d})(\dot{s}^2+\dot{d}^2)-3(\dot{s}\ddot{d}-\ddot{s}\dot{d})(\dot{s}\ddot{s}+\dot{d}\ddot{d})}{\dot{s}(\dot{s}^2+\dot{d}^2)^{\frac{5}{2}}} \end{cases} \quad (2\text{-}2)$$

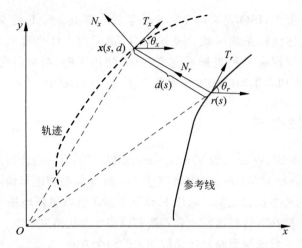

图 2.5 Frenét 坐标系与笛卡儿坐标系的映射关系

假设车辆始终沿着参考线运动,即与参考线的偏差较小:

$$|\Delta\theta| < \frac{\pi}{2}, \quad 1 - \kappa_r d > 0 \tag{2-3}$$

则根据 Frenét-Serret 公式可得

$$\begin{cases} \dot{d} = V_{ego}\sin(\Delta\theta) \\ V_{ego} = \sqrt{\dot{s}^2(1-\kappa_r d)^2 + \dot{d}^2} \end{cases} \tag{2-4}$$

则

$$V_{ego}^2\cos^2(\Delta\theta) = \dot{s}^2(1-\kappa_r d)^2 \tag{2-5}$$

根据式(2-3),则式(2-4)等价于

$$\begin{cases} \dot{d} = V_{ego}\sin(\Delta\theta) \\ \dot{s}(1-\kappa_r d) = V_{ego}\cos(\Delta\theta) \end{cases} \tag{2-6}$$

且航向角偏差满足

$$\tan(\Delta\theta) = \frac{\dot{d}}{\dot{s}(1-\kappa_r d)} \tag{2-7}$$

则车辆航向角和航向角偏差分别为

$$\begin{cases} \theta = \Delta\theta + \arctan\dfrac{\dot{d}}{\dot{s}} \\ \Delta\theta = \arctan\dfrac{\dot{d}}{\dot{s}(1-\kappa_r d)} \end{cases} \tag{2-8}$$

当车辆运动时即 $V_{ego} \neq 0$,根据式(2-7)和

$$\begin{cases} \dot{d} = \dfrac{\partial d}{\partial t} = \dfrac{\partial d}{\partial s}\dfrac{\partial s}{\partial t} = \dot{s}d' \\ \ddot{d} = \dfrac{\partial \dot{d}}{\partial t} = \dfrac{\partial(\dot{s}d')}{\partial t} = \ddot{s}d' + \dot{s}\dfrac{\partial d'}{\partial s}\dfrac{\partial s}{\partial t} = \ddot{s}d' + \dot{s}^2 d'' \end{cases} \tag{2-9}$$

可得

$$\begin{cases} d' = \dfrac{\dot{d}}{\dot{s}} = (1-\kappa_r d)\tan(\Delta\theta) \\ d'' = \dfrac{\ddot{d}-\ddot{s}d'}{\dot{s}^2} = \dfrac{\ddot{s}\dot{d}-\dot{\ddot{s}}d}{\dot{s}^3} \end{cases} \qquad (2\text{-}10)$$

另一方面

$$d'' = \frac{\partial d'}{\partial s} = \frac{\partial}{\partial s}[(1-\kappa_r d)\tan(\Delta\theta)]$$

$$= -(\kappa_r d' + \kappa_r' d)\tan(\Delta\theta) + \frac{1-\kappa_r d}{\cos^2(\Delta\theta)}\frac{\partial(\Delta\theta)}{\partial s} \qquad (2\text{-}11)$$

根据式(2-10)和式(2-11)可得航向角偏差满足

$$\frac{\partial(\Delta\theta)}{\partial s} = \frac{\ddot{s}\dot{d}-\dot{\ddot{s}}d}{\dot{s}^2 d}\sin(\Delta\theta)\cos(\Delta\theta) + \frac{\kappa_r \dot{d}+\dot{s}\kappa_r'd}{\dot{d}}\sin^2(\Delta\theta) \qquad (2\text{-}12)$$

车辆行驶轨迹曲率为

$$\kappa = \frac{\partial\theta}{\partial s_x} = \frac{\partial\theta}{\partial s}\frac{\partial s}{\partial t}\frac{\partial t}{\partial s_x} = \frac{\dot{s}}{V_{\text{ego}}}\frac{\partial\theta}{\partial s} = \frac{\cos(\Delta\theta)}{1-\kappa_r d}\theta' \qquad (2\text{-}13)$$

由于

$$\frac{\partial(\Delta\theta)}{\partial s} = \frac{\partial(\theta)}{\partial s} - \frac{\partial(\theta_r)}{\partial s} = \theta' - \kappa_r \qquad (2\text{-}14)$$

根据式(2-12)~式(2-14),可得车辆行驶轨迹的曲率为

$$\kappa = \frac{\dot{s}}{\dot{d}}\kappa_r \sin(\Delta\theta) + \frac{\ddot{s}\dot{d}-\dot{\ddot{s}}d}{\dot{s}\dot{d}^2}\sin^2(\Delta\theta)\cos(\Delta\theta) + \frac{\dot{s}\dot{d}\kappa_r + \dot{s}^2 d\kappa_r'}{\dot{d}^2}\sin^3(\Delta\theta) \qquad (2\text{-}15)$$

根据式(2-6)和式(2-12),则车辆行驶加速度为

$$a_{\text{ego}} = \dot{V}_{\text{ego}} = \frac{\partial}{\partial t}\frac{\dot{s}(1-\kappa_r d)}{\cos(\Delta\theta)} = \frac{\ddot{s}(1-\kappa_r d)}{\cos(\Delta\theta)} + \dot{s}\frac{\partial s}{\partial t}\frac{\partial}{\partial s}\frac{(1-\kappa_r d)}{\cos(\Delta\theta)}$$

$$= \frac{\ddot{s}(1-\kappa_r d)-(\dot{s}\dot{d}\kappa_r+\dot{s}^2 d\kappa_r')+\dot{s}\dot{d}\frac{\partial}{\partial s}(\Delta\theta)}{\cos(\Delta\theta)}$$

$$= (\ddot{s}-\dot{\ddot{s}}d\kappa_r - \dot{s}\dot{d}\kappa_r - \dot{s}^2 d\kappa_r')\cos(\Delta\theta) + \ddot{d}\sin(\Delta\theta) \qquad (2\text{-}16)$$

综上所述,则车辆在 Frenét 坐标系下的运动状态 $(s,\dot{s},\ddot{s},d,\dot{d},\ddot{d})$ 到笛卡儿坐标系下的运动状态 $(\theta,\kappa,V_{\text{ego}},a_{\text{ego}})$ 的映射关系如式(2-4)、式(2-8)、式(2-15)、式(2-16)所示。

为了实现车辆在 Frenét 坐标系下的运动状态反馈控制,定义车辆相对参考线的横向误差为 e_1、横向速度误差为 $\dot{e}_1$、航向误差为 e_2、航向误差率为 $\dot{e}_2$,根据式(2-4)可得

$$\ddot{d} = a_{\text{ego}}\sin(\Delta\theta) + V_{\text{ego}}\cos(\Delta\theta)\cdot\Delta\dot{\theta} \qquad (2\text{-}17)$$

则状态反馈信息为

$$\begin{cases} e_1 = d \\ \dot{e}_1 = V_{\text{ego}} \sin(\Delta\theta) \\ e_2 = \Delta\theta \\ \dot{e}_2 = \dfrac{\ddot{d} - a_{\text{ego}} \sin(e_2)}{V_{\text{ego}} \cos(e_2)} \end{cases} \quad (2\text{-}18)$$

以一个典型的换道场景为例,车辆存在一个较大的初始航向角偏差,利用5次多项式规划出的换道路径在笛卡儿坐标系和Frenét坐标系下的轨迹曲线分别如图2.6和图2.7所示。

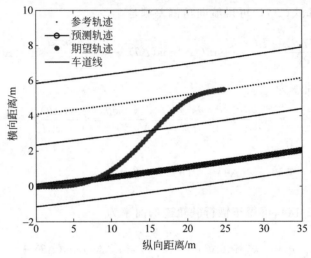

图2.6　局部笛卡儿坐标系下的轨迹曲线

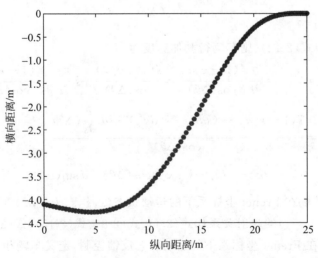

图2.7　Frenét坐标系下的轨迹曲线

2.2.4 环境感知坐标系

为了提高智能驾驶系统可靠性和多目标跟踪(MTT)性能,进而建立交通场景模型和动力学控制问题的可行域模型,需要采用多源异构传感器形成冗余感知。以某车型 ADAS 功能多传感器冗余方案为例,采用1个前向毫米波雷达、4个角雷达和1个前视摄像头形成冗余,其多传感器冗余感知示意图如图 2.8 所示。

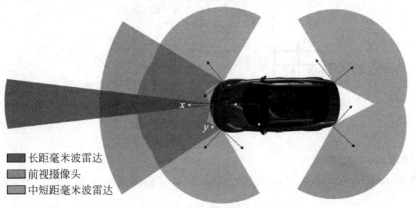

彩图 2.8

图 2.8 多传感器冗余感知示意图

1. 相机坐标系

摄像头的作用是把三维世界中的形状、颜色信息压缩到一张二维图像上。基于摄像头的感知算法则是从二维图像中提取并还原三维世界中的元素和信息,如车道线、车辆、行人等,并计算它们与本车的相对位置。

图像坐标系:计算机处理的图像,一般以左上角为原点,向右为 X 正方向,向下为 Y 正方向,单位以"像素"最为常用。图像坐标系为二维坐标系,标记为(X_i,Y_i)。

摄像机坐标系:由于图像坐标系向右为 X 正方向,向下为 Y 正方向,因此摄像机坐标系以镜头主光轴中心为原点,一般向右为 X 正方向,向下为 Y 正方向,向前为 Z 正方向。这样,X、Y 方向与图像坐标系吻合,Z 方向即为景深,同时符合右手坐标系的定义,便于算法中的向量计算。摄像机坐标系记为(X_c,Y_c,Z_c)。

像平面坐标系:为了能够定量描述三维空间到二维图像的映射关系,图形学里引入了像平面坐标系。它是摄像机坐标系的一个平移,中心仍在摄像机主光轴上,距离光轴中心的距离等于摄像机的焦距。

由于摄像机会在光轴中心后方的底片上成一个缩小的倒像,是真正的像平面(X'_f,Y'_f)。但是为了分析和计算方便,一般会在光轴中心前方设立一个虚拟像平面(X_f,Y_f),如图 2.9 所示。虚拟像平面上的成像为正像,大小与真实倒像相同。

从摄像机坐标系到像平面坐标系存在以下映射关系:

$$x_f = f\left(\frac{X_c}{Z_c}\right), \quad y_f = f\left(\frac{Y_c}{Z_c}\right) \tag{2-19}$$

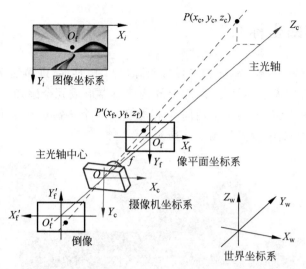

图 2.9 相机坐标系示意图

其中,f 为摄像机的焦距。

从以毫米为单位的像平面坐标系到以像素为单位的图像坐标系,存在线性转换关系

$$\begin{bmatrix} x_i \\ y_i \\ 1 \end{bmatrix} = \begin{bmatrix} s_x & 0 & c_x \\ 0 & s_y & c_y \\ 0 & 0 & 1 \end{bmatrix} \begin{bmatrix} x_f \\ y_f \\ 1 \end{bmatrix} \tag{2-20}$$

其中,s_x 和 s_y 是图像上每个像素在像平面上所对应的物理尺寸,单位是像素每毫米;(c_x,c_y)是像平面中心在图像中的位置,单位是像素。

相机的焦距、像素尺寸和图像中成像中心的位置被称为相机的内部参数,用来确定相机从三维空间到二维图像的投影关系。实际应用中相机的内部参数会更为复杂,还包括图像的畸变率等参数。在自动驾驶应用中,相机的内部参数为常数,在使用过程中一般不会发生变化,但需要在使用前做好标定工作。相机的拍摄过程,可以抽象成是从三维相机坐标系映射到二维像平面坐标系,再映射到图像坐标系的过程。图像感知算法则是这一过程的逆过程,通过二维图像推断物体在三维相机坐标系中的位置,例如获得障碍物的横纵向相对距离信息。

2. 激光雷达坐标系

激光雷达是自动驾驶特别是无人驾驶中最重要的传感器之一。目前世界上几乎所有的 L4 级别以上的自动驾驶测试车都配备了不同型号的激光雷达。

多线激光雷达可以看作是按一定角度绑在一起,并且不停旋转的高速激光测距仪。以 Velodyne 公司的 64 束激光雷达 HDL64 为例,其在垂直方向上可以同时以 64 个不同角度发射激光。根据反射回来的激光在空中的飞行时间(TOF)就可以计算出激光雷达距离物体表面的距离。这 64 束垂向分布的激光随雷达机体一起旋转,从而完成对环境 360°的扫描。大量的数据点绘制在三维空间中,形成了云状分布,被称为激光点云(Point Cloud)。

如图 2.10 所示,旋转式激光雷达一般选择激光发射中心作为坐标系原点,向上为 Z 轴正方向，X 轴、Y 轴构成水平平面。图中红色线条为激光雷达发出的激光束，在任意静止时刻形成平行于 Z 轴、垂直于 XY 平面的扇形扫描区。每束出射激光在竖直方向上的俯仰角 θ_i 为固定值，在设计制造时确定，属于激光雷达的内部参数。扇形扫描平面绕 Z 轴旋转的角度 $\varphi(t)$ 随时间变化，并会在原始测量数据中给出。

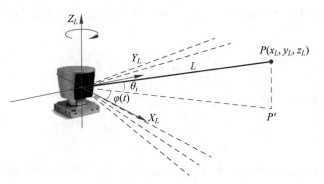

彩图2.10

图 2.10 激光雷达坐标系

用正交坐标系表示的点云数据，在实际中最为常用。例如，第 i 束激光在某 t_0 时刻照射到某物体表面的 P 点，测距结果显示 P 点与激光雷达间的距离为 L，则该测量点 P 的原始测量数据可以极坐标形式 $(\varphi(t_0), \theta_i, L)$ 来表示。同时，P 点在激光雷达的正交坐标系 (X_L, Y_L, Z_L) 中表示为 $P(x_L, y_L, z_L)$，存在如下转换关系：

$$\begin{cases} x_L = L\cos(\theta_i)\cos(\varphi(t_0)) \\ y_L = L\cos(\theta_i)\sin(\varphi(t_0)) \\ z_L = L\sin(\theta_i) \end{cases} \tag{2-21}$$

3. 毫米波雷达坐标系

假设前向雷达装在车辆中轴线上且位于前保险杠前方，环境感知坐标系与车辆前向雷达坐标系。如图 2.11 所示，以前向雷达安装位置中心点为坐标原点，x 轴平行于主车轴线以车辆运动方向为正方向，y 轴垂直于 x 轴方向，且假定车道线检测结果以车辆右侧为正方向，而目标检测结果以车辆左侧为正方向。

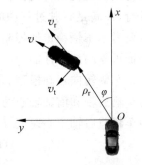

图 2.11 环境感知坐标系

4. 坐标系变换

在实际应用中，智能驾驶汽车一般都装有多个传感器，每个传感器安装的位置、方向都不一样。同一个交通参与者（如车辆、行人等）在各个传感器视野中的位置与姿态也都有所不同。因此，需要通过不同传感器确定障碍物与智能驾驶汽车间的相对位置，同时需要知道智能驾驶汽车在世界坐标系和高精地图中的位置与姿态，这就需要将不同的传感器坐标系关联起来，并建立它们之间的转换关系，这就是坐标系变换问题。

为了将不同传感器间彼此独立的感知结果关联起来，建立统一的环境模型，需要找到各个传感器与车体间的位置关系，这也是自动驾驶环境感知中多传感器融合算法的最基本步骤。传感器在车体上的安装位置一旦确定，在运行中就会保持固定，所以可以采用离线标定的方法确定各传感器相对车体的精确位置。

以前向毫米波雷达的坐标系作为全局环境感知坐标系,其他环境感知传感器的监测数据信息都通过坐标系变换后与环境感知坐标系对齐。假设环境感知传感器 i 在全局坐标系中的位置为 (x_i,y_i),其局部坐标系相对于全局坐标系的旋转角度为 θ_i(以逆时针方向为正),则传感器 i 检测到目标的坐标 (x_0,y_0) 在全局坐标系下的坐标 (x,y) 满足坐标系变换关系

$$\begin{bmatrix} x \\ y \end{bmatrix} = R_i \begin{bmatrix} x_0 \\ y_0 \end{bmatrix} + T_i \tag{2-22}$$

其中,T_i 为平移向量,R_i 为旋转矩阵,且表达式为

$$T_i = \begin{bmatrix} x_i \\ y_i \end{bmatrix}, \quad R_i = \begin{bmatrix} \cos\theta_i & -\sin\theta_i \\ \sin\theta_i & \cos\theta_i \end{bmatrix} \tag{2-23}$$

同理,该目标被传感器 i 检测到的横纵向速度 (V_{x0},V_{y0}) 在全局坐标系下的横纵向速度 (V_x,V_y) 也满足坐标系变换关系

$$\begin{bmatrix} V_x \\ V_y \end{bmatrix} = R_i \begin{bmatrix} V_{x0} \\ V_{y0} \end{bmatrix} \tag{2-24}$$

2.3 车辆运动学模型

车辆运动学是从几何学的角度研究车辆运动规律,包括车辆的空间位置、速度、航向等随时间而变化的特性。在车辆路径规划算法中应用运动学模型,可以使规划出的路径切实可行,并满足行驶过程中的运动学几何约束;同时,在良好路面的低速行驶工况下,一般不需要考虑车辆稳定性控制等动力学问题,只需要基于运动学模型设计路径跟踪控制器即可保证可靠的控制性能。

车辆转向运动模型如图 2.12 所示。在惯性坐标系 OXY 下,(X_r,Y_r) 和 (X_f,Y_f) 分别为车辆后轴和前轴轴心的坐标,φ 为车体的横摆角(航向角),δ_f 为前轮转角,v_f 和 v_r 分别为车辆前后轴中心速度,L 为轴距。

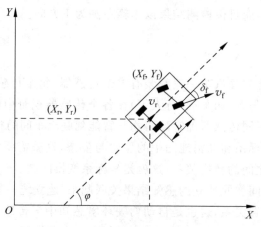

图 2.12 车辆转向运动模型

图 2.13 所示为车辆转向过程示意图，R 为后轮转向半径，P 为车辆的瞬时转动中心，M 为车辆后轴轴心，N 为前轴轴心。此处假设转向过程中车辆质心侧偏角保持不变，即车辆瞬时转向半径与道路曲率半径相同。

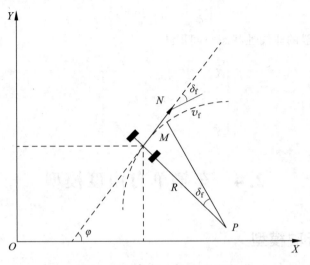

图 2.13 车辆转向过程示意图

在车辆后轴中心 (X_r, Y_r) 处，速度为

$$v_r = \dot{X}_r \cos\varphi + \dot{Y}_r \sin\varphi \tag{2-25}$$

前后轴的运动学约束为

$$\begin{cases} \dot{X}_f \sin(\varphi + \delta_f) - \dot{Y}_f \cos(\varphi + \delta_f) = 0 \\ \dot{X}_r \sin\varphi - \dot{Y}_r \cos\varphi = 0 \end{cases} \tag{2-26}$$

则

$$\begin{cases} \dot{X}_r = v_r \cos\varphi \\ \dot{Y}_r = v_r \sin\varphi \end{cases} \tag{2-27}$$

根据前后轮的几何关系可得

$$\begin{cases} X_f = X_r + L\cos\varphi \\ Y_f = Y_r + L\sin\varphi \end{cases} \tag{2-28}$$

由式(2-26)～式(2-28)可得横摆角速度为

$$\omega = \dot{\varphi} = \frac{v_r}{L}\tan\delta_f \tag{2-29}$$

同时，可得转弯半径和前轮转角为

$$\begin{cases} R = \dfrac{v_r}{\omega} \\ \delta_f = \arctan\dfrac{L}{R} \end{cases} \tag{2-30}$$

进而可得车辆运动学模型为

$$\begin{bmatrix} \dot{X}_r \\ \dot{Y}_r \\ \dot{\varphi} \end{bmatrix} = \begin{bmatrix} \cos\varphi \\ \sin\varphi \\ \dfrac{1}{L}\tan\delta_f \end{bmatrix} v_r \tag{2-31}$$

可将其表示为更一般的非线性状态空间形式

$$\begin{bmatrix} \dot{X}_r \\ \dot{Y}_r \\ \dot{\varphi} \end{bmatrix} = \begin{bmatrix} \cos\varphi \\ \sin\varphi \\ 0 \end{bmatrix} v_r + \begin{bmatrix} 0 \\ 0 \\ 1 \end{bmatrix} \omega \tag{2-32}$$

2.4 车辆单自由度模型

2.4.1 单轮行驶模型

为了说明汽车在制动或驱动过程中轮胎的运动状态和纵向控制原理,本节首先介绍单轮滑移模型的建立与理论推导过程。

设图 2.14 所示单轮模型的质量为 m,车轮的转动惯量为 I,车轮的滚动半径为 r,车轮的旋转角速度为 ω,地面的制动力为 F_{Xb},作用于车轮的制动力矩为 T_μ,忽略空气阻力与滚动阻力,可得单轮模型的运动微分方程如下:

$$F_{Xb} = \mu_b F_Z \tag{2-33}$$

$$I\frac{d\omega}{dt} = F_{Xb}r - T_\mu \tag{2-34}$$

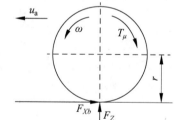

图 2.14 单轮模型

为简化问题以便分析,现假设如下:
(1) 车轮抱死速度快,该过程中车速无明显降低。
(2) 该模型中垂向力 F_Z 为一定值。
(3) 如图 2.15 所示,以两段直线近似替代轮胎滑移率-附着曲线,即

$$\mu = \begin{cases} \dfrac{s}{s_p}\mu_p, & 0 \leqslant s \leqslant s_p \\ \mu_s + \dfrac{1-s}{1-s_p}(\mu_p - \mu_s), & s_p < s \leqslant 1 \end{cases} \tag{2-35}$$

其中,s 和 μ 分别为滑移率和路面附着系数,μ_p 为最大附着系数(此时的滑移率为 s_p,一般在 20% 附近),μ_s 为滑移率为 100% 时的附着系数。

(4) 制动力矩与制动轮缸压力成正比,即 $T_\mu = p(t)F_s K_{ef} R_k$。其中,$p(t)$ 为制动轮缸压力,F_s 为轮缸面积,K_{ef} 为制动效能因数,R_k 为车轮等效作用半径。

单轮模型中车轮的滑移率、旋转角速度和角加速度是表征车轮运动状态的关键参量和

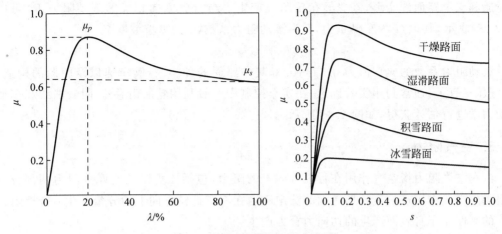

图 2.15　轮胎滑移率-附着曲线

判断依据。

2.4.2　纵向行驶动力学模型

汽车纵向行驶方程是车辆在稳态条件下纵向速度控制的理论基础，是巡航控制、加速/减速控制等过程的关键模型。汽车道路行驶时的纵向受力主要由动力系统、制动系统提供的驱动或制动力，及来自地面的滚动阻力 F_f 和来自空气的空气阻力 F_w 组成。当汽车在坡道上上坡行驶时，还必须克服重力沿坡道的分力（称为坡度阻力），以符号 F_i 表示。汽车加速行驶时还需要克服加速阻力，以符号 F_j 表示。因此，汽车纵向行驶过程受力如下所示：

$$F_{td} + F_{tb} = F_f + F_w + F_i + F_j \tag{2-36}$$

接下来将对各个分力依次展开说明。

1. 驱动力与制动力

汽车动力源产生的驱动力矩经传动系统传递至驱动轮上，驱动力传递到车轮上后产生地面与车轮反作用力 F_{td}（方向为前进方向），可以表示为

$$F_{td} = \frac{T_{tq} i_g i_0 \eta_T}{r} \tag{2-37}$$

其中，T_{tq} 为动力源产生的驱动力矩，i_g 为变速箱传动比，i_0 为主减速器传动比，η_T 为传动系统机械效率，r 为车轮的有效滚动半径。

汽车制动系统产生的制动力矩 T_{bq} 直接作用在车轮上，该制动力矩将产生地面与车轮反作用力 F_{tb}（方向为前进方向），可以表示为

$$F_{tb} = -\frac{T_{bq}}{r} \tag{2-38}$$

2. 滚动阻力

车轮在较小侧偏滚动时，轮胎与路面的接触区域产生法向、切向的相互作用力以及相应

的轮胎和支承路面的变形,该变形在轮胎上产生了与行驶方向相反的滚动阻力 F_f 可以用式(2-39)表示,其中 G 为车辆重力,f 为滚动阻力系数,α 为纵坡坡度。

$$F_f = Gf\cos\alpha \tag{2-39}$$

滚动阻力系数的典型值为 0.01~0.8,其与路面的种类、行驶车速以及轮胎的构造、材料、气压等有关,通常利用实验确定,在实车控制中一般利用轮胎滑移率-附着曲线和车辆行驶动力学进行估计获得,如图 2.15 所示。

3. 空气阻力

汽车空气阻力指空气作用在行驶方向上的阻力,包括压力阻力与摩擦阻力两部分。压力阻力由空气作用在汽车外形表面的法向压力在汽车行驶方向上的分量产生;摩擦阻力由空气的黏性在车身表面产生的切向力合力产生。

在汽车行驶范围内,空气阻力通常与气流相对速度的动压力 $\frac{1}{2}\rho u_r^2$ 成正比的形式,即

$$F_w = \frac{1}{2}C_D A \rho u_r^2 \tag{2-40}$$

其中,C_D 为空气阻力系数,在车速较高、动压较高而相应气体的黏性摩擦较小时,C_D 将保持不变;ρ 为空气密度,一般 $\rho = 1.2258 \text{N} \cdot \text{s}^2 \cdot \text{m}^{-4}$;$A$ 为迎风面积,即汽车行驶方向的投影面积(单位为 m^2);u_r 为相对速度。若考虑无风条件下的车辆运动,以 u_a(km/h)表示车辆运动速度,则空气阻力 F_w(单位为 N)表示为

$$F_w = \frac{C_D A}{21.15} u_a^2 \tag{2-41}$$

其中,空气阻力系数 C_D 和迎风面积 A 可通过实验测得。

4. 坡度阻力

车辆处于上坡行驶时,需要克服重力沿坡道方向的分力即坡道阻力 F_i,表示为

$$F_i = G\sin\alpha \tag{2-42}$$

5. 加速阻力

车辆在加速过程中需克服平移质量和旋转质量的惯性力,加速度平移质量直接产生惯性力,旋转质量产生惯性力偶矩,将旋转质量的惯性力偶矩转换为平移质量的惯性力叠加到平移质量产生的惯性力处,该换算关系以汽车旋转质量换算系数 δ 表示。叠加了旋转质量的惯性力偶矩的加速度阻力 F_j 可以写作

$$F_j = \delta m \frac{du}{dt} \tag{2-43}$$

其中,汽车旋转质量换算系数 δ 可由式(2-44)计算,或通过实验方式测得。其中,m 为整车质量,I_w 为车轮旋转惯量,I_f 为飞轮转动惯量,则质量换算系数可表示为

$$\delta = 1 + \frac{1}{m}\frac{\sum I_w}{r^2} + \frac{1}{m}\frac{I_f i_g i_0 \eta_T}{r^2} \tag{2-44}$$

6. 纵向行驶方程

根据上述分析得到的汽车驱动力与制动力、行驶阻力等，可以得到汽车行驶方程为

$$\frac{T_{tq}i_g i_0 \eta_T}{r} - \frac{T_{bq}}{r} = Gf\cos\alpha + \frac{C_D A}{21.15}u_a^2 + G\sin\alpha + \delta m \frac{du}{dt} \tag{2-45}$$

当车辆在坡度较小道路行驶时，有 $\cos\alpha \approx 1$，$\sin\alpha \approx \alpha$，故可将上式写为

$$\frac{T_{tq}i_g i_0 \eta_T}{r} - \frac{T_{bq}}{r} = Gf + \frac{C_D A}{21.15}u_a^2 + G\alpha + \delta m \frac{du}{dt} \tag{2-46}$$

2.5 复杂车辆动力学模型

整车动力学模型用以描述车辆在行进过程中的各项状态变化的数学模型，是分析智能车辆操纵性能及运动控制的基础。车辆是由转向系统、动力系统、制动系统、悬架系统等多个系统部件组成的复杂系统，具有非线性、时变性、耦合性等特点，建立其精确的动力学模型有助于进一步分析运动学特性和开发控制算法。

2.5.1 自行车模型

针对如图 2.16 所示的车辆横向动力学，考虑其半车模型（又叫自行车模型），如图 2.17 所示，两个前轮由 A 点处的车轮代替，两个后轮由 B 点处的一个车轮代替，前后轮的转向角分别为 δ_f 和 δ_r 表示。此时的车辆横向动力学模型就被简化成一个二自由度车辆模型，车辆的运动状态由横向位置 y 和方向角 ψ 表示，车辆在质心处的纵横向速度分别为 v_x 和 v_y。

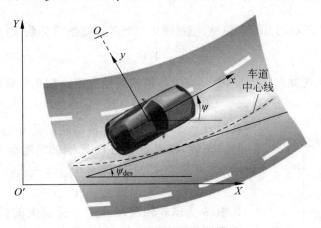

图 2.16 车辆横向动力学模型

1. 二自由度模型

线性二自由度模型为分析车辆操纵稳定性的最基本模型，其常用于驾驶员操纵意图判断、车辆横向稳定性判断等，是汽车转向稳定性控制程序中的关键模型。在建立二自由度模型时做如下假设：

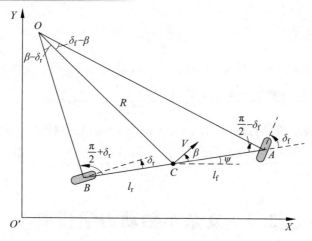

图 2.17　自行车模型

（1）忽略转向系统的影响，直接以前轮转角作为输入；

（2）忽略悬架的作用，认为车身只做平行于地面的平面运动，即车辆沿 Z 轴的位移、绕 Y 轴的俯仰角与绕 Z 轴的侧倾角均为零；

（3）车轮驱动力不大，不考虑地面切向力对轮胎侧偏特性的影响，车辆沿 X 轴的前进速度 V_{ego} 保持不变；

（4）忽略行驶过程中的轮胎回正力矩、外倾侧向力、空气动力中的风阻与升力等作用；

（5）忽略左、右车轮轮胎由于载荷的变化而引起轮胎特性的变化；

（6）汽车的侧向加速度限定在 $0.4g$ 以下，轮胎侧偏特性处于线性范围，认为侧向车轮的侧偏刚度保持不变。

这样，实际汽车即简化成一个具有横摆运动和侧向运动的二自由度模型，又称单车模型、阿克曼模型等。

针对如图 2.17 所示的自行车模型，根据刚体运动的速度换算关系，则车辆横向加速度为

$$a_y = \ddot{y} + V_{ego}\dot{\psi} \tag{2-47}$$

其中，$\ddot{y}$ 为车辆侧向速度大小的变化率，$\dot{\psi}$ 为车辆横摆角速度。根据牛顿第二定律可得

$$ma_y = m(\ddot{y} + V_{ego}\dot{\psi}) = F_{yf} + F_{yr} \tag{2-48}$$

其中，F_{yf} 和 F_{yr} 分别为前后轮胎受到的侧向力。针对前轮转向车辆，根据如图 2.18 所示的轮胎受力模型可得

$$\begin{cases} F_{yf} = 2C_{af}(\delta - \theta_{vf}) \\ F_{yr} = 2C_{ar}(-\theta_{vr}) \end{cases} \tag{2-49}$$

其中，δ 为前轮转角，C_{af}、C_{ar} 分别为前后轮的侧偏刚度，由于车辆前后各两个轮，所以受力要乘以 2。

根据图 2.18，且考虑轮胎的侧偏角较小，则可得

$$\begin{cases} \theta_{vf} = \dfrac{\dot{y} + l_f\dot{\psi}}{V_{ego}} \\ \theta_{vr} = \dfrac{\dot{y} - l_r\dot{\psi}}{V_{ego}} \end{cases} \tag{2-50}$$

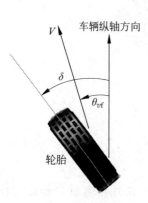

图 2.18　轮胎受力模型

其中，l_f、l_r 分别为前悬长度和后悬长度。

此外，车辆的横摆动力学为

$$I_z \ddot{\psi} = l_f F_{yf} - l_r F_{yr} \tag{2-51}$$

其中，I_z 为车辆绕 Z 轴转动的转动惯量。

定义车辆行驶状态为

$$X = \begin{bmatrix} V_y \\ \dot{\psi} \end{bmatrix} \tag{2-52}$$

其中，$V_y = \dot{y}$ 为车辆侧向速度。结合式(2-47)~式(2-52)，可得车辆横向动力学方程为

$$\dot{X} = AX + B\delta \tag{2-53}$$

其中

$$A = \begin{bmatrix} -\dfrac{2C_{af} + 2C_{ar}}{mV_{ego}} & -V_{ego} - \dfrac{2C_{af}l_f - 2C_{ar}l_r}{mV_{ego}} \\ -\dfrac{2C_{af}l_f - 2C_{ar}l_r}{I_z V_{ego}} & -\dfrac{2C_{af}l_f^2 + 2C_{ar}l_r^2}{I_z V_{ego}} \end{bmatrix}, \quad B = \begin{bmatrix} \dfrac{2C_{af}}{m} \\ \dfrac{2C_{af}l_f}{I_z} \end{bmatrix}$$

由于车辆状态(见式(2-52))中仅横摆角速度是可测的，因此定义系统输出为 $Y = \dot{\psi}$。此外，考虑到系统建模误差、不确定性和测量误差，则式(2-53)可写成

$$\begin{cases} \dot{X} = AX + B\delta + w_1 \\ Y = CX + w_2 \end{cases} \tag{2-54}$$

其中，w_1 和 w_2 分别为能量有界的系统干扰与测量误差，测量矩阵为 $C = [0, 1]$。

2. 等速圆周运动

在车辆前轮转角固定输入下车辆的稳态响应为等速圆周行驶，此时的二自由度模型(见式(2-53))的稳态响应条件为 $\dot{X} = 0$，代入式(2-53)可得到系统的稳态响应为

$$X_s = -A^{-1} B \delta_s \tag{2-55}$$

根据式(2-53)可得

$$X_s = \dfrac{V_{ego}}{2C_{af}C_{ar}L^2 + m(C_{ar}l_r - C_{af}l_f)V_{ego}^2} \begin{bmatrix} mV_{ego}^2 C_{af}l_f - 2C_{af}C_{ar}Ll_r \\ -2C_{af}C_{ar}L \end{bmatrix} \delta_s \tag{2-56}$$

则前轮转角输入与稳态横摆角速度的关系

$$\left. \dfrac{\omega_r}{\delta} \right|_s = \dfrac{V_{ego}/L}{1 + \dfrac{m}{L^2}\left(\dfrac{l_f}{2C_{ar}} - \dfrac{l_r}{2C_{af}}\right)V_{ego}^2} = \dfrac{V_{ego}/L}{1 + KV_{ego}^2}$$

式中，$\left.\dfrac{\omega_r}{\delta}\right|_s$ 常称为横摆角速度增益，也称为转向灵敏度，表示稳态横摆角速度与前轮转角输入的比值；$K = \dfrac{m}{L^2}\left(\dfrac{l_f}{2C_{ar}} - \dfrac{l_r}{2C_{af}}\right)$ 称为稳定性因数，是表征车辆稳态转向响应特性的一个重要参数。关于 K 取值不同时，车辆的转向特性讨论如下。

1) 中性转向

当 $K=0$ 时,横摆角速度增益与车速呈线性关系,这种稳态响应称为中性转向,横摆角速度增益与车速如图 2.19 所示。

2) 不足转向

当 $K>0$ 时,横摆角速度增益保持在中性曲线的下方,其先随车速增大而增大,后来又随车速增大而减小。具有这样特性的汽车称为不足转向汽车。K 值越大,横摆角速度增益曲线越低,不足转向量越大。可以证明当车速为 $u_{ch}=\sqrt{1/K}$ 时,汽车稳态横摆角速度增益达到最大值。u_{ch} 称为特征车速,是表征车辆不足转向特性重要参数。需要注意的是,当车速较小时,$KV_{ego}^2 \to 0$,则横摆角速度增益近似为 $1/L$,即相当于中性转向。

3) 过多转向

当 $K<0$ 时,横摆角速度增益保持在中性曲线的上方,随车速增大横摆角速度增益的增加速率增大,呈向上弯曲形式。具有这样特性的汽车称为过多转向汽车。可以证明当车速为 $u_{cr}=\sqrt{-1/K}$ 时,汽车稳态横摆角速度增益达到正无穷。u_{cr} 称为临界车速,也是表征车辆过多转向特性的重要参数。

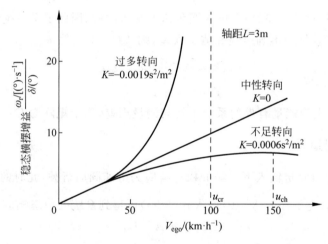

图 2.19 稳态横摆角速度增益曲线

2.5.2 三自由度模型

1. 考虑纵向运动

考虑车辆纵向、横向以及横摆运动的三自由度动力学模型涵盖了车辆运动过程中主要的三个维度运动特性,是分析研究车辆运动控制所广泛采用的动力学模型之一。本节采用的描述车辆运动的三自由度操纵模型是基于以下理想化假设条件的:

(1) 假定车辆所行驶的道路平坦无垂向路面不平度输入,忽略垂向运动影响及相关耦合作用;忽略空气阻力,忽略横向和纵向空气动力学问题。

(2) 假定车辆悬架系统等车辆结构为刚性,不考虑车辆垂直于对面的运动,即忽略车身俯仰和侧倾运动对于车辆轨迹规划与轨迹跟随的影响。

(3) 忽略车辆运动过程中的垂向载荷的左、右转移,即认定左、右车轮所受垂向力相等,不考虑轮距影响。

(4) 假定车轮侧倾角为一个较小值,则轮胎侧向力性能始终位于轮胎的线性区域且不受纵向运动影响;假定轮胎未发生侧向滑移,即侧向力未达到附着极限。

在以上的假设下,车辆可视为左右完全对称的单轨操纵动力学模型,左、右两轮所受合力可等效视为车轴受力。分析车辆纵向速度、侧向速度、横摆角速度三个自由度方向的受力,与二自由度模型相类似可得

$$\begin{cases} \dot{V}_{\text{ego}} = \dfrac{F_x}{m} + \dot{V}_y \dot{\psi} + \dfrac{2l_f \dot{\psi} + 2V_y}{mV_{\text{ego}}} C_{\alpha f} \delta \\ \dot{V}_y = -\dfrac{2C_{\alpha f} + 2C_{\alpha r}}{mV_{\text{ego}}} V_y - \left(V_{\text{ego}} + \dfrac{2C_{\alpha f} l_f - 2C_{\alpha r} l_r}{mV_{\text{ego}}} \right) \dot{\psi} + \dfrac{2C_{\alpha f}}{m} \delta \\ \ddot{\psi} = -\dfrac{2C_{\alpha f} l_f - 2C_{\alpha r} l_r}{I_z V_{\text{ego}}} V_y - \dfrac{2C_{\alpha f} l_f^2 + 2C_{\alpha r} l_r^2}{I_z V_{\text{ego}}} \dot{\psi} + \dfrac{2C_{\alpha f} l_f}{I_z} \delta \end{cases} \quad (2\text{-}57)$$

由上式可见,该三自由度模型是一个复杂且横纵向深度耦合的非线性模型。

2. 考虑侧倾运动

线性二自由度模型认为车身仅在平行于地面的平面运动,忽略了车辆的侧倾运动。在侧倾转向效应较小的情况下,这样的简化模型可以较好地描述车辆运动。但是在侧倾转向效应较大时线性二自由度模型就不够精确了。

将车辆前轮转角作为已知输入时,汽车的运动状态可以用三个广义坐标来表示:航向角 φ、车身侧偏角 β 和车身侧倾角 ϕ。在三自由度模型推导时做与线性二自由度模型推导的相同假设:

(1) 忽略悬架的作用,认为车辆沿 Z 轴的位移、绕 Y 轴的俯仰角均为零;

(2) 车轮驱动力不大,不考虑地面切向力对轮胎侧偏特性的影响,车辆沿 X 轴的前进速度 V_{ego} 保持不变;

(3) 忽略行驶过程中的轮胎回正力矩、外倾侧向力、空气动力中的风阻与升力等作用;

(4) 忽略左右车轮轮胎由于载荷的变化而引起轮胎特性的变化;

(5) 汽车的侧向加速度限定在 0.4g 以下,轮胎侧偏特性处于线性范围,认为侧向车轮的侧偏刚度保持不变。

与二自由度模型相比,考虑左右悬挂的作用,认为汽车车厢绕 X 轴的侧倾,即增加了簧载质量(车身)的侧倾自由度(图 2.20)。

基于牛顿力学原理和达朗贝尔原理,可以得到绕 Z 轴力矩平衡方程、沿 Y 轴力平衡方程、绕 X 轴力矩平衡方程。

绕 Z 轴力矩平衡方程为

$$I_z \dot{\omega}_r + I_{xz} \dot{\omega}_\phi = -F_{yf} l_f + F_{yr} l_r \quad (2\text{-}58)$$

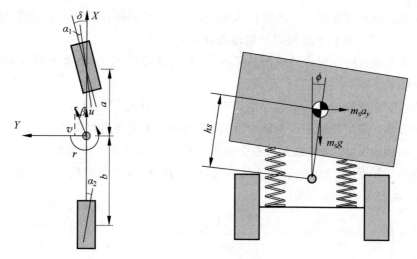

图 2.20 汽车横向视图

其中,I_{xz} 是悬架上质量绕 X、Z 两轴的惯性积,ω_r、ω_ϕ 分别为车身横摆角速度和侧倾角速度。

沿 Y 轴力平衡方程为

$$(m-m_s)(\omega_r V_{ego}+a_y)+m_s[(\omega_r V_{ego}+V_y)V_{ego}-h\dot{\omega}_\phi]=-(F_{yf}+F_{yr}) \quad (2-59)$$

即

$$m(\omega_r V_{ego}+a_y)-m_s h\dot{\omega}_\phi=-(F_{yf}+F_{yr})$$

其中,h 为侧倾力臂(悬架上质量重心高度与整车侧倾中心高度之差),m_s 为簧上质量。

绕 X 轴力矩平衡方程为

$$I_{xx}\dot{\omega}_\phi - m_s[(\omega_r V_{ego}+a_y)-h\dot{\omega}_\phi]h+I_{xz}\dot{\omega}_r=-(D_1+D_2)\omega_\phi-(2K_\phi-m_s hg)\phi \quad (2-60)$$

其中,D_1 和 D_2 分别为前轴、后轴悬架侧倾角阻尼,I_{xx} 是簧上质量绕车身重心的纵轴的转动惯量,故 $I_{xx}+m_s h^2=I_x$。上式可改写为

$$I_x\dot{\omega}_\phi-m_s h(\omega_r V_{ego}+a_y)+I_{xz}\dot{\omega}_r=-(D_1+D_2)\omega_\phi- \\ (2K_\phi-m_s hg)\phi \quad (2-61)$$

由于

$$\begin{cases} F_{yf}=2C_{\alpha f}(\delta-\theta_{vf}) \\ F_{yr}=2C_{\alpha r}(-\theta_{vr}) \end{cases} \quad (2-62)$$

前、后轮侧偏角的几何关系为

$$\begin{cases} \theta_{vf}=\beta+\dfrac{l_f \omega_r}{V_{ego}}-E_1\phi \\ \theta_{vr}=\beta-\dfrac{l_r \omega_r}{V_{ego}}-E_2\phi \end{cases} \quad (2-63)$$

其中,E_1 和 E_2 分别为前轴、后轴侧倾转向系数,则代入式中可以得到

$$\begin{cases} \dot{V}_y = \dfrac{m_s h}{m}\ddot{\phi} - \dfrac{2C_{\alpha f}+2C_{\alpha r}}{mV_{\text{ego}}}V_y - \left(V_{\text{ego}} + \dfrac{2C_{\alpha f}l_f - 2C_{\alpha r}l_r}{mV_{\text{ego}}}\right)\omega_r + \\ \qquad \dfrac{2C_{\alpha f}E_1 + 2C_{\alpha r}E_2}{m}\phi + \dfrac{2C_{\alpha f}}{m}\delta \\ \dot{\omega}_r = -\dfrac{I_{xz}}{I_z}\ddot{\phi} - \dfrac{2C_{\alpha f}l_f - 2C_{\alpha r}l_r}{I_z V_{\text{ego}}}V_y - \dfrac{2C_{\alpha f}l_f^2 + 2C_{\alpha r}l_r^2}{I_z V_{\text{ego}}}\omega_r + \\ \qquad \dfrac{2C_{\alpha f}l_f E_1 + 2C_{\alpha r}l_r E_2}{I_z}\phi + \dfrac{2C_{\alpha f}l_f}{I_z}\delta \\ \ddot{\phi} = \dfrac{m_s h}{I_x}\dot{V}_y - \dfrac{I_{xz}}{I_x}\dot{\omega}_r + \dfrac{m_s h V_{\text{ego}}}{I_x}\omega_r - \dfrac{D_1 + D_2}{I_x}\dot{\phi} - \dfrac{2K_\phi - m_s h g}{I_x}\phi \end{cases} \quad (2\text{-}64)$$

2.5.3 七自由度模型

假设车身为刚体,忽略车辆的垂向运动,在汽车纵向、横向和横摆三自由度模型基础上考虑 4 个车轮的旋转运动,所建立的汽车七自由度模型是一种更普适的汽车动力学模型。考虑到四轮独立控制中各车轮的滑移率和侧偏角的值可能不一致:在转向操纵过程中内外侧车轮载荷发生转移;在制动或者加速过程中前后车轮载荷发生转移,因此在转向过程中车轮的垂直载荷是一个时变的参量。此外,汽车在实际运动过程中各轮胎和路面之间的附着状态也可能不一致。这些影响因素在两轮模型中难以定量评估,因此需要采用四轮模型进一步精确地描述整车在平整路面行驶时的动力学状态,且因制动系统和驱动系统的作用,汽车纵向速度是时变的,故汽车纵向运动的自由度也需要考虑。

本章在建立如图 2.21 所示的七自由度动力学模型的过程中做出如下简化和假设:

(1) 建立非线性七自由度车辆模型,主要包括横向、纵向、横摆 3 个方向的运动和 4 个车轮的回转运动。

(2) 忽略空气动力的影响,忽略车辆的侧倾运动、仰俯运动以及悬架对车辆的作用。

(3) 忽略转向系统的影响,以及轮胎回正力矩的作用。

相对于二自由度模型,七自由度动力学模型考虑了 4 个车轮的回转运动,并且在建模时将纵向速度作为一个时变的参量。基于所建立的三自由度汽车模型,结合车轮转动的运动方程得到七自由度整车的纵向运动、横向运动和横摆运动的动力学方程如下。

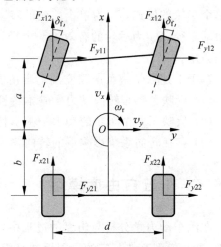

图 2.21 整车七自由度动力学模型

纵向运动:

$$m(\dot{V}_x - V_y \omega_r) = (F_{x11} + F_{x12})\cos\delta - (F_{y11} + F_{y12})\sin\delta + F_{x21} + F_{x22} \quad (2\text{-}65)$$

横向运动：
$$m(\dot{V}_y + \omega_r V_x) = (F_{y11} + F_{y12})\cos\delta + (F_{y21} + F_{y22}) + (F_{x11} + F_{x12})\sin\delta \qquad (2\text{-}66)$$

横摆运动：
$$I_z \dot{\omega}_r = -\left[(F_{y11} + F_{y12})a\cos\delta - (F_{y11} - F_{y12})\frac{d}{2}\sin\delta\right] + (F_{y21} + F_{y22})b -$$
$$(F_{x11} + F_{x12})a\sin\delta + (F_{x11} - F_{x12})\frac{d}{2}\cos\delta + (F_{x21} - F_{x22})\frac{d}{2} \qquad (2\text{-}67)$$

如图 2.22 可得，车轮的旋转运动方程为

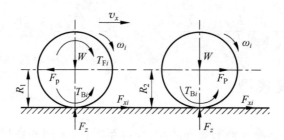

图 2.22 轮胎受力分析

$$J_1 \dot{\omega}_{11} = -F_{x11} R_1 - T_{B11} + T_{F11} \qquad (2\text{-}68)$$
$$J_1 \dot{\omega}_{12} = -F_{x12} R_1 - T_{B12} + T_{F12} \qquad (2\text{-}69)$$
$$J_2 \dot{\omega}_{21} = -F_{x21} R_2 - T_{B21} \qquad (2\text{-}70)$$
$$J_2 \dot{\omega}_{22} = -F_{x22} R_2 - T_{B22} \qquad (2\text{-}71)$$

其中，各变量的下角标 11、12、21、22 分别表示车辆的左前轮、右前轮、左后轮和右后轮，ω_i 为单个车轮的转速，J_1 为单个前轮的转动惯量，J_2 为单个后轮的转动惯量，R_1 为前轮的有效滚动半径，R_2 为后轮的有效滚动半径，T_{Ti} 为驱动轮上的驱动力矩，T_{Bi} 为单个车轮上的制动力矩。

基于上述数学模型所建立的七自由度车辆模型具有如下特点：
(1) 反映了整车转向动力学基本特性；
(2) 反映了 4 个车轮的动力学基本特性，尤其是在汽车操纵稳定性调控中的差异性；
(3) 存在转向系统影响下的转向输入-响应特性瞬态误差问题。

2.5.4 十五自由度模型

在汽车动力学分析与仿真的过程中，大多数情况下使用的是自由度较少的车辆动力学模型，这些模型存在一定的局限性并且模型精度较依赖于外部对模型参数的输入。七自由度车辆操纵稳定性模型包括车辆纵向运动、侧向运动、横摆运动以及 4 个车轮的旋转运动，可用于多种行驶工况下的车辆操纵稳定性研究，但其并未考虑地面的不平度激励引起的车身的跳动、俯仰以及侧倾对汽车操纵性能的影响。

在 4 轮七自由度模型的基础上，进一步考虑车身垂直跳动、侧倾和俯仰、4 轮垂直方向的跳动以及为考虑转向系统非线性特性加入的前轮转动等自由度，构成十五自由度车辆模

型,如图 2.23 所示。由于加入了悬架系统,整车质量进一步细分为簧下质量和簧上质量。

忽略空气动力的作用,建立车辆的十五自由度模型,相对于七自由度模型所考虑的因素主要包括:

(1) 考虑了车身的垂向跳动、侧倾及俯仰。
(2) 考虑了 4 轮垂向的跳动。
(3) 考虑了转向系统的非线性特性加入的前轮转动。

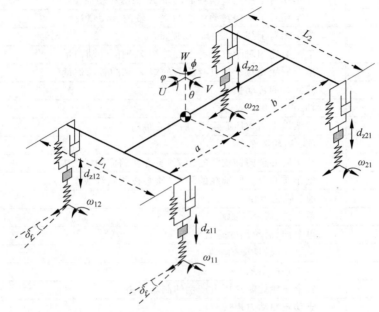

图 2.23 整车十五自由度模型

根据十五自由度模型,分别推导其动能、势能和广义力。假设车辆由以下 3 大部分组成:

(1) 质量为 m_s、横摆转动惯量为 J'_z、侧倾转动惯量为 J'_x、俯仰转动惯量为 J'_y 的簧载质量;
(2) 质量为 m_1、单个前轮相对于过自身质心的绕 Y 轴的转动惯量为 J_1、绕 Z 轴的转动惯量为 J''_{z1} 的单个前簧载质量,即单个前轮;
(3) 质量为 m_2、单个前轮相对于过自身质心的绕 Y 轴的转动惯量为 J_2、绕 Z 轴的转动惯量为 J''_{z2} 的单个后簧载质量,即单个后轮。

推导过程中各变量的含义如表 2.2 所示。

表 2.2 十五自由度模型变量含义

符 号	含 义
x、y	车辆沿 X 轴和 Y 轴前进的自由度
z	悬架以上结构垂直运动自由度
Y_{aw}	横摆运动自由度
θ、ϕ	悬架以上结构俯仰运动自由度和侧倾运动自由度
z_{ij}、w_{ij}	车轮垂直运动自由度和旋转运动自由度
δ	前轮转向自由度
u、v	车辆沿 X 轴和 Y 轴的速度
m、m_s	整车质量和悬架以上结构质量

符号	含义
m_1、m_2	单个前簧下质量和后簧下质量
J'_x	悬架以上质量相对于悬架以上质量质心的绕 X 轴的转动惯量（侧倾）
J'_y	悬架以上质量相对于悬架以上质量质心的绕 Y 轴的转动惯量（俯仰）
J'_z	悬架以上质量相对于悬架以上质量质心的绕 Z 轴的转动惯量（横摆）
J_x	整车相对于侧倾转动中心的绕 X 轴的转动惯量
J_y	整车相对于俯仰转动中心的绕 Y 轴的转动惯量
J_z	整车相对于绕 Z 轴的转动惯量
J''_{z1}	单个前轮相对于过自身质心的绕 Z 轴的转动惯量
J''_{z2}	单个后轮相对于过自身质心的绕 Z 轴的转动惯量
J_δ	转向系的转动惯量
l	轴距
a、b	悬架以上结构质心至前、后轴的距离
B_1、B_2	前、后轮距
D_0	整车质心至俯仰轴线的距离（质心在俯仰轴线上方）
e_0	整车质心至侧倾轴线的距离（质心在侧倾轴线上方）
R_1、R_2	前、后轮半径
K_1、K_2	单个前、后悬架的刚度
K_{b1}、K_{b2}	单个前、后轮胎的垂直刚度
C_1、C_2	单个前、后悬架的阻尼
C_δ	转向系的阻尼
P_{ij}	各个车轮处制动压力产生的制动力矩
T_{Fij}	驱动轮驱动力矩
M_δ	转向系上施加的外力矩

簧载质量动能：

$$T_1 = \frac{1}{2} m_s \left[(u + e_0 \phi \dot{Y}_{aw} + D_0 \dot{\theta})^2 + (v + D_0 \theta \dot{Y}_{aw} - e_0 \dot{\phi})^2 + \dot{z}^2\right] +$$

$$\frac{1}{2} J'_x \dot{\phi}^2 + \frac{1}{2} J'_y \dot{\theta}^2 + \frac{1}{2} J'_z \dot{Y}_{aw}^2$$

$$= \frac{1}{2} m_s \left[u^2 + v^2 + \dot{z}^2 + \dot{Y}_{aw}^2 (e_0^2 \phi^2 + D_0^2 \theta^2) + D_0^2 \dot{\theta}^2 + e_0^2 \dot{\phi}^2\right] +$$

$$m_s \left[u e_0 \phi \dot{Y}_{aw} + v D_0 \theta \dot{Y}_{aw} + u D_0 \dot{\theta} - v e_0 \dot{\phi} + e_0 D_0 \dot{Y}_{aw} (\dot{\theta}\phi - \theta\dot{\phi})\right] +$$

$$\frac{1}{2} J'_x \dot{\phi}^2 + \frac{1}{2} J'_y \dot{\theta}^2 + \frac{1}{2} J'_z \dot{Y}_{aw}^2 \tag{2-72}$$

非簧载质量动能：

$$T_2 = \frac{1}{2}(2m_1 + 2m_2)(u^2 + v^2) + \frac{1}{2}(2J''_{z1} + 2J''_{z2})\dot{Y}_{aw}^2 + \frac{1}{2} m_1 (\dot{z}_{11}^2 + \dot{z}_{12}^2) +$$

$$\frac{1}{2} m_2 (\dot{z}_{21}^2 + \dot{z}_{22}^2) + \frac{1}{2} J_1 \dot{w}_{11}^2 + \frac{1}{2} J_1 \dot{w}_{12}^2 + \frac{1}{2} J_2 \dot{w}_{21}^2 +$$

$$\frac{1}{2} J_2 \dot{w}_{22}^2 + \frac{1}{2} J_\delta \dot{\delta}^2 \tag{2-73}$$

整车总能：
$$\begin{aligned}T &= T_1 + T_2 \\
&= \frac{1}{2}m(u^2+v^2) + \frac{1}{2}m_s\dot{z}^2 + \frac{1}{2}m_1(\dot{z}_{11}^2+\dot{z}_{12}^2) + \frac{1}{2}m_2(\dot{z}_{21}^2+\dot{z}_{22}^2) + \\
&\quad \frac{1}{2}(J'_x+m_se_0^2)\dot{\phi}^2 + \frac{1}{2}(J'_y+m_sD_0^2)\dot{\theta}^2 + \\
&\quad \frac{1}{2}(J'_z+2J''_{z1}+2J''_{z2}+m_se_0^2\phi^2+m_sD_0^2\theta^2)\dot{Y}_{aw}^2 + \\
&\quad m_s[ue_0\phi\dot{Y}_{aw}+vD_0\theta\dot{Y}_{aw}+uD_0\dot{\theta}-ve_0\dot{\phi}+e_0D_0\dot{Y}_{aw}(\dot{\theta}\phi-\theta\dot{\phi})] + \\
&\quad \frac{1}{2}J_1\dot{w}_{11}^2 + \frac{1}{2}J_1\dot{w}_{12}^2 + \frac{1}{2}J_2\dot{w}_{21}^2 + \frac{1}{2}J_2\dot{w}_{22}^2 + \frac{1}{2}J_\delta\dot{\delta}^2
\end{aligned} \tag{2-74}$$

忽略高阶无穷小量，令
$$J_X = J'_x + m_s e_0^2 \tag{2-75}$$
$$J_Y = J'_y + m_s D_0^2 \tag{2-76}$$
$$J_Z = J'_z + 2J''_{z1} + 2J''_{z2} \tag{2-77}$$

则整车总动能可简化为
$$\begin{aligned}T &= \frac{1}{2}m(u^2+v^2) + \frac{1}{2}m_s\dot{z}^2 + \frac{1}{2}m_1(\dot{z}_{11}^2+\dot{z}_{12}^2) + \frac{1}{2}m_2(\dot{z}_{21}^2+\dot{z}_{22}^2) + \\
&\quad \frac{1}{2}J_x\dot{\phi}^2 + \frac{1}{2}J_y\dot{\theta}^2 + \frac{1}{2}J_z\dot{Y}_{aw}^2 + m_s[ue_0\phi\dot{Y}_{aw}+vD_0\theta\dot{Y}_{aw}+uD_0\dot{\theta}-ve_0\dot{\phi}] + \\
&\quad \frac{1}{2}J_1\dot{w}_{11}^2 + \frac{1}{2}J_1\dot{w}_{12}^2 + \frac{1}{2}J_2\dot{w}_{21}^2 + \frac{1}{2}J_2\dot{w}_{22}^2 + \frac{1}{2}J_\delta\dot{\delta}^2
\end{aligned} \tag{2-78}$$

势能分析如下。

单个前悬架在静平衡状态下的压缩量：
$$Z'_{10} = \frac{b}{2(a+b)}m_s g/K_1 \tag{2-79}$$

单个后悬架在静平衡状态下的压缩量：
$$Z'_{20} = \frac{a}{2(a+b)}m_s g/K_2 \tag{2-80}$$

单个前轮与地面间在静平衡状态下的压缩量：
$$Z_{10} = \left[\frac{bm_s}{2(a+b)}+m_1\right]g/K_{b1} \tag{2-81}$$

单个后轮与地面间在静平衡状态下的压缩量：
$$Z_{20} = \left[\frac{am_s}{2(a+b)}+m_2\right]g/K_{b2} \tag{2-82}$$

系统取静平衡位置为重力势能零点，均指相对平衡位置的位移，向上为正方向。4个车轮和悬架的弹性势能：
$$U_r = \frac{1}{2}K_1\left(z-z_{11}-a\theta+\frac{1}{2}B_{11}\phi-Z'_{10}\right)^2 + \frac{1}{2}K_1\left(z-z_{12}-a\theta-\frac{1}{2}B_{11}\phi-Z'_{10}\right)^2 +$$

$$\frac{1}{2}K_2\left(z-z_{21}+b\theta+\frac{1}{2}B_{22}\phi-Z'_{20}\right)^2+\frac{1}{2}K_2\left(z-z_{22}+b\theta-\frac{1}{2}B_{22}\phi-Z'_{20}\right)^2+$$
$$\frac{1}{2}K_{b1}(z_{11}-Z_{10})^2+\frac{1}{2}K_{b1}(z_{12}-Z_{10})^2+\frac{1}{2}K_{b2}(z_{21}-Z_{20})^2+$$
$$\frac{1}{2}K_{b2}(z_{22}-Z_{20})^2 \tag{2-83}$$

整车的重力势能：
$$U_g=[m_s z+m_1(z_{11}+z_{12})+m_2(z_{21}+z_{22})]g \tag{2-84}$$

整车势能：
$$U=U_r+U_g \tag{2-85}$$

耗散能分析如下。

4个车轮和悬架及转向系的耗散能：
$$R=\frac{1}{2}C_1\left(\dot{z}-\dot{z}_{11}-a\dot{\theta}+\frac{1}{2}B_1\dot{\phi}\right)^2+\frac{1}{2}C_1\left(\dot{z}-\dot{z}_{12}-a\dot{\theta}-\frac{1}{2}B_1\dot{\phi}\right)^2+$$
$$\frac{1}{2}C_2\left(\dot{z}-\dot{z}_{21}+b\dot{\theta}+\frac{1}{2}B_2\dot{\phi}\right)^2+\frac{1}{2}C_2\left(\dot{z}-\dot{z}_{22}+b\dot{\theta}-\frac{1}{2}B_2\dot{\phi}\right)^2+$$
$$\frac{1}{2}C_\delta\dot{\delta}^2 \tag{2-86}$$

利用广义拉格朗日方程可得簧载质量动力学方程如下。

(1) 纵向运动。
$$\frac{d}{dt}\frac{\partial T}{\partial u}-\frac{\partial T}{\partial x}+\frac{\partial U}{\partial x}+\frac{\partial R}{\partial u}=F_x \tag{2-87}$$

其中，
$$\frac{\partial T}{\partial u}=mu+m_s e_0\phi\dot{Y}_{aw}+m_s D_0\dot{\theta} \tag{2-88}$$

$$\frac{d}{dt}\frac{\partial T}{\partial u}=m\dot{u}+m_s e_0\dot{\phi}\dot{Y}_{aw}+m_s e_0\phi\ddot{Y}_{aw}+m_s D_0\ddot{\theta} \tag{2-89}$$

$$\frac{\partial T}{\partial x}=0 \tag{2-90}$$

$$\frac{\partial U}{\partial x}=0 \tag{2-91}$$

$$\frac{\partial R}{\partial u}=0 \tag{2-92}$$

广义力如下：
$$F_x=(F_{x11}+F_{x12})\cos\delta-(F_{y11}+F_{y12})\sin\delta+F_{x21}+F_{x22} \tag{2-93}$$

由此得到十五自由度模型中簧载质量的纵向运动方程如下：
$$m\dot{u}+m_s v\dot{Y}_{aw}+m_s e_0\phi\ddot{Y}_{aw}+m_s D_0\ddot{\theta}=(F_{x11}+F_{x12})\cos\delta-$$
$$(F_{y11}+F_{y12})\sin\delta+F_{x21}+F_{x22} \tag{2-94}$$

(2) 横向运动。
$$\frac{d}{dt}\frac{\partial T}{\partial v}-\frac{\partial T}{\partial y}+\frac{\partial U}{\partial y}+\frac{\partial R}{\partial v}=F_y \tag{2-95}$$

其中，

$$\frac{\partial T}{\partial v} = mv - m_s e_0 \dot{\phi} + m_s D_0 \theta \dot{Y}_{aw} \tag{2-96}$$

$$\frac{d}{dt}\frac{\partial T}{\partial v} = m\dot{v} - m_s e_0 \ddot{\phi} + m_s D_0 \theta \ddot{Y}_{aw} + m_s D_0 \dot{\theta} \dot{Y}_{aw} \tag{2-97}$$

$$\frac{\partial T}{\partial y} = 0 \tag{2-98}$$

$$\frac{\partial U}{\partial y} = 0 \tag{2-99}$$

$$\frac{\partial R}{\partial v} = 0 \tag{2-100}$$

广义力如下：

$$F_y = (F_{y11} + F_{y12})\sin\delta - (F_{y11} + F_{y12})\cos\delta + F_x y + F_{y22} \tag{2-101}$$

由此得到十五自由度模型中簧载质量的横向运动方程如下：

$$m\dot{v} - m_s e_0 \ddot{\phi} + m_s D_0 \theta \ddot{Y}_{aw} + m_s D_0 \dot{\theta} \dot{Y}_{aw} = (F_{y11} + F_{y12})\sin\delta +$$
$$(F_{y11} + F_{y12})\cos\delta + F_{y21} + F_{y22} \tag{2-102}$$

（3）簧载部分垂向运动。

$$\frac{d}{dt}\frac{\partial T}{\partial \dot{z}} - \frac{\partial T}{\partial z} + \frac{\partial U}{\partial z} + \frac{\partial R}{\partial \dot{z}} = F_z \tag{2-103}$$

其中，

$$\frac{\partial T}{\partial \dot{z}} = m\dot{z} \tag{2-104}$$

$$\frac{d}{dt}\frac{\partial T}{\partial \dot{z}} = m\ddot{z} \tag{2-105}$$

$$\frac{\partial T}{\partial z} = 0 \tag{2-106}$$

$$\frac{\partial U}{\partial z} = K_1\left(z - z_{11} - a\theta + \frac{1}{2}B_1\phi - Z'_{10}\right) + K_1\left(z - z_{12} - a\theta - \frac{1}{2}B_1\phi - Z'_{10}\right) +$$
$$K_2\left(z - z_{21} + b\theta + \frac{1}{2}B_2\phi - Z'_{20}\right) + K_2\left(z - z_{22} + b\theta - \frac{1}{2}B_2\phi - Z'_{20}\right) + m_s g \tag{2-107}$$

$$\frac{\partial R}{\partial \dot{z}} = C_1\left(\dot{z} - \dot{z}_{11} - a\dot{\theta} + \frac{1}{2}B_1\dot{\phi}\right) + C_1\left(\dot{z} - \dot{z}_{12} - a\dot{\theta} - \frac{1}{2}B_1\dot{\phi}\right) +$$
$$C_2\left(\dot{z} - \dot{z}_{21} + b\dot{\theta} + \frac{1}{2}B_2\dot{\phi}\right) + C_2\left(\dot{z} - \dot{z}_{22} + b\dot{\theta} - \frac{1}{2}B_2\dot{\phi}\right) \tag{2-108}$$

广义力如下：

$$F_z = 0 \tag{2-109}$$

整车的运动过程中4个悬架所受的力如下所示，它们是由悬架以上车身的俯仰运动、侧倾运动、垂直运动和4个车轮的垂直运动共同作用而产生的。

$$\begin{cases} F_{s11} = K_1\left(Z - Z_{11} - a\theta + \frac{1}{2}B_1\phi\right) + C_1\left(\dot{Z} - \dot{Z}_{11} - a\dot{\theta} + \frac{1}{2}B_1\dot{\phi}\right) \\ F_{s12} = K_1\left(Z - Z_{12} - a\theta - \frac{1}{2}B_1\phi\right) + C_1\left(\dot{Z} - \dot{Z}_{11} - a\dot{\theta} - \frac{1}{2}B_1\dot{\phi}\right) \\ F_{s21} = K_2\left(Z - Z_{21} + b\theta + \frac{1}{2}B_2\phi\right) + C_2\left(\dot{Z} - \dot{Z}_{21} + b\dot{\theta} + \frac{1}{2}B_2\dot{\phi}\right) \\ F_{s22} = K_2\left(Z - Z_{22} + b\theta - \frac{1}{2}B_2\phi\right) + C_2\left(\dot{Z} - \dot{Z}_{22} + b\dot{\theta} - \frac{1}{2}B_2\dot{\phi}\right) \end{cases} \quad (2\text{-}110)$$

由此得到十五自由度模型中簧载质量的垂向运动方程如下：

$$m_s\ddot{z} + F_{s11} + F_{s12} + F_{s21} + F_{s22} = 0 \quad (2\text{-}111)$$

（4）横摆运动。

$$\frac{\mathrm{d}}{\mathrm{d}t}\frac{\partial T}{\partial \dot{Y}_{aw}} - \frac{\partial T}{\partial Y_{aw}} + \frac{\partial U}{\partial Y_{aw}} + \frac{\partial R}{\partial \dot{Y}_{aw}} = M_z \quad (2\text{-}112)$$

其中，

$$\frac{\partial T}{\partial \dot{Y}_{aw}} = J_z\dot{Y}_{aw} + m_s u e_0 \phi + m_s v D_0 \theta \quad (2\text{-}113)$$

$$\frac{\mathrm{d}}{\mathrm{d}t}\frac{\partial T}{\partial \dot{Y}_{aw}} = J_z\ddot{Y}_{aw} + m_s\dot{u}e_0\phi + m_s u e_0\dot{\phi} + m_s\dot{v}D_0\theta + m_s v D_0\dot{\theta} \quad (2\text{-}114)$$

$$\frac{\partial T}{\partial Y_{aw}} = 0 \quad (2\text{-}115)$$

$$\frac{\partial U}{\partial Y_{aw}} = 0 \quad (2\text{-}116)$$

$$\frac{\partial R}{\partial \dot{Y}_{aw}} = 0 \quad (2\text{-}117)$$

广义力如下：

$$M_z = \frac{B_1}{2}\left[(-F_{x11} + F_{x12})\cos\delta - (-F_{y11} + F_{y12})\sin\delta\right] + \frac{B_2}{2}(-F_{x21} + F_{x22}) + $$
$$a\left[(F_{x11} + F_{x12})\sin\delta + (F_{y11} + F_{y12})\cos\delta\right] - b(F_{y21} + F_{y22}) \quad (2\text{-}118)$$

由此得到十五自由度模型中簧载质量的横摆运动方程如下：

$$J_z\ddot{Y}_{aw} + m_s\dot{u}e_0\phi + m_s u e_0\dot{\phi} + m_s\dot{v}D_0\theta + m_s v D_0\dot{\theta}$$
$$= \frac{B_1}{2}\left[(-F_{x11} + F_{x12})\cos\delta - (-F_{y11} + F_{y12})\sin\delta\right] + \frac{B_2}{2}(-F_{x21} + F_{x22}) + $$
$$a\left[(F_{x11} + F_{x12})\sin\delta + (F_{y11} + F_{y12})\cos\delta\right] - b(F_{y21} + F_{y22}) \quad (2\text{-}119)$$

（5）簧载部分侧倾运动。

$$\frac{\mathrm{d}}{\mathrm{d}t}\frac{\partial T}{\partial \dot{\phi}} - \frac{\partial T}{\partial \phi} + \frac{\partial U}{\partial \phi} + \frac{\partial R}{\partial \dot{\phi}} = M_x \quad (2\text{-}120)$$

其中，

$$\frac{\partial T}{\partial \dot{\phi}} = J_x \dot{\phi} - m_s v e_0 \tag{2-121}$$

$$\frac{\mathrm{d}}{\mathrm{d}t}\frac{\partial T}{\partial \dot{\phi}} = J_x \ddot{\phi} - m_s \dot{v} e_0 \tag{2-122}$$

$$\frac{\partial T}{\partial \phi} = m_s u e_0 \dot{Y}_{\mathrm{aw}} \tag{2-123}$$

$$\frac{\partial U}{\partial \phi} = \frac{1}{2}B_{11}K_1\left(z - z_{11} - a\theta + \frac{1}{2}B_{11}\phi - Z'_{10}\right) - \frac{1}{2}B_{11}K_1\left(z - z_{12} - a\theta - \frac{1}{2}B_{11}\phi - Z'_{10}\right) + $$
$$\frac{1}{2}B_{22}K_2\left(z - z_{21} + b\theta + \frac{1}{2}B_{22}\phi - Z'_{20}\right) - \frac{1}{2}B_{22}K_2\left(z - z_{22} + b\theta - \frac{1}{2}B_{22}\phi - Z'_{20}\right) \tag{2-124}$$

$$\frac{\partial R}{\partial \dot{\phi}} = \frac{1}{2}B_{11}C_1\left(\dot{z} - \dot{z}_{11} - a\dot{\theta} + \frac{1}{2}B_{11}\dot{\phi}\right) - \frac{1}{2}B_{11}C_1\left(\dot{z} - \dot{z}_{12} - a\dot{\theta} - \frac{1}{2}B_{11}\dot{\phi}\right) + $$
$$\frac{1}{2}B_{22}C_2\left(\dot{z} - \dot{z}_{21} + b\dot{\theta} + \frac{1}{2}B_{22}\dot{\phi}\right) - \frac{1}{2}B_{22}C_2\left(\dot{z} - \dot{z}_{22} + b\dot{\theta} - \frac{1}{2}B_{22}\dot{\phi}\right) \tag{2-125}$$

广义力如下：

$$M_x = 0 \tag{2-126}$$

由此得到十五自由度模型中簧载质量的侧倾运动方程如下：

$$J_x \ddot{\phi} - m_s \dot{v} e_0 - m_s u e_0 \dot{Y}_{\mathrm{aw}} = -F_{\mathrm{s}11}\frac{1}{2}B_1 + F_{\mathrm{s}12}\frac{1}{2}B_1 - F_{\mathrm{s}21}\frac{1}{2}B_2 + F_{\mathrm{s}22}\frac{1}{2}B_2 \tag{2-127}$$

（6）簧载部分俯仰运动。

$$\frac{\mathrm{d}}{\mathrm{d}t}\frac{\partial T}{\partial \dot{\theta}} - \frac{\partial T}{\partial \theta} + \frac{\partial U}{\partial \theta} + \frac{\partial R}{\partial \dot{\theta}} = M_y \tag{2-128}$$

其中，

$$\frac{\partial T}{\partial \dot{\theta}} = J_y \dot{\theta} - m_s u D_0 \tag{2-129}$$

$$\frac{\mathrm{d}}{\mathrm{d}t}\frac{\partial T}{\partial \dot{\theta}} = J_y \ddot{\theta} - m_s \dot{u} D_0 \tag{2-130}$$

$$\frac{\partial T}{\partial \theta} = m_s v D_0 \dot{Y}_{\mathrm{aw}} \tag{2-131}$$

$$\frac{\partial U}{\partial \theta} = -aK_1\left(z - z_{11} - a\theta + \frac{1}{2}B_1\phi - Z'_{10}\right) - aK_1\left(z - z_{12} - a\theta - \frac{1}{2}B_1\phi - Z'_{10}\right) + $$
$$bK_2\left(z - z_{21} + b\theta + \frac{1}{2}B_2\phi - Z'_{20}\right) + bK_2\left(z - z_{22} + b\theta - \frac{1}{2}B_2\phi - Z'_{20}\right) \tag{2-132}$$

$$\frac{\partial R}{\partial \dot{\theta}} = -aC_1\left(\dot{z} - \dot{z}_{11} - a\dot{\theta} + \frac{1}{2}B_1\dot{\phi}\right) - aC_1\left(\dot{z} - \dot{z}_{12} - a\dot{\theta} - \frac{1}{2}B_1\dot{\phi}\right) + $$
$$bC_2\left(\dot{z} - \dot{z}_{21} + b\dot{\theta} + \frac{1}{2}B_2\dot{\phi}\right) + bC_2\left(\dot{z} - \dot{z}_{22} + b\dot{\theta} - \frac{1}{2}B_2\dot{\phi}\right) \tag{2-133}$$

广义力如下：
$$M_y = 0 \tag{2-134}$$
由此得到十五自由度模型中簧载质量的俯仰运动方程如下：
$$J_y \ddot{\theta} + m_s \dot{u} D_0 - m_s v D_0 \dot{Y}_{aw} = aF_{s11} + aF_{s12} - bF_{s21} - bF_{s22} \tag{2-135}$$

(7) 车轮垂向运动。

此处以左前轮为例，其余车轮的拉格朗日方程推导过程与此类似。
$$\frac{\mathrm{d}}{\mathrm{d}t} \frac{\partial T}{\partial \dot{z}_{11}} - \frac{\partial T}{\partial z_{11}} + \frac{\partial U}{\partial z_{11}} + \frac{\partial R}{\partial \dot{z}_{11}} = F_{z11} \tag{2-136}$$

其中，
$$\frac{\partial T}{\partial \dot{z}_{11}} = m_1 \dot{z}_{11} \tag{2-137}$$

$$\frac{\mathrm{d}}{\mathrm{d}t} \frac{\partial T}{\partial \dot{z}_{11}} = m_1 \ddot{z}_{11} \tag{2-138}$$

$$\frac{\partial T}{\partial z_{11}} = 0 \tag{2-139}$$

$$\frac{\partial U}{\partial z_{11}} = -K_1 \left(z - z_{11} - a\theta + \frac{1}{2} B_1 \phi - Z'_{10} \right) + K_{b1}(z_{11} - Z_{10}) + m_1 g \tag{2-140}$$

$$\frac{\partial R}{\partial \dot{z}_{11}} = -C_1 \left(\dot{z} - \dot{z}_{11} - a\dot{\theta} + \frac{1}{2} B_1 \dot{\phi} \right) \tag{2-141}$$

广义力如下：
$$M_y = 0 \tag{2-142}$$
由此得到十五自由度模型中非簧载质量（单个左前轮）的垂向运动方程如下：
$$m_1 \ddot{z}_{11} - F_{s11} + K_{b1} z_{11} = 0 \tag{2-143}$$

(8) 车轮转动。

此处以左前轮为例，其余车轮的拉格朗日方程推导过程与此类似。
$$\frac{\mathrm{d}}{\mathrm{d}t} \frac{\partial T}{\partial \dot{w}_{11}} - \frac{\partial T}{\partial w_{11}} + \frac{\partial U}{\partial w_{11}} + \frac{\partial R}{\partial \dot{w}_{11}} = M_{y11} \tag{2-144}$$

其中，
$$\frac{\partial T}{\partial \dot{w}_{11}} = J_1 \dot{w}_{11} \tag{2-145}$$

$$\frac{\mathrm{d}}{\mathrm{d}t} \frac{\partial T}{\partial \dot{w}_{11}} = J_1 \ddot{w}_{11} \tag{2-146}$$

$$\frac{\partial T}{\partial w_{11}} = 0 \tag{2-147}$$

$$\frac{\partial U}{\partial w_{11}} = 0 \tag{2-148}$$

$$\frac{\partial R}{\partial \dot{w}_{11}} = 0 \tag{2-149}$$

广义力如下：
$$M_{y11} = -F_{x11}R_1 - P_{11} + T_{F11} \tag{2-150}$$
由此得到十五自由度模型中非簧载质量（单个左前轮）的转动方程如下：
$$J_1\dot{\omega}_{11} = -F_{x11}R_1 - \text{sign}(u)P_{11} + T_{F11} \tag{2-151}$$
（9）转向运动。
$$\frac{\mathrm{d}}{\mathrm{d}t}\frac{\partial T}{\partial \dot{\delta}} - \frac{\partial T}{\partial \delta} + \frac{\partial U}{\partial \delta} + \frac{\partial R}{\partial \dot{\delta}} = M_\delta \tag{2-152}$$
其中，
$$\frac{\partial T}{\partial \dot{\delta}} = J_\delta \dot{\delta} \tag{2-153}$$

$$\frac{\mathrm{d}}{\mathrm{d}t}\frac{\partial T}{\partial \dot{\delta}} = J_\delta \ddot{\delta} \tag{2-154}$$

$$\frac{\partial T}{\partial \delta} = 0 \tag{2-155}$$

$$\frac{\partial U}{\partial \delta} = 0 \tag{2-156}$$

$$\frac{\partial R}{\partial \dot{\delta}} = C_\delta \dot{\delta} \tag{2-157}$$

广义力为转向系上施加的外力矩 M_δ。

由此得到十五自由度模型中转向轮转动的动力学方程如下：
$$J_\delta \ddot{\delta} + C_\delta \dot{\delta} = M_\delta \tag{2-158}$$
综上所述，整车十五自由度模型的全部动力学方程描述如下。

整车纵向运动：
$$m\dot{u} + m_s v \dot{Y}_{aw} + m_s e_0 \phi \ddot{Y}_{aw} + m_s D_0 \ddot{\theta}$$
$$= (F_{x11} + F_{x12})\cos\delta - (F_{y11} + F_{y12})\sin\delta + F_{x21} + F_{x22} \tag{2-159}$$
整车横向运动：
$$m\dot{v} - m_s e_0 \ddot{\phi} + m_s D_0 \theta \ddot{Y}_{aw} + m_s D_0 \dot{\theta} \dot{Y}_{aw}$$
$$= (F_{y11} + F_{y12})\sin\delta + (F_{y11} + F_{y12})\cos\delta + F_{y21} + F_{y22} \tag{2-160}$$
簧载部分垂向运动：
$$m_s \ddot{z} + F_{s11} + F_{s12} + F_{s21} + F_{s22} = 0 \tag{2-161}$$
整车横摆运动：
$$J_z \ddot{Y}_{aw} + m_s \dot{u} e_0 \phi + m_s u e_0 \dot{\phi} + m_s \dot{v} D_0 \theta + m_s v D_0 \dot{\theta}$$
$$= \frac{B_1}{2}[(-F_{x11} + F_{x12})\cos\delta - (-F_{y11} + F_{y12})\sin\delta] + \frac{B_2}{2}(-F_{x21} + F_{x22}) +$$
$$a[(F_{x11} + F_{x12})\sin\delta + (F_{y11} + F_{y12})\cos\delta] - b(F_{y21} + F_{y22}) \tag{2-162}$$
簧载部分俯仰运动：
$$J_y \ddot{\theta} + m_s \dot{u} D_0 - m_s v D_0 \dot{Y}_{aw} = aF_{s11} + aF_{s12} - bF_{s21} - bF_{s22} \tag{2-163}$$

簧载部分侧倾运动：

$$J_x \ddot{\phi} - m_s \dot{v} e_0 - m_s u e_0 \dot{Y}_{aw} = -F_{s11}\frac{1}{2}B_1 + F_{s12}\frac{1}{2}B_1 - F_{s21}\frac{1}{2}B_2 + F_{s22}\frac{1}{2}B_2$$
(2-164)

车轮垂向自由度：

$$\begin{cases} m_1 \ddot{z}_{11} - F_{s11} + K_{b1} z_{11} = 0 \\ m_1 \ddot{z}_{12} - F_{s12} + K_{b1} z_{12} = 0 \\ m_2 \ddot{z}_{21} - F_{s21} + K_{b2} z_{21} = 0 \\ m_2 \ddot{z}_{22} - F_{s22} + K_{b2} z_{22} = 0 \end{cases}$$
(2-165)

车轮转动自由度：

$$\begin{cases} J_1 \dot{\omega}_{11} = -F_{x11} R_1 - \text{sign}(u) P_{11} + T_{F11} \\ J_1 \dot{\omega}_{12} = -F_{x12} R_1 - \text{sign}(u) P_{12} + T_{F12} \\ J_2 \dot{\omega}_{21} = -F_{x21} R_2 - \text{sign}(u) P_{21} \\ J_2 \dot{\omega}_{22} = -F_{x22} R_2 - \text{sign}(u) P_{22} \end{cases}$$
(2-166)

转向轮转角运动方程：

$$J_\delta \ddot{\delta} + C_\delta \dot{\delta} = M_\delta$$
(2-167)

整车十五自由度模型考虑了前后左右车轮的载荷转移，车身的姿态变化对整车垂直载荷的影响以及悬架对系统转向特性的影响，可以全面反映汽车在转向制动或者转向加速过程中的动力学特性，适用于仿真研究中的诸多工况。

2.5.5 不同自由度车辆动力学模型间的关系

本节分别给出了车辆二自由度模型、三自由度模型、七自由度模型及十五自由度模型的假设(简化)条件及其模型推导过程，从中可以得到 4 个模型之间的内在联系。为了更为清晰地表示出其内在联系，在此给出相应的阐述，如图 2.24 所示。

十五自由度模型的自由度包括整车纵向、整车横向、整车横摆、簧载部分垂向、簧载部分侧倾、簧载部分俯仰、4 个车轮垂向、4 个车轮转动及转向。十五自由度模型考虑了地面的不平激励所引起的车身的垂向跳动、俯仰、侧倾以及转向系统对车辆操纵性能的影响。

若在所面对的具体的车辆操纵性能分析问题中，地面的不平度激励较为次要，能够忽略其对车辆操纵性能的影响，即忽略了悬架及车轮的振动；同时忽略转向系统对操纵性能的影响，则十五自由度模型将被简化为七自由度模型。其中，七自由度模型相较于十五自由度模型所减少的 8 个自由度分别是簧载部分垂向、簧载部分侧倾、簧载部分俯仰、4 个车轮垂向及转向。

类似地，若在所面对的具体的车辆操纵性能分析问题中，忽略了车轮的振动并且仅考虑悬架的部分运动，即仅考虑簧载部分的侧倾；同时，忽略车轮转动对车辆操纵性能的影响并且假定车辆的纵向速度为常值，则七自由度模型将被进一步简化为三自由度模型。其中，三自由度模型相较于七自由度模型所变化的自由度情况是减少了 4 个车轮的旋转及整车纵向的自由度，增加了车身部分的侧倾自由度。

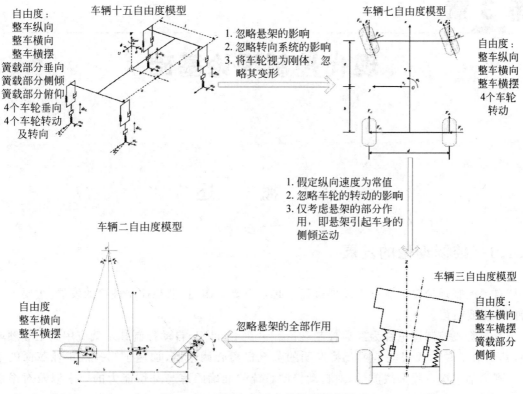

图 2.24 不同车辆动力学模型间的关系

若再更进一步忽略悬架的部分运动,即在完全忽略悬架对车辆操纵性能的影响的条件下,三自由度模型可以进一步简化为车辆的线性二自由度模型。其中,线性二自由度模型相较于三自由度模型所减少的一个自由度是车身部分的侧倾自由度。

至此,完成了对 4 个不同自由度模型之间的关系的论述。在实际车辆动力学问题分析中,具体使用哪一种模型来解决问题,需要结合所面对问题的特点,分析问题的主次矛盾,选择最合适的模型。

2.6 本章小结

本章简要介绍了智能驾驶车辆运动学与动力学建模相关的理论知识,主要包括:

(1) 智能驾驶车辆动力学控制系统设计中常用的坐标系,包括全球地理坐标系、车辆坐标系、Frenét 坐标系、环境感知坐标系等。

(2) 从几何学的角度研究车辆运动规律,建立了车辆运动学模型,进而可以研究车辆的空间位置、速度、航向等随时间而变化的特性,可应用于车辆路径规划和运动学控制中。

(3) 基于牛顿运动定律建立了车辆单自由度模型、二自由度模型、三自由度模型、七自由度模型、十五自由度模型,并对各个模型之间的区别及联系进行了分析。

第 3 章

现代控制理论基础

3.1 概 述

3.1.1 控制理论的发展

自动控制理论在工业技术发展过程中起着重要的作用,纵观控制理论的发展,主要可分为两个重要阶段。

第一阶段控制理论称为经典控制理论。早在18世纪,自动控制技术就应用到工业领域中,其中最卓越的代表就是由瓦特发明的蒸汽机离心调速器,加速了第一次工业革命的步伐。到了第二次世界大战前后,对自动控制系统的准确跟踪与补偿能力的要求以及对系统静态准确度的要求越来越高,促进了控制理论的迅速发展。1932年,奈奎斯特提出了在频域内研究系统的频率响应法;1948年,伊万斯提出了在复数域内研究系统的根轨迹法,这两项重大贡献标志着经典控制理论的初步建立。我国著名科学家钱学森于1954年出版了《工程控制论》,为控制理论的发展与应用做出了卓越的贡献。

第二阶段控制理论称为现代控制理论。随着科学技术的飞速发展,各行各业对控制系统提出了更高的要求,并出现了许多大型复杂的控制问题,例如,多输入多输出系统、非线性系统及参数时变系统等。同时,现代数学如泛函分析、现代代数等以及数字计算机的发展,为现代控制理论提供了多种多样的分析工具。在此背景下,于1960年前后开始形成现代控制理论,其主要标志是贝尔曼状态空间法、庞特里亚金极大值原理(Pontyagin's Maximum Principle)、贝尔曼动态规划法(Bellman's Dynamic Programming)、卡尔曼的可控性可观测性理论及最佳滤波理论(Optimal Filtering Theory)等。现代控制理论主要利用状态空间法,并通过结构辨识与参数估计,在时域范围内研究系统状态的运动规律,并实现最优化设计,克服了经典控制理论的许多局限性。现代控制理论主要用来解决多输入多输出系统问题,系统可以是线性的或非线性的、定常的或时变的、集中参数的或分布参数的,可用来解决大型复杂系统的控制问题。

3.1.2 现代控制理论

目前,虽然经典控制理论应用比较广泛,但是该理论有它的局限性,主要表现在以下几个方面。

（1）经典控制理论只适合于单输入单输出的线性定常系统的研究。经典控制理论的研究方法是传递函数法（频率法），只讨论系统外部输入量与输出量之间的关系，因此当系统的内部特性中含有的某些因素在外部特性中反映不出来时，这种方法就可能失效。

（2）经典控制理论是以传递函数法为基础的，在复数域内对控制系统进行研究，只能判断系统运动的主要特性，得不出系统运动的精确时域响应曲线，因此难以实现实时控制。

（3）随着工业技术的发展，控制系统的复杂性及对其性能的要求也越来越高，经典控制理论难以实现最优控制。以状态空间法为基础的现代控制理论克服了经典控制理论的局限性，使控制理论的发展达到了一个新阶段。

20世纪90年代以来，现代控制理论在汽车主动悬架系统、自动变速系统、制动防抱死系统、4轮转向系统等方面已经有了广泛的应用实例。将现代控制理论应用于智能车辆动力学控制的优越性主要表现在以下方面。

（1）由于智能车辆动力学系统是典型的多输入多输出系统，具有非线性、时变、不确定的特点，而现代控制理论采用了状态空间法，利用微分方程组来描述车辆系统的运动特性，因此，现代控制理论可以应用于车辆复杂动力学控制系统的研究。

（2）智能车辆动力学控制系统对实时性有较高的要求，而现代控制理论的研究是在时间域内进行的，这就允许对车辆运动过程在整个时间域内进行实时控制。

（3）由于采用了状态空间法，与优化理论相结合后，现代控制理论有利于设计人员根据给定的性能指标设计出最优控制系统，这正好满足了智能车辆多目标协同优化控制的需求。

现代控制理论主要包括两方面的内容：其一是控制对象的研究即系统理论，包括系统建模、系统辨识以及系统的稳定性、可控性和可观性分析等；其二是系统规律的研究，即状态估计与控制系统设计等。因此，本章结合智能车辆动力学控制系统的应用特点，围绕现代控制理论的两个核心内容，对其中的关键基础理论知识进行系统梳理和回顾。

3.2 状态空间模型

经典控制理论是建立在系统的输入/输出关系或传递函数基础上的，而现代控制理论以状态空间模型来描述系统，非常适合用来分析类似于车辆动力学这样的复杂系统。

状态空间模型在系统的描述中引入可以完整反映系统内部结构和内部信息的一组变量 $x_1(t), x_2(t), \cdots, x_n(t)$，这组变量称为状态变量，其中 t 表示时间，并同时用两个数学方程来表征系统的运动特性。其中一个是状态方程，由一个微分方程组或差分方程组来描述状态变量与输入变量之间的动态因果关系；另一个是输出方程，由一个代数方程组来描述系统输出变量与状态变量、输入变量之间的代数关系。

3.2.1 状态空间描述方法

首先，定义 $x_1, x_2, \cdots, x_n$ 是表征系统动态行为的状态变量；$u_1, u_2, \cdots, u_m$ 是系统的输入变量，是外部环境作用于系统上并引起系统运动的变量；$y_1, y_2, \cdots, y_p$ 是系统的输出变量,是系统影响外部环境的变量。在状态空间描述方法中,包括两个过程:输入引起状态变化的动态过程以及状态和输入的变化决定输出的瞬态过程。

1. 动态过程

输入引起状态变化的动态过程通常用微分方程或差分方程来表征。对连续时间系统来说,表示每个状态变量的一阶导数与所有状态变量和输入变量之间关系的数学方程即为状态方程。考虑最一般的情况,连续时间系统的状态方程描述为

$$\begin{cases} \dot{x}_1(t) = f_1(x_1, x_2, \cdots, x_n; u_1, u_2, \cdots, u_m; t) \\ \dot{x}_2(t) = f_2(x_1, x_2, \cdots, x_n; u_1, u_2, \cdots, u_m; t) \\ \vdots \\ \dot{x}_n(t) = f_n(x_1, x_2, \cdots, x_n; u_1, u_2, \cdots, u_m; t) \end{cases} \tag{3-1}$$

令状态向量和输入向量为

$$x = [x_1, x_2, \cdots, x_n]^T, \quad u = [u_1, u_2, \cdots, u_m]^T \tag{3-2}$$

以及向量函数

$$f(x, u, t) = \begin{bmatrix} f_1(x, u, t) \\ f_2(x, u, t) \\ \vdots \\ f_n(x, u, t) \end{bmatrix} \tag{3-3}$$

则可将状态方程简写成向量的形式,即

$$\dot{x}(t) = f(x, u, t) \tag{3-4}$$

2. 瞬态过程

由于系统的状态已完全表征了系统的动态行为,故系统输出与状态、输入的关系可以用代数方程来描述,即

$$\begin{cases} y_1(t) = g_1(x_1, x_2, \cdots, x_n; u_1, u_2, \cdots, u_m; t) \\ y_2(t) = g_2(x_1, x_2, \cdots, x_n; u_1, u_2, \cdots, u_m; t) \\ \vdots \\ y_p(t) = g_p(x_1, x_2, \cdots, x_n; u_1, u_2, \cdots, u_m; t) \end{cases} \tag{3-5}$$

定义输出向量为

$$y = [y_1, y_2, \cdots, y_p]^T \tag{3-6}$$

定义向量函数为

$$g(x, u, t) = \begin{bmatrix} g_1(x, u, t) \\ g_2(x, u, t) \\ \vdots \\ g_p(x, u, t) \end{bmatrix} \tag{3-7}$$

则可将输出方程简写成向量的形式,即

$$y(t) = g(x, u, t) \tag{3-8}$$

3. 状态空间描述

系统的状态空间描述由状态方程和输出方程组成,即

$$\begin{cases} \dot{x}(t) = f(x,u,t) \\ y(t) = g(x,u,t) \end{cases} \tag{3-9}$$

当函数 $f(x,u,t)$ 和 $g(x,u,t)$ 具有线性形式时,则系统的状态空间描述可表示为更简明的一般形式,即

$$\begin{cases} \dot{x}(t) = A(t)x(t) + B(t)u(t) \\ y(t) = C(t)x(t) + D(t)u(t) \end{cases} \tag{3-10}$$

其中,$A(t)$ 是系统矩阵,$B(t)$ 是输入矩阵,$C(t)$ 是输出矩阵,$D(t)$ 是前馈矩阵,该模型称为线性时变系统。当参数矩阵分段连续,且只与系统的参数有关时,系统状态空间模型可以简化成如下形式

$$\begin{cases} \dot{x}(t) = A(\theta)x(t) + B(\theta)u(t) \\ y(t) = C(\theta)x(t) + D(\theta)u(t) \end{cases} \tag{3-11}$$

该模型称为线性变参数模型。当模型的参数矩阵变成常数时,该模型将变成更简单的线性定常系统

$$\begin{cases} \dot{x}(t) = Ax(t) + Bu(t) \\ y(t) = Cx(t) + Du(t) \end{cases} \tag{3-12}$$

4. 建模实例

通常可以通过两种方法建立系统的状态空间描述。一种是对于结构和参数已知的系统,先直接运用相应的物理、化学定律等,建立描述系统运动的微分方程或差分方程,然后通过选取合适的状态变量组,进一步将系统原始方程转换为标准的状态空间描述形式,该方法称为机理建模。另一种是对于具有复杂结构的系统,或是结构和参数难于看清楚的系统,可以采用实验的方法获取系统在不同输入激励下的输入输出数据,通过系统辨识的方法,确定系统的状态空间模型,该方法称为数据建模。

例 3.1 RC 电路的状态空间描述,见图 3.1 所示。

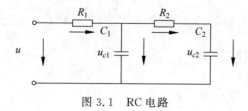

图 3.1 RC 电路

在该 RC 电路模型中,选择 u_{c1} 和 u_{c2} 作为状态变量,u_{c2} 作为输出变量,根据电路定律可得方程

$$\begin{cases} C_1 \dot{u}_{c1} = -\dfrac{R_1 + R_2}{R_1 R_2} u_{c1} + \dfrac{u_{c2}}{R_2} + \dfrac{u}{R_1} \\ C_2 \dot{u}_{c2} = \dfrac{u_{c1}}{R_2} - \dfrac{u_{c2}}{R_2} \end{cases}$$

将其写成状态空间形式

$$\begin{cases} \dot{x} = \begin{bmatrix} -\dfrac{R_1+R_2}{C_1R_1R_2} & \dfrac{1}{C_1R_2} \\ \dfrac{1}{C_2R_2} & -\dfrac{1}{C_2R_2} \end{bmatrix} x + \begin{bmatrix} \dfrac{1}{C_1R_1} \\ 0 \end{bmatrix} u \\ y = \begin{bmatrix} 0 & 1 \end{bmatrix} x \end{cases}$$

其中,状态向量和输出变量为 $x=[u_{c1},u_{c2}]^T, y=u_{c2}$。

例 3.2 考虑如图 3.2 所示的双车系统,设 z_1 和 z_2 分别为两个小车相对于平面坐标系中原点沿 x 轴的位移,M_1 和 M_2 分别为两个小车的质量,K_1 和 K_2 分别为弹簧的刚度,D_1 和 D_2 分别为阻尼系数。

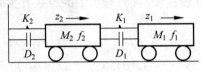

图 3.2 双车系统

根据牛顿第二定律,对第一个小车分析受力可得

$$M_1\ddot{z}_1 = f_1 - K_1(z_1-z_2) - D_1(\dot{z}_1-\dot{z}_2)$$

对第二个小车分析受力

$$M_2\ddot{z}_2 = f_2 + K_1(z_1-z_2) + D_1(\dot{z}_1-\dot{z}_2) - K_2z_2 - D_2\dot{z}_2$$

该动态系统由两个相互耦合的二阶微分方程组描述,因此有 4 个状态变量。f_1 和 f_2 是系统输入,z_1 和 z_2 是系统输出,选取状态变量为

$$x_1=z_1, \quad x_2=\dot{z}_1, \quad x_3=z_2, \quad x_4=\dot{z}_2$$

则

$$\dot{x}_1 = \dot{z}_1 = x_2$$
$$\dot{x}_2 = \ddot{z}_1 = \dfrac{f_1}{M_1} - \dfrac{K_1}{M_1}(x_1-x_3) - \dfrac{D_1}{M_1}(x_2-x_4)$$
$$\dot{x}_3 = \dot{z}_2 = x_4$$
$$\dot{x}_4 = \ddot{z}_2 = \dfrac{f_2}{M_2} + \dfrac{K_1}{M_2}(x_1-x_3) + \dfrac{D_1}{M_2}(x_2-x_4) - \dfrac{K_2}{M_2}x_3 - \dfrac{D_2}{M_2}x_4$$

由此可得系统的状态空间模型为

$$\dot{x} = \begin{bmatrix} 0 & 1 & 0 & 0 \\ -\dfrac{K_1}{M_1} & -\dfrac{D_1}{M_1} & \dfrac{K_1}{M_1} & \dfrac{D_1}{M_1} \\ 0 & 0 & 0 & 1 \\ \dfrac{K_1}{M_2} & \dfrac{D_1}{M_2} & -\dfrac{K_1+K_2}{M_2} & -\dfrac{D_1+D_2}{M_2} \end{bmatrix} x + \begin{bmatrix} 0 & 0 \\ \dfrac{1}{M_1} & 0 \\ 0 & 0 \\ 0 & \dfrac{1}{M_2} \end{bmatrix} \begin{bmatrix} f_1 \\ f_2 \end{bmatrix}$$

定义输出向量为 $y=[z_1,z_2]^T$,则输出方程为

$$y = \begin{bmatrix} 1 & 0 & 0 & 0 \\ 0 & 0 & 1 & 0 \end{bmatrix} x$$

例 3.3 直流电机与负载平衡的状态空间描述。如图 3.3 所示，直流电机通过一个柔性连接与惯性负载相连，R 和 L 分别为电机电枢绕组的电阻与电感，k 与 b 分别为柔性连接的弹性系数与阻尼系数，J_m 和 J_1 分别为直流电机和负载的转动惯量，θ_m 和 θ_1 分别为电机和负载的角位移。电机电枢绕组上的电压 u 是系统输入，负载角位移 θ_1 为系统输出。

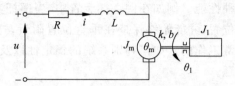

图 3.3 直流电机与负载平衡

根据牛顿第二定律可得

$$\begin{cases} J_m \ddot{\theta}_m = K_a i + k(\theta_1 - \theta_m) + b(\dot{\theta}_1 - \dot{\theta}_m) - b_m \dot{\theta}_m \\ J_1 \ddot{\theta}_1 = -k(\theta_1 - \theta_m) - b(\dot{\theta}_1 - \dot{\theta}_m) - b_1 \dot{\theta}_1 \end{cases}$$

其中，K_a 为直流电机的转矩常数，b_m 和 b_1 分别为电机和负载轴承的阻尼系数。针对直流电机可得电枢电路方程为

$$u = Ri + L \frac{di}{dt} + K_e \dot{\theta}_m$$

其中，K_e 是电机电枢绕组的感应系数。

选取状态变量为 $x = [i, \theta_m, \dot{\theta}_m, \theta_1, \dot{\theta}_1]^T$，则

$$\dot{x}_1 = -\frac{R}{L} x_1 - \frac{K_e}{L} x_3 + \frac{1}{L} u$$

$$\dot{x}_2 = x_3$$

$$\dot{x}_3 = \frac{K_a}{J_m} x_1 - \frac{k}{J_m} x_2 - \frac{b + b_m}{J_m} x_3 + \frac{k}{J_m} x_4 + \frac{b}{J_m} x_5$$

$$\dot{x}_4 = x_5$$

$$\dot{x}_5 = \frac{k}{J_1} x_2 + \frac{b}{J_1} x_3 - \frac{k}{J_1} x_4 - \frac{b + b_1}{J_1} x_5$$

则系统的状态空间描述为

$$\dot{x} = \begin{bmatrix} -\frac{R}{L} & 0 & -\frac{K_e}{L} & 0 & 0 \\ 0 & 0 & 1 & 0 & 0 \\ \frac{K_a}{J_m} & -\frac{k}{J_m} & -\frac{b+b_m}{J_m} & \frac{k}{J_m} & \frac{b}{J_m} \\ 0 & 0 & 0 & 0 & 1 \\ 0 & \frac{k}{J_1} & \frac{b}{J_1} & -\frac{k}{J_1} & -\frac{b+b_1}{J_1} \end{bmatrix} x + \begin{bmatrix} \frac{1}{L} \\ 0 \\ 0 \\ 0 \\ 0 \end{bmatrix} u$$

$$y = \begin{bmatrix} 0 & 0 & 0 & 1 & 0 \end{bmatrix} x$$

3.2.2 系统稳定性

系统稳定性是当系统遭受外界扰动偏离原来的平衡状态，在扰动消失后系统自身能否恢复到原来平衡状态的一种性能。例如在倒立摆装置中，当摆杆受扰动而偏离垂直位置后，系统仍能使摆杆回到垂直位置，并能始终保持在垂直位置附近，这是系统稳定的基本含义。一个不稳定系统是不能正常工作的。如何判别系统的稳定性以及如何改善系统的稳定性是系统分析与设计的首要问题。

1. 平衡点与 Lyapunov 稳定性

对于一个给定的控制系统，稳定性分析通常是最重要的。如果系统是线性定常的，则有许多稳定性判据可以用来分析系统的稳定性，如劳斯-赫尔维茨稳定性判据和奈奎斯特稳定性判据等。然而，如果系统是非线性的，或是线性时变的，则上述稳定性判据将不再适用。1892 年，Lyapunov 提出了著名的 Lyapunov 稳定性判别准则，非常适用于非线性系统和时变系统的稳定性分析。

Lyapunov 间接法：通过求解系统的动态方程，再根据解的性质判断系统的稳定性。但是求解动态方程比较困难甚至求解不出，因此该方法受到很大限制。例如针对线性定常系统，通过求解系数矩阵 A 的特征值（也称系统极点）来判断系统的稳定性，如果 A 的特征值均有负实部则系统稳定。

Lyapunov 直接法：不通过求解系统的动态方程，只通过构造 Lyapunov 标量函数 $V(x)$ 直接判定系统的稳定性。该方法针对复杂系统的稳定性分析时显示出了极大的优越性。

考虑如下非线性系统

$$\dot{x}(t) = f[x(t)] \tag{3-13}$$

若存在某一状态点 x_e，使得对所有的时间 t，状态 $x(t)$ 均不随时间变化，则状态 x_e 即为非线性系统的平衡状态（平衡点），即

$$\dot{x}_e(t) = f(x_e) = 0 \tag{3-14}$$

线性定常系统的唯一平衡点在原点，非线性系统不一定存在平衡点，但有时又可能有多个平衡点。平衡点大多数在状态空间的原点 $x_e = 0$，若平衡点不在原点，而是状态空间的孤立点，则可以通过坐标变换将平衡点移到原点。

由力学经典理论可知，对于一个振动系统，当系统总能量（正定函数）连续减小（这意味着总能量对时间的导数必然是负定的），直到平衡状态为止，则振动系统是渐近稳定的。Lyapunov 直接法针对更普遍的情况构造了一个应用也更广泛的虚构的能量函数，称为 Lyapunov 函数，用 $V(x,t)$ 来表示，如果系统有一个渐近稳定的平衡状态 x_e，则当其运动到平衡状态 x_e 的吸引域内时，系统存储的能量 $V(x,t)$ 随着时间的增长而衰减，即 $\mathrm{d}V(x,t)/\mathrm{d}t < 0$，直到在平稳状态达到极小值为止。在 Lyapunov 直接法中，通过 $V(x,t)$ 及其对时间的导数 $\mathrm{d}V(x,t)/\mathrm{d}t$ 的符号特征，提供了判断平衡状态 x_e 处的临界稳定性、渐近稳定性或不稳定性的准则，该方法既适用于线性系统，也适用于非线性系统。

对于给定的系统，若可构造一个正定的能量函数 $V(x)$，并使其沿轨迹对时间的导数总

为负值,则随着时间的增加,$V(x)$ 将取越来越小的值,因此该系统是渐近稳定的。Lyapunov 稳定性定理就是前述事实的普遍化,它给出了渐近稳定的充要条件。

定理 3.1 考虑连续非线性系统 $\dot{x}=f(x,t)$,针对其平衡状态 $x_e=0$ 即系统的平衡点在原点处,如果存在一个对所有 x 都有连续的一阶偏导数的正定的标量函数 $V(x)>0$,且其导函数满足 $\dot{V}(x)<0$,则在原点处的平衡状态是渐近稳定的。进一步地,若当 $\|x\|\to\infty$ 时,满足 $V(x)\to\infty$,则系统是全局渐近稳定的。

例 3.4 分析如下非线性系统的稳定性

$$\begin{cases} \dot{x}_1 = x_2 - ax_1(x_1^2+x_2^2) \\ \dot{x}_2 = -x_1 - ax_2(x_1^2+x_2^2) \end{cases}$$

首先,求系统的平衡态,令

$$\begin{cases} \dot{x}_1 = x_2 - ax_1(x_1^2+x_2^2) = 0 \\ \dot{x}_2 = -x_1 - ax_2(x_1^2+x_2^2) = 0 \end{cases}$$

可得 $x_1=x_2=0$ 是唯一平衡点。构造 Lyapunov 函数 $V(x)=x_1^2+x_2^2\geqslant 0$,求导可得

$$\dot{V}(x) = 2x_1\dot{x}_1 + 2x_2\dot{x}_2 = -a(x_1^2+x_2^2)^2$$

当 $a>0$ 时,系统渐近稳定;当 $a=0$ 时,系统临界稳定;当 $a<0$ 时,系统不稳定。

同理可得针对离散系统的 Lyapunov 稳定性定理。

定理 3.2 考虑离散非线性系统 $x(k+1)=f[x(k)]$,如果存在一个正定的标量函数 $V[x(k)]>0$,其差分满足 $\Delta V[x(k)]=V[x(k+1)]-V[x(k)]<0$,则在平衡点处的平衡状态是渐近稳定的。进一步,若当 $\|x(k)\|\to\infty$ 时,$V[x(k)]\to\infty$,则系统是全局渐近稳定的。

2. 线性定常系统的稳定性

考虑如下连续线性定常系统

$$\dot{x}(t) = Ax(t) \tag{3-15}$$

假设 A 为非奇异矩阵,则系统有唯一的平衡状态 $x_e=0$。

定义二次型 Lyapunov 函数

$$V(t) = x^\mathrm{T}(t)Px(t) \tag{3-16}$$

其中,P 为正定实对称矩阵。对 Lyapunov 函数求导可得

$$\dot{V}(t) = \dot{x}^\mathrm{T}(t)Px(t) + x^\mathrm{T}(t)P\dot{x}(t) = x^\mathrm{T}(t)(A^\mathrm{T}P + PA)x(t) \tag{3-17}$$

若存在正定矩阵 Q 满足

$$-Q = A^\mathrm{T}P + PA \tag{3-18}$$

则

$$\dot{V}(t) = -x^\mathrm{T}(t)Qx(t) \leqslant 0 \tag{3-19}$$

此时,系统渐近稳定。类似地,针对如下离散线性定常系统

$$x(k+1) = Ax(k) \tag{3-20}$$

定义二次型 Lyapunov 函数

$$V(k) = x^\mathrm{T}(k)Px(k) \tag{3-21}$$

其中，P 为正定实对称矩阵。沿系统的任意状态轨迹，Lyapunov 函数的前向差分为

$$\Delta V(x(k)) = V(x(k+1)) - V(x(k)) = x^{\mathrm{T}}(k)(A^{\mathrm{T}}PA - P)x(k) \tag{3-22}$$

若存在正定矩阵 Q 满足

$$-Q = A^{\mathrm{T}}PA - P \tag{3-23}$$

则

$$\Delta V(x(k)) = -x^{\mathrm{T}}(k)Qx(k) \leqslant 0 \tag{3-24}$$

可见，系统渐近稳定。因此，可建立如下定理。

定理 3.3 连续线性定常系统 $\dot{x} = Ax$ 在平衡点 $x_e = 0$ 处渐近稳定的充分必要条件是：对于 $\exists Q > 0$，$\exists P > 0$ 满足如下 Lyapunov 方程

$$-Q = A^{\mathrm{T}}P + PA \tag{3-25}$$

此时，Lyapunov 函数满足

$$V(t) = x^{\mathrm{T}}(t)Px(t), \quad \dot{V}(t) = -x^{\mathrm{T}}(t)Qx(t) \tag{3-26}$$

定理 3.4 离散线性定常系统 $x(k+1) = Ax(k)$ 在平衡点 $x_e = 0$ 处渐近稳定的充分必要条件是：对于 $\exists Q > 0$，$\exists P > 0$ 满足如下 Lyapunov 方程

$$-Q = A^{\mathrm{T}}PA - P \tag{3-27}$$

此时，Lyapunov 函数满足

$$V(k) = x^{\mathrm{T}}(k)Px(k), \quad \Delta V(k) = -x^{\mathrm{T}}(k)Qx(k) \tag{3-28}$$

例 3.5 用求解 Lyapunov 方程方法分析如下系统平衡点的稳定性。

$$\dot{x} = \begin{bmatrix} 0 & 1 \\ -1 & -1 \end{bmatrix} x$$

设对称矩阵 $P = \begin{bmatrix} p_{11} & p_{12} \\ p_{12} & p_{22} \end{bmatrix}$，$Q = I$，求解 Lyapunov 方程 $A^{\mathrm{T}}P + PA = -I$ 确定 P。

$$A^{\mathrm{T}}P + PA = \begin{bmatrix} -2p_{12} & p_{11} - p_{12} - p_{22} \\ p_{11} - p_{12} - p_{22} & 2p_{12} - 2p_{22} \end{bmatrix} = \begin{bmatrix} -1 & 0 \\ 0 & -1 \end{bmatrix} \rightarrow$$

$$\begin{cases} 2p_{12} = 1 \\ p_{11} - p_{12} - p_{22} = 0 \\ 2p_{12} - 2p_{22} = -1 \end{cases}$$

解得：$P = \dfrac{1}{2} \begin{bmatrix} 3 & 1 \\ 1 & 2 \end{bmatrix}$，以下计算 P 的顺序主子式的符号，以确定 P 的正定性。

$$\text{奇数主子式：} \Delta_1 = p_{11} = \frac{3}{2} > 0$$

$$\text{偶数主子式：} \Delta_2 = \begin{vmatrix} p_{11} & p_{12} \\ p_{12} & p_{22} \end{vmatrix} = \frac{5}{2} > 0$$

根据 Hurwitz 判据，有 $P > 0$，即 P 是正定对称矩阵，则系统是渐近稳定的。系统的一个 Lyapunov 函数为

$$V(x) = x^{\mathrm{T}}Px = \begin{bmatrix} x_1 & x_2 \end{bmatrix} \frac{1}{2} \begin{bmatrix} 3 & 1 \\ 1 & 2 \end{bmatrix} \begin{bmatrix} x_1 \\ x_2 \end{bmatrix} = \frac{1}{2}(x_1 + x_2)^2 + x_1^2 + \frac{1}{2}x_2^2 > 0$$

且
$$\dot{V}(x) = -x_1^2 - x_2^2$$

例 3.6 分析如下线性时不变离散系统在原点处的渐近稳定条件

$$x(k+1) = \begin{bmatrix} \lambda_1 & 0 \\ 0 & \lambda_2 \end{bmatrix} x(k)$$

设对称矩阵 $P = \begin{bmatrix} p_{11} & p_{12} \\ p_{12} & p_{22} \end{bmatrix}$, $Q = I$,求解 Lyapunov 方程 $-Q = A^T P A - P$ 确定 P。

$$\begin{bmatrix} \lambda_1 & 0 \\ 0 & \lambda_2 \end{bmatrix} \begin{bmatrix} p_{11} & p_{12} \\ p_{12} & p_{22} \end{bmatrix} \begin{bmatrix} \lambda_1 & 0 \\ 0 & \lambda_2 \end{bmatrix} - \begin{bmatrix} p_{11} & p_{12} \\ p_{12} & p_{22} \end{bmatrix} = \begin{bmatrix} -1 & 0 \\ 0 & -1 \end{bmatrix}$$

求得

$$P = \begin{bmatrix} \dfrac{1}{1-\lambda_1^2} & 0 \\ 0 & \dfrac{1}{1-\lambda_2^2} \end{bmatrix}$$

则 P 为正定的充要条件为 $|\lambda_1|<1$, $|\lambda_2|<1$,即系统的极点均在复平面上的单位圆内。

3. 基于 Lyapunov 稳定性的控制器设计

应用 Lyapunov 稳定性理论可以设计使得闭环系统稳定的控制器,这是经典控制理论的稳定性分析所不能及的。首先看一个简单的例子,关于应用 Lyapunov 稳定性理论设计 H_∞ 控制器可参见后文相关章节内容。

例 3.7 如图 3.4 所示,采用输出反馈(比例 P 控制)的双积分系统仍然是"临界稳定"而不是渐近稳定的,构造一个控制律,通过状态反馈(也可以视为 $\dot{x}_1 = x_2$ 微分 D 控制)使其成为一个渐近稳定的系统。

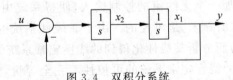

图 3.4 双积分系统

该双积分系统的状态空间模型为

$$\begin{bmatrix} \dot{x}_1 \\ \dot{x}_2 \end{bmatrix} = \begin{bmatrix} 0 & 1 \\ -1 & 0 \end{bmatrix} \begin{bmatrix} x_1 \\ x_2 \end{bmatrix} + \begin{bmatrix} 0 \\ 1 \end{bmatrix} u$$

其唯一平衡点为 $x_1 = x_2 = 0$。同时,原开环系统临界稳定,不是渐近稳定的。选取 Lyapunov 函数为 $V(x) = \dfrac{1}{2}(x_1^2 + x_2^2)$,其导数

$$\dfrac{dV(x)}{dt} = x_1 \dot{x}_1 + x_2 \dot{x}_2 = x_1 x_2 + x_2(-x_1 + u) = x_2 u$$

设计适当的控制律 u,使 $\dfrac{dV(x)}{dt} = x_2 u$ 是负定的或半负定的。显然,满足此要求的控制器

u 是很多的。特别地,选取 $u=-kx_2,k>0$($u=-k\dot{x}_1$,微分控制),$\dfrac{\mathrm{d}V(x)}{\mathrm{d}t}=-kx_2^2$ 是半负定的;进一步,若不是恒为零,它是渐近稳定的。

讨论:

(1) 由图 3.5 可知,原系统实际上是一个输出反馈的比例 P 控制,它仍然只能使系统"临界稳定",$u=-kx_2$,一方面可以看成"输出变化 D 控制"$-kx_2=-k\dot{x}_1=-k\dot{y}$,就是速度负反馈补偿措施,它能增加系统的阻尼,有利于系统的稳定;

(2) 控制器 $u=-kx_2$,另一方面可以看成"状态反馈",可见"状态反馈"比"输出反馈"能使系统性能更加"优化"。

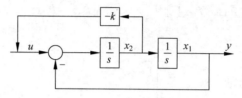

图 3.5 双积分系统的改进

因此,在利用 Lyapunov 稳定性理论设计控制器时的步骤为:

(1) 选取一个正定的标量函数 $V(x)$(线性时不变系统可以选为二次型);

(2) 通过使 $\dfrac{\mathrm{d}V(x)}{\mathrm{d}t}\leqslant 0$(负定的或半负定的)确定稳定化控制律 u。

3.2.3 系统可控性

系统可控性揭示了系统的内部结构关系,在现代控制理论的研究与实践中具有重要的意义,例如,在极点配置问题中,系统的可控性决定了状态反馈的存在性。

如果在有限时间内施加一个无约束的控制输入,使得系统由初始状态 $x(t_0)$ 转移到任意状态,则称该系统状态在时刻 t_0 是可控的。由于非线性系统的可控性分析较难,一般将其在平衡点处线性化后,转而分析其线性化得到的线性定常系统的可控性,虽然原始非线性系统的可控性与线性化后的线性定常系统的可控性不完全等价,但是这种近似分析还是具有非常重要的参考意义的。针对线性定常系统可控性的判据较多,在此重点介绍秩判据。

针对如下线性定常系统

$$\begin{cases}\dot{x}(t)=Ax(t)+Bu(t)\\ y(t)=Cx(t)+Du(t)\end{cases} \quad (3-29)$$

构造系统状态可控性矩阵

$$Q=[B,AB,A^2B,\cdots,A^{n-1}B] \quad (3-30)$$

如果可控性矩阵 Q 满秩,则该系统是状态可控的。

在控制系统的实际设计中,往往要求对输出实现控制,而状态完全可控的系统并非输出一定是可控的,因此,有必要讨论系统的输出可控性问题。如果在有限时间内施加一个无约束的控制输入,使得系统由初始输出 $y(t_0)$ 转移到任意输出,则称该系统输出在时刻 t_0 是可控的。针对系统(3-29)的输出可控性矩阵为

$$Q = [CB, CAB, CA^2B, \cdots, CA^{n-1}B, D]　\quad (3\text{-}31)$$

如果可控性矩阵 Q 满秩,则该系统是输出可控的。

例 3.8　试确定如下线性定常系统的状态可控性与输出可控性。

$$\begin{bmatrix} \dot{x}_1 \\ \dot{x}_2 \end{bmatrix} = \begin{bmatrix} 1 & 0 \\ 2 & 1 \end{bmatrix} \begin{bmatrix} x_1 \\ x_2 \end{bmatrix} + \begin{bmatrix} 0 \\ 1 \end{bmatrix} u$$

$$y = \begin{bmatrix} 0 & 1 \end{bmatrix} \begin{bmatrix} x_1 \\ x_2 \end{bmatrix}$$

（1）状态可控性矩阵的秩为

$$\text{rank}[B \quad AB] = \text{rank}\begin{bmatrix} 0 & 0 \\ 1 & 1 \end{bmatrix} = 1 < 2$$

则该系统状态不完全可控。

（2）输出可控性矩阵的秩为

$$\text{rank}[CB \quad CAB] = \text{rank}[1 \quad 1] = 1$$

则该系统输出完全可控。

3.2.4　系统可观性

与可控性类似,系统的可观性决定了系统观测器和最优估计的存在性,对现代控制理论的应用具有重要的研究意义。事实上,系统的可控性与可观性通常决定了最优控制问题的存在性。

如果系统状态 $x(t_0)$ 在有限时间内可由系统的输入值和输出值确定,则称该系统在时刻 t_0 处是可观的。与可控性判据类似,本书重点介绍秩判据。

1. 非线性系统

考虑如下非线性系统

$$\begin{cases} \dot{x}(t) = f[x(t)] \\ y(t) = h[x(t)] \end{cases} \quad (3\text{-}32)$$

其中,f 和 h 分别为系统的状态方程和观测方程。

构造非线性系统的观测矩阵为

$$Q = \begin{bmatrix} \mathrm{d}L_f^0 h(x) \\ \mathrm{d}L_f^1 h(x) \\ \vdots \\ \mathrm{d}L_f^{n-1} h(x) \end{bmatrix} \quad (3\text{-}33)$$

其中,n 是系统状态 x 的维数,k 阶李导数的定义为

$$L_f^0 h(x) = h(x)$$

$$L_f^k h(x) = \frac{\partial L_f^{k-1} h(x)}{\partial x} f(x), \quad k = 1, 2, \cdots, n-1 \quad (3\text{-}34)$$

以及
$$\mathrm{d}L_f^k h(x) = \frac{\partial L_f^k h(x)}{\partial x}, \quad k = 0, 1, 2, \cdots, n-1 \tag{3-35}$$

如果观测矩阵 $Q(x_0)$ 的秩等于系统维数 n，则非线性系统在 x_0 点处是可观的。

例 3.9 试分析以下非线性系统的可观性。

$$\dot{x}_1(t) = \sin[x_1(t)] - x_2(t)$$
$$\dot{x}_2(t) = x_1(t) - x_2^2(t)$$
$$y(t) = \begin{bmatrix} 1 & 0 \end{bmatrix} \begin{bmatrix} x_1(t) \\ x_2(t) \end{bmatrix}$$

首先，这是一个二阶的非线性系统，计算李导数可得

$$L_f^0 h(x) = x_1(t)$$
$$L_f^1 h(x) = \frac{\partial L_f^0 h(x)}{\partial x} f(x) = \sin[x_1(t)] - x_2(t)$$
$$\mathrm{d}L_f^0 h(x) = \begin{bmatrix} 1 & 0 \end{bmatrix}$$
$$\mathrm{d}L_f^1 h(x) = \begin{bmatrix} \cos[x_1(t)] & -1 \end{bmatrix}$$

则可观性矩阵为

$$Q = \begin{bmatrix} \mathrm{d}L_f^0 h(x) \\ \mathrm{d}L_f^1 h(x) \end{bmatrix} = \begin{bmatrix} 1 & 0 \\ \cos[x_1(t)] & -1 \end{bmatrix}$$

显然，矩阵 Q 满秩，该非线性系统可观。

2. 线性系统

针对如下线性定常系统

$$\begin{cases} \dot{x}(t) = Ax(t) \\ y(t) = Cx(t) \end{cases} \tag{3-36}$$

参考非线性系统可观性的秩判据，计算 k 阶李导数为

$$L_f^k h(x) = CA^k x(t), \quad \mathrm{d}L_f^k h(x) = CA^k, \quad k = 0, 1, 2, \cdots, n-1 \tag{3-37}$$

可得线性定常系统的可观性矩阵为

$$Q = \begin{bmatrix} C \\ CA \\ \vdots \\ CA^{n-1} \end{bmatrix} \tag{3-38}$$

如果观测矩阵 Q 的秩等于系统维数 n，则线性系统是可观的。

例 3.10 判断如下线性定常系统是否可观。

$$\dot{x} = \begin{bmatrix} 1 & 1 \\ -2 & -1 \end{bmatrix} x + \begin{bmatrix} 0 \\ 1 \end{bmatrix} u$$

$$y = \begin{bmatrix} 1 & 0 \end{bmatrix} x$$

计算可观性矩阵为

$$Q = \begin{bmatrix} C \\ CA \end{bmatrix} = \begin{bmatrix} 1 & 0 \\ 1 & 1 \end{bmatrix}$$

显然,矩阵 Q 满秩,该系统可观。

3.3 系统辨识

为了设计出令人满意的控制器和解决状态不可测问题,绝大多数情况下都需要利用系统的模型信息,换句话说,一个好的模型对系统的分析与设计至关重要。对有些对象如化学反应过程等,由于其复杂性,很难用理论分析的方法推导出其数学模型,有时只知道数学模型的一般形式及部分参数,有时甚至连数学模型的一般形式都不知道。因此,怎样确定系统的数学模型及参数,这就是系统辨识问题。

在 3.2 节中,已经介绍了如何使用基本的物理原理建立系统模型;然而,这往往是不够的,因为系统的参数是不确定的,或基本过程可能根本不知道。在这种情况下,必须依靠实验测量和统计技术来建立系统模型,这一过程称为系统辨识。系统辨识是根据系统的实验数据来确定系统的数学模型,所以,必须通过实验测得实际系统的输入输出数据如图 3.6 所示。

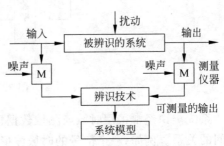

图 3.6 系统辨识原理

3.3.1 系统辨识简介

系统辨识的分类方法很多,根据描述系统数学模型的不同可分为线性系统辨识和非线性系统辨识;根据系统的结构可分为开环系统辨识与闭环系统辨识;根据参数估计方法可分为离线辨识和在线辨识等。另外,还有系统结构辨识和系统参数辨识等分类。其中离线辨识与在线辨识是系统辨识中常用的两个基本概念。

如果系统的模型结构已经选好,阶数也已确定,在获得全部数据之后,用最小二乘法、极大似然法或其他估计方法,对数据进行集中处理后,得到模型参数的估计值,这种方法称为离线辨识。离线辨识的优点是参数估计值的精度较高;缺点是需要存储大量数据,运算量也大,难以适用于实时任务。

在线辨识时,系统的模型结构和阶数是事先确定好的。当获得一部分新的输入输出数据后,在线采用递归的估计方法进行处理,从而得到模型的新的估计值。在线辨识的优点是所要求的计算机存储量较小,辨识计算时运算量较小,适合于实时控制;缺点是参数估计的精度较差。为了实现自适应控制,必须采用在线辨识,要求在很短的时间内把参数辨识出来。

系统辨识的一般步骤:

(1) 明确辨识目的和实验知识:目的不同,对模型的精度和形式要求不同;事先对系统的理解程度。

（2）实验设计：变量的选择，输入信号的形式、大小，正常运行信号还是附加试验信号，数据采样速率，辨识允许的时间及确定量测仪器等。

（3）确定模型结构：选择一种适当的模型结构。

（4）参数估计：在模型结构已知的情况下，用实验方法确定对系统特性有影响的主要参数数值。

（5）模型校验：验证模型的有效性。

系统辨识步骤如图 3.7 所示。

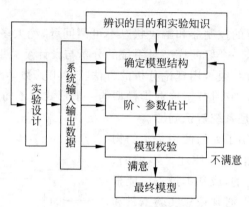

图 3.7　系统辨识步骤

系统辨识经常采用时域或频域数据进行系统辨识。时域是描述数学函数或物理信号对时间的关系。例如，一个信号的时域波形可以表达信号随着时间的变化。频域是描述信号在频率方面特性时用到的一种分析方法。系统辨识的时域与频域方法比较如图 3.8 所示。

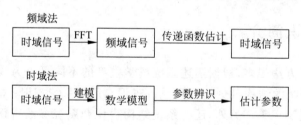

图 3.8　系统辨识的时域与频域方法比较

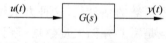

图 3.9　系统传递函数测试框图

（1）基于频域的系统辨识：通过实验获得扫频测试数据，通过最小二乘法拟合传递函数，并采用 Bode 图来显示拟合结果，系统传递函数测试框图如图 3.9 所示，其中 $u(t)$ 为包含各种频带的噪声信号或正弦信号，$y(t)$ 为实际测量的输出信号。

根据测试的系统频域信息，通过最小二乘法，可实现系统传递函数的辨识，拟合的 Bode 图如图 3.10 所示。

（2）基于时域的系统辨识：与基于频域的系统辨识相类似，只不过是其用于辨识的数据是时域测试数据。

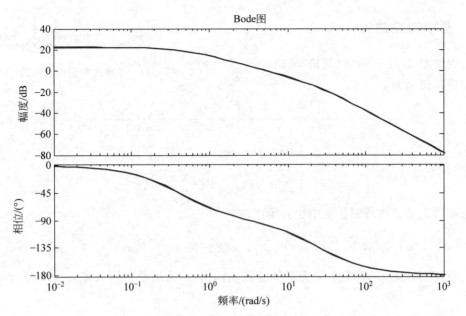

彩图 3.10

图 3.10　某实际对象与拟合传递函数的 Bode 图

辨识时所采用的误差准则是辨识问题的 3 个要素之一，是用来衡量模型接近实际系统的标准。误差准则常被表示为误差的泛函数，即

$$J(\theta) = \sum_{k=1}^{N} f[\varepsilon(k)] \tag{3-39}$$

其中，$f(\cdot)$ 为 $\varepsilon(k)$ 的函数，常取为二次型 $f[\varepsilon(k)] = \varepsilon(k)^{\mathrm{T}} \varepsilon(k)$；$\varepsilon(k)$ 为定义在区间 $k \in [0, N]$ 上的误差函数，一般指模型与实际系统的误差（输出误差准则），即实际系统的输出 $y(k)$ 和模型的输出 $y_{\mathrm{m}}(k)$ 之间的输出误差

$$\varepsilon(k) = y(k) - y_{\mathrm{m}}(k) \tag{3-40}$$

3.3.2　最小二乘法

当辨识时所采用的误差准则为

$$J(\theta) = \sum_{k=1}^{N} [y(k) - y_{\mathrm{m}}(k)]^{\mathrm{T}} [y(k) - y_{\mathrm{m}}(k)] \tag{3-41}$$

利用最小二乘法求解如下所示的非线性优化问题即可实现参数辨识

$$\hat{\theta} = \arg\min J(\theta) \tag{3-42}$$

最小二乘法是最常用的参数辨识方法，其原理根据自身情况可不掌握，但是一定要会运用，在本节后的例子中将结合实例进一步介绍。

当系统的测量噪声是均值为 0 的白噪声时，则最小二乘估计是无偏估计、有效估计且是一致估计，即满足无偏性、有效性和一致性，具体证明过程可参见相关文献，在此不再赘述。

1. 最小二乘法简介

考虑如图 3.11 所示的"灰箱"结构：

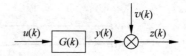

图 3.11 单输入单输出系统的"灰箱"结构

假设其模型为

$$G(z) = \frac{y(z)}{u(z)} = \frac{b_1 z^{-1} + b_2 z^{-2} + \cdots + b_n z^{-n}}{1 + a_1 z^{-1} + a_2 z^{-2} + \cdots + a_n z^{-n}} \tag{3-43}$$

或

$$y(k) = -\sum_{i=1}^{n} a_i y(k-i) + \sum_{i=1}^{n} b_i u(k-i) \tag{3-44}$$

若考虑被辨识系统或观测信息中含有噪声，则

$$z(k) = y(k) + v(k) = -\sum_{i=1}^{n} a_i y(k-i) + \sum_{i=1}^{n} b_i u(k-i) + v(k) \tag{3-45}$$

其中，z 为系统的输出观测值，y 为系统的真实输出，u 为系统的输入值，v 为均值为 0 的随机噪声。

定义

$$\begin{cases} h(k) = [-y(k-1), -y(k-2), \cdots, -y(k-n), u(k-1), u(k-2), \cdots, u(k-n)] \\ \theta = [a_1, a_2, \cdots, a_n, b_1, b_2, \cdots, b_n]^{\mathrm{T}} \end{cases} \tag{3-46}$$

则可得线性回归模型

$$z(k) = h(k)\theta + v(k) \tag{3-47}$$

其中，θ 为待辨识参数。

令 $k = n+1, n+2, n+3, \cdots, m$，则

$$Z_m = [z(n+1) \quad z(n+2) \quad \cdots \quad z(m)]^{\mathrm{T}}, \quad V_m = [v(n+1) \quad v(n+2) \quad \cdots \quad v(m)]^{\mathrm{T}}$$

$$H_m = \begin{bmatrix} h(n+1) \\ h(n+2) \\ \vdots \\ h(m) \end{bmatrix} = \begin{bmatrix} -y(n) & \cdots & -y(1) & u(n) & \cdots & u(1) \\ -y(n+1) & \cdots & -y(2) & u(n+1) & \cdots & u(2) \\ \vdots & & \vdots & \vdots & & \vdots \\ -y(m-1) & \cdots & -y(m-n) & u(m-1) & \cdots & u(m-n) \end{bmatrix} \tag{3-48}$$

式(3-47)可写为

$$Z_m = H_m \theta + V_m \tag{3-49}$$

最小二乘法的思想就是寻找 θ 的一个估计值 $\hat{\theta}$，使得各次测量值 $z(k)$ ($k=1,2,3,\cdots,m$) 与由估计值 $\hat{\theta}$ 确定的量测估计 $\hat{z}(k) = h(k)\hat{\theta}$ 之差的平方和最小，即

$$\min J(\hat{\theta}) = (Z_m - H_m \hat{\theta})^{\mathrm{T}} (Z_m - H_m \hat{\theta}) \tag{3-50}$$

由极小值原理可得

$$\left. \frac{\partial J}{\partial \theta} \right|_{\theta = \hat{\theta}} = -2 H_m^{\mathrm{T}} (Z_m - H_m \hat{\theta}) = 0 \tag{3-51}$$

即

$$H_m^{\mathrm{T}} H_m \hat{\theta} = H_m^{\mathrm{T}} Z_m \tag{3-52}$$

得 θ 的最小二乘估计为

$$\hat{\theta} = (H_m^T H_m)^{-1} H_m^T Z_m \qquad (3-53)$$

最小二乘估计使得所有偏差的平方和最小即整体误差达到最小,这对抑制测量误差 v 是有益的。则最小二乘法参数辨识流程图如图 3.12 所示。

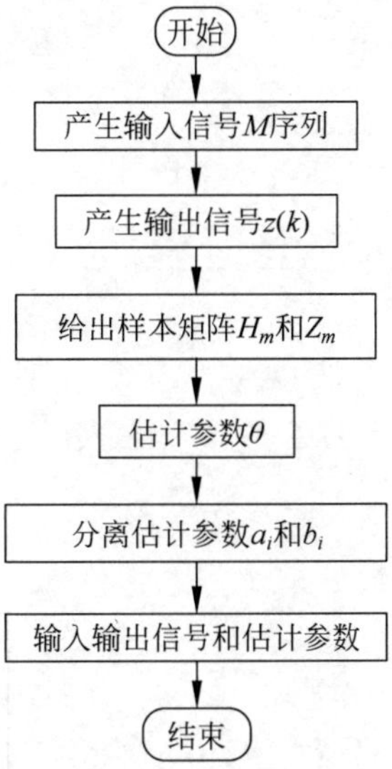

2. 加权最小二乘法

一般最小二乘估计精度不高的原因之一是对测量数据同等对待,事实上,各次测量数据有的置信度较高,有的置信度较低,所以,对不同置信度的测量值采用加权的办法分别对待,对置信度高的测量数据权重取得大些,而对置信度低的数据权重取得小些,这就是加权最小二乘法,其目标函数为

$$\min J(\hat{\theta}) = (Z_m - H_m\hat{\theta})^T W_m (Z_m - H_m\hat{\theta}) \qquad (3-54)$$

其中,权重 $W_m = \mathrm{diag}[w(1), w(2), \cdots, w(m)]$。与最小二乘估计相类似,可得 θ 的加权最小二乘估计为

$$\hat{\theta} = (H_m^T W_m H_m)^{-1} H_m^T W_m Z_m \qquad (3-55)$$

图 3.12 最小二乘法参数辨识流程图

加权最小二乘法仅用于事先能估计方程误差对参数估计影响的情况,即需要事先确定权重 W_m。当权重 $W_m = I$ 时,加权最小二乘法变为一般最小二乘法;当 $W_m = a\lambda^{m-k} I (a>0, 0<\lambda<1)$ 时,加权最小二乘法又称为渐消记忆最小二乘法。

3. 递归最小二乘法

最小二乘法或加权最小二乘法为一次完成算法或批处理算法,计算量大、存储量大、不适合在线辨识,采用参数递推估计——递推最小二乘法即可解决该问题,其基本思想如下所示:

$$\text{当前估计值 } \hat{\theta}(k) = \text{上次估计值 } \hat{\theta}(k-1) + \text{修正项}$$

根据式(3-55),利用 m 次测量数据所得到的估计值

$$\hat{\theta}_m = (H_m^T W_m H_m)^{-1} H_m^T W_m Z_m \qquad (3-56)$$

当新获得一对输入输出数据时

$$z(m+1) = h(m+1)\theta + v(m+1) \qquad (3-57)$$

则递推最小二乘法为

$$\begin{cases} P_{m+1} = P_m - P_m h^T(m+1)[w^{-1}(m+1) + h(m+1)P_m h^T(m+1)]^{-1} h(m+1)P_m \\ K_{m+1} = P_m h^T(m+1)[w^{-1}(m+1) + h(m+1)P_m h^T(m+1)]^{-1} \\ \hat{\theta}_{m+1} = \hat{\theta}_m + K_{m+1}[z(m+1) - h(m+1)\hat{\theta}_m] \end{cases} \qquad (3-58)$$

其中,K 为修正的增益矩阵。递推最小二乘法的结构和算法流程图分别如图 3.13 和图 3.14 所示。

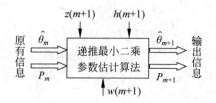

图 3.13 递推最小二乘法

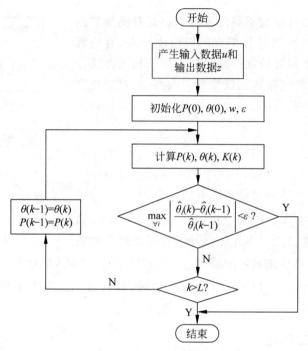

图 3.14 递推最小二乘法的算法流程图

此外，还有一些其他类型的最小二乘法，如可辨识噪声模型的增广最小二乘法和适用于多变量系统的最小二乘法，但是其基本原理都是类似的，详细介绍可参考相关资料，在此只给出这几种常用方法的关系，如图 3.15 所示。

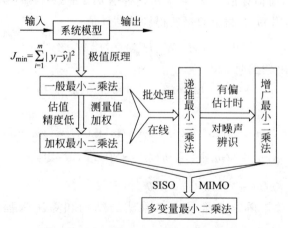

图 3.15 各种最小二乘辨识方法的关系

例 3.11 热敏电阻和温度关系式的辨识。为了通过实验确定一个热敏电阻的阻值 R 和温度 t 的关系,在不同的温度 t 下,对电阻 R 进行多次测量获得了一组量测数据(t_i, R_i)。由于每次测量中,不可避免地含有随机测量误差,因此想寻找一个函数 $R=f(t)$ 来真实地表达电阻 R 和温度 t 之间的关系。假设其模型结构为如下的线性形式:

$$R = a + bt$$

其中,a 和 b 为待辨识的参数。如果测量没有误差,只需要两个不同温度下的电阻值,便可以直接解出 a 和 b,但是由于每次测量中总存在随机误差,即

$$y_i = R_i + v_i \quad \text{或} \quad y_i = a + bt_i + v_i$$

其中,y_i 为量测数据,R_i 为真值,v_i 为随机误差(测量噪声)。

当采用每一次测量误差的平方的和最小时,即

$$J = \sum_{i=1}^{N} v_i^2 = \sum_{i=1}^{N} [y_i - (a + bt_i)]^2$$

根据 J 最小来估计 a 和 b 即为最小二乘法辨识参数。利用极值存在条件

$$\begin{cases} \left.\dfrac{\partial J}{\partial a}\right|_{a=\hat{a}} = -2\sum_{i=1}^{N}(y_i - a - bt_i) = 0 \\ \left.\dfrac{\partial J}{\partial b}\right|_{b=\hat{b}} = -2\sum_{i=1}^{N}(y_i - a - bt_i)t_i = 0 \end{cases}$$

即

$$\begin{cases} N\hat{a} + \hat{b}\sum_{i=1}^{N} t_i = \sum_{i=1}^{N} y_i \\ \hat{a}\sum_{i=1}^{N} t_i + \hat{b}\sum_{i=1}^{N} t_i^2 = \sum_{i=1}^{N} y_i t_i \end{cases}$$

解方程可得

$$\begin{cases} \hat{a} = \dfrac{\sum_{i=1}^{N} y_i \sum_{i=1}^{N} t_i^2 - \sum_{i=1}^{N} y_i t_i \sum_{i=1}^{N} t_i}{N\sum_{i=1}^{N} t_i^2 - (\sum_{i=1}^{N} t_i)^2} \\ \hat{b} = \dfrac{N\sum_{i=1}^{N} y_i t_i - \sum_{i=1}^{N} y_i \sum_{i=1}^{N} t_i}{N\sum_{i=1}^{N} t_i^2 - (\sum_{i=1}^{N} t_i)^2} \end{cases}$$

从而完成了热敏电阻模型的参数辨识。通过实验测得 10 组数据,如表 3.1 所示。

表 3.1 热敏电阻的测量值

$t/(°)$	20.5	26	32.7	40	51	61	73	80	88	95.7
R/Ω	765	790	826	850	873	910	942	980	1010	1032

利用最小二乘法计算可得 $a=702.762, b=3.4344$,辨识效果如图 3.16 所示。

例 3.12 考虑如下仿真对象

$$z(k) + 1.5z(k-1) + 0.7z(k-2) = u(k-1) + 0.5u(k-2) + v(k)$$

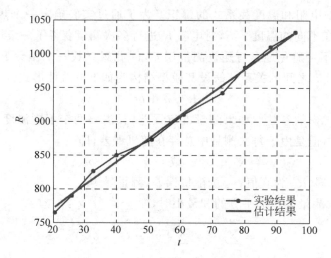

图 3.16 热敏电阻模型辨识结果

其中,$v(k)$ 是服从正态分布的白噪声 $N(0,1)$,输入信号采用幅值为 1 的 M 序列。选择如下辨识模型进行最小二乘参数辨识:

$$z(k)+a_1z(k-1)+a_2z(k-2)=b_1u(k-1)+b_2u(k-2)+v(k)$$

其输入和输出的图形如图 3.17 所示。

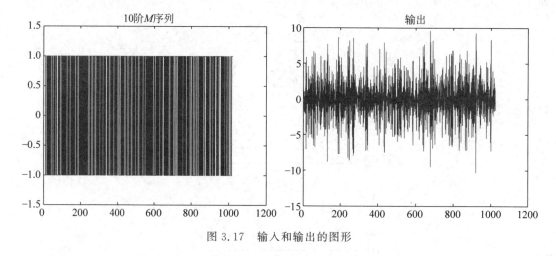

图 3.17 输入和输出的图形

取权重 $W_m=I$,利用最小二乘法的辨识结果如表 3.2 所示。

表 3.2 最小二乘法的辨识结果

参 数	a_1	a_2	b_1	b_2
真 值	1.5	0.7	1.0	0.5
估计值	1.4522	0.6704	0.9725	0.4759

利用递推最小二乘法的参数辨识结果如图 3.18 所示,递推最小二乘法的辨识结果如表 3.3 所示。

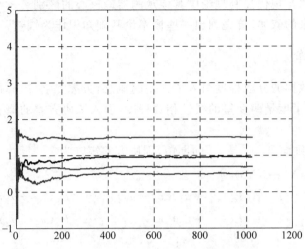

图 3.18 递推最小二乘法的参数辨识结果

表 3.3 递推最小二乘法的辨识结果

参 数	a_1	a_2	b_1	b_2
真 值	1.5	0.7	1.0	0.5
估计值	1.4976	0.6837	0.9529	0.5047

3.4 卡尔曼滤波算法

3.4.1 状态估计问题描述

对于一个动态系统,系统的输入和输出的测量数据只能反映系统的外部特性,而系统的动态规律则需要内部状态变量来描述,但内部状态变量往往无法直接测量,要根据获取的测量数据来估算动态系统的内部状态。换句话说,由于无法直接获得状态,只能采用间接的方法去估计状态,这就是状态估计问题。因此,状态估计对于动态系统控制具有重要的意义。

对于状态估计问题,大多数状态重构算法可由下式统一描述

$$\dot{\hat{x}} = f(\hat{x}, u) + K(z - \hat{z}) \tag{3-59}$$

其中, $f(\hat{x}, u)$ 为系统模型, K 为反馈增益, z 和 $\hat{z}$ 为测量值和估计的测量值。由于模型不能完全精确地描述系统的特性,需要后面的 $K(z - \hat{z})$ 通过实际测量值来修正模型的先验预测值。其核心就是如何计算获得反馈增益 K,以使得测量值更好地修正预测值带来的误差,使估计更加准确。

状态估计问题常用的估计算法有卡尔曼滤波算法、Luenberger 观测器、H_∞ 观测器等。那么上述估计算法有什么本质上的区别呢?根据最优估计理论,观测器增益的最佳选择取决于测量噪声 v_k 与过程噪声 ω_k 的大小关系,而卡尔曼滤波器就是一种根据测量噪声 v_k、过程噪声 ω_k 以及状态估计误差来确定增益 K 的最优观测器,所以观测增益确定方法的不

同就是卡尔曼滤波器与现代控制理论中其他观测器最核心的区别。

为了便于接下来的叙述,首先列出一些概率论基础知识作为铺垫。

1. 协方差矩阵

为了度量一组数据的分散程度引入了方差的概念,方差是各个样本与样本均值的差的平方和的均值,而为了度量两变量的线性相关程度,引入了协方差的概念,当两变量相同时,协方差就是方差。

设 X 是一个 n 维向量,u_i 是 x_i 的期望,则协方差矩阵为

$$P = E[(X-E(X))(X-E(X))^\mathrm{T}]$$
$$= \begin{bmatrix} E[(x_1-u_1)(x_1-u_1)] & E[(x_1-u_1)(x_2-u_2)] & \cdots & E[(x_1-u_1)(x_n-u_n)] \\ E[(x_2-u_2)(x_1-u_1)] & E[(x_2-u_2)(x_2-u_2)] & \cdots & E[(x_2-u_2)(x_n-u_n)] \\ \vdots & \vdots & & \vdots \\ E[(x_n-u_n)(x_1-u_1)] & E[(x_1-u_1)(x_1-u_1)] & \cdots & E[(x_n-u_n)(x_n-u_n)] \end{bmatrix} \quad (3\text{-}60)$$

其中,协方差矩阵都是对称矩阵且是半正定的;协方差矩阵的迹 $\mathrm{tr}(P)$ 是 X 的均方误差。

2. 高斯分布

设一个随机变量 x 服从高斯分布 $N(\mu,\sigma)$,那么它的概率密度函数为

$$p(x) = \frac{1}{\sqrt{2\pi}\sigma} \mathrm{e}^{\left(-\frac{1}{2}\frac{(x-\mu)^2}{\sigma^2}\right)} \quad (3\text{-}61)$$

针对事件 X、Z,有如下定性描述:

先验概率 $P(X)$:根据以往经验和分析得到的当下发生的概率,如根据若干年气象局统计的经验,某地区下雨的概率。

后验概率 $P(X|Z)$:在相关证据或给定条件下的概率,是由因及果的概率,如根据天上有乌云,某地区下雨的概率。

似然概率 $P(Z|X)$:根据已知结果推测固有性质的可能性,如某地区下雨的时候有乌云的概率,是对证据发生的可能性的描述。

由贝叶斯公式

$$P(X|Y) = \frac{P(X)P(Y|X)}{P(Y)} \quad (3\text{-}62)$$

由于 $P(Y)$ 是一个定值,不会改变,因此后验概率分布 $P(X|Z)$ 正比于先验概率分布 $P(X)$ 乘以似然估计 $P(Y|X)$。

3. 数据融合思想

假设有两把尺子测量同一物体高度,第一把尺子测量高度为 z_1,测量标准差为 σ_1,第二把尺子测量高度为 z_2,测量标准差为 σ_2,则估计的真实值为

$$\hat{z} = z_1 + K(z_2 - z_1), \quad K \in [0,1] \quad (3\text{-}63)$$

可以看出,当 $K=0$ 时,$\hat{z}=z_1$;当 $K=1$ 时,$\hat{z}=z_2$。

接下来求 K 使得 $\hat{z}$ 的方差 $\mathrm{var}(\hat{z})$ 最小。

$$\begin{aligned}\sigma_{\hat{z}}^2 &= \text{var}(z_1 + K(z_2 - z_1)) \\ &= \text{var}((1-K)z_1 + Kz_2) \\ &= (1-K)^2 \text{var}(z_1) + K^2 \text{var}(z_2) \\ &= (1-K)^2 \sigma_1^2 + K^2 \sigma_2^2 \end{aligned} \quad (3\text{-}64)$$

对 $\sigma_{\hat{z}}^2$ 求导，令导数 $\dfrac{\mathrm{d}\sigma_{\hat{z}}^2}{\mathrm{d}K}$ 等于 0，则

$$\frac{\mathrm{d}\sigma_{\hat{z}}^2}{\mathrm{d}K} = -2(1-K)\sigma_1^2 + 2K\sigma_2^2 = 0 \quad (3\text{-}65)$$

整理得

$$K = \frac{\sigma_1^2}{\sigma_1^2 + \sigma_2^2} \quad (3\text{-}66)$$

则

$$\begin{aligned}\hat{z} &= z_1 + \frac{\sigma_1^2}{\sigma_1^2 + \sigma_2^2}(z_2 - z_1) \\ &= \frac{\sigma_2^2}{\sigma_1^2 + \sigma_2^2}z_1 + \frac{\sigma_1^2}{\sigma_1^2 + \sigma_2^2}z_2 \end{aligned} \quad (3\text{-}67)$$

3.4.2 卡尔曼滤波

卡尔曼滤波理论最初是由 Kalman 在 1960 年发表的论文 *A New Approach to Linear Filtering and Prediction Problems* 中提出的一种克服维纳滤波缺点的线性递推优化方法，算法的本质是从被噪声污染的信号中提取真实的部分，进而估计出系统的真实状态。卡尔曼滤波不仅可用于信号的滤波和估计，而且可用于模型参数的估计，因此广泛应用于工程实践中，例如，车辆行驶过程中，单一信息源很难保证获取环境信息的快速性和准确性的要求，同时还受到传感器自身品质、性能噪声的影响，因此常常应用卡尔曼滤波对多传感器进行数据融合。

由于初学者在学习卡尔曼滤波时很容易混淆卡尔曼滤波计算式中变量含义，所以在此先给出变量说明，如表 3.4 所示。

表 3.4 卡尔曼滤波关键变量及含义说明

变 量	含 义 说 明
x_k	k 时刻真实值
$\hat{x}_k$	k 时刻估计值
x_k^-	k 时刻预测值即先验估计
P_k	k 时刻误差协方差矩阵
P_k^-	k 时刻预测误差协方差矩阵
K_k	k 时刻卡尔曼增益
z_k	k 时刻测量值

续表

变 量	含 义 说 明
$\hat{z}_k$	k 时刻估计的测量值
A	状态转移矩阵
u_k	k 时刻系统输入向量
B	输入增益矩阵
H	测量矩阵
ω_k	均值为 0、协方差矩阵为 Q，服从正态分布的过程噪声
v_k	均值为 0、协方差矩阵为 R，服从正态分布的测量噪声

卡尔曼滤波是一个递推滤波算法，每次递推都包括预测和更新两个部分，预测部分是使用上一时刻状态的估计做出对当前状态的预测，更新部分是利用当前状态的观测值来修正预测阶段获得的预测值，获得一个更接近真实值的估计值。卡尔曼滤波的本质是通过对下一时刻状态的先验估计与测量反馈相结合，得到该时刻相对准确的后验估计。卡尔曼滤波算法主要包括以下 5 个步骤：

(1) 模型预测：根据 $k-1$ 时刻的最优估计值 $\hat{x}_{k-1}$ 来计算 k 时刻的预测值 x_k^-，即先验估计；

(2) 预测：根据 $k-1$ 时刻的最优估计值误差协方差矩阵 P_{k-1} 来计算 k 时刻预测值的误差协方差矩阵 P_k^-；

(3) 卡尔曼增益更新：根据 k 时刻预测值协方差矩阵 P_k^- 和 k 时刻测量值误差来计算 k 时刻的卡尔曼增益 K_k；

(4) 状态更新：根据 k 时刻预测值 x_k^-、k 时刻测量值 z_k 和 k 时刻卡尔曼增益 K_k 来计算 k 时刻最优估计值 $\hat{x}_k$，即后验估计；

(5) 更新：根据 k 时刻预测值的误差协方差矩阵 P_k^- 和 k 时刻卡尔曼增益 K_k 来计算 k 时刻最优估计值 $\hat{x}_k$ 的误差协方差矩阵 P_k。

根据上述过程，首先要确定误差协方差矩阵和状态的初值，此时迭代为第 0 代，然后由误差协方差矩阵的初值算出第一代的预测误差协方差矩阵，再通过第一代预测误差协方差矩阵得到第一代卡尔曼增益，第一代卡尔曼增益结合观测值就能估计出第一代的状态，再利用第一代的卡尔曼增益更新第一代的误差协方差矩阵，完成第一次迭代。然后由第一代误差协方差矩阵算出第二代的预测误差协方差矩阵，以此类推，完成卡尔曼滤波去递推全过程。

上述 5 个步骤对应卡尔曼滤波的 5 个公式，通过如图 3.19 所示的流程图即可实现时间更新（预测）以及测量更新（校正），其中，式(3-68)、式(3-69)为预测部分，式(3-70)~式(3-72)为更新部分。

$$\hat{x}_k^- = A\hat{x}_{k-1} + Bu_k \tag{3-68}$$

$$P_k^- = AP_{k-1}A^{\mathrm{T}} + Q \tag{3-69}$$

$$K_k = P_k^- H^{\mathrm{T}}(HP_k^- H^{\mathrm{T}} + R)^{-1} \tag{3-70}$$

$$\hat{x}_k = \hat{x}_k^- + K_k(z_k - H\hat{x}_k^-) \tag{3-71}$$

$$P_k = (I - K_k H)P_k^- \tag{3-72}$$

接下来详细介绍卡尔曼滤波 5 个公式的推导过程。

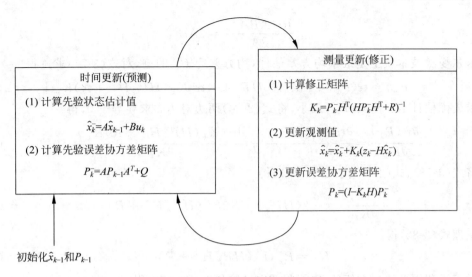

图 3.19 卡尔曼滤波算法流程图

1. 最小均方差估计

设真实值与预测值之间的误差为

$$e_k^- = x_k - \hat{x}_k^- \tag{3-73}$$

那么由式(3-73)得到预测误差的协方差矩阵为

$$P_k^- = E\left[e_k^-(e_k^-)^{\mathrm{T}}\right] = E\left[(x_k - \hat{x}_k^-)(x_k - \hat{x}_k^-)^{\mathrm{T}}\right] \tag{3-74}$$

由式(3-59)、式(3-63)得到真实值与估计值之间的误差为

$$\begin{aligned}
e_k &= x_k - \hat{x}_k \\
&= x_k - (\hat{x}_k^- + K_k \hat{z}_k) \\
&= x_k - (\hat{x}_k^- + K_k(z_k - H\hat{x}_k^-)) \\
&= x_k - (\hat{x}_k^- + K_k(Hx_k + v_k - H\hat{x}_k^-)) \\
&= (I - K_k H)(x_k - \hat{x}_k^-) - K_k v_k
\end{aligned} \tag{3-75}$$

那么由式(3-75)估计误差协方差矩阵为

$$\begin{aligned}
P_k &= E\left[e_k e_k^{\mathrm{T}}\right] \\
&= E\left[\left[(I - K_k H)(x_k - \hat{x}_k^-) - K_k v_k\right]\left[(I - K_k H)(x_k - \hat{x}_k^-) - K_k v_k\right]^{\mathrm{T}}\right] \\
&= (I - K_k H) E\left[(x_k - \hat{x}_k^-)(x_k - \hat{x}_k^-)^{\mathrm{T}}\right](I - K_k H)^{\mathrm{T}} + K_k E\left[v_k v_k^{\mathrm{T}}\right] K_k^{\mathrm{T}}
\end{aligned} \tag{3-76}$$

由式(3-60)得到 $E\left[v_k v_k^{\mathrm{T}}\right] = R$,同时将式(3-75)代入式(3-76)得

$$\begin{aligned}
P_k &= (I - K_k H) E\left[(x_k - \hat{x}_k^-)(x_k - \hat{x}_k^-)^{\mathrm{T}}\right](I - K_k H)^{\mathrm{T}} + K_k E\left[v_k v_k^{\mathrm{T}}\right] K_k^{\mathrm{T}} \\
&= (I - K_k H) P_k^- (I - K_k H)^{\mathrm{T}} + K_k R K_k^{\mathrm{T}}
\end{aligned} \tag{3-77}$$

在此,不加证明地给出式(3-78)、式(3-79)两个矩阵微分公式,具体推导过程可参看矩阵分析教材。

$$\frac{\partial \mathrm{tr}(AB)}{\partial A} = B^{\mathrm{T}} \tag{3-78}$$

$$\frac{\partial \mathrm{tr}(ABA^\mathrm{T})}{\partial A} = 2AB \tag{3-79}$$

卡尔曼滤波本质上是最小均方差估计,均方差为 P_k 的迹,对式(3-77)求迹得

$$\mathrm{tr}(P_k) = \mathrm{tr}(P_k^-) - 2\mathrm{tr}(K_k H P_k^-) + \mathrm{tr}[K_k(HP_k^-H^\mathrm{T}+R)K_k^\mathrm{T}] \tag{3-80}$$

求最优估计 K_k 使 $\mathrm{tr}(P_k)$ 最小,将式(3-80)两边对 K_k 求导等于 0,得

$$\frac{\partial \mathrm{tr}(P_k)}{\partial K_k} = \frac{\partial \mathrm{tr}(2K_k H P_k^-)}{\partial K_k} + \frac{\partial \mathrm{tr}(K_k(HP_k^-H^\mathrm{T}+R)K_k^\mathrm{T})}{\partial K_k} = 0 \tag{3-81}$$

将式(3-78)、式(3-79)代入式(3-81)得

$$\frac{\partial \mathrm{tr}(P_k)}{\partial K_k} = -2(HP_k^-)^\mathrm{T} + 2K_k(HP_k^-H^\mathrm{T}+R) = 0 \tag{3-82}$$

整理式(3-82)得

$$K_k = P_k^- H^\mathrm{T}(HP_k^-H^\mathrm{T}+R)^{-1} \tag{3-83}$$

对于预测误差协方差矩阵 P_k^-,将式(3-68)代入式(3-74)得

$$\begin{aligned}
P_k^- &= E[(x_k - \hat{x}_k^-)(x_k - \hat{x}_k^-)^\mathrm{T}] \\
&= E[(Ax_{k-1} + Bu_k + \omega_k - A\hat{x}_{k-1}^- - Bu_k)(Ax_{k-1} + Bu_k + \omega_k - A\hat{x}_{k-1}^- - Bu_k)^\mathrm{T}] \\
&= E[(Ae_{k-1})(Ae_{k-1})^\mathrm{T}] + E[\omega_k \omega_k^\mathrm{T}] \\
&= AP_{k-1}A^\mathrm{T} + Q
\end{aligned} \tag{3-84}$$

2. 射影定理

在几何上,卡尔曼滤波器可以看作状态变量在由观测生成的线性空间上的射影,因此可以使用射影定理推导卡尔曼滤波。

采用线性最小估计方法,利用系统输出的测量值 $z(t)$ 来估计系统状态值 $x(t)$,即

$$\hat{x} = b + Az, \quad b \in R^n, \quad A \in \mathbf{R}^{n \times m} \tag{3-85}$$

若估值 $\hat{x}$ 极小化性能指标为 J,即期望方差为

$$\begin{aligned}
J &= E[(x-\hat{x})^\mathrm{T}(x-\hat{x})] \\
&= E[(x-Az-b)^\mathrm{T}(x-Az-b)]
\end{aligned} \tag{3-86}$$

则称 $\hat{x}$ 为随机变量 x 的线性最小方差估计。

求 J 的极小值,令 J 对 x 求偏导等于 0 可得

$$\frac{\partial J}{\partial x} = -2E(x - b - Az) = 0 \tag{3-87}$$

则有

$$b = E(x) - AE(z) \tag{3-88}$$

将式(3-88)代入式(3-86),则

$$J = E[(x - Az - (E(x) - AE(z)))^\mathrm{T}(x - Az - (E(x) - AE(z)))] \tag{3-89}$$

这里假设两个变量 P_{xx} 和 P_{xz} 为

$$P_{xx} = E[(x - E(x))(x - E(x))^\mathrm{T}] \tag{3-90}$$

$$P_{xz} = E[(x - E(x))(z - E(z))^\mathrm{T}] \tag{3-91}$$

将式(3-90)和式(3-91)代入式(3-89),得

$$J = E\left[(x - Az - (E(x) - AE(z)))^{\mathrm{T}}(x - Az - (E(x) - AE(z)))\right]$$
$$= \mathrm{tr}\left[P_{xx} - AP_{zx} - P_{xz}A^{\mathrm{T}} + AP_{zz}A^{\mathrm{T}}\right]$$
$$= \mathrm{tr}P_{xx} - A\,\mathrm{tr}P_{zx} - \mathrm{tr}P_{xz}A^{\mathrm{T}} + A\,\mathrm{tr}P_{zz}A^{\mathrm{T}} \tag{3-92}$$

令 $\dfrac{\partial J}{\partial A} = 0$,由式(3-92)得

$$\frac{\partial J}{\partial A} = -P_{zx}^{\mathrm{T}} - P_{xz} + 2AP_{zz} = 0 \tag{3-93}$$

由于 $P_{xz} = P_{zx}^{\mathrm{T}}$,代入式(3-93)得

$$A = P_{xz}P_{zz}^{-1} \tag{3-94}$$

基于以上公式推导可得到在线性最小估计下,状态估计值的表达式为

$$\hat{x} = E(x) + P_{xz}P_{zz}^{-1}(z - E(z)) \tag{3-95}$$

下面不加证明地给出射影定理及其推论。

定义 3.1　称 $x - \hat{x}$ 与 z 不相关为 $x - \hat{x}$ 与 z 正交(垂直),记为 $x - \hat{x} \perp z$,并称 $\hat{x}$ 为 x 在 z 上的射影,记为 $\hat{x} = \mathrm{proj}(x \mid z)$;

定义 3.2　基于随机变量 $z(1), z(2), \cdots, z(k) \in \mathbf{R}^m$,对随机变量 $x \in \mathbf{R}^m$ 的线性最小方差估计 $\hat{x}$ 定义为

$$\hat{x} = \mathrm{proj}(x \mid z(1), \cdots, z(i)) \tag{3-96}$$

定义 3.3　设 $z(1), z(2), \cdots, z(k) \in \mathbf{R}^m$ 是存在二阶矩的随机序列,其新息序列定义为

$$\varepsilon(k) = z(k) - \mathrm{proj}(z(k) \mid z(1), z(2), \cdots, z(k-1)) \tag{3-97}$$

定理 3.5　设随机变量 $x \in \mathbf{R}^n$,随机序列 $z(1), z(2), \cdots, z(k) \in \mathbf{R}^m$,且它们存在二阶矩,则有递推射影公式

$$\mathrm{proj}(x \mid z(1), z(2), \cdots, z(k)) = \mathrm{proj}(x \mid z(1), z(2), \cdots, z(k-1)) +$$
$$E[x\varepsilon^{\mathrm{T}}(k)][E(\varepsilon(k)\varepsilon^{\mathrm{T}}(k))]^{-1}\varepsilon(k) \tag{3-98}$$

对于式(3-98)的证明过程省略。

现对卡尔曼滤波 5 个公式,即式(3-68)~式(3-72)进行证明。

对状态方程在观测 $z(1), z(2), \cdots, z(k-1)$ 构成的平面空间中投影,得到

$$\hat{x}_{k+1} = A\hat{x}_k + \Gamma\,\mathrm{proj}(\omega(k) \mid z(1), z(2), \cdots, z(k)) \tag{3-99}$$

将式(3-68)状态方程迭代有

$$x_k \in L(\omega(k-1), \cdots, \omega(1), \omega(0), x(0)) \tag{3-100}$$

对于式(3-69)的观测方程有

$$z(k) \in L(v(k), \omega(k-1), \cdots, \omega(1), \omega(0), x(0)) \tag{3-101}$$

因此

$$L(z(1), z(2), \cdots, z(k)) \subset L(v(k), \cdots, v(2), v(1), \omega(k-1), \cdots, \omega(1), \omega(0), x(0))$$
$$\tag{3-102}$$

应用射影定理以及 $E(\omega(k)) = 0$ 可得

$$\mathrm{proj}(\omega(k) \mid z(1), z(2), \cdots, z(k)) = 0 \tag{3-103}$$

则式(3-99)将被整理成如下形式

$$\hat{x}_{k+1} = A\hat{x}_k \tag{3-104}$$

由射影定理可知
$$\tilde{x}_k = x_k - \hat{x}_k \tag{3-105}$$
$$P(k) = E(\tilde{x}_k \tilde{x}_k^T) \tag{3-106}$$

将式(3-105)代入式(3-106)得
$$\begin{aligned}P_{k+1} &= E\left[\tilde{x}_{k+1}\tilde{x}_{k+1}^T\right]\\ &= E\left[(Ax_k + \Gamma\omega(k) - A\hat{x}_k)(Ax_k + \Gamma\omega(k) - A\hat{x}_k)^T\right]\\ &= E\left[(A\tilde{x}_k + \Gamma\omega(k))(A\tilde{x}_k + \Gamma\omega(k))^T\right]\\ &= AP_k A^T + \Gamma Q\Gamma^T + AE\left[\tilde{x}_k \omega^T(k)\right]\Gamma^T + \Gamma E\left[\tilde{x}_k^T \omega(k)\right]A^T\\ &= AP_k A^T + \Gamma Q\Gamma^T \end{aligned} \tag{3-107}$$

由射影递推公式可得
$$\hat{x}_k = \hat{x}_k^- + K_k \varepsilon_k \tag{3-108}$$
$$K_{k+1} = E\left[x_{k+1}\varepsilon_{k+1}^T\right]E^{-1}\left[\varepsilon_{k+1}\varepsilon_{k+1}^T\right] \tag{3-109}$$

其中
$$\begin{aligned}E\left[x_k \varepsilon_k^T\right] &= E\left[x_k(y - H\hat{x}_{k|k-1})\right]\\ &= E\left[(\hat{x}_{k|k-1} + \tilde{x}_{k|k-1})(H\hat{x}_{k|k-1})^T\right]\\ &= P_{k|k-1}H^T + E\left[\hat{x}_{k|k-1}\tilde{x}_{k|k-1}^T\right]\\ &= P_{k|k-1}H^T \end{aligned} \tag{3-110}$$

$$\begin{aligned}E\left[\varepsilon_k \varepsilon_k^T\right] &= E\left[(H\tilde{x}_k^- + v_k)(H\tilde{x}_k^- + v_k)^T\right]\\ &= HP_k^- H^T + R \end{aligned} \tag{3-111}$$

将式(3-110)和式(3-111)代入式(3-109)得
$$K_k = P_k^- H_k^T (H_k P_k^- H_k^T + R_k)^{-1} \tag{3-112}$$

由新息序列的定义可得
$$\begin{aligned}\varepsilon_k &= z_k - \hat{z}_k^-\\ &= z_k - H\hat{x}_k^- \end{aligned} \tag{3-113}$$

将式(3-113)代入式(3-108)得
$$\hat{x}_k = \hat{x}_k^- + K_k(z_k - H_k \hat{x}_k^-) \tag{3-114}$$

由式(3-106)得
$$\begin{aligned}P_k &= E\left[\tilde{x}_k \tilde{x}_k^T\right]\\ &= E\left[(\tilde{x}_k^- - K\varepsilon_k)(\tilde{x}_k^- - K\varepsilon_k)^T\right]\\ &= P_k^- + K(HP_k^- H^T + R)K^T - P_k^- H^T K^T - KHP_k^-\\ &= [I - KH]P_k^- \end{aligned} \tag{3-115}$$

3. 机动目标跟踪应用

假设对一辆车的运动状态作跟踪与预测，经常使用恒定速度模型(CV 模型)、恒定加速度模型(CA 模型)、匀速转弯模型(CT 模型)等运动模型来实现卡尔曼滤波。车辆的状态可以表示为(position, velocity)，用一个向量来表示该状态为

$$x = [p_x, p_y, v_x, v_y]^T \tag{3-116}$$

其中，p_x、p_y 和 v_x、v_y 为车辆在 x、y 方向上的位置和速度分量。

假设车辆具有恒定的速度（CV 模型），应用卡尔曼滤波算法求解该跟踪问题。其离散化的运动模型为

$$\begin{cases} p_{x,k+1} = p_{x,k} + v_{x,k} \Delta t + v_{px} \\ p_{y,k+1} = p_{y,k} + v_{y,k} \Delta t + v_{py} \\ v_{x,k+1} = v_{x,k} + v_{vx} \\ v_{y,k+1} = v_{y,k} + v_{vy} \end{cases} \tag{3-117}$$

将其改写为状态方程形式：

$$\begin{bmatrix} p_x \\ p_y \\ v_x \\ v_y \end{bmatrix}_{k+1} = \begin{bmatrix} 1 & 0 & \Delta t & 0 \\ 0 & 1 & 0 & \Delta t \\ 0 & 0 & 1 & 0 \\ 0 & 0 & 0 & 1 \end{bmatrix} \begin{bmatrix} p_x \\ p_y \\ v_x \\ v_y \end{bmatrix}_k + v \tag{3-118}$$

其中，v 为过程噪声，Δt 为采样周期。简记为

$$x_{k+1} = A x_k + v \tag{3-119}$$

其中，

$$A = \begin{bmatrix} 1 & 0 & \Delta t & 0 \\ 0 & 1 & 0 & \Delta t \\ 0 & 0 & 1 & 0 \\ 0 & 0 & 0 & 1 \end{bmatrix}$$

预测部分第二步为

$$P_{k+1}^- = A P_k A^T + Q \tag{3-120}$$

其中，Q 为过程噪声的协方差矩阵，$v \sim N(0, Q)$，则 Q 的形式为

$$Q = \begin{bmatrix} \sigma_{p_x}^2 & \sigma_{p_x p_y} & \sigma_{p_x v_x} & \sigma_{p_x v_y} \\ \sigma_{p_y p_x} & \sigma_{p_y}^2 & \sigma_{p_y v_x} & \sigma_{p_y v_y} \\ \sigma_{v_x p_x} & \sigma_{v_x p_y} & \sigma_{v_x}^2 & \sigma_{v_x v_y} \\ \sigma_{v_y v_x} & \sigma_{v_y p_y} & \sigma_{v_y v_x} & \sigma_{v_y}^2 \end{bmatrix} \tag{3-121}$$

将过程噪声继续分解

$$v = \begin{bmatrix} v_{px} \\ v_{py} \\ v_{vx} \\ v_{vy} \end{bmatrix} = \begin{bmatrix} \dfrac{a_x \Delta t^2}{2} \\ \dfrac{a_y \Delta t^2}{2} \\ a_x \Delta t \\ a_y \Delta t \end{bmatrix} = \begin{bmatrix} \dfrac{\Delta t^2}{2} & 0 \\ 0 & \dfrac{\Delta t^2}{2} \\ \Delta t & 0 \\ 0 & \Delta t \end{bmatrix} \begin{bmatrix} a_x \\ a_y \end{bmatrix} = G a \tag{3-122}$$

则过程噪声协方差矩阵 Q 可表示为

$$Q = E[vv^T] = G \begin{bmatrix} \sigma_{ax}^2 & \sigma_{ax,ay} \\ \sigma_{ay,ax} & \sigma_{ay}^2 \end{bmatrix} G^T \tag{3-123}$$

由于 a_x 与 a_y 互不相关,则 $\sigma_{ay,ax}=0$,则过程噪声协方差矩阵 Q 可表示为

$$Q = E[vv^T] = G \begin{bmatrix} \sigma_{ax}^2 & 0 \\ 0 & \sigma_{ay}^2 \end{bmatrix} G^T \tag{3-124}$$

假设可观测车辆的位置变化而无法观测车辆的速度变化,则测量矩阵可表示为

$$H = \begin{bmatrix} 1 & 0 & 0 & 0 \\ 0 & 1 & 0 & 0 \end{bmatrix} \tag{3-125}$$

测量噪声的协方差矩阵 R 为

$$R = \begin{bmatrix} \sigma_{px}^2 & 0 \\ 0 & \sigma_{py}^2 \end{bmatrix} \tag{3-126}$$

接下来,按照卡尔曼滤波更新部分公式更新即可,以上便是恒定速度模型的过程模型以及车辆运动状态估计的全部过程。

3.4.3 扩展卡尔曼滤波

卡尔曼滤波对于线性高斯模型能够做出最优估计,得到较好的跟踪效果。然而在工程实际中,系统一般都是非线性的,虽然有些非线性系统可以用线性系统近似表示,但如果要精确估计系统的状态,则不能用线性的微分方程来表示,所以必须建立适用于非线性系统的滤波算法。为了采用经典卡尔曼思想解决非线性系统中的状态估计问题,可以利用非线性函数的局部线性特性,将非线性模型局部线性化。扩展卡尔曼滤波就是基于这样的思想,将系统的非线性函数做一阶泰勒(Taylor)展开并省略高阶项,得到线性化的系统方程,从而完成对目标的线性滤波估计等处理。

离散非线性系统动态过程可以表示为

$$x_{k+1} = f(k, x_k) + g_k \omega_k \tag{3-127}$$

$$z_k = h(k, x_k) + v_k \tag{3-128}$$

其中,x_k 为状态向量,z_k 为测量向量,$f(\cdot)$ 和 $h(\cdot)$ 分别为非线性状态函数和观测函数,ω_k 和 v_k 是互不相关的高斯白噪声,其均值为零,协方差矩阵为 Q_k 和 R_k。

对非线性状态函数 $f(\cdot)$ 在 x_k 处进行一阶泰勒展开,得

$$f(x_k) = f(\hat{x}_k) + \frac{\partial f}{\partial x_k}\bigg|_{x_k = \hat{x}_k} (x_k - \hat{x}_k) + o(x_k - \hat{x}_k) \tag{3-129}$$

其中,$o(x_k - \hat{x}_k)$ 为高阶无穷小项,令 $F_k = \dfrac{\partial f}{\partial x_k}\bigg|_{x_k = \hat{x}_k}$,则式(3-127)可以化简为

$$x_{k+1} = f(\hat{x}_k) + F_k(x_k - \hat{x}_k) + \omega_k \tag{3-130}$$

则一步状态预测为

$$\hat{x}_{k+1}^- = E[f(\hat{x}_k) + F_k(x_k - \hat{x}_k) + \omega_k] = f(\hat{x}_k) \tag{3-131}$$

一步预测协方差矩阵为

$$P_{k+1}^- = E\left[(x_{k+1} - x_{k+1}^-)(x_{k+1} - x_{k+1}^-)^T\right]$$
$$= E\{[F_k(x_k - \hat{x}_k) + \omega_k][F_k(x_k - \hat{x}_k) + \omega_k]^T\}$$
$$= F_k P_k F_k^T + Q_k \tag{3-132}$$

对非线性观测函数 $h(\cdot)$ 在一步状态预测 $\hat{x}_{k+1}^-$ 处进行一阶泰勒展开得

$$h(x_{k+1}) = h(\hat{x}_{k+1}^-) + \frac{\partial h}{\partial x_{k+1}}\bigg|_{x_{k+1} = \hat{x}_{k+1}^-}(x_{k+1} - \hat{x}_{k+1}^-) + o(x_{k+1} - \hat{x}_{k+1}^-) \tag{3-133}$$

其中，$o(x_{k+1} - \hat{x}_{k+1}^-)$ 为高阶无穷小项，令 $H_{k+1} = \frac{\partial f}{\partial x_{k+1}}\bigg|_{x_{k+1} = \hat{x}_{k+1}^-}$，则式(3-128)化简为

$$z_{k+1} = h(\hat{x}_{k+1}^-) + H_{k+1}(x_{k+1} - \hat{x}_{k+1}^-) + v_{k+1} \tag{3-134}$$

则观测一步预测为

$$\hat{z}_{k+1} = E[h(\hat{x}_{k+1}^-) + H_{k+1}(x_{k+1} - \hat{x}_{k+1}^-) + v_{k+1}] = h(\hat{x}_{k+1}^-) \tag{3-135}$$

观测量预测误差的协方差矩阵为

$$P_{zz,k+1}^- = E\left[(z_{k+1} - \hat{z}_{k+1})(z_{k+1} - \hat{z}_{k+1})^T\right]$$
$$= H_{k+1} P_{k+1}^- H_{k+1}^T + R_{k+1} \tag{3-136}$$

状态与量测间的协方差矩阵为

$$P_{xz,k+1}^- = E\left[(x_{k+1} - \hat{x}_{k+1})(z_{k+1} - \hat{z}_{k+1})^T\right]$$
$$= P_{k+1}^- H_{k+1}^T \tag{3-137}$$

则卡尔曼增益矩阵为

$$K_{k+1} = P_{xz,k+1}^- (P_{zz,k+1}^-)^{-1} = P_{k+1}^- H_{k+1}^T (H_{k+1} P_{k+1}^- H_{k+1}^T + R_{k+1}) \tag{3-138}$$

则 $k+1$ 时刻的状态估计值为

$$\hat{x}_{k+1} = \hat{x}_{k+1}^- + K_{k+1}(z_{k+1} - \hat{z}_{k+1}^-) \tag{3-139}$$

状态估计误差协方差矩阵为

$$P_{k+1} = E\left[(x_{k+1} - \hat{x}_{k+1})(x_{k+1} - \hat{x}_{k+1})^T\right]$$
$$= (I - K_{k+1} H_{k+1}) P_{k+1}^- (I - K_{k+1} H_{k+1})^T + K_{k+1} R_{k+1} K_{k+1}^T$$
$$= (I - K_{k+1} H_{k+1}) P_{k+1}^- \tag{3-140}$$

线性化后的系统根据经典卡尔曼滤波思想，可以获取预测与校正方程，扩展卡尔曼滤波算法的流程图如图 3.20 所示。由图可见，扩展卡尔曼滤波与卡尔曼滤波之间的异同为：

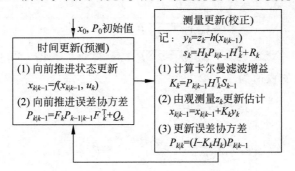

图 3.20　扩展卡尔曼滤波算法流程图

(1) 卡尔曼滤波为高斯干扰线性系统，其后验概率是通过线性系统理论直接算出的，而扩展卡尔曼滤波为高斯干扰非线性系统，其后验概率是通过系统线性化估计出来的。

(2) 扩展卡尔曼滤波并不用前一时刻的先验估计 x_k^- 作为线性化的参考点，而是用前一时刻的估计值 $\hat{x}_k$ 作为线性化的参考点，这是因为相对于先验值，前一时刻的估计值更加贴近于真实值，将估计值作为线性化参考点可以得到一个更加贴近于实际的线性化系统模型。

3.4.4 无迹卡尔曼滤波

卡尔曼滤波应用于线性高斯噪声分布系统，并不适合非线性系统，所以引入了扩展卡尔曼滤波，通过一阶泰勒展开来用线性函数近似非线性系统，所以这种方法只能解决轻度的非线性问题，由于系统的方差仍然是通过线性化的非线性模型来传递的，对于高度的复杂非线性问题时，本节将介绍另一种卡尔曼滤波的改进方法——无迹卡尔曼滤波（Unscented Kalman Filter，UKF）。

无迹卡尔曼滤波是 Julier 等提出的一种非线性滤波方法，能够有效地克服扩展卡尔曼滤波估计精度低、稳定性差的问题，不对非线性方程 $f(\cdot)$ 和 $h(\cdot)$ 做线性化逼近，对于非线性分布统计量的计算精度很高。其核心思想就是使用无迹变换在估计点附近确定采样点，寻找一个与真实分布有着相同均值和协方差的高斯分布来近似真实分布。

无迹变换的核心理念：通过非线性函数概率密度分布进行近似，即使系统模型的复杂度提升也不会增加算法的实现难度，这是因为近似概率分布比近似任意的非线性函数或变换要更加容易。由此，无迹变换的主要步骤如下：

(1) 根据某种规则对随机变量的概率分布进行确定性采样，并为 sigma 采样点分配权重均值和方差权重；

(2) 将每个 sigma 点进行非线性变换，得到新的 sigma 点；

(3) 对非线性变换后新的 sigma 点进行加权求和，分别计算加权均值和方差，用加权均值和方差近似表征随机变量经非线性变换后的概率分布。

下面对无迹变换主要内容进行详细解释。

设一个非线性变换 $y=f(x)$，状态向量 x 为 n 维的随机变量，均值为 $\bar{x}$、方差为 P，则可通过无迹变换得到 $2n+1$ 个 sigma 点 X 和相应的权值 ω 来计算 y 的统计特征。

$$\begin{cases} X^{[0]}=\bar{X}, & i=0 \\ X^{[i]}=\bar{X}+(\sqrt{(n+\lambda)P})_i, & i=1\sim n \\ X^{[i]}=\bar{X}-(\sqrt{(n+\lambda)P})_i, & i=n+1\sim 2n \end{cases} \quad (3\text{-}141)$$

计算这些采样点相应的权值为

$$\begin{cases} \omega_{\text{mean}}^{[0]}=\dfrac{\lambda}{n+\lambda} \\ \omega_{\text{cov}}^{[0]}=\dfrac{\lambda}{n+\lambda}+(1-\alpha^2+\beta) \\ \omega_{\text{mean}}^{[i]}=\omega_{\text{cov}}^{[i]}\dfrac{\lambda}{2(n+\lambda)}, \quad i=1\sim 2n \end{cases} \quad (3\text{-}142)$$

式中，下标 mean 表示均值；cov 表示协方差；上标表示第几个采样点；参数 $\lambda = \alpha^2(n+\kappa) - n$ 是一个缩放比例参数，其值越小 sigma 点就越靠近分布的均值，用来降低总的预测误差，α 的选取控制了采样点的分布状态，κ 为待选参数，其具体取值虽然没有界限，但通常确保矩阵 $(n+\lambda)P$ 为半正定矩阵；待选参数 β 是一个非负的权系数。

接下来，给出可加性噪声条件下的无迹卡尔曼滤波的推导过程。所谓可加性噪声，就是过程噪声 ω_k 和观测噪声 v_k 是以线性可加项的形式存在于系统的状态方程和观测方程中的。

Step1：初始化。选定滤波初值：根据观测量的初值 z_0 以及观测函数 $h(\cdot)$ 计算对应的状态量初始均值 x_0，设定状态量协方差初值 P_0；选定无迹变换参数：设定 κ 值；计算 sigma 点权重：根据式(3-142)计算 simga 点权重。

Step2：对 $k-1$ 时刻状态量 x_{k-1} 的后验概率分布进行 sigma 采样。

$$x_{k-1}^{[i]} = \begin{cases} x_{k-1}, & i=0 \\ x_{k-1} + (\gamma\sqrt{P_{k-1}})_i, & i=1\sim n \\ x_{k-1} + (\gamma\sqrt{P_{k-1}})_i, & i=n+1\sim 2n \end{cases} \quad (3\text{-}143)$$

其中，$\gamma = \sqrt{(n+\lambda)}$。

Step3：计算 $2n+1$ 个 sigma 点的一步预测。

$$x_k^{-[i]} = f(x_{k-1}^{[i]}, k), \quad i=0,1,2,\cdots,2n \quad (3\text{-}144)$$

Step4：计算系统状态量的一步预测与协方差矩阵。

$$\hat{x}_k^- = \sum_{i=0}^{2n} \omega^{[i]} x_k^{-[i]} \quad (3\text{-}145)$$

$$P_k^- = \sum_{i=0}^{2n} \omega^{[i]} [(\hat{x}_k^- - x_k^{-[i]})(\hat{x}_k^- - x_k^{-[i]})^T] + Q \quad (3\text{-}146)$$

Step5：根据一步预测值，再次使用无迹变换，产生新的 sigma 点集。

$$x_k^{-[i]} = \begin{cases} \hat{x}_k, & i=0 \\ \hat{x}_k + (\gamma\sqrt{P_k^-})_i, & i=1\sim n \\ \hat{x}_k + (\gamma\sqrt{P_k^-})_i, & i=n+1\sim 2n \end{cases} \quad (3\text{-}147)$$

Step6：对式(3-147)预测的 sigma 点集代入观测方程，得到预测的观测值。

$$z_k^{-[i]} = h(x_k^{-[i]}) \quad (3\text{-}148)$$

Step7：对预测观测值加权求和得到系统预测的均值和协方差。

$$\begin{cases} P_{z_k z_k} = \sum_{i=0}^{2n} \omega^{[i]} (z_k^{-[i]} - \bar{z}_k^-)(z_k^{-[i]} - \bar{z}_k^-)^T + R \\ P_{x_k z_k} = \sum_{i=0}^{2n} \omega^{[i]} (x_k^{-[i]} - \bar{z}_k^-)(z_k^{-[i]} - \bar{z}_k^-)^T + R \end{cases} \quad (3\text{-}149)$$

其中

$$\bar{z}_k^- = \sum_{i=0}^{2n} \omega^{[i]} z_k^{-[i]} \quad (3\text{-}150)$$

Step8：计算卡尔曼增益矩阵。

$$K_k = P_{x_k z_k} P_{z_k z_k}^{-} \tag{3-151}$$

Step9：计算系统的状态更新和协方差更新。

$$\hat{x}_k = x_k^- + K_k(z_k - \hat{z}_k^-) \tag{3-152}$$

$$P_k = P_k^- - K_k P_{z_k z_k} K_k^{\mathrm{T}} \tag{3-153}$$

在智能车辆动力学系统状态估计这一关键性问题中，卡尔曼滤波的本质是参数化的贝叶斯模型，只适用于线性系统并且满足服从高斯分布的假设；扩展卡尔曼滤波利用泰勒展开将非线性系统线性化，但是由于对高阶展开式的忽略，当系统状态方程为强非线性时，会存在滤波发散的风险；无迹卡尔曼滤波是无损变换和卡尔曼滤波的结合，相较于扩展卡尔曼滤波，提高了精度并省略了雅可比矩阵的求解过程。同样都是基于卡尔曼滤波的基本思想，无迹卡尔曼滤波省略了雅可比矩阵的求解过程，因此处理效率比扩展卡尔曼滤波更高。对于强非线性系统，扩展卡尔曼滤波省略了泰勒高阶项，因此无迹卡尔曼滤波在估计精度方面以及滤波效果上都比扩展卡尔曼滤波更好。

3.5 控制系统设计与分析基础

3.5.1 极点配置法

针对如下线性定常系统

$$\begin{cases} \dot{x}(t) = Ax(t) + Bu(t) \\ y(t) = Cx(t) + Du(t) \end{cases} \tag{3-154}$$

选取线性状态反馈控制律为

$$u(t) = -Kx(t) \tag{3-155}$$

其中，K 为状态反馈增益矩阵，则闭环系统为

$$\begin{cases} \dot{x}(t) = (A - BK)x(t) \\ y(t) = (C - DK)x(t) \end{cases} \tag{3-156}$$

该闭环系统状态方程的解为

$$\begin{cases} x(t) = e^{(A-BK)t} x(0) \\ y(t) = (C - DK)x(t) \end{cases} \tag{3-157}$$

其中，$x(0)$ 是系统的初始状态。系统的稳态响应特性由闭环系统矩阵 $A - BK$ 的特征值决定。如果所选取的控制器矩阵 K 使得 $A - BK$ 是渐近稳定的，此时当 $t \to \infty$ 时都可使 $x(t) \to 0$。一般称 $A - BK$ 的特征值为闭环系统极点。如果闭环系统极点均位于 s 平面的左半平面内，则该闭环系统渐近稳定。

因此，如果将闭环系统矩阵 $A - BK$ 的极点任意配置到所期望的位置，进而求出满足性能需求的控制器增益 K，这种方法就称为极点配置法。不过，需要特别说明的是，当且仅当原系统是状态完全可控时，该系统的任意极点配置才是存在的，其证明过程不再赘述，感兴趣的读者可查阅相关书籍。

利用极点配置法设计控制器可以非常方便地改善系统的稳定性与动态性能。在实际工作中,可以利用 MATLAB 求解极点配置问题,MATLAB 提供了两个函数用于求解该问题:

K=acker(A,B,p)
K=place(A,B,p)

其中,A 和 B 是系统的参数矩阵,p 为期望的极点位置。当系统多重极点个数不超过 B 的秩时一般采用 place()函数,否则采用 acker()函数求解。

例 3.13 试求如下系统的状态反馈控制器

$$\dot{x}(t) = \begin{bmatrix} 0 & 1 & 0 \\ 0 & 0 & 1 \\ -1 & -5 & -6 \end{bmatrix} x(t) + \begin{bmatrix} 0 \\ 0 \\ 1 \end{bmatrix} u(t)$$

期望的闭环极点为

$$s_1 = -2+4j, \quad s_2 = -2-4j, \quad s_3 = -10$$

由于闭环极点没有多重极点,选用 place()函数求解,代码如下:

A=[0,1,0;0,0,1;-1,-5,-6];
B=[0;0;1];
p=[-2+4j,-2-4j,-10];
K=place(A,B,p)

求得状态反馈增益矩阵为 $K=[199,55,8]$。

3.5.2 隆伯格观测器

对于状态完全能控的线性定常系统,可以通过线性状态反馈任意配置闭环系统的极点。事实上,不仅是极点配置,而且系统镇定、解耦控制、线性二次型最优控制(LQR)问题等,也都可由状态反馈实现。然而,在介绍极点配置法时,假设所有的状态变量均可有效地用于反馈。但在实际情况中,并非所有的状态变量都可直接测量并用于反馈,例如车辆的横向运动速度就是不可测量的。因此,需要估计(或称为观测)不可测量的状态变量,估计或者观测状态变量的动态系统称为状态观测器。

状态观测器基于可直接量测的输出变量和控制变量来估计状态变量,不过需要注意的是,当且仅当系统满足可观性条件时,才能设计状态观测器。如果状态观测器可观测到系统的所有状态变量,不管其是否能直接量测,这种状态观测器均称为全维状态观测器。有时,只需观测不可量测的状态变量,而不是可直接量测的状态变量。例如,由于输出变量是能量测的,并且它们与状态变量线性相关,因而无须观测所有的状态变量,而只需观测 $n-m$ 个状态变量,这里 n 为状态向量的维数,m 为输出向量的维数。估计小于 n 个状态变量的观测器称为降维状态观测器。

在实际情况中,设计观测器的目的一般有三个:将被观测的状态向量用于状态反馈,以便产生期望的控制输入;基于观测的系统状态变量用于评估系统的运行状态,例如估计电池的 SOC 状态用以评估电池的剩余电量;抑制系统的各类干扰。

考虑传感器的测量误差,有时候并不是直接把测量输出用以反馈,因此,大多数情况下

还是会选择设计系统的全维状态观测器,而本节要讨论的隆伯格观测器就属于一种全维状态观测器。考虑如下线性定常系统

$$\begin{cases} \dot{x}(t) = Ax(t) + Bu(t) \\ y(t) = Cx(t) \end{cases} \tag{3-158}$$

设计如下所示的隆伯格观测器来估计系统的状态向量

$$\begin{cases} \dot{\hat{x}}(t) = A\hat{x}(t) + Bu(t) + K_e[y(t) - \hat{y}(t)] \\ \hat{y}(t) = C\hat{x}(t) \end{cases} \tag{3-159}$$

其中,$\hat{x}(t)$ 为 $x(t)$ 的状态估计值,K_e 称为观测器的增益矩阵。注意,状态观测器的输入为 $y(t)$ 和 $u(t)$,输出为 $\hat{x}(t)$。隆伯格观测器利用可量测输出 $y(t)$ 与估计输出 $\hat{y}(t)$ 之差来对先验估计值进行修正,矩阵 K_e 起到加权修正的作用。由于引入了该加权反馈修正项,当此模型使用的矩阵 A 和 B 与实际系统的参数矩阵 A 和 B 之间存在差异(或不确定性、干扰)所导致的动态模型和实际系统之间存在差异时,该附加修正项将减小建模误差、模型不确定性、系统干扰等带来的不利影响。图 3.21 所示为全维状态观测器的结构,其中粗线框内是系统过程,细线框内是观测器过程,K_e 是所引入的反馈校正环节。

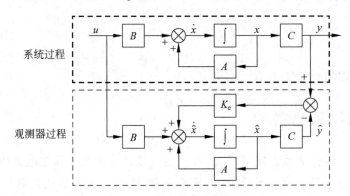

图 3.21 隆伯格观测器结构

为了得到观测器的误差动态方程,定义跟踪误差为

$$e(t) = x(t) - \hat{x}(t) \tag{3-160}$$

将式(3-158)减去式(3-159)可得

$$\dot{e}(t) = \dot{x}(t) - \dot{\hat{x}}(t) = (A - K_e C)e(t) \tag{3-161}$$

误差向量的动态特性由矩阵 $A - K_e C$ 的特征值决定。如果矩阵 $A - K_e C$ 渐近稳定,则对任意初始误差 $e(0)$,误差向量 $e(t)$ 都将趋近于 0,也就是说,$\hat{x}(t)$ 都将收敛到 $x(t)$。如果所选的矩阵 $A - K_e C$ 的特征值使得误差向量的动态特性以足够快的速度渐近稳定,则任意误差向量 $e(t)$ 都将以足够快的速度趋近于 0,此时,称 $\hat{x}(t)$ 是状态 $x(t)$ 的渐近估计。

假设系统满足可观性条件,即系统的隆伯格观测器存在,根据以上分析,在选择期望的特征值后,可以用极点配置法求解观测器增益矩阵 K_e。关于观测器极点的选择,隆伯格建议,观测器的期望极点比由此组成的闭环反馈系统矩阵 $A - BK$ 的特征值稍大一些,一般情况下,应保证状态观测器的响应速度至少比所考虑的闭环系统快 2~5 倍。

例 3.14 试求如下系统的隆伯格状态观测器

$$\begin{cases} \dot{x}(t) = \begin{bmatrix} 0 & 1 & 0 \\ 0 & 0 & 1 \\ -1 & -5 & -6 \end{bmatrix} x(t) + \begin{bmatrix} 0 \\ 0 \\ 1 \end{bmatrix} u(t) \\ y(t) = \begin{bmatrix} 1 & 0 & 0 \end{bmatrix} x(t) \end{cases}$$

期望的观测器极点为

$$s_1 = -5, \quad s_2 = -5, \quad s_3 = -20$$

由于观测器极点有多重极点,选用 acker() 函数求解,代码如下:

```
A=[0,1,0;0,0,1;-1,-5,-6];
C=[1,0,0];
p=[-5,-5,-20];
Ke=acker(A',C',p)'
```

求得状态观测器增益矩阵为 $K_e = [24; 76; -77]$。

3.5.3 输出跟踪控制器

在自动火炮、导弹控制和许多工业过程的控制系统设计中,通常要求闭环系统的输出以需求的精度跟踪参考输入信号,例如智能驾驶车辆高精度地沿着车道中心线行驶。这类控制问题称为跟踪问题,它是控制系统综合与设计的重要内容。

在前面讨论线性定常系统综合时都没有考虑系统的外部扰动,而在实际控制系统中,外部扰动是在所难免的,因此有必要讨论控制系统存在外部扰动时的综合问题。

从性质上来看,外部扰动信号可以分为随机性扰动和确定性扰动两大类。随机性扰动具有随机的形式,通常只知道它的一些统计特征,如均值、方差等,对随机性扰动在此暂不予讨论。确定性扰动有确定的已知函数形式,如阶跃函数、斜坡函数、正弦函数等。许多系统都存在确定性扰动,如阵风对雷达天线的扰动、轨道对行驶中的列车的纵摇或横摇扰动、智能驾驶车辆沿着车道行驶时的车道曲率扰动等,这些扰动都可以通过分析、测量或辨识的手段来获得它的函数形式或其他相关信息。

为了讨论在具有确定性扰动作用下的受控系统的跟踪问题,首先考虑同时作用有参考信号 $y_r(t)$ 和扰动信号 $w(t)$ 的线性定常系统:

$$\begin{cases} \dot{x}(t) = Ax(t) + Bu(t) + Ew(t) \\ y(t) = Cx(t) + Du(t) + Fw(t) \end{cases} \tag{3-162}$$

假设该系统完全可控和完全可观的。要求设计控制器 $u(t)$ 使得输出向量 $y(t)$ 跟踪参考输出信号 $y_r(t)$。定义输出跟踪误差为

$$e(t) = y_r(t) - y(t) \tag{3-163}$$

在实际工程应用中,要找到对所有的时间 t,均有 $e(t)=0$ 的控制输入 $u(t)$ 几乎是不存在的。实际上,我们更关注系统跟踪误差在稳态时为 0 的情况,即渐近跟踪问题:

$$\lim_{t \to \infty} e(t) = \lim_{t \to \infty} [y_r(t) - y(t)] = 0 \tag{3-164}$$

特别地,当参考输出信号 $y_r(t)=0$ 时,该问题即为外扰抑制问题:

$$\lim_{t \to \infty} y(t) = 0 \tag{3-165}$$

对于渐近跟踪和外扰抑制问题,如果被控系统的状态空间模型(见式(3-163))中各矩阵参数发生波动(即实际受控系统模型的不确定性)的情况下,闭环系统仍然能保持渐近跟踪和外扰抑制的性质,则称闭环系统对外部扰动的抑制和渐近跟踪具有鲁棒性,相应的控制器称为鲁棒调节器。

在传统的控制理论中,为使闭环系统实现静态无差跟踪,常采用 PI 调节器,在系统的参考输入作用点至扰动信号作用点之间设置一个积分器,对误差 $e(t)$ 实行比例积分控制,其中积分环节可有效保证系统的无差跟踪。将这种思想扩展到复杂多输入多输出系统,可以对误差向量 $e(t)$ 的每一分量都引入积分器,以保证产生用于抵消外部扰动的常值静态控制作用 $u(\infty)$,同时让误差的静态值 $e(\infty)$ 的每一个分量都等于零。

为简便起见,将受控系统状态空间模型(见式(3-162))简化为

$$\begin{cases} \dot{x}(t) = Ax(t) + Bu(t) + w(t) \\ y(t) = Cx(t) \end{cases} \tag{3-166}$$

对输出跟踪误差进行积分,可得

$$\eta(t) = \int_0^t e(\tau) d\tau = \int_0^t [y_r(\tau) - y(\tau)] d\tau \tag{3-167}$$

显然有

$$\dot{\eta}(t) = e(t) = y_r(t) - Cx(t) \tag{3-168}$$

将积分器与被控系统相串联,构造增广的被控系统

$$\begin{cases} \begin{bmatrix} \dot{x}(t) \\ \dot{\eta}(t) \end{bmatrix} = \begin{bmatrix} A & 0 \\ -C & 0 \end{bmatrix} \begin{bmatrix} x(t) \\ \eta(t) \end{bmatrix} + \begin{bmatrix} B \\ 0 \end{bmatrix} u(t) + \begin{bmatrix} w(t) \\ y_r(t) \end{bmatrix} \\ y(t) = \begin{bmatrix} C & 0 \end{bmatrix} \begin{bmatrix} x(t) \\ \eta(t) \end{bmatrix} \end{cases} \tag{3-169}$$

首先分析增广系统的可控性。其可控性矩阵为

$$Q_c = \begin{bmatrix} B & AB & A^2B & \cdots & A^{n+p-1}B \\ 0 & -CB & -CAB & \cdots & -CA^{n+p-2}B \end{bmatrix}$$

$$= \begin{bmatrix} B & AW_1 \\ 0 & -CW_1 \end{bmatrix} = \begin{bmatrix} A & B \\ -C & 0 \end{bmatrix} \begin{bmatrix} 0 & W_1 \\ I & 0 \end{bmatrix} \tag{3-170}$$

其中

$$W_1 = \begin{bmatrix} B & AB & \cdots & A^{n+p-2}B \end{bmatrix} \tag{3-171}$$

当原系统(见式(3-167))可控时,有

$$\text{rank} W_1 = \text{rank} \begin{bmatrix} B & AB & \cdots & A^{n-1}B \end{bmatrix} = n \tag{3-172}$$

则

$$\text{rank} \begin{bmatrix} 0 & W_1 \\ I & 0 \end{bmatrix} = n + p \tag{3-173}$$

从而有

$$\text{rank} Q_c = \text{rank} \begin{bmatrix} A & B \\ -C & 0 \end{bmatrix} \begin{bmatrix} 0 & W_1 \\ I & 0 \end{bmatrix} = \text{rank} \begin{bmatrix} A & B \\ -C & 0 \end{bmatrix} = n + p \tag{3-174}$$

因此,增广系统可控的充要条件是原系统完全可控。

在增广系统可控的前提下,引入状态反馈

$$u(t) = -K \begin{bmatrix} x(t) \\ \eta(t) \end{bmatrix} = -K_1 x(t) - K_2 \eta(t) = -K_1 x(t) - K_2 \int_0^t e(\tau) d\tau \quad (3\text{-}175)$$

实现闭环系统极点的任意配置。可见,增广系统的状态反馈控制器实际上是原系统的状态反馈与输出误差的积分补偿联合作用的鲁棒调节器,以保证系统的无静差渐近跟踪。根据期望的闭环系统极点,即可确定状态反馈增益矩阵 $K=[K_1,K_2]$,闭环系统结构如图 3.22 所示。当被控系统状态不能直接观测时,可设计状态观测器并用重构的状态代替系统状态进行反馈。

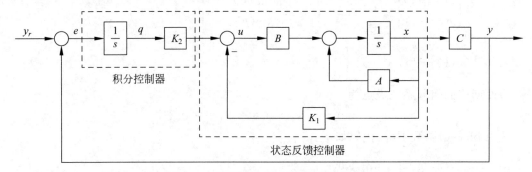

图 3.22 误差积分-状态反馈控制器结构

例 3.15 针对线性连续系统

$$\begin{cases} \dot{x}(t) = \begin{bmatrix} 0 & 1 \\ -2 & 1 \end{bmatrix} x(t) + \begin{bmatrix} 0 \\ 1 \end{bmatrix} u(t) + w(t) \\ y(t) = \begin{bmatrix} 1 & 0 \end{bmatrix} x(t) \end{cases}$$

设计渐近跟踪鲁棒调节器。

经过验证后发现系统是完全可控的,可设计渐近跟踪鲁棒调节器。首先引入误差反馈,令 $\dot{\eta}(t) = e(t) = y_r(t) - Cx(t)$,构造增广系统

$$\begin{cases} \begin{bmatrix} \dot{x}(t) \\ \dot{\eta}(t) \end{bmatrix} = \begin{bmatrix} 0 & 1 & 0 \\ -2 & 1 & 0 \\ -1 & 0 & 0 \end{bmatrix} \begin{bmatrix} x(t) \\ \eta(t) \end{bmatrix} + \begin{bmatrix} 0 \\ 1 \\ 0 \end{bmatrix} u(t) + \begin{bmatrix} w(t) \\ y_r(t) \end{bmatrix} \\ y(t) = \begin{bmatrix} 1 & 0 & 0 \end{bmatrix} \begin{bmatrix} x(t) \\ \eta(t) \end{bmatrix} \end{cases}$$

假设期望的闭环系统极点为

$$s_1 = -2+j, \quad s_2 = -2-j, \quad s_3 = -5$$

由于闭环极点没有多重极点,选用 place( ) 函数求解,代码如下:

```
A=[0,1,0;-2,1,0;-1,0,0];
B=[0;1;0];
p=[-2+j,-2-j,-5];
K=place(A,B,p)
```

求得状态反馈增益矩阵为 $K=[23,10,-25]$。因此,所设计的鲁棒调节器为

$$u(t) = -\begin{bmatrix} 23 & 10 \end{bmatrix} x(t) + 25 \int_0^t e(\tau) d\tau$$

例 3.16 针对线性离散系统

$$\begin{cases} x(k+1) = \begin{bmatrix} 1 & 0.1 \\ -0.2 & 1.1 \end{bmatrix} x(k) + \begin{bmatrix} 0 \\ 0.1 \end{bmatrix} u(k) + w(k) \\ y(k) = \begin{bmatrix} 1 & 0 \end{bmatrix} x(k) \end{cases}$$

设计渐近跟踪控制器。

首先引入误差反馈,令 $\eta(k+1) = \eta(k) + e(k) = \eta(k) + y_r(k) - Cx(k)$,构造增广系统

$$\begin{cases} \begin{bmatrix} x(k+1) \\ \eta(k+1) \end{bmatrix} = \begin{bmatrix} 1 & 0.1 & 0 \\ -0.2 & 1.1 & 0 \\ -1 & 0 & 1 \end{bmatrix} \begin{bmatrix} x(k) \\ \eta(k) \end{bmatrix} + \begin{bmatrix} 0 \\ 0.1 \\ 0 \end{bmatrix} u(k) + \begin{bmatrix} w(k) \\ y_r(k) \end{bmatrix} \\ y(k) = \begin{bmatrix} 1 & 0 & 0 \end{bmatrix} \begin{bmatrix} x(k) \\ \eta(k) \end{bmatrix} \end{cases}$$

假设期望的闭环系统极点为

$$s_1 = 0.8, \quad s_2 = 0.6, \quad s_3 = -0.4$$

选用 place() 函数求解,代码如下:

A=[1,0.1,0;-0.2,1.1,0;-1,0,1];
B=[0;0.1;0];
p=[0.8,0.6,-0.4];
K=place(A,B,p)

求得状态反馈增益矩阵为 $K = [90, 21, -11.2]$。因此,所设计的鲁棒调节器为

$$u(t) = -\begin{bmatrix} 90 & 21 \end{bmatrix} x(t) + 11.2 \sum_{\tau=0}^{t} e(\tau)$$

3.5.4 输出反馈控制器

当系统状态不可测时,需要设计输出反馈控制器实现系统的闭环反馈控制。

1. 静态输出反馈控制器

针对如下线性定常系统

$$\begin{cases} \dot{x}(t) = Ax(t) + Bu(t) \\ y(t) = Cx(t) \end{cases} \tag{3-176}$$

设计静态输出反馈控制律为

$$u(t) = -Fy(t) \tag{3-177}$$

其中,F 为输出反馈增益矩阵。则闭环系统为

$$\begin{cases} \dot{x}(t) = (A - BFC)x(t) \\ y(t) = Cx(t) \end{cases} \tag{3-178}$$

与状态反馈控制器(见式(3-155)),对比可见,当存在输出反馈控制器(见式(3-177))时,一定存在一个等价的状态反馈控制器,且控制器增益为 $K = FC$。但是需要注意的是,针对一般的线性系统(见式(3-176)),其控制器增益 F 求解是较难的,例如当矩阵 B 和 C 都

是奇异矩阵时,根据闭环系统矩阵 $A-BFC$ 渐近稳定是很难求解增益矩阵 F 的。因此,设计静态输出反馈控制器(见式(3-177))的条件是较苛刻的。接下来,以一个简单的实例分析静态输出反馈控制器的设计过程。

例 3.17 针对线性系统

$$\begin{cases} \dot{x}(t) = \begin{bmatrix} 0 & 1 \\ -2 & 1 \end{bmatrix} x(t) + \begin{bmatrix} 0 \\ 1 \end{bmatrix} u(t) + w(t) \\ y(t) = \begin{bmatrix} 1 & 0 \end{bmatrix} x(t) \end{cases}$$

设计静态输出反馈控制器。

经过验证后发现系统是完全可控的,可设计静态输出反馈控制器如式(3-177)所示。则闭环系统矩阵为

$$A - BFC = \begin{bmatrix} 0 & 1 \\ -2-F & 1 \end{bmatrix}$$

其闭环系统极点满足

$$\lambda^2 - \lambda + 2 + F = 0$$

此时,可以看到闭环系统极点不是完全能任意配置的,这也说明了,静态输出反馈控制器很难像静态状态反馈控制器设计那样任意配置系统极点,因此,静态输出反馈控制器的设计是较难实现的,只有针对某些特殊的系统才有可能设计成功。

2. 基于观测器的状态反馈控制器

考虑系统状态不可测问题,可以利用隆伯格观测器重构系统状态,进而实现系统的近似状态反馈控制。如图 3.23 所示,基于观测器的状态反馈控制器利用输出反馈和观测器实现类似状态反馈的效果,既兼顾了状态反馈的优点,又解决了系统状态不可测问题,是一种应用较多的控制器设计方法,但是该方法的本质还是输出反馈控制。

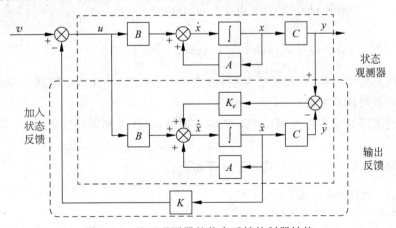

图 3.23 基于观测器的状态反馈控制器结构

针对如下线性定常系统

$$\begin{cases} \dot{x}(t) = Ax(t) + Bu(t) \\ y(t) = Cx(t) \end{cases} \tag{3-179}$$

设计状态观测器

$$\begin{cases} \dot{\hat{x}}(t) = A\hat{x}(t) + Bu(t) + K_e[y(t) - \hat{y}(t)] \\ \hat{y}(t) = C\hat{x}(t) \end{cases} \tag{3-180}$$

以及线性状态反馈控制律为

$$u(t) = -K\hat{x}(t) \tag{3-181}$$

其中,$\hat{x}(t)$ 为 $x(t)$ 的状态估计值,K_e 称为观测器的增益矩阵,K 为状态反馈增益矩阵。定义跟踪误差为

$$e(t) = x(t) - \hat{x}(t) \tag{3-182}$$

则闭环系统为

$$\begin{bmatrix} \dot{x}(t) \\ \dot{e}(t) \end{bmatrix} = \begin{bmatrix} A - BK & BK \\ 0 & A - K_e C \end{bmatrix} \begin{bmatrix} x(t) \\ e(t) \end{bmatrix}$$

$$y(t) = \begin{bmatrix} C & 0 \end{bmatrix} \begin{bmatrix} x(t) \\ e(t) \end{bmatrix} \tag{3-183}$$

闭环系统渐近稳定的条件是控制器闭环矩阵 $A - BK$ 和观测器闭环矩阵 $A - K_e C$ 渐近稳定,因此,可以利用状态反馈控制器和观测器的设计方法依次对控制器和观测器进行设计,例如利用极点配置法分别求出控制器增益 K 和观测器增益 K_e。

例 3.18 已知系统的状态空间描述为

$$A = \begin{bmatrix} 0 & 1 \\ 0 & -5 \end{bmatrix}, \quad B = \begin{bmatrix} 0 \\ 100 \end{bmatrix}, \quad C = \begin{bmatrix} 1 & 0 \end{bmatrix}$$

请利用状态观测器实现状态反馈控制,使闭环系统的特征值配置为

$$\lambda_{1,2} = -7.07 \pm j7.07$$

首先判断系统的可控性和可观性。

$$\text{rank}[Q_c] = \text{rank}[B \vdots AB] = \text{rank}\begin{bmatrix} 0 & 100 \\ 100 & -500 \end{bmatrix} = 2$$

$$\text{rank}[Q_o] = \text{rank}\begin{bmatrix} C \\ CA \end{bmatrix} = \text{rank}\begin{bmatrix} 1 & 0 \\ 0 & 1 \end{bmatrix} = 2$$

所以该系统状态完全可控,通过状态反馈,极点可任意配置;同时,系统状态完全可观,观测器存在且其极点可任意配置。

为了使观测器的响应速度稍快于系统响应速度,选择观测器特征值为

$$\lambda_1 = \lambda_2 = -50$$

则利用极点配置法设计控制器和观测器过程如下。

```
A=[0,1;0,-5];B=[0;100];C=[1,0];
K=place(A,B,[-7.07+7.07j,-7.07-7.07j])
Ke=acker(A',C',[-50,-50])'
```

求得 $K = [1, 0.0914]$;$K_e = [95; 2025]$。

3. 动态输出反馈控制器

由于静态输出反馈控制器不能很好地反映系统动态特性,且效果不如状态反馈控制,因

此,需要探索设计动态输出反馈控制器的方法。

针对如下线性定常系统

$$\begin{cases} \dot{x}(t) = Ax(t) + Bu(t) \\ y(t) = Cx(t) \end{cases} \quad (3\text{-}184)$$

设计动态输出反馈控制器

$$\begin{cases} \dot{x}_c(t) = Ex_c(t) + Fy(t) \\ u(t) = Gx_c(t) + Hy(t) \end{cases} \quad (3\text{-}185)$$

其中,$x_c(t)$ 是构造的虚拟控制器状态。控制器参数矩阵 E、F、G、H 是待求的参数,可见其设计的自由度比静态输出反馈更高,也更容易找到性能更好的反馈控制器。

根据系统模型和控制器,构造增广的闭环系统:

$$\begin{bmatrix} \dot{x}(t) \\ \dot{x}_c(t) \end{bmatrix} = \begin{bmatrix} A+BHC & BG \\ FC & E \end{bmatrix} \begin{bmatrix} x(t) \\ x_c(t) \end{bmatrix} \quad (3\text{-}186)$$

根据闭环系统渐近稳定即可求解出参数矩阵 E、F、G、H,即便如此,该问题的求解也不容易,以下仅分析动态输出反馈控制器的三种特殊形式。

1. 输出跟踪控制器

当控制器状态 $x_c(t)$ 选为跟踪误差的积分时,有

$$x_c(t) = \int_0^t e(\tau) \mathrm{d}\tau = \int_0^t [y_r(\tau) - y(\tau)] \mathrm{d}\tau \quad (3\text{-}187)$$

假设期望输出 $y_r(t) = 0$,则此时的动态输出反馈控制器为

$$\begin{cases} \dot{x}_c(t) = -y(t) \\ u(t) = Gx_c(t) + Kx(t) \end{cases} \quad (3\text{-}188)$$

可见,$E = 0$, $F = -I$, $K = HC$,则闭环系统为

$$\begin{bmatrix} \dot{x}(t) \\ \dot{x}_c(t) \end{bmatrix} = \begin{bmatrix} A+BK & BG \\ -C & 0 \end{bmatrix} \begin{bmatrix} x(t) \\ x_c(t) \end{bmatrix} \quad (3\text{-}189)$$

其中,闭环系统增益矩阵为

$$\begin{bmatrix} A+BK & BG \\ -C & 0 \end{bmatrix} = \begin{bmatrix} A & 0 \\ -C & 0 \end{bmatrix} + \begin{bmatrix} B \\ 0 \end{bmatrix} \begin{bmatrix} K & G \end{bmatrix} \quad (3\text{-}190)$$

此时,可以有很多方法(如极点配置法)求解矩阵 $[K, G]$,进而求得动态输出反馈控制器。

2. 基于观测器的状态反馈控制器

根据式(3-180)和式(3-181)可得,基于观测器的状态反馈控制器为

$$\begin{cases} \dot{\hat{x}}(t) = (A - BK - K_eC)\hat{x}(t) + K_ey(t) \\ u(t) = -K\hat{x}(t) \end{cases} \quad (3\text{-}191)$$

与式(3-185)对比可以发现,当控制器状态 $x_c(t)$ 选为估计的状态时,有

$$x_c(t) = \hat{x}(t), \quad E = A - BK - K_eC, \quad F = K_e, \quad G = -K, \quad H = 0 \quad (3\text{-}192)$$

此时的增广闭环系统为

$$\begin{bmatrix} \dot{x}(t) \\ \dot{x}_c(t) \end{bmatrix} = \begin{bmatrix} A & -BK \\ K_eC & A-BK-K_eC \end{bmatrix} \begin{bmatrix} x(t) \\ x_c(t) \end{bmatrix} \tag{3-193}$$

参考式(3-180)~式(3-183)即可轻易求解出控制器矩阵 K_e 和 K，进而求得动态输出反馈控制器(见式(3-191))。

3. PID 控制器

PID 控制器是一种典型的动态输出反馈控制器，其控制律为

$$u(t) = K_p e(t) + K_i \int_0^t e(\tau) d\tau + K_d \dot{e}(t) \tag{3-194}$$

其中，K_p、K_i、K_d 分别为误差的比例系数、积分系数、微分系数。选取控制器状态 $x_c(t)$ 为

$$x_c(t) = \begin{bmatrix} \int_0^t e(\tau) d\tau \\ e(t) \\ \dot{e}(t) \end{bmatrix} \tag{3-195}$$

假设期望输出 $y_r(t)=0$，针对大多数系统可假设其系统模型满足 $CB=0$，则此时的动态输出反馈控制器为

$$\begin{cases} \dot{x}_c(t) = A_c x_c(t) + B_c x(t) \\ u(t) = K_c x_c(t) \end{cases} \tag{3-196}$$

其中

$$A_0 = \begin{bmatrix} 0 & I & 0 \\ 0 & 0 & I \end{bmatrix}, \quad A_c = \begin{bmatrix} A_0 \\ -CABK_c \end{bmatrix}, \quad B_c = \begin{bmatrix} 0 \\ -CA^2 \end{bmatrix}, \quad K_c = \begin{bmatrix} K_i & K_p & K_d \end{bmatrix} \tag{3-197}$$

构造增广的闭环系统为

$$\begin{bmatrix} \dot{x}(t) \\ \dot{x}_c(t) \end{bmatrix} = \begin{bmatrix} A & BK_c \\ 0 & A_0 \\ -CA^2 & -CABK_c \end{bmatrix} \begin{bmatrix} x(t) \\ x_c(t) \end{bmatrix} \tag{3-198}$$

其中，闭环系统增益矩阵为

$$\begin{bmatrix} A & BK_c \\ 0 & A_0 \\ -CA^2 & -CABK_c \end{bmatrix} = \begin{bmatrix} A & 0 \\ 0 & A_0 \\ -CA^2 & 0 \end{bmatrix} + \begin{bmatrix} B \\ 0 \\ -CAB \end{bmatrix} K_c \begin{bmatrix} 0 & I \end{bmatrix} \tag{3-199}$$

此时，可以很方便地求解矩阵 K_c，进而求得动态输出反馈控制器，即基于系统模型直接求得 PID 控制器而不是通过试凑法。

3.6 滑模控制基础

滑模控制(Sliding Mode Control，SMC)是一种特殊类型的变结构控制(Variable Structure Control，VSC)，因此又称为滑模变结构控制。该理论在 20 世纪 60 年代由苏联学

者 Emelyanov 提出,经过 Utkin 等人不断完善,在 20 世纪 70 年代发展成为控制领域的一个独立的研究分支。滑模控制本质上是一种非线性控制,即控制结构随时间的变化而变化,该控制方法最大的优点是能够克服系统的不确定性,对系统参数变化、外部扰动和未建模动态具有很强的鲁棒性,非常适用于一些复杂的非线性系统。因此在航空航天、机器人控制以及化工控制等领域得到广泛的应用。

1. 滑模的定义

假设一般情况下,在系统

$$\dot{x} = f(x), \quad x \in \mathbf{R}^n \tag{3-200}$$

的状态空间中,有超曲面 $s(x)=0$,如图 3.24 所示。它将状态空间分为上下两部分: $s>0$ 和 $s<0$。在切换面的运动点有三种情况:从切换面穿过 A 点为通常点;从切换面向两边发散在切换面上的运动点 B 是起始点;从两边向切换面逼近且在切换面是上的点 C 为终止点。

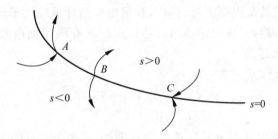

图 3.24 切换面的三种点的特性

在滑模变结构控制研究中,针对的大多是终止点,通常点和起始点无太大意义,假设在切换面上的某一区域内所有的点都是终止点,那么当运动点趋向于该区域时,就被"吸引"在该区域内运动。此时,就称在切换面 $s=0$ 上的所有运动点均为终止点的区域为滑模区,系统在滑模区中的运动称为滑模运动。

当运动点接近切换面 $s(x)=0$ 时,有以下关系:

$$\lim_{s \to 0^+} \dot{s} \leqslant 0 \leqslant \lim_{s \to 0^-} \dot{s} \tag{3-201}$$

式(3-201)也可以写成

$$\lim_{s \to 0} s\dot{s} \leqslant 0 \tag{3-202}$$

此不等式对系统提出了一个形如

$$V(x_1, x_2, \cdots, x_n) = [s(x_1, x_2, \cdots, x_n)]^2 \tag{3-203}$$

的李雅普诺夫函数的必要条件,同时系统本身也稳定于条件 $s=0$。

2. 滑模控制的定义

在滑模控制中,假设控制系统为

$$\dot{x} = f(x, u, t), \quad x \in \mathbf{R}^n, u \in \mathbf{R}^m, t \in \mathbf{R} \tag{3-204}$$

需要确定切换函数

$$s(x), \quad s \in \mathbf{R}^m \tag{3-205}$$

求解控制函数

$$u = \begin{cases} u^+(x), & s(x) > 0 \\ u^-(x), & s(x) < 0 \end{cases} \quad (3\text{-}206)$$

其中,$u^+(x) \neq u^-(x)$,使得:

(1) 稳定性条件:在 $s(x)=0$ 的滑模面上。状态是收敛的,即滑动模态存在。

(2) 满足可达性条件,在切换面 $s(x)=0$ 以外的运动点都将在有限时间内到达切换面。

(3) 保证滑模运动的稳定性,以达到控制系统的动态品质要求。

以上三点为滑模控制的三个基本问题,只有满足这三个条件的控制才是滑模控制。下面对滑模观测器和滑模控制器进行介绍。

3.6.1 滑模观测器

设计观测器的目的就是根据测量的输入和输出来估计系统的不可测状态。滑模观测器也是一种常见的状态重构器,可以使输出的估计误差在有限时间内收敛到零而观测器状态能够渐近收敛到系统状态。

假设一个可观的线性系统为

$$\begin{cases} \dot{x}(t) = Ax(t) + Bu(t) \\ y(t) = Cx(t) \end{cases} \quad (3\text{-}207)$$

其中,$A \in \mathbf{R}^{n \times n}, B \in \mathbf{R}^{n \times m}, C \in \mathbf{R}^{p \times m}$ 且 C 为行满秩,即每个测量输出都是独立的。

考虑一个与可逆矩阵相关的坐标转换 $x \mapsto T_c x$:

$$T_c = \begin{bmatrix} N_c^T \\ C \end{bmatrix} \quad (3\text{-}208)$$

其中子矩阵 $N_c \in \mathbf{R}^{n \times (n-p)}$,通过构造 $\det(T_c) \neq 0$,应用坐标的转换 $x \mapsto T_c x$,(A, B, C) 具有如下形式

$$T_c A T_c^{-1} = \begin{bmatrix} A_{11} & A_{12} \\ A_{21} & A_{22} \end{bmatrix}, \quad T_c B = \begin{bmatrix} B_1 \\ B_2 \end{bmatrix}, \quad C T_c^{-1} = \begin{bmatrix} 0 & I_p \end{bmatrix} \quad (3\text{-}209)$$

其中 $A_{11} \in \mathbf{R}^{(n-p) \times (n-p)}$ 和 $B_1 \in \mathbf{R}^{(n-p) \times m}$。式(3-209)中的输出分布矩阵对接下来的内容至关重要。假设系统模型(见式(3-207))已经是式(3-209)的形式。

根据系统模型得出的观测器为

$$\begin{cases} \dot{\hat{x}}(t) = A\hat{x}(t) + Bu(t) + G_n v \\ \hat{y}(t) = C\hat{x}(t) \end{cases} \quad (3\text{-}210)$$

其中,$(\hat{x}(t), \hat{y}(t))$ 是 $(x(t), y(t))$ 的估计值,v 是引入的扰动项。定义 $e(t) = \hat{x}(t) - x(t)$ 和 $e_y(t) = \hat{y}(t) - y(t)$ 分别为状态估计和输出估计的误差。v 被定义为

$$v_i = \rho \operatorname{sign}(e_{y,i}), \quad i = 1, 2, \cdots, p$$

其中,ρ 是一个正标量,$e_{y,i}$ 是 e_y 的第 i 个分量。v 对于滑模面 $S = \{e(t): Ce(t) = 0\}$ 是不连续的,因此使得 $e(t)$ 的轨迹在有限的时间内落到 S 上面。假设系统已经处于与式(3-209)相关的坐标中,则增益 G_n 为

$$G_n = \begin{bmatrix} L \\ -I_p \end{bmatrix} \tag{3-211}$$

其中 $L \in \mathbf{R}^{n \times (n-p)}$ 表示设计的自由度。由 $e(t)$ 的定义和式(3-207)与式(3-210)可知,误差系统表示为

$$\dot{e}(t) = Ae(t) + G_n v \tag{3-212}$$

根据式(3-209)输出分布矩阵 C 的结构,状态估计误差分为 $e = \mathrm{col}(e_1, e_y)$,其中 $e_1 \in \mathbf{R}^{n-p}$。因此,误差系统(见式(3-212))可以写成

$$\dot{e}_1(t) = A_{11} e_1(t) + A_{12} e_y(t) + Lv \tag{3-213}$$

$$\dot{e}_y(t) = A_{21} e_1(t) + A_{22} e_y(t) - v \tag{3-214}$$

另外,式(3-214)也可以写成

$$\dot{e}_{y,i}(t) = A_{21,i} e_1(t) + A_{22,i} e_y(t) - \rho \mathrm{sign}(e_{y,i}) \tag{3-215}$$

其中 $A_{21,i}$ 和 $A_{22,i}$ 分别代表 A_{21} 和 A_{22} 的第 i 行元素。为了确定滑动发生的条件,将对可达性条件进行测试。对式(3-215)有

$$\begin{aligned} e_{y,i} \dot{e}_{y,i} &= e_{y,i}(A_{21,i} e_1 + A_{22,i} e_y) - \rho |e_{y,i}| \\ &< -|e_{y,i}|(\rho - |(A_{21,i} e_1 + A_{22,i} e_y)|) \end{aligned} \tag{3-216}$$

假设标量 ρ 足够大,有

$$\rho > |A_{21,i} e_1 + A_{22,i} e_y| + \eta \tag{3-217}$$

其中标量 $\eta \in \mathbf{R}_+$,然后有

$$e_{y,i} \dot{e}_{y,i} < -\eta |e_{y,i}| \tag{3-218}$$

根据上式可以看出 $e_{y,i}$ 将在有限的时间内收敛到零。当 $e_y(t)$ 的每个分量收敛到零时,在曲面 S 将会发生滑动运动。

3.6.2 滑模控制器

针对如下线性系统

$$\dot{x} = Ax + Bu \tag{3-219}$$

可以设计如下滑模面

$$s(x) = \sum_{i=1}^{n-1} c_i x_i + x_n, \quad C = [c_1, \cdots, c_{n-1}, 1]^\mathrm{T} \tag{3-220}$$

在滑模控制中,要保证多项式 $p^{n-1} + c_n p^{n-2} + \cdots + c_2 p + c_1$ 为 Hurwitz(赫尔维茨)稳定的,即为了满足状态在 $s=0$ 的滑模面上可以收敛,因此,上述多项式的特征值的实数部分在左半平面。

接下来介绍可达性条件,即状态 x 从状态空间中的任意一点出发,可以在有限时间内到达 $s=0$ 的滑模面上,此时采用李雅普诺夫间接法来分析,从前面可知切换函数 s 是状态变量 x 的函数,取以下李雅普诺夫函数

$$V = \frac{1}{2} s^2 \tag{3-221}$$

对时间求导可得

$$\dot{V} = s\dot{s} \tag{3-222}$$

为了使系统稳定,需要满足 $\dot{V}<0$ 即 $s\dot{s}<0$,此时系统对于 s 而言是渐近稳定的,不能保证其有限时间内到达 $s=0$ 的滑模面上,因此需要 $s\dot{s}<-\sigma$,其中 σ 是一个极小的正数。但是每次设计不能总是采用李雅普诺夫函数进行判断,于是提出趋近律这一概念,常用的趋近律有以下几种。

(1) 等速趋近律:$\dot{s} = -\varepsilon \text{sign}(s), \varepsilon > 0$。其中 $\text{sign}(s)$ 是符号函数,$s>0$ 时,$\text{sign}(s)=1$;$s<0$ 时,$\text{sign}(s)=-1$;$s=0$ 时,$\text{sign}(s)=0$。

(2) 指数趋近律:$\dot{s} = -\varepsilon \text{sign}(s) - ks, \varepsilon > 0, k > 0$。

(3) 幂次趋近律:$\dot{s} = -k|s|^\alpha \text{sign}(s) - ks, k > 0, 1 > \alpha > 0$。

例 3.19 针对非线性系统

$$\begin{cases} \dot{x}_1 = x_2 \\ \dot{x}_2 = x_3 \\ \dot{x}_3 = x_1 + x_2 x_3 + u \end{cases}$$

设计滑模控制器使得系统到达稳定。

滑模控制器设计步骤如下。

Step1:首先设计切换函数 s,其中切换函数为 Hurwitz,s 设计为如下线性滑模面。

$$s = x_3 + 2x_2 + x_1$$

其中 $c_1=1, c_2=2$,多项式可以写成 p^2+2p+1。该多项式具有两个相同的特征根 -1,满足 Hurwitz 条件,切换函数 s 设计完毕。

Step2:设计切换函数的导数,使得系统满足可达性条件,即有限时间内到达滑模面。对切换函数求导

$$\dot{s} = \dot{x}_3 + 2\dot{x}_2 + \dot{x}_1$$

将系统状态方程代入可得

$$\dot{s} = x_1 + x_2 + 2x_3 + x_2 x_3 + u$$

由上式可以看出,$\dot{s}$ 中出现控制量 u。取指数趋近律,那么有

$$\dot{s} = -\text{sign}(s) - s$$
$$u = -s - \text{sign}(s) - x_1 - x_2 - 2x_3 - x_2 x_3$$

Step3:稳定性证明。取李雅普诺夫函数并求导可得 $\dot{V} = s\dot{s}$,将滑模面方程代入可得

$$\dot{V} = -|s| - s^2$$

由此可知李雅普诺夫函数的导数是严格负定的,因此系统渐近稳定,即 s 会趋近于 0,x_3, x_2, x_1 都趋近于 0,达到了系统稳定的目的,控制器设计完成。

3.6.3 高阶滑模控制

传统一阶滑模控制有如下缺陷。

(1) 抖振问题:主要是由未建模的串联动态引起,同时切换装置的非理想性也是一个

重要原因。

(2) 相对阶的限制：传统滑模控制只有在系统关于滑模变量 s 的相对阶是 1 时才能应用。也就是说，控制量 u 必须显式出现在 $\dot{s}$ 中，这样就限制了滑模面的设计。

(3) 控制精度问题：在实际的采样实现的传统滑模控制算法中，滑动误差正比于采样时间 τ。也就是说，有限时间到达的传统滑模在具有零阶保持器的离散控制下，系统的状态保持在滑动模态上的精度是采样时间的一阶无穷小，即 $O(\tau)$。

在传统滑模控制中，不连续的控制量显式地出现在滑模变量的一阶导数 $\dot{s}$ 中，即 $\dot{s}$ 是不连续的。由于未建模动态和非理想的切换特性，传统滑模存在抖振，它在实际应用中是有害的。连续近似化方法（如引入边界层）能抑制抖振，然而失去了滑动模态不变性这个显著优点。因此，Levant 提出了高阶滑模的概念，高阶滑模保持了传统滑模的优点（如不变性），同时抑制了抖振，消除了相对阶的限制和提高了控制精度。

首先给出滑动阶的定义。滑动阶 r 是指滑模变量 s 的连续全导数（包含零阶）在滑模面 $s=0$ 上为 0 的数目。滑动阶刻画了系统被约束在滑模面 $s=0$ 上的运动动态平滑度。根据上述定义可知：传统滑模的滑动阶为 1，因为在滑模面上 $s=0$，而 $\dot{s}$ 则是不连续的，所以传统滑模又称为一阶滑模。

关于滑模面 $s(t,x)=0$ 的 r 阶滑动集由等式 $s=\dot{s}=\ddot{s}=\cdots=s^{(r-1)}=0$ 描述，从而构成了动态系统状态的 r 维约束条件。1996 年，Levant 和 Firdman 给出了高阶滑模的精确描述：r 阶滑动集 $s=\dot{s}=\ddot{s}=\cdots=s^{(r-1)}=0$ 非空，且假设它是 Filippov 意义下局部积分集（即由不连续动态系统的 Filippov 轨迹组成），那么，满足 $s=\dot{s}=\ddot{s}=\cdots=s^{(r-1)}=0$ 的相关运动称为关于滑模面 $s(t,x)=0$ 的"r 阶滑模"。当系统轨迹位于状态空间中 $s=0$ 和 $\dot{s}=0$ 的交界处时，系统具有二阶滑模动态，如图 3.25 所示。

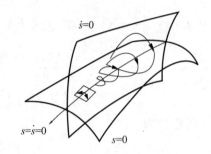

图 3.25　二阶滑模轨迹

在实现高阶滑模控制时，所面临的一个主要问题就是所需的信息增加了。一般来说，滑模面 $s=0$ 上的 r 阶滑模控制器的设计，需要用到 $s,\dot{s},\ddot{s},\cdots,s^{(r-1)}$ 的信息。从理论上来说，$s,\dot{s},\ddot{s},\cdots,s^{(r-1)}$ 的值可以通过有限时间收敛的精确鲁棒微分器获取。

3.6.4　二阶滑模控制

滑模控制在解决不确定高阶非线性动态系统时是一种非常有效的方法，表现在对系统不确定非线性、系统建模误差与外部干扰的强鲁棒性和算法设计简单。针对滑模控制存在的"抖振"现象，二阶滑模控制使得控制量在时间上是本质连续的，这样能有效地减小系统抖振，又不以牺牲控制器的鲁棒性为代价。

二阶滑模是指二阶滑动集 $s=\dot{s}=0$ 非空，且假设它是 Filippov 意义下的局部积分集，那么，满足式 $s=\dot{s}=0$ 的相关运动称为关于滑模面 $s(t,x)=0$ 的二阶滑模。考虑下列形式的单输入动态系统

$$\dot{x}=a(t,x)+b(t,x)u, \quad s=s(t,x) \tag{3-223}$$

其中,$x \in \mathbf{R}^n$ 为系统状态量,$u \in \mathbf{R}$ 为控制输入,$a(t,x)$ 和 $b(t,x)$ 为光滑的未知向量场,令 $s(t,x)=0$ 为所定义的滑模面,控制目标使系统的状态在有限时间内收敛到滑模流形 $s(t,x)=\dot{s}(t,x)=0$ 上。

通过引入虚拟变量 $x_{n+1}=t$ 对系统模型进行扩展,记 $a_e=(a^T,1)^T$,$b_e=(b^T,0)^T$,$x_e=(x^T,x_{n+1})^T$,则系统扩展为 $\dot{x}_e=a_e(x_e)+b_e(x_e)u$,$s=s(x_e)$。依据相对阶的定义,对滑模变量 s 考虑以下两种不同情形。

1. 相对阶 $r=1$ 时 $\dfrac{\partial \dot{s}}{\partial u} \neq 0$

可以采用传统滑模(一阶滑模)控制的方法来解决问题。然而,若采用二阶滑模控制则可以抑制抖振,此时,将控制输入 u 的导数 $\dot{u}$ 看作新的控制变量。设计不连续的控制 u 使得滑模变量 s 趋于零,并保持二阶滑动模态,即 $s=0$,而控制输入 u 是通过对 $\dot{u}$ 的积分得到的,故是连续的,从而抑制了系统的抖振。

此时,滑模变量 s 的一阶导数为

$$\dot{s}=\frac{\partial s}{\partial x_e}(a_e(x_e)+b_e(x_e)u)=L_{a_e}s+L_{b_e}su \tag{3-224}$$

其中,$L_{a_e}s=\dfrac{\partial s}{\partial x_e}a_e(x_e)$ 称为 s 关于 a_e 或沿 a_e 的李导数。滑模变量 s 的二阶导数为

$$\ddot{s}=\frac{\partial(L_{a_e}s+L_{b_e}su)}{\partial x_e}(a_e(x_e)+b_e(x_e)u)+\frac{\partial \dot{s}}{\partial u}$$
$$=L_{a_e}^2 s+L_{a_e}L_{b_e}su+L_{b_e}L_{a_e}su+L_{b_e}^2 su^2+L_{b_e}s\dot{u} \tag{3-225}$$

上式可化简为

$$\ddot{s}=\varphi(t,x,u)+\gamma(t,x)\dot{u}(t) \tag{3-226}$$

其中

$$\ddot{s}\Big|_{\dot{u}=0}=\varphi(t,x,u)=L_{a_e}^2 s+L_{a_e}L_{b_e}su+L_{b_e}L_{a_e}su+L_{b_e}^2 su^2 \tag{3-227}$$

$$\frac{\partial}{\partial \dot{u}}\ddot{s}=\gamma(t,x)=L_{b_e}s \neq 0 \tag{3-228}$$

因此,控制输入 u 看作影响漂移项 φ 的未知扰动,控制输入的导数 $\dot{u}$ 作为需设计的新控制量。

2. 相对阶 $r=2$ 时 $\dfrac{\partial \dot{s}}{\partial u}=0$,$\dfrac{\partial \ddot{s}}{\partial u} \neq 0$

控制输入 u 不直接影响 s 的动态特性,但直接影响 $\dot{s}$ 的动态特性,即

$$\ddot{s}=\varphi(t,x,u)+\gamma(t,x)u(t) \tag{3-229}$$

其中,$\dfrac{\partial}{\partial u}\ddot{s}=\gamma(t,x)=L_{b_e}L_{a_e}s \neq 0$,这就意味着滑模变量 s 关于控制输入 u 的相对阶是 2。在这种情况下,控制输出 u 是不连续的。

相对阶为 1 和相对阶为 2 可以统一起来,看作是二阶不确定的仿射非线性系统,当相对阶为 1 时,相关的控制信号是实际控制输入的导数 $\dot{u}$;当相对阶为 2 时,控制信号是实际的控制输入 u。

令 $y_1(t)=s(t), y_2(t)=\dot{s}(t)$，则二阶滑模控制问题可以转换为下述非线性系统的有限时间镇定问题：

$$\begin{cases} \dot{y}_1(t) = y_2(t) \\ \dot{y}_2(t) = \varphi(t,x) + \gamma(t,x)v(t) \\ s(t,x) = y_1(t) \end{cases} \tag{3-230}$$

其中，$\varphi(t,x)$、$\gamma(t,x)$ 和 $v(t)$ 在相对阶为 1 和相对阶为 2 时具有不同的意义和结构。

在现有的二阶滑模控制方法中，均对不确定性做出了全局有界的假设，即

$$|\varphi| \leqslant C, \quad 0 < K_m \leqslant \gamma \leqslant K_M \tag{3-231}$$

其中，C、K_m 和 K_M 均为正常数。

Twisting 算法是最早提出的二阶滑模控制算法，形式如下

$$v = -r_1 \operatorname{sign}(s) - r_2 \operatorname{sign}(\dot{s}) \tag{3-232}$$

其有限时间收敛的充分条件是 $(r_1+r_2)K_m - C > (r_1-r_2)K_M + C, (r_1-r_2)K_m > C$。若考虑控制受限的情形，则需增加以下条件

$$r_1 + r_2 \leqslant U_{\max} \tag{3-233}$$

两式联立，可以求解出 r_1 和 r_2 的取值范围。

该算法的特点是：在 $s o \dot{s}$ 相平面上，系统轨迹围绕着原点旋转，如图 3.26 所示。同时，系统的轨迹能在有限时间内，经过无限次的环绕收敛到原点。具体地说，就是系统的相轨迹与坐标轴相交的值的绝对值，随着旋转的次数以等比数列形式减小。此控制律的设计需要知道 $\dot{s}$ 的符号。

另一种二阶滑模控制方法是 Super-Twisting 算法，其形式如下。

$$\begin{cases} u = -\lambda |s|^{\frac{1}{2}} \operatorname{sign}(s) + u_1 \\ u_1 = -\alpha \operatorname{sign}(s) \end{cases} \tag{3-234}$$

其有限时间收敛的充分条件是

$$|L_{a_e}^2 s + (L_{a_e} L_{b_e} s + L_{b_e} L_{a_e} s)u + L_{b_e}^2 s u^2| \leqslant C, \quad 0 < K_m \leqslant L_{b_e} s \leqslant K_M \tag{3-235}$$

$$\alpha > \frac{C}{K_m}, \quad \lambda^2 > 2\frac{\alpha K_M + C}{K_m} \tag{3-236}$$

该算法的特点：它仅仅需要滑模变量 s 的信息，不需要信息 $\dot{s}$；它是一种系统关于 s 的相对阶为 1 时可以直接应用的二阶滑模算法，不需要引入新的控制量。Super-Twisting 算法的相轨迹如图 3.27 所示。

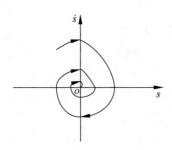

图 3.26 Twisting 算法的相轨迹

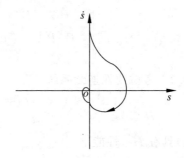

图 3.27 Super-Twisting 算法的相轨迹

3.7 H_∞控制基础

在前面所涉及的控制器设计问题中,大多数都假设系统的精确模型是已知的,而对实际系统来说,由于受控系统数学模型存在建模误差,同时由于环境变化、部件老化和受控系统非线性与不确定性等诸多原因,实际的受控系统与控制器设计时所依赖的模型(称为标称模型)之间存在着较大的差异。这种受控系统数学模型的不确定性,有可能给闭环系统的控制品质带来十分严重的影响,甚至有可能造成闭环系统的不稳定。如何适当设计控制系统,使得即使当实际受控对象与它的标称模型之间有较大差异时,闭环系统仍然能有较好地控制品质即鲁棒性能,称为鲁棒控制问题。

事实上,由于实际系统不可能完全与其数学模型一致,没有一点鲁棒性的控制系统是不能正常工作的。例如前面所讨论的极点配置控制器,当实际受控系统与其标称模型不一致时,实际闭环系统的极点组不再是期望的极点组。但是,当受控系统与其标称模型相差不大时,实际闭环系统的极点一般还是位于期望的极点附近。因此,闭环系统仍然会具有较好的动态品质和渐近稳定性,这说明极点配置控制具有较好的鲁棒性。

H_∞控制理论可以有效保证系统的鲁棒稳定性,是解决鲁棒控制问题最有效的理论工具之一,可以说,H_∞控制理论是现代控制理论解决智能驾驶车辆非线性、不确定性鲁棒控制问题的首选方法。

3.7.1 理论基础

首先给出 H_∞ 控制理论中最重要的有界实引理。

引理 3.1 考虑线性离散系统

$$\begin{cases} x(k+1) = Ax(k) + Bu(k) \\ y(k) = Cx(k) + Du(k) \end{cases} \tag{3-237}$$

则式(3-237)具有 H_∞ 性能 γ

$$\sup_{u \in L_2} \frac{\|y(k)\|_2}{\|u(k)\|_2} < \gamma \tag{3-238}$$

的条件是:存在正定对称矩阵 $P > 0$ 满足如下不等式

$$\begin{bmatrix} A^T PA - P & A^T PB & C^T \\ B^T PA & B^T PB - \gamma I & D^T \\ C & D & -\gamma I \end{bmatrix} < 0 \tag{3-239}$$

引理 3.2 考虑线性连续系统

$$\begin{cases} \dot{x}(t) = Ax(t) + Bu(t) \\ y(t) = Cx(t) + Du(t) \end{cases} \tag{3-240}$$

则式(3-240)具有 H_∞ 性能 γ

$$\sup_{u \in L_2} \frac{\|y(t)\|_2}{\|u(t)\|_2} < \gamma \tag{3-241}$$

的条件是：存在正定对称矩阵 $P>0$ 满足如下不等式

$$\begin{bmatrix} A^\mathrm{T}Q+QA & QB & C^\mathrm{T} \\ B^\mathrm{T}Q & -\gamma I & D^\mathrm{T} \\ C & D & -\gamma I \end{bmatrix} < 0 \tag{3-242}$$

令 $Q=P^{-1}>0$，则式(3-242)等价于

$$\begin{bmatrix} PA^\mathrm{T}+PA & B & PC^\mathrm{T} \\ B^\mathrm{T} & -\gamma I & D^\mathrm{T} \\ CP & D & -\gamma I \end{bmatrix} < 0 \tag{3-243}$$

3.7.2　H_∞ 观测器

线性系统的状态空间描述如下

$$\begin{cases} \dot{x}(t) = Ax(t) + Bu(t) + \omega_x(t) \\ y(t) = Cx(t) + Du(t) + \omega_y(t) \end{cases} \tag{3-244}$$

其中，$x(t)$ 为系统状态，A 为系统矩阵，B 为输入矩阵，$\omega_x(t)$ 为系统模型的噪声，$\omega_y(t)$ 为测量噪声，C 为输出矩阵，D 为前馈矩阵，$u(t)$ 为系统输入，$y(t)$ 为系统输出。

在实际应用中有很多状态变量不容易测量，通常为增加一个状态变量的测量会大幅增加传感器的费用，而状态观测器可以在不增加传感器的情况下对状态值进行估计。隆伯格观测器作为一种线性观测器，在实际应用中经常被用来估计不可测状态变量。状态观测器空间模型描述如下

$$\begin{cases} \dot{\hat{x}}(t) = A\hat{x}(t) + B(u(t) + \omega_u(t)) + L(y(t) - \hat{y}(t)) \\ \hat{y}(t) = C\hat{x}(t) + D(u(t) + \omega_u(t)) \end{cases} \tag{3-245}$$

其中，$\hat{x}(t)$ 为最优估计状态，$\omega_u(t)$ 表示系统输入的测量误差，L 表示状态观测器的反馈增益，$\hat{y}(t)$ 表示系统输出的最优估计。

定义状态估计误差为 $e_x(t) = x(t) - \hat{x}(t)$，输出估计误差为 $e_y(t) = y(t) - \hat{y}(t)$，噪声 $\omega = [\omega_x^\mathrm{T}, \omega_y^\mathrm{T}, \omega_u^\mathrm{T}]$，则状态观测器误差空间描述为

$$\begin{cases} \dot{e}_x(t) = (A-LC)e_x(t) + (E-LF)\omega \\ \dot{e}_y(t) = Ce_x(t) + F\omega \end{cases} \tag{3-246}$$

其中 $E=[I,0,-B]$，$F=[0,I,-D]$，I 为一个具有合适维度的单位矩阵。

值得注意的是从式(3-246)中可以看出，存在扰动项 ω，为了抑制扰动项的影响，保证状态观测器的状态估计准确性，提出基于 H_∞ 的状态观测器设计。

定理 3.6　如果存在正标量 γ_{obs} 使得下面不等式成立，则使得状态观测器(见式(3-246))具有 H_∞ 性能：

$$\begin{bmatrix} A^\mathrm{T}P_{\mathrm{obs}} - C^\mathrm{T}U^\mathrm{T} + P_{\mathrm{obs}}A - UC + C^\mathrm{T}C & P_{\mathrm{obs}}E - UF + C^\mathrm{T}F \\ E^\mathrm{T}P_{\mathrm{obs}} - F^\mathrm{T}U^\mathrm{T} + F^\mathrm{T}C & F^\mathrm{T}F - \gamma_{\mathrm{obs}}^2 Q \end{bmatrix} < 0 \tag{3-247}$$

其中矩阵 $P_{\mathrm{obs}} = P_{\mathrm{obs}}^\mathrm{T} > 0$，$U = P_{\mathrm{obs}}L$，$Q = [\sigma_1, \sigma_2, \sigma_3]$，$\sigma_1, \sigma_2, \sigma_3$ 分别表示模型误差 ω_x、测量误差 ω_y 和输入测量误差 ω_u 的权重因子。

证明：假设存在一个正标量 $\gamma_{obs}>0$，使得下面不等式成立

$$\int_0^T \|e_y(t)\|^2 dt < \lambda_{obsmax}(P_{obs})\|e_x(0)\|^2 + \gamma_{obs}^2 \int_0^T \omega^T(t) Q\omega(t) dt \quad (3-248)$$

其中，$\lambda_{obsmax}(P_{obs})$ 表示正定矩阵 P_{obs} 的最大特征值。

定义李雅普诺夫方程如下

$$V_{obs}(t) = e_x^T(t) P_{obs} e_x(t) \quad (3-249)$$

则

$$\begin{aligned}
\dot{V}_{obs}(t) &= [(A-LC)e_x(t) + (E-LF)\omega(t)]^T P_{obs} e_x(t) + \\
&\quad e_x^T(t) P_{obs} [(A-LC)e_x(t) + (E-LF)\omega(t)] \\
&= e_x^T(t)[(A-LC)^T P_{obs} + P_{obs}(A-LC)]e_x(t) + \\
&\quad \omega^T(t)(E-LF)^T P_{obs} e_x(t) + e_x^T(t) P_{obs}(E-LF)\omega(t)
\end{aligned} \quad (3-250)$$

为了保证状态观测器系统 H_∞ 性能，评价指标 J_{obs1} 被引进，如下所示

$$\begin{aligned}
J_{obs1} &= \dot{V}(t) + e_y^T(t)e_y(t) - \gamma_{obs}^2 \omega^T(t) Q\omega(t) \\
&= e_x^T(t)[(A-LC)^T P_{obs} + P_{obs}(A-LC)]e_x(t) + \\
&\quad \omega^T(t)(E-LF)^T P_{obs} e_x(t) + e_x^T(t) P_{obs}(E-LF)\omega(t) + \\
&\quad [Ce_x(t) + F\omega(t)]^T [Ce_x(t) + F\omega(t)] - \gamma_{obs}^2 \omega^T(t) Q\omega(t) \\
&= e_x^T(t)[(A-LC)^T P_{obs} + P_{obs}(A-LC) + C^T C]e_x(t) + \\
&\quad \omega^T(t)[(E-LF)^T P_{obs} + F^T C] e_x(t) + \\
&\quad e_x^T(t)[P_{obs}(E-LF) + C^T F]\omega(t) + \omega^T(t)[F^T F - \gamma_{obs}^2 Q]\omega(t) \\
&= \begin{bmatrix} e_x(t) \\ \omega(t) \end{bmatrix}^T \begin{bmatrix} (A-LC)^T P_{obs} + P_{obs}(A-LC) + C^T C & P_{obs}(E-LF) + C^T F \\ (E-LF)^T P_{obs} + F^T C & F^T F - \gamma_{obs}^2 Q \end{bmatrix} \begin{bmatrix} e_x(t) \\ \omega(t) \end{bmatrix}
\end{aligned}$$

$$(3-251)$$

如果 $J_{obs1} < 0$ 成立，则可保证系统 H_∞ 性能。

令 $U = P_{obs} L$，则评价指标 $J_{obs1} < 0$ 可以被等价描述为 $J_{obs2} < 0$。

$$J_{obs2} = \begin{bmatrix} A^T P_{obs} - C^T U^T + P_{obs} A - UC + C^T C & P_{obs} E - UF + C^T F \\ E^T P_{obs} - F^T U^T + F^T C & F^T F - \gamma_{obs}^2 Q \end{bmatrix} \quad (3-252)$$

经上述推导可知，$J_{obs1} < 0$ 等价于 $J_{obs2} < 0$，即只要保证不等式 $J_{obs2} < 0$ 成立，则 $J_{obs1} < 0$ 成立，进而保证状态观测器 H_∞ 性能。

3.7.3 H_∞ 控制器

线性系统的状态空间描述如下

$$\begin{cases} \dot{x}(t) = Ax(t) + B_1 u(t) + B_2 \omega_e(t) \\ y(t) = Cx(t) + Du(t) \end{cases} \quad (3-253)$$

其中，x 为系统状态，A 表示系统矩阵，B_1 表示输入矩阵，B_2 表示外界扰动矩阵，ω_e 表示外

界扰动,C 表示输出矩阵,D 表示前馈矩阵,u 表示系统输入,y 表示系统输出。

系统输入采用状态反馈即 $u=-Kx$,则闭环系统状态空间模型可以描述为

$$\begin{cases} \dot{x}(t)=A_c x(t)+B_2 \omega_e(t) \\ y(t)=C_c x(t) \end{cases} \quad (3-254)$$

其中,A_c 表示闭环系统矩阵,$A_c=A-B_1 K$,$C_c=C-DK$。

定理 3.7 如果存在正标量 γ_{col} 使得下面不等式成立,则使得闭环控制器(见式(3-254))具有 H_∞ 性能。

$$\begin{bmatrix} P_{inv}A^T+AP_{inv}-U_{col}^T B_1^T-B_1 Q & P_{inv}C^T-U_{col}^T D^T & B_2 \\ CP_{inv}-DU_{col} & -I & 0 \\ B_2^T & 0 & -\gamma_{col}^2 I \end{bmatrix}<0 \quad (3-255)$$

其中,矩阵 $P_{inv}=P_{inv}^T>0$,$U_{col}=KP_{inv}$。

证明:假设存在一个 $\gamma_{col}>0$,使得下面不等式成立

$$\int_0^T y^T(t)y(t)dt < \lambda_{colmax}(P_{col}) \|x(0)\|^2 + \gamma_{col}^2 \int_0^T \omega_e^T(t)\omega_e(t)dt \quad (3-256)$$

其中 $\lambda_{colmax}(P_{col})$ 表示正定矩阵 P_{col} 的最大特征值。

李雅普诺夫方程被设计如下

$$V_{col}(t)=x^T(t)P_{col}x(t) \quad (3-257)$$

为了保证系统 H_∞ 性能,评价指标 J_{col1} 被引入,如下所示。

$$\begin{aligned} J_{col1} &= \dot{V}_{col}(t)+y^T(t)y(t)-\gamma_{col}^2 \omega_e^T(t)\omega_e(t) \\ &= x^T(t)(A_c^T P_{col}+P_{col}A_c+C_c^T C_c)x(t)+\omega_e^T(t)B_2^T P_{col}x(t)+ \\ & \quad x^T(t)P_{col}B_2 \omega_e(t)-\gamma_{col}^2 \omega_e^T(t)\omega_e(t) \\ &= \begin{bmatrix} x(t) \\ \omega_e(t) \end{bmatrix}^T \begin{bmatrix} A_c^T P_{col}+P_{col}A_c+C_c^T C_c & P_{col}B_2 \\ B_2^T P_{col} & -\gamma_{col}^2 I \end{bmatrix} \begin{bmatrix} x(t) \\ \omega_e(t) \end{bmatrix} \end{aligned} \quad (3-258)$$

如果 $J_{col1}<0$ 成立,则可保证控制系统 H_∞ 性能。

根据舒尔补定理,评价指标 $J_{col1}<0$ 等价于 $J_{col2}<0$,且

$$\begin{aligned} & \begin{bmatrix} P_{col}^{-1} & 0 \\ 0 & I \end{bmatrix} \begin{bmatrix} A_c^T P_{col}+P_{col}A_c+C_c^T C_c & P_{col}B_2 \\ B_2^T P_{col} & -\gamma_{col}^2 I \end{bmatrix} \begin{bmatrix} P_{col}^{-1} & 0 \\ 0 & I \end{bmatrix} \\ &= \begin{bmatrix} P_{col}^{-1}A_c^T+A_c P_{col}^{-1}+P_{col}^{-1}C_c^T C_c P_{col}^{-1} & B_2 \\ B_2^T & -\gamma_{col}^2 I \end{bmatrix} \\ &= \begin{bmatrix} P_{col}^{-1}A_c^T+A_c P_{col}^{-1} & B_2 \\ B_2^T & -\gamma_{col}^2 I \end{bmatrix} + \begin{bmatrix} P_{col}^{-1}C_c^T C_c P_{col}^{-1} & 0 \\ 0 & 0 \end{bmatrix} \\ &= \begin{bmatrix} P_{col}^{-1}A_c^T+A_c P_{col}^{-1} & B_2 \\ B_2^T & -\gamma_{col}^2 I \end{bmatrix} - \begin{bmatrix} P_{col}^{-1}C_c^T \\ 0 \end{bmatrix} [-I] \begin{bmatrix} C_c P_{col}^{-1} & 0 \end{bmatrix} \end{aligned} \quad (3-259)$$

$$J_{col2} = \begin{bmatrix} P_{col}^{-1}A_c^T + A_c P_{col}^{-1} & B_2 & P_{col}^{-1}C_c^T \\ B_2^T & -\gamma_{col}^2 I & 0 \\ C_c P_{col}^{-1} & 0 & -I \end{bmatrix}$$

设 $P_{inv} = P_{col}^{-1}$,则评价指标函数 J_{col2} 如下。

$$J_{col2} = \begin{bmatrix} P_{col}^{-1}A_c^T + A_c P_{col}^{-1} & B_2 & P_{col}^{-1}C_c^T \\ B_2^T & -\gamma_{col}^2 I & 0 \\ C_c P_{col}^{-1} & 0 & -I \end{bmatrix}$$

$$= \begin{bmatrix} P_{inv}A_c^T + A_c P_{inv} & B_2 & P_{inv}C_c^T \\ B_2^T & -\gamma_{col}^2 I & 0 \\ C_c P_{inv} & 0 & -I \end{bmatrix}$$

以及函数 J_{col3} 为

$$J_{col3} = \begin{bmatrix} P_{inv}A_c^T + A_c P_{inv} & P_{inv}C_c^T & B_2 \\ C_c P_{inv} & -I & 0 \\ B_2^T & 0 & -\gamma_{col}^2 I \end{bmatrix} \tag{3-260}$$

将 $A_c = A - B_1 K$,$C_c = C - DK$ 代入式(3-260)中可得

$$\begin{aligned} J_{col3} &= \begin{bmatrix} P_{inv}A_c^T + A_c P_{inv} & P_{inv}C_c^T & B_2 \\ C_c P_{inv} & -I & 0 \\ B_2^T & 0 & -\gamma_{col}^2 I \end{bmatrix} \\ &= \begin{bmatrix} P_{inv}(A-B_1K)^T + (A-B_1K)P_{inv} & P_{inv}(C-DK)^T & B_2 \\ (C-DK)P_{inv} & -I & 0 \\ B_2^T & 0 & -\gamma_{col}^2 I \end{bmatrix} \\ &= \begin{bmatrix} P_{inv}A^T + AP_{inv} - P_{inv}K^TB_1^T - B_1KP_{inv} & P_{inv}C^T - P_{inv}K^TD^T & B_2 \\ CP_{inv} - DKP_{inv} & -I & 0 \\ B_2^T & 0 & -\gamma_{col}^2 I \end{bmatrix} \end{aligned} \tag{3-261}$$

设 $U_{col} = KP_{inv}$,将其代入式(3-260)可得

$$J_{col3} = \begin{bmatrix} P_{inv}A^T + AP_{inv} - U_{col}^T B_1^T - B_1 U_{col} & P_{inv}C^T - U_{col}^T D^T & B_2 \\ CP_{inv} - DU_{col} & -I & 0 \\ B_2^T & 0 & -\gamma_{col}^2 I \end{bmatrix} \tag{3-262}$$

经上述推导可知,$J_{col1} < 0$ 等价于 $J_{col3} < 0$,即只要保证不等式 $J_{col3} < 0$ 成立,则 $J_{col1} < 0$ 成立,进而保证系统的 H_∞ 性能。

3.8 最优控制基础

早在20世纪50年代初期,布绍(Bushaw)利用几何方法研究了伺服系统的最短时间控制问题,随后拉塞尔(LaSalle)发展了时间最优控制理论即Bang-Bang控制理论。1956—1960年,苏联学者庞特里亚金等发展了极大值原理(或极小值原理),将最优控制问题转换为具有约束的非经典变分问题。与此同时,美国数学家贝尔曼(Bellman)等发展了变分法中的哈密顿-雅可比(Hamilton-Jacobi)理论,逐步形成了动态规划方法,同样可以解决容许控制属于闭集的最优控制问题。至此,变分法、极小值原理、动态规划就构成了最优控制理论的三大基石。

时至今日,最优控制理论研究无论在深度和广度上都有了进一步的发展,形成了诸如分布参数系统最优控制、随机系统最优控制和切换系统最优控制等一系列研究领域。与此同时,计算机的快速发展为最优控制在工程领域的推广与应用奠定了坚实的基础。目前,最优控制仍是极其活跃的研究领域,在智能驾驶车辆动力学控制系统中发挥了非常重要的作用。

3.8.1 最优控制问题描述

首先介绍飞船的软着陆这个经典的最优控制问题,以便使读者对最优控制问题形成初步的感性认识,而后再具体给出最优控制问题的数学描述方法。

为了使飞船在月球表面上实现软着陆(即着陆时速度为0),必须寻求着陆过程中发动机推力的最优控制规律,使得燃料的消耗量最少。可以将该问题简化,如图3.28所示,设飞船的质量为$m(t)$,离月球表面的高度为$h(t)$,飞船的垂直速度为$v(t)$,发动机推力为$u(t)$,月球表面的重力加速度为g,不携带燃料的飞船质量为M,初始燃料的质量为F,则飞船的运动方程可表示为

图3.28 月球软着陆最优控制示意图

$$\begin{cases} \dot{h}(t) = v(t) \\ \dot{v}(t) = -g + \dfrac{u(t)}{m(t)} \\ \dot{m}(t) = -ku(t) \end{cases} \tag{3-263}$$

其中,k为比例系数,表示发动机推力与燃料消耗率之间的关系。

整个着陆过程满足初始边界条件

$$h(t_0) = h_0, \quad v(t_0) = v_0, \quad m(t_0) = M + F \quad (3\text{-}264)$$

以及终端边界条件

$$h(t_f) = 0, \quad v(t_f) = 0, \quad m(t_f) \geqslant M \quad (3\text{-}265)$$

这是安全着陆的要求即软着陆,其中终止时刻 t_f 待定。

作为控制输入的推力 $u(t)$ 满足容许控制约束

$$0 \leqslant u(t) \leqslant a \quad (3\text{-}266)$$

其中 a 为发动机所能达到的最大推力。

控制的目标是使燃料消耗最少,也就是使飞船着陆时的质量保持最大,即

$$J(u) = m(t_f) \quad (3\text{-}267)$$

此外,该目标函数等价于泛函

$$J(u) = \int_{t_0}^{t_f} u(t) \mathrm{d}t \quad (3\text{-}268)$$

通过以上问题的分析,将最优控制问题做如下数学描述。

1. 被控系统的状态方程

被控系统的状态方程是指描述系统及其运动的微分方程,其中包含控制变量 u 和状态变量 x,状态方程是在分析最优控制问题时首先就必须准确给出的。设被控系统的状态方程为

$$\dot{x} = f(t, x(t), u(t)) \quad (3\text{-}269)$$

2. 状态方程的边界条件

系统的动态过程对应于 n 维状态空间中从一个状态转移到另一个状态,也就是状态空间中的一条轨迹。一般来说,控制系统的初始时刻 t_0 和初始状态 $x(t_0)$ 是给定的,即

$$x(t_0) = x_0 \quad (3\text{-}270)$$

但对控制系统的终止时刻 t_f 和终端状态 $x(t_f)$ 来说,却因问题不同而有不同的要求,例如前面所提到的月球软着陆问题中的时间 t_f 是自由的,而在流水线生产过程中则是固定的。通常要求终端状态 $x(t_f)$ 到达一个确定的目标集,即

$$S = \{x(t_f) : x(t_f) \in \mathbf{R}^n, h_1(x(t_f), t_f) = 0, h_2(x(t_f), t_f) \leqslant 0\} \quad (3\text{-}271)$$

若终端状态不受约束,则目标集 S 扩展到整个 n 维空间,或称终端状态自由。

3. 容许控制

在实际问题中,控制变量 u 通常是某种物理量,需要满足有界性等条件,满足这些条件的控制输入,称为容许控制,即

$$u(t) \in \Omega \quad (3\text{-}272)$$

其中,Ω 是 m 维控制空间中的一个集合,可能是开集或闭集,也有可能是分段连续的或者不连续的孤立点。例如,智能驾驶车辆的方向盘控制输入首先受转向机构限制,即满足约束条件 $|u(t)| \leqslant u_{\max}$,此时的控制作用属于一个连续的闭集,注意到在不同车速下最大容许控制 $u_{\max}$ 是不同的,说明容许控制的边界不一定是定值,可能是时变的;在智能驾驶车辆紧急转向

避障时,车辆只能左侧转向避障或者右侧转向避障,此时的容许控制又是分段连续的闭集。

4. 性能指标

性能指标是指对某个控制过程及其结果做出评价的衡量尺度或标准。由于性能指标是控制作用 $u(t)$ 的函数,也就是函数 $u(t)$ 的函数,这种以函数为自变量的函数称为泛函,因此在数学上可以用泛函表示性能指标,主要有下面三种形式。

① 终端型性能指标,也称麦耶尔(Mayer)型性能指标。

$$J(u) = \Phi(x(t_f), t_f) \tag{3-273}$$

② 积分型性能指标,也称拉格朗日(Lagrange)型性能指标。

$$J(u) = \int_{t_0}^{t_f} L(t, x(t), u(t)) \mathrm{d}t \tag{3-274}$$

③ 更一般的形式是混合型性能指标,也叫包尔查(Bolza)型性能指标。

$$J(u) = \Phi(x(t_f), t_f) + \int_{t_0}^{t_f} L(t, x(t), u(t)) \mathrm{d}t \tag{3-275}$$

针对不同的最优控制问题,其性能指标也将有所差异。例如在月球软着陆问题中,要求飞船着陆时的质量保持最大,此时可以用终端型指标来表示;在快速控制问题中,要求系统从一个状态过渡到另一个状态的时间最短,即 $\int_{t_0}^{t_f} \mathrm{d}t = t_f - t_0$,这就是积分型指标。

5. 问题求解

利用一定的方法计算出容许控制 $u(t) \in \Omega$,并将其作用于状态方程所描述的系统,使系统状态 $x(t_0)$ 转移到目标集 S 中的某一个终态 $x(t_f)$,同时性能指标 J 达到某种意义上的最优,这就是最优控制问题。若上述最优控制问题有解 $u^*(t)$,则 $u^*(t)$ 称为最优控制函数,相应的轨线 $x^*(t)$ 称为最优轨线,而这时的性能指标称为最优性能指标。

3.8.2 线性二次型最优控制

美国学者卡尔曼在研究状态方程、线性系统能控性和能观性基础上,以空间飞行器制导为背景,提出了著名的线性二次型最优控制。该控制器的设计可归结为求解非线性黎卡提(Riccati)矩阵微分方程或代数方程。目前,黎卡提矩阵方程的求解已得到广泛深入的研究,有标准的计算机程序可供使用,求解规范方便。线性二次型最优控制器设计是现代控制理论最重要的成果之一,由于最优解可以写成统一的解析表达式,所得到的最优控制律也是状态反馈控制形式,计算方便,便于工程实现,因此,目前已在工程实践中得到广泛应用,尤其在智能驾驶车辆动力学控制中有着广泛的应用场景。

考虑最一般的线性时变系统,其状态方程为

$$\begin{cases} \dot{x}(t) = A(t)x(t) + B(t)u(t) \\ y(t) = C(t)x(t) \end{cases} \tag{3-276}$$

假设控制输入 $u(t)$ 不受任何约束。

令误差向量为

$$e(t) = y_r(t) - y(t) \tag{3-277}$$

其中，$y_r(t)$ 为期望输出。

最优二次型控制问题就是寻找最优控制输入 $u(t)$ 使得如下性能指标最小

$$J(u) = \frac{1}{2} e^T(t_f) P e(t_f) + \frac{1}{2} \int_{t_0}^{t_f} [e^T(t) Q e(t) + u^T(t) R u(t)] dt \tag{3-278}$$

其中，P、Q 是对称半正定矩阵，R 是对称正定矩阵。性能指标 J 中每一项的物理意义说明如下。

(1) 性能指标 J 中的第一项 $\frac{1}{2} e^T(t_f) P e(t_f)$ 是为了考虑对终端误差的要求而引入的，是终端误差的代价函数，表示对终端误差的惩罚。当对终端误差要求较严时，可将这项加到性能指标中。例如，在智能驾驶车辆自动换道问题中，由于对换道终态的车道对中性要求特别严格即要求换道完成时车辆位于目标车道的中间，因此必须加上这一项，以保证换道完成时终端状态的误差最小。

(2) 积分项中的第一项 $e^T(t) Q e(t)$ 表示控制过程中由误差 $e(t)$ 产生的分量。因为 Q 为半正定阵，则当 $e(t) \neq 0$，就有 $e^T(t) Q e(t) \geq 0$。积分项 $\frac{1}{2} \int_{t_0}^{t_f} e^T(t) Q e(t) dt$ 表示误差加权平方和的积分，是用来衡量系统误差 $e(t)$ 大小的代价函数。

(3) 积分项中的第二项 $u^T(t) R u(t)$ 表示工作过程中控制 $u(t)$ 产生的分量。因为 R 为正定阵，则当 $u(t) \neq 0$，就有 $u^T(t) R u(t) > 0$。例如

$$u(t) = \begin{bmatrix} u_1(t) \\ u_2(t) \end{bmatrix}, \quad R = \begin{bmatrix} r_1 & 0 \\ 0 & r_2 \end{bmatrix} \tag{3-279}$$

设 $r_1 > 0, r_2 > 0$，则 R 为正定阵，于是有

$$\frac{1}{2} \int_{t_0}^{t_f} u^T(t) R u(t) dt = \frac{1}{2} \int_{t_0}^{t_f} [r_1 u_1^2(t) + r_2 u_2^2(t)] dt \tag{3-280}$$

积分项中的第二项与消耗的控制能量成正比，消耗得越多，则性能指标值 J 越大，所以这一项是衡量控制能量大小的代价函数。r_1、r_2 可看作加权系数，如认为 u_1 的重要性大于 u_2，则可加大权重系数 r_1。

综合而言，性能指标 $J(u)$ 最小表示用不大的控制量来保持较小的误差，以达到能量消耗、动态误差、终端误差的综合最优。

二次型性能指标还有如下几种重要的特殊情形。

(1) 状态调节器。

在式 (3-276) 和式 (3-277) 中，如果

$$C(t) = I, \quad y_r(t) = 0 \tag{3-281}$$

此时的误差向量为

$$e(t) = -x(t) \tag{3-282}$$

此时的性能指标 J 为

$$J(u) = \frac{1}{2} x^T(t_f) P x(t_f) + \frac{1}{2} \int_{t_0}^{t_f} [x^T(t) Q x(t) + u^T(t) R u(t)] dt \tag{3-283}$$

此时，线性二次型问题归结为：当系统受到干扰偏离原平衡状态时，要求系统产生一控制向量，使式 (3-283) 极小，即使得系统状态 $x(t)$ 始终保持在零平衡状态附近。因而，这一

类线性二次型最优控制问题称为状态调节器问题。

（2）输出调节器。

在式(3-277)中，如果
$$y_r(t)=0 \tag{3-284}$$

此时的误差向量为
$$e(t)=-y(t) \tag{3-285}$$

此时的性能指标 J 为
$$J(u)=\frac{1}{2}y^T(t_f)Py(t_f)+\frac{1}{2}\int_{t_0}^{t_f}[y^T(t)Qy(t)+u^T(t)Ru(t)]dt \tag{3-286}$$

此时，线性二次型问题归结为：当系统受扰偏离原零平衡状态时，要求系统产生一控制向量，使式(3-286)极小，即使得系统输出 $y(t)$ 始终保持在零平衡状态附近。因而，这一类线性二次型最优控制问题称为输出调节器问题。

（3）跟踪调节器。

如果式(3-276)和式(3-277)保持不变，性能指标的形式也不变，则线性二次型问题归结为：当希望输出量 $y_r(t)$ 作用于系统时，要求系统产生一控制向量，使式(3-278)极小，即使得系统的实际输出 $y(t)$ 始终跟随 $y_r(t)$ 的变化。因而，这一类线性二次型最优控制问题称为跟踪调节器问题。

3.8.3　变分法与黎卡提方程

状态调节器、输出调节器、跟踪调节器这三种典型线性二次型最优控制问题的求解方法相类似，由于不考虑控制的不等式约束，因此变分法、极小值原理或动态规划都可以用来求解这三类调节器问题，本章以 4 种状态调节器问题为例，利用变分法对连续系统和离散系统的线性二次型最优调节器（LQR）问题进行探讨，而输出调节器问题与之相类似，本章将不再赘述，大家可自行探索；而针对跟踪调节器问题，本章探讨了连续系统的两种跟踪调节器设计问题，对离散系统情况就不再做过多阐述。

所谓状态调节器问题，就是要求系统的状态保持在平衡状态附近，当系统受干扰导致其状态偏离平衡状态时，就对系统进行控制使之回到原平衡状态。而跟踪调节器问题，是要求选择一个合适的控制律，使得系统的实际输出跟踪期望的输出轨迹，并使给定的性能指标最小。实际上，输出调节器问题是一种特殊的跟踪调节器问题，即期望的输出为零轨迹。

1. 连续系统的有限时间状态调节器

考虑连续线性时变系统的状态方程
$$\dot{x}(t)=A(t)x(t)+B(t)u(t) \tag{3-287}$$

和性能指标
$$J(u)=\frac{1}{2}x^T(t_f)Fx(t_f)+\frac{1}{2}\int_{t_0}^{t_f}[x^T(t)Qx(t)+u^T(t)Ru(t)]dt \tag{3-288}$$

要求寻找最优控制 $u(t)$ 使得性能指标 $J(u)$ 最小。其中，$u(t)$ 无约束，F 和 Q 为对称半正定矩阵，R 为对称正定矩阵，终端时间 t_f 为有限值。

选取哈密顿函数为

$$H = \frac{1}{2}[x^T(t)Qx(t) + u^T(t)Ru(t)] + \lambda^T(t)[A(t)x(t) + B(t)u(t)] \quad (3\text{-}289)$$

根据控制方程可得

$$\frac{\partial H}{\partial u} = Ru(t) + B^T(t)\lambda(t) = 0 \quad (3\text{-}290)$$

可得最优控制为

$$u(t) = -R^{-1}B^T(t)\lambda(t) \quad (3\text{-}291)$$

根据协态方程可得

$$\dot{\lambda}(t) = -\frac{\partial H}{\partial x} = -Qx(t) - A^T(t)\lambda(t) \quad (3\text{-}292)$$

令 $\lambda(t) = P(t)x(t)$,将对 $\lambda(t)$ 的求解转换为对函数矩阵 $P(t)$ 的求解,将 $\lambda(t) = P(t)x(t)$ 代入上述式子中可得函数矩阵 $P(t)$ 满足的微分方程是

$$\dot{P}(t)x(t) + P(t)\dot{x}(t) = -Qx(t) - A^T(t)P(t)x(t) \quad (3\text{-}293)$$

将式(3-287)和式(3-291)代入后可得

$$[\dot{P}(t) - P(t)B(t)R^{-1}B^T(t)P(t) + A^T(t)P(t) + P(t)A(t) + Q]x(t) = 0 \quad (3\text{-}294)$$

由 $x(t)$ 任意可得

$$\dot{P}(t) = P(t)B(t)R^{-1}B^T(t)P(t) - A^T(t)P(t) - P(t)A(t) - Q \quad (3\text{-}295)$$

该式就是著名的黎卡提方程。求解黎卡提方程获得 $P(t)$ 后可得最优控制为

$$u(t) = -K(t)x(t) \quad (3\text{-}296)$$

其中,反馈控制增益矩阵为

$$K(t) = R^{-1}B^T(t)P(t) \quad (3\text{-}297)$$

2. 连续系统的无限时间状态调节器

上一节所研究的有限时间状态调节器问题,实际上只考虑了系统在有限时间内由任意初态恢复到平衡状态的行为。而在工程上更为关心的一类问题不但包括系统恢复到平衡态的行为,也包括系统整个运行期间保持平衡的能力。这种问题就无法用有限时间状态调节器理论去解决了,而只能在无限时间内,考察实际上有限时间区间内控制系统的行为。这就是对应于 $t_f \to \infty$ 时的无限时间最优控制问题。

另外,如前文所述,对有限时间状态调节器问题,其最优状态反馈控制律(见式(3-296))是时变的,这样将使得系统的结构大为复杂,在工程上实现十分不便。但是,若考虑 $t_f \to \infty$,则 $P(t)$ 有可能变成常数,使得相应的最优控制系统转换为定常反馈控制系统。因此,本节重点分析连续线性定常系统的无限时间状态调节器问题。

考虑连续线性定常系统的状态方程

$$\dot{x}(t) = Ax(t) + Bu(t) \quad (3\text{-}298)$$

和性能指标

$$J(u) = \frac{1}{2}\int_{t_0}^{\infty}[x^T(t)Qx(t) + u^T(t)Ru(t)]\mathrm{d}t \quad (3\text{-}299)$$

要求寻找最优控制 $u(t)$ 使得性能指标 $J(u)$ 最小。其中，$u(t)$ 无约束，Q 为对称半正定矩阵，R 为对称正定矩阵。

事实上，线性定常系统（见式(3-298)）的无限时间状态调节器问题可看成是线性时变系统（见式(3-297)）退化为线性定常系统且控制时间 $t_f \to \infty$ 时的极限情况。此时，黎卡提方程的解随着 $t_f \to \infty$ 将趋近于一稳态值 P_f，它是如下代数黎卡提方程的解。

$$P_f B R^{-1} B^T P_f - A^T P_f - P_f A - Q = 0 \tag{3-300}$$

此时的最优控制为

$$u(t) = -R^{-1} B^T P_f x(t) \tag{3-301}$$

3. 离散系统的有限时间状态调节器

考虑离散线性时变系统的状态方程

$$x(k+1) = A(k)x(k) + B(k)u(k) \tag{3-302}$$

和性能指标

$$J(u) = \frac{1}{2} x^T(N) F x(N) + \frac{1}{2} \sum_{k=0}^{N-1} [x^T(k) Q x(k) + u^T(k) R u(k)] \tag{3-303}$$

要求寻找最优控制 $u(k)$ 使得性能指标 $J(u)$ 最小。其中，$u(k)$ 无约束，F 和 Q 为对称半正定矩阵，R 为对称正定矩阵，终端时间 N 为有限值。

选取哈密顿函数为

$$H = \frac{1}{2}[x^T(k)Qx(k) + u^T(k)Ru(k)] + \lambda^T(k+1)[A(k)x(k) + B(k)u(k)] \tag{3-304}$$

根据控制方程可得

$$\frac{\partial H}{\partial u} = Ru(k) + B^T(k)\lambda(k+1) = 0 \tag{3-305}$$

可得最优控制为

$$u(k) = -R^{-1}B^T(k)\lambda(k+1) \tag{3-306}$$

根据协态方程可得

$$\lambda(k) = \frac{\partial H}{\partial x} = Qx(k) + A^T(k)\lambda(k+1) \tag{3-307}$$

令 $\lambda(k) = P(k)x(k)$，接下来将求解函数矩阵 $P(k)$，将 $\lambda(k) = P(k)x(k)$ 代入上述式子中可得函数矩阵 $P(k)$ 满足的差分方程：

$$P(k)x(k) = Qx(k) + A^T(k)P(k+1)x(k+1) \tag{3-308}$$

将系统状态方程（见式(3-302)）和最优控制（见式(3-306)）代入后可得

$$P(k)x(k) = Qx(k) + A^T(k)P(k+1)[I + B(k)R^{-1}B^T(k)P(k+1)]^{-1}A(k)x(k) \tag{3-309}$$

由 $x(k)$ 的任意性可得

$$P(k) = Q + A^T(k)P(k+1)[I + B(k)R^{-1}B^T(k)P(k+1)]^{-1}A(k) \tag{3-310}$$

该式就是离散系统的黎卡提矩阵差分方程。应用矩阵求逆定理可得黎卡提差分方程的另一种形式

$$P(k) = Q + A^T(k)P(k+1)A(k) - $$
$$A^T(k)P(k+1)B(k)[R + B^T(k)P(k+1)B(k)]^{-1}B^T(k)P(k+1)A(k) \tag{3-311}$$

利用迭代法从 $k=N$ 开始反向递推即可求解黎卡提方程获得 $P(k)$。接下来求解最优控制，根据式(3-307)可得

$$\lambda(k+1) = A^{-T}(k)[\lambda(k) - Qx(k)] = A^{-T}(k)[P(k) - Q]x(k) \tag{3-312}$$

则式(3-306)可写成

$$u(k) = -R^{-1}B^T(k)A^{-T}(k)[P(k) - Q]x(k) \tag{3-313}$$

将式(3-310)代入可得

$$u(k) = -R^{-1}B^T(k)P(k+1)[I + B(k)R^{-1}B^T(k)P(k+1)]^{-1}A(k)x(k)$$
$$= -R^{-1}B^T(k)P(k+1)\{I - [I + B(k)R^{-1}B^T(k)P(k+1)]^{-1} \cdot$$
$$B(k)R^{-1}B^T(k)P(k+1)\}A(k)x(k)$$
$$= -\{R^{-1} - R^{-1}B^T(k)P(k+1)[I + B(k)R^{-1}B^T(k)P(k+1)]^{-1} \cdot$$
$$B(k)R^{-1}\}B^T(k)P(k+1)A(k)x(k)$$

应用矩阵求逆定理可得

$$u(k) = -[R + B^T(k)P(k+1)B(k)]^{-1}B^T(k)P(k+1)A(k)x(k) \tag{3-314}$$

将其写成更一般的形式为

$$u(k) = -K(k)x(k) \tag{3-315}$$

其中，反馈控制增益矩阵为

$$K(k) = [R + B^T(k)P(k+1)B(k)]^{-1}B^T(k)P(k+1)A(k) \tag{3-316}$$

4. 离散系统的无限时间状态调节器

考虑离散线性定常系统的状态方程

$$x(k+1) = Ax(k) + Bu(k) \tag{3-317}$$

和性能指标

$$J(u) = \frac{1}{2}\sum_{k=0}^{\infty}[x^T(k)Qx(k) + u^T(k)Ru(k)] \tag{3-318}$$

要求寻找最优控制 $u(k)$ 使得性能指标 $J(u)$ 最小。其中，$u(k)$ 无约束，Q 为对称半正定矩阵，R 为对称正定矩阵。

与连续系统的无限时间状态调节器问题相类似，线性定常系统(见式(3-317))的最优控制问题可看成是线性时变系统(见式(3-312))退化为线性定常系统且控制时间 $N \to \infty$ 时的极限情况。此时，黎卡提方程的解随着 $N \to \infty$ 将趋近于一稳态值 P_f，此时，递推黎卡提方程(见式(3-311))将变成如下形式

$$-P_f + Q + A^T P_f A - A^T P_f B(R + B^T P_f B)^{-1}B^T P_f A = 0 \tag{3-319}$$

此时的最优控制为

$$u(k) = -(R + B^T P_f B)^{-1}B^T P_f Ax(k) \tag{3-320}$$

5. 连续系统的有限时间跟踪调节器

与连续系统的有限时间状态调节器相类似，针对连续线性时变系统的状态方程

$$\begin{cases} \dot{x}(t) = A(t)x(t) + B(t)u(t) \\ y(t) = C(t)x(t) \end{cases} \tag{3-321}$$

和性能指标

$$J(u) = \frac{1}{2} e^{\mathrm{T}}(t_f) F e(t_f) + \frac{1}{2} \int_{t_0}^{t_f} [e^{\mathrm{T}}(t) Q e(t) + u^{\mathrm{T}}(t) R u(t)] \mathrm{d}t \tag{3-322}$$

其中,跟踪误差为

$$e(t) = y_r(t) - y(t) \tag{3-323}$$

要求寻找最优控制 $u(t)$ 使得性能指标 $J(u)$ 最小。其中, $y_r(t)$ 为期望输出, $u(t)$ 无约束, F 和 Q 为对称半正定矩阵, R 为对称正定矩阵,终端时间 t_f 为有限值。将输出方程代入性能指标可得

$$\begin{aligned} J(u) = & \frac{1}{2} [y_r(t_f) - C(t_f)x(t_f)]^{\mathrm{T}} F [y_r(t_f) - C(t_f)x(t_f)] + \\ & \frac{1}{2} \int_{t_0}^{t_f} \{[y_r(t) - C(t)x(t)]^{\mathrm{T}} Q [y_r(t) - C(t)x(t)] + u^{\mathrm{T}}(t) R u(t)\} \mathrm{d}t \end{aligned} \tag{3-324}$$

构造哈密顿函数为

$$\begin{aligned} H = & \frac{1}{2} [y_r(t) - C(t)x(t)]^{\mathrm{T}} Q [y_r(t) - C(t)x(t)] + \frac{1}{2} u^{\mathrm{T}}(t) R u(t) + \\ & x^{\mathrm{T}}(t) A^{\mathrm{T}}(t) \lambda(t) + u^{\mathrm{T}}(t) B^{\mathrm{T}}(t) \lambda(t) \end{aligned} \tag{3-325}$$

由极值条件

$$\frac{\partial H}{\partial u} = R u(t) + B^{\mathrm{T}}(t) \lambda(t) = 0 \tag{3-326}$$

可得

$$u(t) = -R^{-1} B^{\mathrm{T}}(t) \lambda(t) \tag{3-327}$$

则闭环方程为

$$\dot{x}(t) = A(t)x(t) - B(t) R^{-1} B^{\mathrm{T}}(t) \lambda(t) \tag{3-328}$$

由正则方程

$$\dot{\lambda}(t) = -\frac{\partial H}{\partial x} = C^{\mathrm{T}}(t) Q y_r(t) - C^{\mathrm{T}}(t) Q C(t) x(t) - A^{\mathrm{T}}(t) \lambda(t) \tag{3-329}$$

令拉格朗日乘子为

$$\lambda(t) = P(t) x(t) - g(t) \tag{3-330}$$

等式两边同时求导可得

$$\dot{\lambda}(t) = \dot{P}(t) x(t) + P(t) \dot{x}(t) - \dot{g}(t) \tag{3-331}$$

将闭环系统方程代入可得

$$\begin{aligned} \dot{\lambda}(t) = & [\dot{P}(t) + P(t) A(t) - P(t) B(t) R^{-1} B^{\mathrm{T}}(t) P(t)] x(t) + \\ & P(t) B(t) R^{-1} B^{\mathrm{T}}(t) g(t) - \dot{g}(t) \end{aligned} \tag{3-332}$$

由式(3-329)可得协态方程为

$$\dot{\lambda}(t) = [-C^{\mathrm{T}}(t) Q C(t) - A^{\mathrm{T}}(t) P(t)] x(t) + C^{\mathrm{T}}(t) Q y_r(t) + A^{\mathrm{T}}(t) g(t) \tag{3-333}$$

根据式(3-332)和式(3-333)可得黎卡提方程为

$$-\dot{P}(t) = P(t)A(t) + A^{\mathrm{T}}(t)P(t) - P(t)B(t)R^{-1}B^{\mathrm{T}}(t)P(t) + C^{\mathrm{T}}(t)QC(t) \tag{3-334}$$

以及伴随方程

$$-\dot{g}(t) = [A(t) - B(t)R^{-1}B^{\mathrm{T}}(t)P(t)]^{\mathrm{T}} g(t) + C^{\mathrm{T}}(t)Qy_{\mathrm{r}}(-t) \tag{3-335}$$

通过求解式(3-334)和式(3-335)可得最优跟踪闭环系统为

$$\dot{x}(t) = [A(t) - B(t)R^{-1}B^{\mathrm{T}}(t)P(t)]x(t) + B(t)R^{-1}B^{\mathrm{T}}(t)g(t) \tag{3-336}$$

6. 连续系统的无限时间跟踪调节器

对于无限时间跟踪调节器问题，目前还没有统一的求解方法。但是，针对线性定常系统，其无限时间定常跟踪调节器问题有近似解，本节直接给出其近似最优解而不做证明。与连续系统的无限时间状态调节器相类似，针对连续线性定常系统的状态方程

$$\begin{cases} \dot{x}(t) = Ax(t) + Bu(t) \\ y(t) = Cx(t) \end{cases} \tag{3-337}$$

和性能指标

$$J(u) = \frac{1}{2}\int_{t_0}^{\infty} \{[y_{\mathrm{r}}(t) - Cx(t)]^{\mathrm{T}} Q [y_{\mathrm{r}}(t) - Cx(t)] + u^{\mathrm{T}}(t)Ru(t)\}\,\mathrm{d}t \tag{3-338}$$

要求寻找最优控制 $u(t)$ 使得性能指标 $J(u)$ 最小。其中，$y_{\mathrm{r}}(t)$ 为期望输出，$u(t)$ 无约束，F 和 Q 为对称半正定矩阵，R 为对称正定矩阵。

线性定常系统(见式(3-337))的无限时间状态调节器问题可看成是线性时变系统(见式(3-321))退化为线性定常系统且控制时间 $t_{\mathrm{f}} \to \infty$ 时的极限情况。此时，黎卡提方程的解随着 $t_{\mathrm{f}} \to \infty$ 将趋近于一稳态值 P_{f}，它是如下代数黎卡提方程的解

$$P_{\mathrm{f}}A + A^{\mathrm{T}}P_{\mathrm{f}} - P_{\mathrm{f}}BR^{-1}B^{\mathrm{T}}P_{\mathrm{f}} + C^{\mathrm{T}}QC = 0 \tag{3-339}$$

此时的最优控制为

$$u(t) = -R^{-1}B^{\mathrm{T}}[P_{\mathrm{f}}x(t) - g(t)] \tag{3-340}$$

其中，伴随向量为

$$g(t) = (P_{\mathrm{f}}BR^{-1}B^{\mathrm{T}} - A^{\mathrm{T}})^{-1}C^{\mathrm{T}}Qy_{\mathrm{r}}(t) \tag{3-341}$$

最优跟踪闭环系统为

$$\dot{x}(t) = (A - BR^{-1}B^{\mathrm{T}}P_{\mathrm{f}})x(t) + BR^{-1}B^{\mathrm{T}}g(t) \tag{3-342}$$

例 3.20 设系统动态方程为

$$\begin{cases} \dot{x}_1(t) = x_2(t) \\ \dot{x}_2(t) = -2x_2(t) + u(t) \\ y(t) = x_1(t) \end{cases}$$

性能指标为

$$J(u) = \frac{1}{2}\int_{t_0}^{\infty} [e^2(t) + u^2(t)]\,\mathrm{d}t$$

要求近似最优控制 $u(t)$ 使得性能指标最优。其中，误差为 $e(t) = y_{\mathrm{r}}(t) - y(t)$，其中期望输出为 $y_{\mathrm{r}}(t) = a$ 为常数。

本例为无限时间定常跟踪调节器问题。首先有系统矩阵为

$$A = \begin{bmatrix} 0 & 1 \\ 0 & -2 \end{bmatrix}, \quad B = \begin{bmatrix} 0 \\ 1 \end{bmatrix}, \quad C = \begin{bmatrix} 1 & 0 \end{bmatrix}, \quad Q = R = 1$$

经过验证该系统是完全可控、可观的,则近似最优解 $u(t)$ 是存在的。

令

$$P_f = \begin{bmatrix} P_{11} & P_{12} \\ P_{12} & P_{22} \end{bmatrix} > 0$$

根据黎卡提方程(见式(3-84))可得

$$P_f = \begin{bmatrix} 2.45 & 1 \\ 1 & 0.45 \end{bmatrix} > 0$$

伴随向量为

$$g(t) = \begin{bmatrix} 2.45a \\ a \end{bmatrix}$$

则最优控制为

$$u(t) = -x_1(t) - 0.45x_2(t) + a$$

最优跟踪闭环系统为

$$\dot{x}(t) = \begin{bmatrix} 0 & 1 \\ -1 & -2.45 \end{bmatrix} x(t) + \begin{bmatrix} 0 \\ a \end{bmatrix}$$

可求得闭环系统的特征值为 $\lambda_1 = -0.5175, \lambda_2 = -1.9325$,则闭环系统渐近稳定。

3.8.4 LQR 控制系统的稳定性

以连续系统的无限时间状态调节器问题为例,利用 Lyapunov 稳定性理论分析 LQR 控制系统的稳定性。考虑如下线性定常系统

$$\dot{x}(t) = Ax(t) + Bu(t) \tag{3-343}$$

其无限时间状态调节器问题的最优控制律为

$$u(t) = -R^{-1}B^{\mathrm{T}}P_f x(t) \tag{3-344}$$

其中,P_f 为如下黎卡提方程的解

$$P_f B R^{-1} B^{\mathrm{T}} P_f - A^{\mathrm{T}} P_f - P_f A - Q = 0 \tag{3-345}$$

则闭环系统为

$$\dot{x}(t) = (A - BR^{-1}B^{\mathrm{T}}P_f) x(t) \tag{3-346}$$

定义二次型 Lyapunov 函数

$$V(t) = x^{\mathrm{T}}(t) P_f x(t) \tag{3-347}$$

对 Lyapunov 函数求导可得

$$\dot{V}(t) = \dot{x}^{\mathrm{T}}(t) P_f x(t) + x^{\mathrm{T}}(t) P_f \dot{x}(t) \tag{3-348}$$

将系统状态方程(见式(3-346))代入上式可得

$$\dot{V}(t) = x^{\mathrm{T}}(t) \left[(A - BR^{-1}B^{\mathrm{T}}P_f)^{\mathrm{T}} P_f + P_f (A - BR^{-1}B^{\mathrm{T}}P_f) \right] x(t) \tag{3-349}$$

将黎卡提方程(见式(3-345))代入上式可得

$$\dot{V}(t) = -x^{\mathrm{T}}(t)(Q + P_f B R^{-1} B^{\mathrm{T}} P_f) x(t) \tag{3-350}$$

由 Q 和 R 的正定性可得 $\dot{V}(t) \leqslant 0$，因此，LQR 控制系统是渐近稳定的。

3.8.5　Q、R 矩阵选择

线性定常系统的无限时间状态调节器，由于相应的状态反馈控制律具有线性时不变形式，在实际工程控制系统设计中得到了广泛的应用。但是，权重矩阵 Q 和 R 的不同选择，对闭环最优控制系统的性能的影响较大。矩阵 Q 各行各列元素数值的不同，体现了对相应的误差向量 $e(t)$ 或者状态向量 $x(t)$ 的分量在各时刻的要求不同，其重要性自然不同。与之相类似，矩阵 R 也体现了对相应控制向量 $u(t)$ 的重视程度。当选取的权重矩阵 $Q \gg R$ 时，系统状态 $x(t)$ 快速收敛，但是控制输入 $u(t)$ 可能会很大；当 $R \gg Q$ 时，控制输入 $u(t)$ 不需要很大，但是系统状态 $x(t)$ 收敛相当慢。在实际应用中可以假定 $R = I$，再去选择合适的矩阵 Q。以下通过一个实例对 Q 和 R 的选择策略进行解释说明。

例 3.21　考虑双积分系统的状态方程

$$\dot{x}(t) = \begin{bmatrix} 0 & 1 \\ 0 & 0 \end{bmatrix} x(t) + \begin{bmatrix} 0 \\ 1 \end{bmatrix} u(t)$$

选取 $R = I$，则性能指标

$$J(u) = \frac{1}{2} \int_0^\infty [x^{\mathrm{T}}(t) Q x(t) + u^{\mathrm{T}}(t) u(t)] \, \mathrm{d}t$$

其中，待确定的权重矩阵 Q 为

$$Q = \begin{bmatrix} 1 & b \\ b & a \end{bmatrix}$$

为保证矩阵 Q 的正定性，设 $a > b^2$，则该问题是需要寻找最优控制 $u(t)$ 使得性能指标 $J(u)$ 最小。

首先，经过验证可以轻松发现，该系统是完全可控的。又因为权重矩阵 Q 和 R 均为对称正定矩阵，故最优控制存在且唯一。假设黎卡提方程的解为

$$P_f = \begin{bmatrix} p_{11} & p_{12} \\ p_{12} & p_{22} \end{bmatrix} > 0$$

由于 P_f 正定可得

$$p_{11} > 0, \quad p_{22} > 0, \quad p_{11} p_{22} > p_{12}^2$$

代入黎卡提方程

$$P_f B R^{-1} B^{\mathrm{T}} P_f - A^{\mathrm{T}} P_f - P_f A - Q = 0$$

可得

$$p_{12}^2 = 1, \quad p_{11} - p_{12} p_{22} = -b, \quad p_{22}^2 - p_{12} = a$$

若 $p_{12} = -1$，则 $p_{11} = -\sqrt{a-1} - b$，$p_{22} = \sqrt{a-1}$，且 $a > 1$，此时由

$$p_{11} p_{22} - p_{12}^2 = -a - b\sqrt{a-1} > 0$$

可得

$$b < -\frac{a}{\sqrt{a-1}} < -\sqrt{a}$$

而这与 $a > b^2$ 相矛盾。

因此,只能取 $p_{12}=1$,则 $p_{11}=\sqrt{a+1}-b$,$p_{22}=\sqrt{a+1}$,且 $a > -1$,根据式(3-46)可得此时的最优控制为

$$u(t) = -p_{12}x_1(t) - p_{22}x_2(t) = -x_1(t) - \sqrt{a+1}\, x_2(t)$$

其闭环系统为

$$\dot{x}(t) = \begin{bmatrix} 0 & 1 \\ -1 & -\sqrt{a+1} \end{bmatrix} x(t)$$

闭环系统极点为

$$\lambda_{12} = -\frac{\sqrt{a+1}}{2} \pm \frac{\sqrt{a-3}}{2}$$

由二阶系统在不同极点位置下的响应性质可知,当 $a < 3$ 时系统为衰减振荡,当 $a > 3$ 时为无振荡过程,呈过阻尼响应。

在实际控制系统设计中,可以采用尝试法逐步确定二次型性能指标中的权矩阵 R 和 Q。即首先选取 $R=I$,再确定正定的权矩阵 Q,求解相应的二次型最优控制问题,得出最优控制律,然后对在这一控制律作用下闭环系统的动态响应进行计算机仿真。如果闭环系统的控制性能不符合工程要求,则根据实际情况调整 R 和 Q,并重新进行设计,直至最后的闭环系统符合要求。

3.8.6 黎卡提方程求解

无限时间状态调节器在 20 世纪 70 年代便投入工程应用,目前,很多计算软件的控制工具箱都提供了其求解程序。本节将以连续线性定常系统为例,介绍利用 MATLAB 求解黎卡提代数方程的几种方法,以便读者快速完成无限时间状态调节器的设计。

方法一:简单迭代算法。

参考离散系统的无限时间状态调节器的递推黎卡提方程(见式(3-319)),给定初值 $P_0=Q$,则可以写出如下迭代公式

$$P_{i+1} = Q + A^T P_i A - A^T P_i B (R + B^T P_i B)^{-1} B^T P_i A \quad (3\text{-}351)$$

如果 P_{i+1} 收敛到一个常数矩阵即 $\|P_{i+1} - P_i\| < \varepsilon$,则完成黎卡提方程的迭代求解,此时的最优状态反馈控制增益矩阵为

$$K = (R + B^T P_i B)^{-1} B^T P_i A \quad (3\text{-}352)$$

利用上述迭代法求解黎卡提方程和最优控制算法可以用 MATLAB 来实现,代码如下:

```
function [K,E]=mylqr(A,B,Q,R)
Ts=0.001;
Ad=eye(size(A))+A*Ts;
Bd=B*Ts;
P0=Q;
```

```
error=10000;
err=1e-6;
while (error>=err)
  P=Ad'*P0*Ad-Ad'*P0*Bd*(inv(R+Bd'*P0*Bd))*Bd'*P0*Ad+Q;
  error=norm(P-P0);
  P0=P;
end
K=inv(R+Bd'*P*Bd)*Bd'*P*Ad;
E=eig(A-B*K);
```

方法二：利用 lqr() 函数。

MATLAB 控制系统工具箱中提供了求解黎卡提代数方程的函数 lqr()，调用的格式为

$$[K,P,E] = \text{lqr}(A,B,Q,R)$$

其中，输入矩阵为 A、B、Q、R，返回矩阵 K 为状态反馈矩阵，P 为黎卡提代数方程的解，E 为闭环系统的零极点。

方法三：利用 care() 函数。

也可采用 MATLAB 控制系统工具箱中 care() 函数求解黎卡提代数方程，其调用方法如下

$$[P,E,K] = \text{care}(A,B,Q,R,\text{zeros}(\text{size}(B)),\text{eye}(\text{size}(A)))$$

其中，采用 care() 函数的优点在于可设置 P 的终值条件，而采用 lqr() 函数不能设置黎卡提代数方程的边界条件。

例 3.22 针对线性系统

$$\dot{x}(t) = \begin{bmatrix} 0 & 1 \\ -5 & -3 \end{bmatrix} x(t) + \begin{bmatrix} 0 \\ 1 \end{bmatrix} u(t)$$

其性能指标是

$$J(u) = \frac{1}{2} \int_0^\infty \left\{ x^{\mathrm{T}}(t) \begin{bmatrix} 500 & 200 \\ 200 & 100 \end{bmatrix} x(t) + 1.6667 u^{\mathrm{T}}(t) u(t) \right\} \mathrm{d}t$$

要求寻找最优控制 $u(t)$ 使得性能指标 $J(u)$ 最小。

方法一：

```
A=[0,1;-5,-3];
B=[0;1];
Q=[500,200;200,100];
R=1.6667;
[K,E]=mylqr(A,B,Q,R)
```

运行结果为：

K=[12.9668,6.7250];E=[-2.4798;-7.2452]

方法二：

```
A=[0,1;-5,-3];
B=[0;1];
Q=[500,200;200,100];
```

```
R=1.6667;
[K,~,E]=lqr(A,B,Q,R)
```

运行结果为：

K=[13.0276,6.7496];E=[−2.4798;−7.2698]

方法三：

```
A=[0,1;−5,−3];
B=[0;1];
Q=[500,200;200,100];
R=1.6667;
[~,E,K]=care(A,B,Q,R,zeros(size(B)),eye(size(A)))
```

运行结果为：

K=[13.0276,6.7496];E=[−2.4798;−7.2698]

3.9　模型预测控制基础

早在1976年，Richalet、Rault、Testud和Papon就提出将模型预测控制（Model Predictive Control，MPC）用作过程控制,在当时,已经有人提出了MPC的概念,例如,Propoi于1963年提出,使用线性规划的方法作用于对控制有硬约束的线性系统。然而,早期倾向于单独使用MPC解决工业上的控制问题,对于现有的控制设计技术,如线性二次控制,没有得到广泛的应用,认为它们不能有效解决约束、非线性和不确定性所引起的问题,导致当时的模型预测控制主要只应用于石油化工行业和工艺行业等。

随后,卡特勒和拉马克等人于1980年,在MPC的框架下提出采用有限时域脉冲响应模型、二次成本函数和输入和输出约束,该模型允许使用最小二乘法进行线性估计,有效求解了开环最优控制问题。1986年,Garcia和Morshedi利用二次规划精确地求解系统线性、二次代价函数,通过这种方式,可以允许临时违反某些约束,获得令人满意的控制状态集。这在之后被划分为硬约束和软约束几个层级,解决了实时变化的控制结构导致的问题,这极大地推动了模型预测控制在工业行业中的应用。近20年,模型预测控制逐渐应用到车辆动力学控制上,并取得了一定的控制效果。

3.9.1　模型预测控制简介

模型预测控制是对于被控模型和环境不确定性的折中妥协,是一种优化控制的算法,可以在有限的预测时间段内求解最优控制量,也被称为滚动时域控制。模型预测控制具有处理多约束的特性,对模型没有限定,能够解决非线性模型问题,并且能够取得良好的控制效果,因此被广泛应用在车辆动力学控制问题上。模型预测控制与离散最优控制算法不同,它不是采用一个不变的全局优化目标,而是采用时间向前滚动式的有限时域的优化策略,比建立在理想条件下的最优控制更加实际有效。

模型预测控制的基本思想就在于,利用建立的动力学模型、系统当前的状态和未来的控制量去预测系统未来的输出行为。由于未来的控制量是未知的,还需要考虑系统中各执行器的动态特性约束以及状态约束,根据一定的优化目标(一般为系统在未来一段时间内的跟踪误差最小)和约束条件进行优化求解,以得到未来的最优的控制量序列。在每一个控制周期结束以后,系统根据当前实际状态重新预测系统未来输出,其控制原理框图如图 3.29 所示。

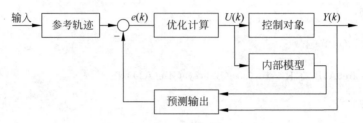

图 3.29 模型预测控制原理框图

模型预测控制在实现过程中有 3 个关键步骤,分别是预测模型、滚动优化和反馈校正。

(1) 预测模型。预测模型是模型预测控制的基础。其主要功能是根据对象的历史信息和未来输入,预测系统未来的输出。对预测模型的形式没有做严格的限定,状态方程、传递函数这类传统的模型都可以作为预测模型。

(2) 滚动优化。模型预测控制通过某一性能指标的最优来确定控制作用,但优化不是一次离线进行,而是反复在线进行迭代优化。这就是滚动优化的含义,也是模型预测控制区别于传统最优控制的根本点。

(3) 反馈校正。为了防止模型失配或环境干扰引起控制对理想状态的偏离,在新的采样时刻,首先检测对象的实际输出,并利用这一实时信息对基于模型的预测结果进行修正,然后再进行新的优化。

模型预测控制的基本原理可以用图 3.30 来表示。在控制过程中始终存在一条期望轨迹即图 3.30 中曲线 1 所示。以 k 时刻作为当前时刻,控制器在当前的状态测量值和控制量测量值的基础上,综合预测模型,预测系统未来一段时域内 $[k, k+N_p]$ 的输出,如图 3.30 中曲线 2 所示。通过求解满足目标函数以及各种约束的优化问题得到在控制时域 $[k, k+N_c]$ 内的一系列的控制序列,如图 3.30 中矩形波 4 所示,并将该控制序列的第一个元素作为受控对象的实际控制量,当来到下一时刻 $k+1$ 时,重复上述过程,如此滚动地完成带约束的优化问题,实现被控对象的持续控制。

模型预测控制有 5 个控制参数:采样时间、预测范围、控制范围、约束、权重。

(1) 采样时间。如果采样时间太长,则出现干扰时,控制器将无法足够快地对干扰做出反应;相反,如果采样时间太短,则控制器对干扰和设定值变化的反应会更快,但这会导致过多的计算负荷。为了在计算量和性能之间找到适当平衡,采样时间一般取 0.1s。

(2) 预测范围。预测的未来时间步长的数量称为预测范围,它表示控制器对未来的预测程度。预测步长过长,会造成不必要的预测,浪费计算量;预测步长过短,会导致反应过慢。

(3) 控制范围。设置为预测范围的 20%~50%,控制范围过大会增加计算复杂度。

(4) 约束。约束可以分为软约束和硬约束两种。控制器控制不能违反硬约束,但可以

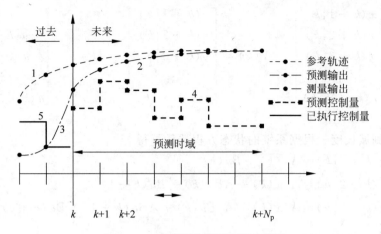

图 3.30 模型预测控制原理示意图

违反软约束。将输入和输出都加上硬约束对不利于算法求解优化问题,可能特定情况下会造成无解。

(5) 权重。MPC 有多个目标,在车辆动力学控制问题中,不仅希望能够使输出尽可能接近其设定值,还希望能够使控制动作平稳,则可以通过设定目标之间的相对权重进行权衡。

一般模型预测控制概念如图 3.31 所示。其中,图 3.31(a) 指控制器在该时刻解决区间 $[0, N_p]$ 上的最佳控制问题;图 3.31(b) 表示控制器在下一个时刻解决区间 $[\Delta t, N_p + \Delta t]$ 的最佳控制问题。

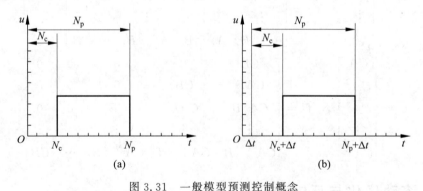

图 3.31 一般模型预测控制概念
(a) $[0, N_p]$ 上的最佳控制; (b) $[\Delta t, N_p + \Delta t]$ 的最佳控制

3.9.2 模型预测

由于 MPC 是一个离散系统的控制方法,考虑离散线性定常系统为

$$\begin{cases} x(k+1) = Ax(k) + Bu(k) \\ y(k) = Cx(k) \end{cases} \tag{3-353}$$

为了设计 MPC 控制算法去跟踪期望轨迹,需要预测系统未来每一步的状态。假设系统在未来预测域内的状态、输出和输入为

$$X(k) = \begin{bmatrix} x(k+1|k) \\ x(k+2|k) \\ x(k+3|k) \\ \vdots \\ x(k+N|k) \end{bmatrix}, \quad Y(k) = \begin{bmatrix} y(k+1|k) \\ y(k+2|k) \\ y(k+3|k) \\ \vdots \\ y(k+N|k) \end{bmatrix}, \quad U(k) = \begin{bmatrix} u(k) \\ u(k+1) \\ u(k+2) \\ \vdots \\ u(k+N-1) \end{bmatrix}$$

(3-354)

其中,N 为预测域长度。根据系统的状态方程迭代可得

$$\begin{aligned} x(k+1|k) &= Ax(k) + Bu(k) \\ x(k+2|k) &= A^2 x(k) + ABu(k) + Bu(k+1) \\ x(k+3|k) &= A^3 x(k) + A^2 Bu(k) + ABu(k+1) + Bu(k+2) \\ &\vdots \\ x(k+N|k) &= A^N x(k) + \sum_{i=0}^{N-1} A^{N-1-i} Bu(k+i) \end{aligned}$$

(3-355)

将模型预测结果写成矩阵的形式为

$$\begin{cases} X(k) = \overline{A} x(k) + \overline{B} U(k) \\ Y(k) = \overline{C} x(k) + \overline{D} U(k) \end{cases}$$

(3-356)

其中

$$\overline{A} = \begin{bmatrix} A \\ A^2 \\ A^3 \\ \vdots \\ A^N \end{bmatrix}, \quad \overline{B} = \begin{bmatrix} B & 0 & 0 & 0 & 0 \\ AB & B & 0 & 0 & 0 \\ A^2 B & AB & B & 0 & 0 \\ \vdots & \vdots & \vdots & & \vdots \\ A^{N-1} B & A^{N-2} B & A^{N-3} B & \cdots & B \end{bmatrix}$$

$$\overline{C} = \begin{bmatrix} CA \\ CA^2 \\ CA^3 \\ \vdots \\ CA^N \end{bmatrix}, \quad \overline{D} = \begin{bmatrix} CB & 0 & 0 & 0 & 0 \\ CAB & CB & 0 & 0 & 0 \\ CA^2 B & CAB & CB & 0 & 0 \\ \vdots & \vdots & \vdots & & \vdots \\ CA^{N-1} B & CA^{N-2} B & CA^{N-3} B & \cdots & CB \end{bmatrix}$$

(3-357)

3.9.3 滚动优化与反馈校正

根据给定的期望轨迹,可以找到系统当前位姿相对于给定轨迹的误差并在线根据当前误差进行滚动优化,通过优化求解给定的性能指标从而得到当前控制的最优解。因此,滚动优化可能不会得到全局最优解,但是却能对每一时刻的状态进行最及时的响应,达到局部最优。根据输出轨迹跟踪的目的,其目标函数定义为如下二次型

$$J(k) = \sum_{i=1}^{N} [y(k+i|k) - y_{\text{ref}}(k+i)]^{\text{T}} q_i [y(k+i|k) - y_{\text{ref}}(k+i)] + \sum_{i=0}^{N-1} u^{\text{T}}(k+i) r_i u(k+i)$$

$$= [Y(k) - Y_{\text{ref}}(k)]^{\text{T}} Q [Y(k) - Y_{\text{ref}}(k)] + U^{\text{T}}(k) R U(k) \tag{3-358}$$

其中，Q 和 R 分别为状态量和控制量的权重矩阵，期望的输出轨迹为

$$Y_{\text{ref}}(k) = \begin{bmatrix} y_{\text{ref}}(k+1) \\ y_{\text{ref}}(k+2) \\ y_{\text{ref}}(k+3) \\ \vdots \\ y_{\text{ref}}(k+N) \end{bmatrix} \tag{3-359}$$

代入模型预测结果（见式(3-356)）可得

$$\begin{aligned} J(k) &= [\overline{C}x(k) + \overline{D}U(k) - Y_{\text{ref}}(k)]^{\text{T}} Q [\overline{C}x(k) + \overline{D}U(k) - Y_{\text{ref}}(k)] + U^{\text{T}}(k) R U(k) \\ &= U^{\text{T}}(k)(\overline{D}^{\text{T}} Q \overline{D} + R) U(k) + 2[\overline{C}x(k) - Y_{\text{ref}}(k)]^{\text{T}} Q \overline{D} U(k) + J_0(k) \end{aligned} \tag{3-360}$$

其中

$$J_0(k) = Y_{\text{ref}}^{\text{T}}(k) Q Y_{\text{ref}}(k) - 2x^{\text{T}}(k) \overline{C}^{\text{T}} Q Y_{\text{ref}}(k) + x^{\text{T}}(k) \overline{C}^{\text{T}} Q \overline{C} x(k) \tag{3-361}$$

可见，J_0 中不包含控制量 U，在控制器求解时可以作为常数项忽略不计。

MPC 的约束条件主要包括

$$\begin{cases} |U(k)| \leqslant U_{\max}(k) \\ |U(k) - U(k-1)| \leqslant \Delta U_{\max}(k) \\ |Y(k) - Y_{\text{ref}}(k-1)| \leqslant \Delta Y_{\max}(k) \end{cases} \tag{3-362}$$

其中，$U_{\max}(k)$，$\Delta U_{\max}(k)$，$\Delta Y_{\max}(k)$ 分别为最大的控制输入、输入增量值和输出容许偏差。

注意到

$$U(k-1) = G U(k) + H u(k-1) \tag{3-363}$$

其中

$$G = \begin{bmatrix} 0 & 0 & 0 & \cdots & 0 & 0 \\ I & 0 & 0 & \cdots & 0 & 0 \\ 0 & I & 0 & \cdots & 0 & 0 \\ \vdots & \vdots & \vdots & \ddots & \vdots & \vdots \\ 0 & 0 & 0 & \cdots & 0 & 0 \\ 0 & 0 & 0 & \cdots & I & 0 \end{bmatrix}, \quad H = \begin{bmatrix} I \\ 0 \\ 0 \\ \vdots \\ 0 \end{bmatrix} \tag{3-364}$$

则将约束条件（见式(3-362)）转换为线性矩阵不等式形式为

$$\widetilde{A} U(k) \leqslant \widetilde{B}(k) \tag{3-365}$$

其中

$$\widetilde{A} = \begin{bmatrix} I \\ -I \\ I - G \\ G - I \\ \overline{D} \\ -\overline{D} \end{bmatrix}, \quad \widetilde{B} = \begin{bmatrix} U_{\max}(k) \\ U_{\max}(k) \\ \Delta U_{\max}(k) + H u(k-1) \\ \Delta U_{\max}(k) - H u(k-1) \\ \Delta Y_{\max}(k) - \overline{C} x(k) + Y_{\text{ref}}(k-1) \\ \Delta Y_{\max}(k) + \overline{C} x(k) - Y_{\text{ref}}(k-1) \end{bmatrix} \tag{3-366}$$

将 MPC 写成二次规划（QP）形式如下

$$J(k) = U^{\mathrm{T}}(k)(\overline{D}^{\mathrm{T}}Q\overline{D}+R)U(k) + 2[\overline{C}x(k)-Y_{\mathrm{ref}}]^{\mathrm{T}}Q\overline{D}U(k) + J_0(k)$$

$$\text{s. t.} \quad \widetilde{A}U(k) \leqslant \widetilde{B}(k) \tag{3-367}$$

至此，模型预测控制的最优化求解问题即转换为一个易于求解的标准二次规划问题。二次规划问题是一个非常经典的数学优化问题，它的优化目标为二次型凸函数，约束条件一般包括线性等式约束和线性不等式约束，现阶段有很多成熟的方法可以直接求解二次规划问题。因此，通过模型预测、滚动优化、反馈校正这三个步骤，将复杂的 MPC 问题转换为一个简单的二次规划在线实时求解问题。

3.10 非线性控制器设计

3.10.1 线性化

大多数实际的物理系统都是非线性的，然而，目前还没有较好的非线性系统研究方法。考虑到大多数非线性系统均在其参考点或者平衡点附近运动，可以在一定范围内将系统近似为线性系统，从而可以利用线性系统理论相关的分析和设计方法来处理非线性问题，这就是非线性系统的线性化。

考虑非线性定常系统

$$\dot{x}(t) = f(x,u), \quad x(t_0) = x_0 \tag{3-368}$$

其中，x 是表征系统动态特性的状态变量，u 是系统的控制输入。假设非线性函数 $f(x,u)$ 关于 x 和 u 的导数存在。假定 $x_{\mathrm{r}}(t)$ 是非线性系统的参考状态迹线，即

$$\dot{x}_{\mathrm{r}}(t) = f(x_{\mathrm{r}},u_{\mathrm{r}}), \quad x_{\mathrm{r}}(t_0) = x_{\mathrm{r}0} \tag{3-369}$$

考虑系统的不确定性扰动时，假设

$$\begin{aligned} x(t) &= x_{\mathrm{r}}(t) + \delta x(t) \\ u(t) &= u_{\mathrm{r}}(t) + \delta u(t) \end{aligned} \tag{3-370}$$

可得系统的扰动模型

$$\delta \dot{x}(t) = f(x,u) - f(x_{\mathrm{r}},u_{\mathrm{r}}) \tag{3-371}$$

将非线性函数 f 在参考点 $(x_{\mathrm{r}},u_{\mathrm{r}})$ 附近泰勒展开可得

$$f(x,u) = f(x_{\mathrm{r}},u_{\mathrm{r}}) + \frac{\partial f}{\partial x}(x_{\mathrm{r}},u_{\mathrm{r}})\delta x + \frac{\partial f}{\partial u}(x_{\mathrm{r}},u_{\mathrm{r}})\delta u \tag{3-372}$$

其中，$\frac{\partial f}{\partial x}$、$\frac{\partial f}{\partial u}$ 分别是 f 关于 x 和 u 的雅可比矩阵。则可得线性化后的近似模型为

$$\delta \dot{x}(t) = \frac{\partial f}{\partial x}(x_{\mathrm{r}},u_{\mathrm{r}})\delta x + \frac{\partial f}{\partial u}(x_{\mathrm{r}},u_{\mathrm{r}})\delta u \tag{3-373}$$

该模型近似描述了非线性定常系统（见式(3-368)）在其参考状态迹线 $x_{\mathrm{r}}(t)$ 附近的动态特性的局部线性化模型。考虑到系统参考点 $(x_{\mathrm{r}},u_{\mathrm{r}})$ 是时变的，可将其描述为线性时变系统

$$\delta \dot{x}(t) = A(t)\delta x + B(t)\delta u \tag{3-374}$$

其中
$$A(t)=\frac{\partial f}{\partial x}(x_\mathrm{r},u_\mathrm{r}), \quad B(t)=\frac{\partial f}{\partial u}(x_\mathrm{r},u_\mathrm{r})$$

上述线性化的系统是在非线性系统的参考状态迹线$(x_\mathrm{r},u_\mathrm{r})$附近线性化的,还可以在非线性系统的平衡点$(x_\mathrm{e},u_\mathrm{e})$附近线性化。针对系统的平衡态可得

$$\dot{x}_\mathrm{e}(t)=f(x_\mathrm{e},u_\mathrm{e})=0 \tag{3-375}$$

此时的平衡点$(x_\mathrm{e},u_\mathrm{e})$是常数,则对应的局部线性化模型是线性定常系统的,即

$$\delta\dot{x}(t)=A\delta x+B\delta u \tag{3-376}$$

其中
$$A=\frac{\partial f}{\partial x}(x_\mathrm{e},u_\mathrm{e}), \quad B=\frac{\partial f}{\partial u}(x_\mathrm{e},u_\mathrm{e}) \tag{3-377}$$

采用类似的方法也可以将输出方程线性化,在此不再赘述。

例 3.23 针对非线性系统的动态方程,试在其平衡点附近将其线性化。

$$\ddot{y}+k\sin y=0$$

首先构造系统状态变量为$x_1=y,x_2=\dot{y}$,则该系统的状态方程为

$$\begin{bmatrix}\dot{x}_1\\\dot{x}_2\end{bmatrix}=\begin{bmatrix}x_2\\-k\sin x_1\end{bmatrix}$$

根据$\dot{x}_1=\dot{x}_2=0$可得系统的平衡点为$x_{\mathrm{e}1}=x_{\mathrm{e}2}=0$,利用泰勒公式将其在平衡点附近线性化可得

$$\begin{bmatrix}\dot{x}_1\\\dot{x}_2\end{bmatrix}=\begin{bmatrix}0 & 1\\-k & 0\end{bmatrix}\begin{bmatrix}x_1\\x_2\end{bmatrix}$$

3.10.2 反馈线性化

考虑如下所示的一类非线性系统

$$\begin{cases}\dot{x}=f(x)+G(x)u\\y=h(x)\end{cases} \tag{3-378}$$

是否存在一个状态反馈控制

$$u=\alpha(x)+\beta(x)v \tag{3-379}$$

及变量代换

$$z=T(x) \tag{3-380}$$

把非线性系统转换为等效的线性系统。本节将首先通过几个简单的例子引入全状态线性化和输入输出线性化两个概念,并给出其具体的分析设计方法。所谓全状态线性化是指把状态方程完全线性化,而输入输出线性化则是把输入输出的映射线性化,状态方程只是部分线性化。

为了引入反馈线性化的观点,先从单摆方程原点的稳定问题的讨论开始。单摆的状态空间表达式如下所示

$$\begin{cases} \dot{x}_1 = x_2 \\ \dot{x}_2 = -a[\sin(x_1+\delta)-\sin\delta]-bx_2+cu \end{cases} \tag{3-381}$$

通过观察式(3-381)的系统状态方程,为了消除其中的非线性项,可以将输入选定为如下形式

$$u = \frac{a}{c}[\sin(x_1+\delta)-\sin\delta]+\frac{v}{c} \tag{3-382}$$

将式(3-382)代入式(3-381),得到新的状态方程为

$$\begin{cases} \dot{x}_1 = x_2 \\ \dot{x}_2 = -bx_2 + v \end{cases} \tag{3-383}$$

因此,非线性系统的稳定性问题被转换为可控线性系统的稳定性问题。下一步,可以继续设计一个稳定的线性状态反馈控制律

$$v = -k_1 x_1 - k_2 x_2 \tag{3-384}$$

使得闭环系统的特征值位于相平面的左半部分。

将式(3-384)代入式(3-383),可得状态方程如下

$$\begin{cases} \dot{x}_1 = x_2 \\ \dot{x}_2 = -k_1 x_1 - (k_2+b)x_2 \end{cases} \tag{3-385}$$

综上,总的状态反馈控制律可以表达为如下形式

$$u = \frac{a}{c}[\sin(x_1+\delta)-\sin\delta]-\frac{1}{c}(k_1 x_1 + k_2 x_2) \tag{3-386}$$

这种抵消非线性项的方法是普适的吗?显然,不可能在任何一个非线性系统中都能够通过这种方法来抵消非线性项。但是,可以通过上述方法来抵消非线性项的系统必然存在某种特定的结构。

不难发现,上述方法中若能够通过减法来抵消非线性项 $\alpha(x)$,则控制输入 u 和非线性项 $\alpha(x)$ 必须以和的形式 $u+\alpha(x)$ 出现。若能通过除法的方式抵消式中另一形式的非线性项 $\gamma(x)$,控制输入量 u 和非线性项 $\gamma(x)$ 必须以乘积的形式 $\gamma(x)u$ 出现。如果 $\gamma(x)$ 为矩阵形式,且在论域中是非奇异的,则可以通过 $u=\beta(x)v$ 的形式来抵消非线性项。其中 $\beta(x)=\gamma^{-1}(x)$。因此,若可以通过状态反馈来抵消非线性项从而将非线性的状态方程变为可控线性的状态方程,要求原系统具备式(3-387)形式的状态方程。

$$\dot{x} = Ax + B\gamma(x)[u - \alpha(x)] \tag{3-387}$$

其中,A 为 $n \times n$ 的矩阵,B 为 $n \times p$ 的矩阵,(A,B) 为可控矩阵。函数 $\alpha: \mathbf{R}^n \to \mathbf{R}^p$,$\gamma: \mathbf{R}^n \to \mathbf{R}^{p \times p}$ 是定义在包含原点的定义域 $D \in \mathbf{R}^n$ 上,且对任意 $x \in D$,$\gamma(x)$ 均为非奇异矩阵。

如果状态方程形如式(3-387),则该系统可以通过状态反馈来对其进行线性化,状态反馈形式具体如下

$$u = \alpha(x) + \beta(x)v \tag{3-388}$$

其中,$\beta(x) = \gamma^{-1}(x)$,从而得到线性状态方程为

$$\dot{x} = Ax + Bv \tag{3-389}$$

为了保证系统的稳定性,令 $v = -Kx$,使得 $A-BK$ 为 Hurwitz 矩阵。

综上,系统总的状态反馈控制输入形式如下

$$u = \alpha(x) - \beta(x)Kx \tag{3-390}$$

若非线性系统的状态方程不具备式(3-387)的形式,是否系统就不能通过反馈对系统进行线性化呢?答案是否定的。从控制理论的知识可知,系统的状态方程并不是唯一的,其具体表达形式取决于状态变量的选取。即使当前所选择状态变量不能使系统状态方程形如式(3-387),还可以通过选择其他的状态变量来获得满足式(3-387)形式的状态方程。例如下述非线性系统

$$\begin{cases} \dot{x}_1 = a\sin x_2 \\ \dot{x}_2 = -x_1^2 + u \end{cases} \quad (3\text{-}391)$$

不能简单地选择形如式(3-390)的控制输入来达到抵消其中非线性项的目的。但是,若先通过状态变换

$$\begin{cases} z_1 = x_1 \\ z_2 = a\sin x_2 = \dot{x}_1 \end{cases} \quad (3\text{-}392)$$

则新的状态变量满足

$$\begin{cases} \dot{z}_1 = z_2 \\ \dot{z}_2 = a\cos x_2 (-x_1^2 + u) \end{cases} \quad (3\text{-}393)$$

此时即可通过选择控制输入

$$u = x_1^2 + \frac{1}{a\cos x_2} v \quad (3\text{-}394)$$

抵消其中的非线性项。

当用变量代换 $z = T(x)$ 将状态方程从 x 坐标系变换到 z 坐标系时,要求映射 T 必须是可逆的,即必须存在可逆映射 $T^{-1}(\cdot)$,满足对于任意 $z \in T(D)$,均有 $x = T^{-1}(z)$,其中 D 是 T 的定义域。此外,由于 z 和 x 的导数必须是连续的,因此要求 $T(\cdot)$ 和 $T^{-1}(\cdot)$ 必须是连续可微的。具有连续可微逆映射的连续可微映射称为微分同胚。若该映射的雅可比矩阵 $[\partial T/\partial x]$ 在点 $x_0 \in D$ 是非奇异矩阵,则根据反函数定理,存在 x_0 的邻域 N,使得在 N 内的 T 是 N 上的微分同胚。若映射 T 是 $\mathbf{R}^n$ 上的微分同胚,且 $T(\mathbf{R}^n) = \mathbf{R}^n$,则称 T 为全局微分同胚映射。至此,可以给出可反馈线性化系统的定义。

定义 3.4 非线性系统为

$$\dot{x} = f(x) + G(x)u \quad (3\text{-}395)$$

其中 $f: D \to \mathbf{R}^n$ 和 $G: D \to \mathbf{R}^{n \times p}$ 在定义域 $D \subset \mathbf{R}^n$ 上充分光滑。若存在微分同胚映射 $T: D \to \mathbf{R}^n$,使得 D_z 包含原点,且可以通过变量代换 $z = T(x)$ 将系统(3-395)转换为如下形式

$$\dot{z} = Az + B\gamma(x)[u - \alpha(x)] \quad (3\text{-}396)$$

其中,(A,B) 为可控矩阵,且对任意 $x \in D$,$\gamma(x)$ 均为非奇异矩阵,则称系统是可反馈线性化的。

当某些输出变量为所要关注的对象时,如在跟踪控制问题中,状态模型可由状态方程及输出方程表示,此时对状态方程线性化即可,不必对输出方程也进行线性化。例如下述系统

$$\begin{cases} \dot{x}_1 = a\sin x_2 \\ \dot{x}_2 = -x_1^2 + u \end{cases} \quad (3\text{-}397)$$

输出为 $y = x_2$,相应的变量代换及反馈控制律如下

$$z_1 = x_1, \quad z_2 = a\sin x_2, \quad u = x_1^2 + \frac{1}{a\cos x_2}v \tag{3-398}$$

将式(3-398)代入式(3-397)可得

$$\dot{z}_1 = z_2, \quad \dot{z}_2 = v, \quad y = \arcsin\left(\frac{z_2}{a}\right) \tag{3-399}$$

虽然状态方程是线性的,但由于输出方程是非线性的,因此求解关于 y 的跟踪控制问题仍然很复杂。观察 x 坐标系中的状态方程和输出方程可以发现,如果状态反馈控制采用 $u = x_1^2 + v$,就能够将从 u 到 y 的输入输出映射线性化,此时得到的线性模型为

$$\begin{cases} \dot{x}_2 = v \\ y = x_2 \end{cases} \tag{3-400}$$

此时即可用线性系统控制理论来求解这个跟踪控制问题了。综上,有时保留一部分状态方程的非线性,而对输入输出映射进行线性化更有意义。

1. 输入输出线性化

考虑单输入单输出系统(SISO),状态空间表达如下

$$\begin{cases} \dot{x} = f(x) + g(x)u \\ y = h(x) \end{cases} \tag{3-401}$$

其中,映射 $f:D \to \mathbf{R}^n$ 和 $g:D \to \mathbf{R}^n$,f,g 和在定义域 $D \in \mathbf{R}^n$ 上充分光滑。$\dot{y}$ 如下所示。

$$\dot{y} = \frac{\partial h}{\partial x}[f(x) + g(x)u] \stackrel{\text{def}}{=} L_f h(x) + L_g h(x)u \tag{3-402}$$

其中,$L_f h(x) = \frac{\partial h}{\partial x}f(x)$ 称为 h 对于 f 或沿 f 的李导数,这种表示方法类似于 h 沿系统 $\dot{x} = f(x)$ 轨迹的导数。当重复计算关于同一向量场或一个新的向量场的导数时,这种新的表示方法较为方便。下述符号将在后续使用。

$$\begin{cases} L_g L_f h(x) = \frac{\partial(L_f h)}{\partial x}g(x) \\ L_f^2 h(x) = L_f L_f h(x) = \frac{\partial(L_f h)}{\partial x}f(x) \\ L_f^k h(x) = L_f L_f^{k-1} h(x) = \frac{\partial(L_f^{k-1} h)}{\partial x}f(x) \\ L_f^0 h(x) = h(x) \end{cases} \tag{3-403}$$

如果 $L_g h(x) = 0$,则 $\dot{y} = L_f h(x)$ 与 u 无关。继续计算其二阶导数,记作 $y^{(2)}$,可得

$$y^{(2)} = \frac{\partial(L_f h)}{\partial x}[f(x) + g(x)u] = L_f^2 h(x) + L_g L_f h(x)u \tag{3-404}$$

同样,如果 $L_g L_f h(x) = 0$,那么 $y^{(2)} = L_f^2 h(x)$ 与 u 无关。重复此过程,可知若 $h(x)$ 满足下述条件

$$L_g L_f^{i-1} h(x) = 0, \quad i = 1, 2, \cdots, \rho - 1; \quad L_g L_f^{\rho-1} h(x) \neq 0 \tag{3-405}$$

则 u 将不会出现在 $y, \dot{y}, \cdots, y^{(\rho-1)}$ 的表达式中,而仅在 $y^{(\rho)}$ 中带有非零系数存在,即

$$y^{(\rho)} = L_f^\rho h(x) + L_g L_f^{\rho-1} h(x)u \tag{3-406}$$

上述表达式清楚地表明了系统是可输入输出线性化的，状态反馈控制律

$$u = \frac{1}{L_g L_f^{\rho-1} h(x)} [-L_f^{\rho} h(x) + v] \tag{3-407}$$

简化输入输出映射为

$$y^{(\rho)} = v \tag{3-408}$$

这是一个 ρ 积分器链，整数 ρ 被称为系统的相对阶。

定义 3.5 如果对于任意 $x \subset D_0$，有

$$L_g L_f^{i-1} h(x) = 0, \quad i = 1, 2, \cdots, \rho-1; \quad L_g L_f^{\rho-1} h(x) \neq 0 \tag{3-409}$$

则称式(3-401)所示的系统在区域 $x \in D_0$ 上具有相对阶 ρ，$1 \leqslant \rho \leqslant n$。

例 3.24 考虑受控 Van der Pol 方程

$$\begin{cases} \dot{x}_1 = x_2 \\ \dot{x}_2 = -x_1 + \varepsilon(1-x_1^2)x_2 + u, \quad \varepsilon > 0 \end{cases}$$

其输出为 $y = x_1$。计算输出导数，得

$$\begin{cases} \dot{y} = \dot{x}_1 = x_2 \\ \ddot{y} = \dot{x}_2 = -x_1 + \varepsilon(1-x_1^2)x_2 + u \end{cases}$$

因此，系统在 $\mathbf{R}^2$ 上的相对阶为 2。

当输出 $y = x_2$ 时，有

$$\dot{y} = -x_1 + \varepsilon(1-x_1^2)x_2 + u$$

此时系统在 $\mathbf{R}^2$ 上的相对阶为 1。

当输出 $y = x_1 + x_2^2$ 时，有

$$\dot{y} = -x_1 + \varepsilon(1-x_1^2)x_2 + u$$

此时系统在 $D_0 = \{x \in \mathbf{R}^2 | x_2 \neq 0\}$ 上的相对阶为 1。

例 3.25 考虑系统

$$\begin{cases} \dot{x}_1 = x_1 \\ \dot{x}_2 = x_2 + u \\ y = x_1 \end{cases}$$

计算 y 的导数，得

$$\dot{y} = \dot{x}_1 = x_1 = y$$

因此，对于所有的 $n \geqslant 1$，$y^{(n)} = y = x_1$。在这种情况下，系统不具有符合上述定义的相对阶。由于本例很简单，不难看出这是因为 $y(t) = x_1(t) = e^t x_1(0)$，与输入 u 无关。

例 3.26 考虑如下线性系统，其传递函数为

$$H(s) = \frac{b_m s^m + b_{m-1} s^{m-1} + \cdots + b_0}{s^n + a_{n-1} s^{n-1} + \cdots + a_0}$$

其中 $m < n$，且 $b_m \neq 0$。系统的状态模型可取为

$$\begin{cases} \dot{x} = Ax + Bu \\ y = Cx \end{cases}$$

其中

$$A = \begin{bmatrix} 0 & 1 & 0 & \cdots & \cdots & 0 \\ 0 & 0 & 1 & \cdots & \cdots & 0 \\ \vdots & \vdots & \vdots & \cdots & \cdots & \vdots \\ \vdots & \vdots & \vdots & \cdots & \cdots & \vdots \\ 0 & \cdots & \cdots & 0 & 1 \\ -a_0 & -a_1 & \cdots & -a_m & \cdots & -a_{n-1} \end{bmatrix}_{n \times n}, \quad B = \begin{bmatrix} 0 \\ 0 \\ \vdots \\ \vdots \\ 0 \\ 1 \end{bmatrix}_{n \times 1},$$

$$C = \begin{bmatrix} b_0 & b_1 & \cdots & \cdots & b_m & 0 & \cdots & 0 \end{bmatrix}_{1 \times n}$$

该线性状态模型是式(3-401)的特例,其中 $f(x)=Ax$,$g(x)=B$,$h(x)=Cx$。为检验系统的相对阶,计算输出的导数。其一阶导数为

$$\dot{y} = CAx + CBu$$

如果 $m=n-1$,则 $CB=b_{n-1}\neq 0$,系统的相对阶为 1;否则 $CB=0$,继续计算二阶导数 $y^{(2)}$。注意,CA 是一个行向量,由 C 的元素右移一次得到,而 CA^2 由 C 的元素右移两次得到,以此类推,可知

$$CA^{i-1}B = 0, \quad i = 1, 2, \cdots, n-m-1$$
$$CA^{n-m-1}B = b_m \neq 0$$

这样,u 首次出现在 $y^{(n-m)}$ 的方程中,即

$$y^{(n-m)} = CA^{n-m}x + CA^{n-m-1}Bu$$

系统的相对阶是 $n-m$,即 $H(s)$ 的分母多项式与分子多项式的次数之差。

为了进一步研究可输入输出线性化系统的控制和内部稳定问题,先讨论上例的线性系统。传递函数 $H(s)$ 可写为

$$H(s) = \frac{N(s)}{D(s)} \tag{3-410}$$

其中,$\deg D = n$,$\deg N = m < n$。$\rho = n - m$。由欧几里得除法,$D(s)$ 可写为

$$D(s) = Q(s)N(s) + R(s) \tag{3-411}$$

其中,$Q(s)$ 和 $R(s)$ 分别为多项式的商和余数。由欧几里得除法法则可知

$$\deg Q = n - m = \rho, \quad \deg R < m \tag{3-412}$$

$Q(s)$ 的首项系数是 $1/b_m$。根据 $D(s)$ 的表达式,$H(s)$ 可重写为

$$H(s) = \frac{N(s)}{Q(s)N(s) + R(s)} = \frac{\dfrac{1}{Q(s)}}{1 + \dfrac{1}{Q(s)} \dfrac{R(s)}{N(s)}} \tag{3-413}$$

这样 $H(s)$ 就可以表示为一个负反馈 $1/Q(s)$ 在前向通道,$R(s)/N(s)$ 在反馈通道。ρ 阶传递函数 $1/Q(s)$ 没有零点,可由 ρ 阶状态向量

$$\xi = \begin{bmatrix} y & \dot{y} & \cdots & y^{(\rho-1)} \end{bmatrix}^T \tag{3-414}$$

实现,得到状态模型

$$\begin{cases} \dot{\xi} = (A_c + B_c \lambda^T)\xi + B_c b_m e \\ y = C_c \xi \end{cases} \tag{3-415}$$

其中，(A_c, B_c, C_c) 是 ρ 积分器链的标准形表达式，即

$$A_c = \begin{bmatrix} 0 & 1 & 0 & \cdots & 0 \\ 0 & 0 & 1 & \cdots & 0 \\ \vdots & \vdots & \vdots & & \vdots \\ \vdots & \vdots & \vdots & & 1 \\ 0 & \cdots & \cdots & 0 & 0 \end{bmatrix}, \quad B_c = \begin{bmatrix} 0 \\ 0 \\ \vdots \\ 0 \\ 1 \end{bmatrix}, \quad C_c = \begin{bmatrix} 1 \\ 0 \\ \vdots \\ 0 \\ 0 \end{bmatrix}^T \tag{3-416}$$

且 $\lambda \in \mathbf{R}^\rho$。设 (A_0, B_0, C_0) 是传递函数 $R(s)/N(s)$ 的最小实现，即

$$\dot{\eta} = A_0 \eta + B_0 y \tag{3-417}$$

$$\omega = C_0 \eta \tag{3-418}$$

A_0 的特征值是多项式 $N(s)$ 的零点，也是传递函数 $H(s)$ 的零点。从反馈连接可以看出，$H(s)$ 可由状态模型

$$\dot{\eta} = A_0 \eta + B_0 C_c \xi \tag{3-419}$$

$$\dot{\xi} = A_c \xi + B_c (\lambda^T \xi - b_m C_0 \eta + b_m u) \tag{3-420}$$

$$y = C_c \xi \tag{3-421}$$

实现。利用 (A_c, B_c, C_c) 的特殊结构可直接验证

$$y^{(\rho)} = \lambda^T \xi - b_m C_0 \eta + b_m u \tag{3-422}$$

由（输入输出线性化）状态反馈控制律

$$u = \frac{1}{b_m}(-\lambda^T \xi + b_m C_0 \eta + v) \tag{3-423}$$

得到系统

$$\dot{\eta} = A_0 \eta + B_0 C_c \xi \tag{3-424}$$

$$\dot{\xi} = A_c \xi + B_c v \tag{3-425}$$

$$y = C_c \xi \tag{3-426}$$

其输入输出映射是一个 ρ 积分器链，且其状态向量 η 在输出 y 是不可观测的。假设希望把输出稳定为一个恒定参考信号 r，这就要求把 ξ 稳定在 $\xi^* = [r, 0, \cdots, 0]^T$ 处。通过变量代换 $\zeta = \xi - \xi^*$，把平衡点移动到原点，这样问题则简化为 $\dot{\zeta} = A_c \zeta + B_c v$ 的稳定性问题。取 $v = -K\xi = -K(\xi - \xi^*)$，其中 $A_c - B_c K$ 是 Hurwitz 矩阵，最后得到控制律为

$$u = \frac{1}{b_m}[-\lambda^T \xi + b_m C_0 \eta - K(\xi - \xi^*)] \tag{3-427}$$

相应的闭环系统为

$$\dot{\eta} = A_0 \eta + B_0 C_c (\xi^* + \zeta) \tag{3-428}$$

$$\dot{\zeta} = (A_c - B_c K)\zeta \tag{3-429}$$

因为 $A_c - B_c K$ 是 Hurwitz 矩阵，所以对任意初始状态 $\zeta(0)$，当 $t \to \infty$ 时，$\zeta(0) \to 0$。因而，当 $t \to \infty$ 时，$y(t) \to r$。下面讨论 η 的变化。式(3-419)以 $y = C_c \xi$ 为输入驱动，为保证 $\eta(t)$ 对 $y(t)$ 的所有可能波形和所有初始状态 $\eta(0)$ 都有界，要求 A_0 必须为 Hurwitz 矩阵，相当于 $H(s)$ 的零点必须位于左半开平面内。所有零点都位于左半开平面的传递函数称为最小相位系统。从极点位置的观点看，通过输入输出线性化设计的状态反馈控制把闭环特

征值分为两组：ρ 个特征值分配在左半开平面内，作为 A_c-B_cK 的特征值；$n-\rho$ 个特征值分配为开环零点。

对例 3.26 中的线性系统的分析，使利用状态反馈控制把输入输出映射为积分器链，以及如何描述系统内部稳定性的意义更明显。理解这一点的主要手段是状态模型（见式(3-419)～式(3-421)）。下一个任务是对相对阶为 ρ 的非线性系统（见式(3-401)），给出相应于模型（见式(3-419)～式(3-421)）的非线性形式。由于输入输出映射仍是 ρ 个积分器链，因此可选择变量 ξ 与线性系统的相同，希望通过选择变量 η 得到系统（见式(3-419)）的非线性形式。式(3-419)的关键特征是没有控制输入 u。若把式(3-401)变换为模型（见式(3-419)～式(3-421)）的非线性形式，可通过变量代换

$$z = T(x) = \begin{bmatrix} \phi_1(x) \\ \vdots \\ \phi_{n-\rho}(x) \\ \text{------} \\ h(x) \\ \vdots \\ L_f^{\rho-1}h(x) \end{bmatrix} \stackrel{\text{def}}{=} \begin{bmatrix} \phi(x) \\ \text{------} \\ \psi(x) \end{bmatrix} \stackrel{\text{def}}{=} \begin{bmatrix} \eta \\ \text{------} \\ \xi \end{bmatrix} \tag{3-430}$$

其中，选择 $\phi_1 - \phi_{n-\rho}$，使 $T(x)$ 为定义域 $D_0 \subset D$ 上的微分同胚映射，且

$$\frac{\partial \phi_i}{\partial x} g(x) = 0, \quad 1 \leqslant i \leqslant n-\rho, \forall x \in D_0 \tag{3-431}$$

定理 3.8 说明 $\phi_1 - \phi_{n-\rho}$ 存在，至少是局部存在。

定理 3.8 考虑式(3-401)，假设其在 D 内的相对阶为 $\rho \leqslant n$。如果 $\rho \equiv n$，则对于每个 $x_0 \in D$，存在 x_0 的一个邻域 N 和光滑函数 $\phi_1(x), \phi_2(x), \cdots, \phi_{n-\rho}(x)$，使得对于所有 $x \in N$，式(3-432)成立，且限定在 N 上的映射 $T(x)$ 是 N 上的微分同胚映射。

式(3-432)保证当计算

$$\dot{\eta} = \frac{\partial \phi}{\partial x}[f(x) + g(x)u] \tag{3-432}$$

时消去 u。容易验证，变量代换式(3-431)将式(3-401)变换为

$$\dot{\eta} = f(\eta_0) \tag{3-433}$$

$$\dot{\xi} = A_c \xi + B_c \gamma(x)[u - \alpha(x)] \tag{3-434}$$

$$y = C_c \xi \tag{3-435}$$

其中，$\xi \in \mathbf{R}^\rho, \eta \in \mathbf{R}^{n-\rho}$，$(A_c, B_c, C_c)$ 是 ρ 个积分器链的标准形表达式，且

$$f_0(\eta, \xi) = \frac{\partial \phi}{\partial x} f(x) \Big|_{x=T^{-1}(z)} \tag{3-436}$$

$$\gamma(x) = L_g L_f^{\rho-1} h(x), \quad \alpha(x) = -\frac{L_f^\rho h(x)}{L_g L_f^{\rho-1} h(x)} \tag{3-437}$$

在式(3-434)中保留了原坐标系下的 α 和 γ，这些函数由式(3-437)唯一确定，是 f、g 和 h 的函数，与 ϕ 的选取无关。在新坐标系中通过设定

$$\alpha_0(\eta, \xi) = \alpha(T^{-1}(z)), \quad \gamma_0(\eta, \xi) = \gamma(T^{-1}(z)) \tag{3-438}$$

求出，当然此式取决于 ϕ 的选取。在这种情况下，式(3-434)可重写为

$$\dot{\xi} = A_c \xi + B_c \gamma_0(\eta, \xi)[u - \alpha_0(\eta, \xi)] \tag{3-439}$$

如果 x^* 是式(3-433)的开环平衡点，则由

$$\eta^* = \phi(x^*), \quad \xi^* = [h(x^*) \quad 0 \quad \cdots \quad 0] \tag{3-440}$$

定义的 (η^*, ξ^*) 是式(3-433)和式(3-434)的一个平衡点。如果 y 在 $x=x^*$ 为零，即 $h(x^*)=0$，则可以通过选择 $\phi(x)$ 使得 $\phi(x^*)=0$，把 x^* 变换到原点（$\eta=0, \xi=0$）。

式(3-433)~式(3-435)称为标准型。这种形式把系统分解为外部 ξ 和内部 η 两部分。通过状态反馈控制

$$u = \alpha(x) + \beta(x)v \tag{3-441}$$

使外部 ξ 线性化，式中 $\beta(x) = \gamma^{-1}(x)$，而该控制使得内部 η 为不可观测。内部动态特性由式(3-433)描述，令 $\xi = 0$，可得

$$\dot{\eta} = f_0(\eta, 0) \tag{3-442}$$

该式称为零动态方程。对于线性系统，式(3-442)由 $\dot{\eta} = A_0 \eta$ 给出，该名称与之相称，因为这里 A_0 的特征值是传递函数 $H(s)$ 的零点。如果式(3-442)在所讨论的定义域内有一个渐近稳定平衡点，则系统被称为最小相位系统。具体说来，若选择 $T(x)$ 使原点（$\eta=0, \xi=0$）是式(3-433)~式(3-435)的一个平衡点，则当零动态系统（见式(3-442)）的原点渐近稳定时，系统为最小相位系统。知道零动态系统可在原坐标系表示是非常有用的。注意：

$$y(t) \equiv 0 \Rightarrow \xi(t) \equiv 0 \Rightarrow u(t) \equiv \alpha(x(t)) \tag{3-443}$$

如果输出恒等于零。则状态方程的解一定属于集合

$$Z^* = \{x \in D_0 \mid h(x) = L_f h(x) = \cdots = L_f^{\rho-1} h(x) = 0\} \tag{3-444}$$

且输入一定为

$$u = u^*(x) \stackrel{\text{def}}{=} \alpha(x)\big|_{x \in Z^*} \tag{3-445}$$

系统的受限运动描述为

$$\dot{x} = f^*(x) \stackrel{\text{def}}{=} [f(x) + g(x)\alpha(x)]_{x \in Z^*} \tag{3-446}$$

在 $\rho = n$ 的特殊情况下，式(3-433)~式(3-435)简化为

$$\dot{z} = A_c z + B_c \gamma(x)[u - \alpha(x)] \tag{3-447}$$

$$y = C_c z \tag{3-448}$$

其中 $z = \xi = [h(x), \cdots, L_f^{n-1} h(x)]^T$，且变量 η 不存在。此时系统不具有零动态，默认为是最小相位系统。

例 3.27 考虑受控 Van der Pol 方程

$$\begin{cases} \dot{x}_1 = x_2 \\ \dot{x}_2 = -x_1 + \varepsilon(1 - x_1^2)x_2 + u \\ y = x_2 \end{cases}$$

从例 3.24 已知系统在 $\mathbf{R}^2$ 上的相对阶为 1，取 $\xi = y, \eta = x_1$，可看出系统已表示为标准型。零动态由 $\dot{x}_1 = 0$ 给出，它不具有渐近稳定平衡点，因此系统不是最小相位的。

2. 全状态线性化

考虑单输入系统，状态方程表达如下

$$\dot{x} = f(x) + g(x)u \tag{3-449}$$

其中,$f(x)$ 和 $g(x)$ 在定义域 $D \subset \mathbf{R}^n$ 上是充分光滑的,若存在充分光滑的函数 $h: D \to \mathbf{R}$,使系统在区域 $D_0 \in D$ 上相对阶为 n,则系统是可以通过反馈进行线性化的。这一结论的解释如下:相对阶为 n 的系统

$$\begin{cases} \dot{x} = f(x) + g(x)u \\ y = h(x) \end{cases} \tag{3-450}$$

其标准形可以简化为

$$\begin{cases} \dot{z} = A_c z + B_c \gamma(x)[u - \alpha(x)] \\ y = C_z z \end{cases} \tag{3-451}$$

换而言之,由定义 3.4 可知,若式(3-449)是可反馈线性化的,则存在变量代换 $\zeta = S(x)$ 可以将系统转换为如下形式

$$\dot{\zeta} = A\zeta + B\bar{\gamma}(x)[u - \bar{\alpha}(x)] \tag{3-452}$$

其中 (A, B) 是可控的,且在某一定义域内 $\bar{\gamma}(x) \neq 0$。对于任何可控矩阵 (A, B),总可以找到一个非奇异矩阵 M,将 (A, B) 转换为可控标准形,即 $MAM^{-1} = A_c + B_c \lambda^T, MB = B_c$,这里 (A_c, B_c) 表示 n 个积分器链。变量代换

$$z = M\zeta = MS(x) \stackrel{\text{def}}{=} T(x) \tag{3-453}$$

将式(3-449)转换为

$$\dot{z} = A_c z + B_c \gamma(x)[u - \alpha(x)] \tag{3-454}$$

其中,$\gamma(x) = \bar{\gamma}(x), \alpha(x) = \bar{\alpha}(x) - \lambda^T MS(x)/\gamma(x)$。因为

$$\dot{z} = \frac{\partial T}{\partial x}\dot{x} \tag{3-455}$$

所以

$$A_c T(x) + B_c \gamma(x)[u - \alpha(x)] = \frac{\partial T}{\partial x}[f(x) + g(x)u] \tag{3-456}$$

在所讨论的定义域内对于所有 x 和 u 都成立。取 $u = 0$,则上式可分解为两个方程

$$\frac{\partial T}{\partial x}f(x) = A_c T(x) + B_c \alpha(x)\gamma(x) \tag{3-457}$$

$$\frac{\partial T}{\partial x}g(x) = B_c \gamma(x) \tag{3-458}$$

式(3-457)等价于

$$\frac{\partial T_1}{\partial x}f(x) = T_2(x)$$

$$\frac{\partial T_2}{\partial x}f(x) = T_3(x)$$

$$\vdots$$

$$\frac{\partial T_{n-1}}{\partial x}f(x) = T_n(x)$$

$$\frac{\partial T_n}{\partial x}f(x) = -\alpha(x)\gamma(x) \tag{3-459}$$

式(3-458)等价于

$$\frac{\partial T_1}{\partial x}g(x)=0$$

$$\frac{\partial T_2}{\partial x}g(x)=0$$

$$\vdots$$

$$\frac{\partial T_{n-1}}{\partial x}g(x)=0$$

$$\frac{\partial T_n}{\partial x}g(x)=\gamma(x)\not\equiv 0 \tag{3-460}$$

令 $h(x)=T_1(x)$,可看出

$$T_{i+1}(x)=L_f T_i(x)=L_f^i h(x), \quad i=1,2,\cdots,n-1 \tag{3-461}$$

$h(x)$ 满足偏微分方程

$$L_g L_f^{i-1} h(x)=0, \quad i=1,2,\cdots,n-1 \tag{3-462}$$

其约束条件为

$$L_g L_f^{i-1} h(x)\neq 0 \tag{3-463}$$

α 和 γ 由下式给出

$$\gamma(x)=L_g L_f^{n-1} h(x), \quad \alpha(x)=-\frac{L_f^n h(x)}{L_g L_f^{n-1} h(x)} \tag{3-464}$$

总之,当且仅当存在函数 $h(x)$,使系统(见式(3-450))的相对阶为 n 或 h 满足约束条件为式(3-463)的偏微分方程(见式(3-462)),则系统(见式(3-449))是可反馈线性化的。$h(x)$ 的存在性可由向量场 f 和 g 上的充分必要条件描述。这些条件用到了李括号和不变分布的概念,下面将进行介绍。

对于 $D \subset \mathbf{R}^n$ 上的两个向量场 f 和 g,李括号 $[f,g]$ 是第三个向量场,定义为

$$[f,g](x)=\frac{\partial g}{\partial x}f(x)-\frac{\partial f}{\partial x}g(x) \tag{3-465}$$

其中,$[\partial f/\partial x]$ 和 $[\partial g/\partial x]$ 是雅可比矩阵。g 对 f 的李括号可以重复,下面的表示法可简化该过程

$$\begin{aligned}
\mathbf{ad}_f^0 g(x) &= g(x) \\
\mathbf{ad}_f g(x) &= [f,g](x) \\
\mathbf{ad}_f^k g(x) &= [f, \mathbf{ad}_f^{k-1} g](x), \quad k \geqslant 1
\end{aligned} \tag{3-466}$$

显然 $[f,g]=-[g,f]$,且对常数向量场 f 和 g,$[f,g]=0$。

例 3.28 设非线性系统的函数为

$$f(x)=\begin{bmatrix} x_2 \\ -\sin x_1 - x_2 \end{bmatrix}, \quad g(x)=\begin{bmatrix} 0 \\ x_1 \end{bmatrix}$$

则

$$[f,g](x)=\begin{bmatrix} 0 & 0 \\ 1 & 0 \end{bmatrix}\begin{bmatrix} x_2 \\ -\sin x_1 - x_2 \end{bmatrix} - \begin{bmatrix} 0 & 1 \\ -\cos x_1 & -1 \end{bmatrix}\begin{bmatrix} 0 \\ x_1 \end{bmatrix}$$

$$= \begin{bmatrix} -x_1 \\ x_1 + x_2 \end{bmatrix} \overset{\text{def}}{=} \mathbf{ad}_f g$$

$$\mathbf{ad}_f^2 g = [f, \mathbf{ad}_f g]$$

$$= \begin{bmatrix} -1 & 0 \\ 1 & 1 \end{bmatrix} \begin{bmatrix} x_2 \\ -\sin x_1 - x_2 \end{bmatrix} - \begin{bmatrix} -1 & 1 \\ -\cos x_1 & -1 \end{bmatrix} \begin{bmatrix} -x_1 \\ x_1 + x_2 \end{bmatrix}$$

$$= \begin{bmatrix} -x_1 - 2x_2 \\ x_1 + x_2 - \sin x_1 - x_1 \cos x_1 \end{bmatrix}$$

例 3.29 如果 $f(x) = Ax$,且 g 是常数向量场,则

$$\mathbf{ad}_f g = [f, g](x) = -Ag$$

$$\mathbf{ad}_f^2 g = [f, \mathbf{ad}_f g] = -A(Ag) = A^2 g$$

和

$$\mathbf{ad}_f^k g = (-1)^k A^k g$$

对 $D \subset \mathbf{R}^n$ 上的向量场 $f_1, f_2, \cdots, f_k$,设

$$\Delta(x) = \text{span}\{f_1(x), f_2(x), \cdots, f_k(x)\}$$

为 $\mathbf{R}^n$ 的子空间,$\mathbf{R}^n$ 由在任意固定的 $x \in D$ 的向量 $f_1(x), f_2(x), \cdots, f_k(x)$ 张成。对 $x \in D$,所有向量空间 $\Delta(x)$ 的集合称为分布,记为

$$\Delta = \text{span}\{f_1, f_2, \cdots, f_k\}$$

$\Delta(x)$ 的维数定义为

$$\dim(\Delta(x)) = \text{rank}[f_1(x), f_2(x), \cdots, f_k(x)]$$

其可能随 x 变化,但若 $\Delta = \text{span}\{f_1, f_2, \cdots, f_k\}$,其中 $\{f_1(x), f_2(x), \cdots, f_k(x)\}$ 对所有 $x \in D$ 是线性独立的,则对于所有 $x \in D$, $\dim(\Delta(x)) = k$。此时称 Δ 是 D 上的非奇异分布,由 $f_1, f_2, \cdots, f_k$ 生成。若

$$g_1 \in \Delta, \quad g_2 \in \Delta \Rightarrow [g_1, g_2] \in \Delta$$

则分布 Δ 是对合的。若 Δ 是 D 上的非奇异分布,由 $f_1, f_2, \cdots, f_k$ 生成,则可以验证当且仅当

$$[f_i, f_j] \in \Delta, \quad \forall\, 1 \leqslant i, j \leqslant k$$

时,Δ 是对合的。

例 3.30 设 $D = \{x \in \mathbf{R}^3 \mid x_1^2 + x_3^2 \neq 0\}$, $\Delta = \text{span}\{f_1, f_2\}$,其中

$$f_1 = \begin{bmatrix} 2x_3 \\ -1 \\ 0 \end{bmatrix}, \quad f_2 = \begin{bmatrix} -x_1 \\ -2x_2 \\ x_3 \end{bmatrix}$$

可以验证对于所有 $x \in D$, $\dim(\Delta(x)) = 2$,且有

$$[f_i, f_j] = \frac{\partial f_2}{\partial x} f_1 - \frac{\partial f_1}{\partial x} f_2 = \begin{bmatrix} -4x_3 \\ 2 \\ 0 \end{bmatrix}$$

和
$$\mathrm{rank}[f_1(x), f_2(x), [f_1, f_2](x)] = \mathrm{rank} \begin{bmatrix} 2x_3 & -x_1 & -4x_3 \\ -1 & -2x_2 & 2 \\ 0 & x_3 & 0 \end{bmatrix} = 2, \quad \forall x \in D$$

因此，$[f_1, f_2] \in \Delta$。由于$[f_2, f_1] = -[f_1, f_2]$，故可以推出Δ是对合的。

接下来，将讨论这类可反馈线性化的系统。

定理3.9 对于式(3-449)，当且仅当存在定义域$D_0 \subset D$，使得

(1) 对于所有$x \in D_0$，矩阵$G(x) = [g(x), \mathbf{ad}_f g(x), \cdots, \mathbf{ad}_f^{n-1} g(x)]$的秩为$n$。

(2) 分布$D = \mathrm{span}\{g, \mathbf{ad}_f g, \cdots, \mathbf{ad}_f^{n-1} g\}$在$D_0$上是对合的，

则该系统是可反馈线性化的。

例3.31 考虑前面所提到的系统

$$\dot{x} = \begin{bmatrix} a\sin x_2 \\ -x_1^2 \end{bmatrix} + \begin{bmatrix} 0 \\ 1 \end{bmatrix} u \stackrel{\mathrm{def}}{=} f(x) + gu$$

有

$$\mathbf{ad}_f g = [f, g] = -\frac{\partial f}{\partial x} g = \begin{bmatrix} -a\cos x_2 \\ 0 \end{bmatrix}$$

对于所有x，矩阵

$$G = [g, \mathbf{ad}_f g] = \begin{bmatrix} 0 & -a\cos x_2 \\ 1 & 0 \end{bmatrix}$$

的秩为2，故$\cos x_2 \neq 0$。分布$D = \mathrm{span}\{g\}$是对合的。因此，定理3.9的条件在定义域$D_0 = \{x \in \mathbf{R}^2 \mid \cos x_2 \neq 0\}$上成立。为了找到使系统转换为式(3-396)的变量代换，需要求$h(x)$，使之满足

$$\frac{\partial h}{\partial x} g = 0; \quad \frac{\partial (L_f h)}{\partial x} g \neq 0, \quad h(0) = 0$$

根据条件$[\partial h/\partial x]g = 0$，有

$$\frac{\partial h}{\partial x} g = \frac{\partial h}{\partial x_2} g = 0$$

这样h一定与x_2无关，因此

$$L_f h(x) = \frac{\partial h}{\partial x_1} a\sin x_2$$

选择任意满足$\partial h/\partial x_1 \neq 0$的$h$，条件

$$\frac{\partial (L_f h)}{\partial x} g = \frac{\partial (L_f h)}{\partial x_2} = \frac{\partial h}{\partial x_1} a\cos x_2 \neq 0$$

在定义域D_0上都成立。取$h(x) = x_1$即可得到前面用到的变换，也可以选择其他$h(x)$，例如取$h(x) = x_1 + x_1^3$，则给出另一个变量代换，也能使系统转换为式(3-396)的形式。

3.10.3 分段线性化

把非线性特性曲线分成若干个区段，在每个区段中用直线段近似地代替特性曲线，这种

处理方式称为分段线性化。在分段线性化处理后,所研究的非线性系统在每一个区段上被近似等效为线性系统,就可采用线性系统的理论和方法来进行分析。将各个区段的分析结果,如过渡过程曲线或相轨迹(见相平面法),按时间的顺序加以衔接,就是所研究非线性系统按分段线性化法分析得到的结果。

说明分段线性化方法的原理和分析步骤的典型例子是简单非线性电路系统。电路由电阻 R 和铁芯线圈 L 串联组成,通过开关接入一个直流电源。根据电路原理可知,描述这个电路在开关闭合后电流增长过程的运动方程是一个非线性微分方程,具体如下所示。

$$L(i)\frac{\mathrm{d}i}{\mathrm{d}t}+Ri=E \tag{3-467}$$

其中,i 表示电流,R 表示电阻,$L(i)$ 表示铁芯线圈的非线性电感,其为电流 i 的函数。非线性电感可表示为

$$L(i)=k\frac{\mathrm{d}\phi}{\mathrm{d}i} \tag{3-468}$$

其中,k 为常数,磁通 ϕ 和电流 i 之间的关系具有非线性特性。电路的初始电流 $i(0)=0$,而在达到稳态时,电路的稳态电流 $i(\infty)=\dfrac{E}{R}$。在采用分段线性化方法来分析时,首先在电流值的有效区间 $[0,i(\infty)]$ 内,将非线性特性分成 N 个区域,且在每个区段内用直线代替曲线。再定出每个直线段和水平线的交角 θ_0、θ_1、θ_2 后,可知相应于每个区段的等效线性电感值为 $L_0=K_0\tan\theta_0$,$L_1=K_1\tan\theta_1$ 和 $L_2=K_2\tan\theta_2$,其中 K_0、K_1、K_2 为不同的常数。因此,在每一个区段,电路的运动方程都被转变为线性的,具体如下所示。

$$\begin{cases} 区段\ \mathrm{I}: L_0\dfrac{\mathrm{d}i}{\mathrm{d}t}+Ri=E, & 0<i<i_1 \\ 区段\ \mathrm{II}: L_1\dfrac{\mathrm{d}i}{\mathrm{d}t}+Ri=E, & i_1<i<i_2 \\ 区段\ \mathrm{III}: L_2\dfrac{\mathrm{d}i}{\mathrm{d}t}+Ri=E, & i_2<i<i(\infty) \end{cases} \tag{3-469}$$

经过上述分段,且在各段内进行近似线性处理后,得到的上述线性微分方程可用线性分析的方法求解。

经过上述过程,一个非线性的系统则被转换为在各个所划分区段内的线性系统。因此,可以将整个系统用同一个状态方程来表示,但是模型中的系统矩阵、输入矩阵中会带有某个变化的参数,该参数在所划分的区段内有其特定的取值,至此,非线性系统则被转换为一个线性变参(LPV)模型。

分段线性化的分析精度和计算复杂度取决于系统非线性程度的高低。对于具有折线形状的非线性特性,如继电型非线性和死区非线性,分段线性化方法不会引入分析误差,且计算上也不会增加复杂性。但是对于非线性程度较低的系统,分段线性化方法具有比较好的分析结果。对于非线性程度高的系统,原则上分段线性化方法仍可适用,但是计算复杂度会增加,而且分析准确度取决于线性化的分区段数量。

在智能车辆动力学控制中,经常需要建立轮胎的附着模型,如图 3.32 所示,对路面附着系数-滑移率曲线进行分段线性化处理,假设在滑移率为 s_0(一般在 20% 左右)时,路面附着系数最大,则可得到如下两个线性函数

$$\mu = \begin{cases} \mu_0 + k_1 s, & s \leqslant s_0 \\ \mu_0 + (k_1 + k_2) s_0 - k_2 s, & s \geqslant s_0 \end{cases} \tag{3-470}$$

其中的符号见图 3.32,其中,μ 为路面附着系数,s 为滑移率,μ_0 为第一段函数的截距,k_1 为第一段函数的斜率,k_2 为第二段函数的斜率。采用该分段线性化的轮胎附着模型,可非常方便地处理轮胎模型中的非线性问题。

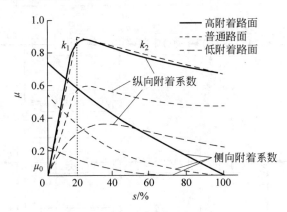

图 3.32 轮胎附着系数-滑移率曲线图

3.10.4 反步法

首先从积分器反步的特例入手,考虑如下系统

$$\dot{\eta} = f(\eta) + g(\eta)\xi \tag{3-471}$$

$$\dot{\xi} = u \tag{3-472}$$

其中,$[\eta^T, \xi]^T \in \mathbf{R}^{n+1}$ 为系统的状态变量,$u \in \mathbf{R}$ 为控制输入,函数 $f: D \to \mathbf{R}^n$ 和 $g: D \to \mathbf{R}^n$ 在包含原点 $\eta = 0$ 和 $f(0) = 0$ 的定义域 $D \subset \mathbf{R}^n$ 上是光滑的。我们需要设计一个状态反馈控制律,以稳定原点 ($\eta = 0, \xi = 0$)。假设 f 和 g 都已知,系统可看成是两部分的级联,如图 3.33(a) 所示。第一部分是式(3-471),ξ 为输入;第二部分是积分器方程,即式(3-472)。假设式(3-471)可通过一个光滑的状态反馈控制律 $\xi = \phi(\eta), \phi(0) = 0$ 来稳定系统,即

$$\dot{\eta} = f(\eta) + g(\eta)\phi(\eta) \tag{3-473}$$

使得该系统为渐近稳定的。进一步假设已知光滑且正定的 Lyapunov 函数 $V(\eta)$ 满足下述不等式

$$\frac{\partial V}{\partial \eta}[f(\eta) + g(\eta)\phi(\eta)] \leqslant -W(\eta), \quad \forall \eta \in D \tag{3-474}$$

其中 $W(\eta)$ 是正定的。在式(3-471)的右边同时加减一项 $g(\eta)\phi(\eta)$,可得到等价表达式

$$\dot{\eta} = [f(\eta) + g(\eta)\phi(\eta)] + g(\eta)[\xi - \phi(\eta)] \tag{3-475}$$

$$\dot{\xi} = u \tag{3-476}$$

如图 3.33(b) 所示,应用变量代换

$$z = \xi - \phi(\eta) \tag{3-477}$$

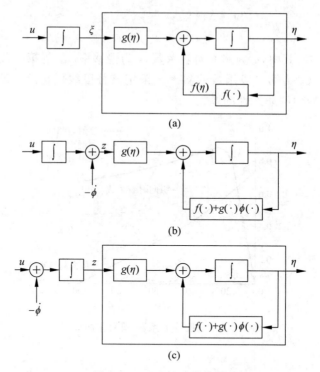

图 3.33 反步法设计框图
(a) f 和 g 的级联系统；(b) 第一步变量代换；(c) 第二步变量代换

得到系统

$$\dot{\eta} = [f(\eta) + g(\eta)\phi(\eta)] + g(\eta)z \tag{3-478}$$

$$\dot{z} = u - \dot{\phi} \tag{3-479}$$

如图 3.33(c) 所示。从图 3.33(b) 到图 3.33(c) 可认为是通过积分器的"反步" $-\phi(\eta)$。由于函数 f、g 和 ϕ 已知，导数 $\dot{\phi}$ 可用下式计算

$$\dot{\phi} = \frac{\partial \phi}{\partial \eta}[f(\eta) + g(\eta)\xi] \tag{3-480}$$

取 $v = u - \dot{\phi}$，系统简化为级联形式

$$\dot{\eta} = [f(\eta) + g(\eta)\phi(\eta)] + g(\eta)z \tag{3-481}$$

$$\dot{z} = v \tag{3-482}$$

该式与本节开始提出的系统非常相似，所不同的是现在的系统输入为零时，第一部分具有渐近稳定的原点，这一特点将用于 v 的设计中，以稳定整个系统。用

$$V_c(\eta, \xi) = V(\eta) + \frac{1}{2}z^2 \tag{3-483}$$

作为备选 Lyapunov 函数，可得

$$\dot{V}_c = \frac{\partial V}{\partial \eta}[f(\eta) + g(\eta)\phi(\eta)] + \frac{\partial V}{\partial \eta}g(\eta)z + zv$$

$$\leqslant -W(\eta) + \frac{\partial V}{\partial \eta}g(\eta)z + zv \tag{3-484}$$

选择
$$v = -\frac{\partial V}{\partial \eta}g(\eta) - kz, \quad k > 0 \tag{3-485}$$
得
$$\dot{V}_c \leqslant -W(\eta) - kz^2 \tag{3-486}$$
该式表明原点 $(\eta=0, z=0)$ 是渐近稳定的。有 $\phi(0)=0$ 可知，原点 $(\eta=0, \xi=0)$ 是渐近稳定的，将 v、z、$\dot{\phi}$ 代入，得状态反馈控制率为
$$u = \frac{\partial \phi}{\partial \eta}[f(\eta) + g(\eta)\xi] - \frac{\partial V}{\partial \eta}g(\eta) - k[\xi - \phi(\eta)] \tag{3-487}$$
若假设在全局均成立，且 $V(\eta)$ 径向无界，则原点是全局渐近稳定的。引理 3.3 是上述结论的总结。

引理 3.3 考虑式(3-471)和式(3-472)，设 $\phi(\eta)$ 是式(3-471)的稳定状态反馈控制律，$\phi(0)=0$，对于某个正定函数 $W(\eta)$，$V(\eta)$ 是满足系统(3-474)的 Lyapunov 函数。则状态反馈控制律(3-487)可稳定系统(见式(3-471)和式(3-472))的原点，其中 $V(\eta) + [\xi - \phi(\eta)]^2/2$ 为系统的 Lyapunov 函数。此外，若所有假设在全局都成立，且 $V(\eta)$ 径向无界，则原点是全局渐近稳定的。

例 3.32 考虑系统
$$\begin{cases} \dot{x}_1 = x_1^2 - x_1^3 + x_2 \\ \dot{x}_2 = u \end{cases}$$
上式采用式(3-471)和式(3-472)的形式，其中 $\eta = x_1, \xi = x_2$。首先考虑标量系统
$$\dot{x}_1 = x_1^2 - x_1^3 + x_2$$
把 x_2 看作输入，设计反馈控制 $x_2 = \phi(x_1)$，以稳定原点 $x_1 = 0$。取
$$x_2 = \phi(x_1) = -x_1^2 - x_1$$
消去非线性项 x_1^2，得
$$\dot{x}_1 = -x_1 - x_1^3$$
且 $V(x_1) = x_1^2/2$ 满足
$$\dot{V} = -x_1^2 - x_1^4 \leqslant -x_1^2, \quad \forall x_1 \in R$$
因此，$\dot{x}_1 = -x_1 - x_1^3$ 的原点是全局指数稳定的。为了运用反步法，应使用变量代换
$$z_2 = x_2 - \phi(x_1) = x_2 + x_1 + x_1^2$$
使得系统转换为
$$\dot{x}_1 = x_1^2 - x_1^3 + z_2$$
$$\dot{z}_2 = u + (1 + 2x_1)(-x_1 - x_1^3 + z_2)$$
取
$$V_c(x) = \frac{1}{2}x_1^2 + \frac{1}{2}z_2^2$$
作为复合 Lyapunov 函数，得到
$$\dot{V}_c = x_1(-x_1 - x_1^3 + z_2) + z_2[u + (1 + 2x_1)(-x_1 - x_1^3 + z_2)]$$

$$= -x_1^2 - x_1^4 + z_2[x_1 + (1+2x_1)(-x_1 - x_1^3 + z_2) + u]$$

取
$$u = -x_1 - (1+2x_1)(-x_1 - x_1^3 + z_2) - z_2$$

得
$$\dot{V}_c = -x_1^2 - x_1^4 - z_2^2$$

因此,该系统是全局渐近稳定的。

由于标量系统很简单,因此上述例子直接运用了积分器反步法。而对于高阶系统,通过积分器反步的迭代仍可以简化设计,下面给出一个相应示例。

例 3.33 考虑三阶系统
$$\begin{cases} \dot{x}_1 = x_1^2 - x_1^3 + x_2 \\ \dot{x}_2 = u \end{cases}$$

由例 3.32 中的二阶系统以及在输入端附加的积分器组成,仍采用例 3.32 中的积分器反步法。在完成一次反步后,可得二阶系统
$$\begin{cases} \dot{x}_1 = x_1^2 - x_1^3 + x_2 \\ \dot{x}_2 = x_3 \end{cases}$$

以 x_3 作为输入时,控制律
$$x_3 = -x_1 - (1+2x_1)(x_1^2 - x_1^3 + x_2) - (x_2 + x_1 + x_1^2) \overset{\text{def}}{=} \phi(x_1, x_2)$$

可使系统达到全局稳定,相应的 Lyapunov 函数为
$$V(x_1, x_2) = \frac{1}{2}x_1^2 + \frac{1}{2}(x_2 + x_1 + x_1^2)^2$$

为运用反步法,应使用变量代换
$$z_3 = x_3 - \phi(x_1, x_2)$$

可得
$$\dot{x}_1 = x_1^2 - x_1^3 + x_2$$
$$\dot{x}_2 = \phi(x_1, x_2)$$
$$\dot{z}_3 = u - \frac{\partial \phi}{\partial x_1}(x_1^2 - x_1^3 + x_2) - \frac{\partial \phi}{\partial x_2}(\phi + z_3)$$

以 $V_c = V + z_3^2/2$ 作为复合 Lyapunov 函数,得
$$\dot{V}_c = \frac{\partial V}{\partial x_1}(x_1^2 - x_1^3 + x_2) + \frac{\partial V}{\partial x_2}(z_3 + \phi) +$$
$$z_3 \left[u - \frac{\partial V}{\partial x_1}(x_1^2 - x_1^3 + x_2) - \frac{\partial V}{\partial x_2}(z_3 + \phi) \right]$$
$$= -x_1^2 - x_1^4 - (x_2 + x_1 + x_1^2)^2 +$$
$$z_3 \left[\frac{\partial V}{\partial x_2} - \frac{\partial \phi}{\partial x_1}(x_1^2 - x_1 + x_2) - \frac{\partial \phi}{\partial x_2}(z_3 + \phi) + u \right]$$

取
$$u = -\frac{\partial \phi}{\partial x_2} + \frac{\partial \phi}{\partial x_1}(x_1^2 - x_1^3 + x_2) + \frac{\partial \phi}{\partial x_2}(z_3 + \phi) - z_3$$

得
$$\dot{V}_c = -x_1^2 - x_1^4 - (x_2 + x_1 + x_1^2)^2 - z_3^2$$
因此,系统是全局渐近稳定的。

下面将讨论式(3-471)和式(3-472)的更一般的表示。
$$\dot{\eta} = f(\eta) + g(\eta)\xi \tag{3-488}$$
$$\dot{\xi} = f_a(\eta,\xi) + g_a(\eta,\xi)u \tag{3-489}$$
其中,$f_a(\eta,\xi)$ 和 $g_a(\eta,\xi)$ 是光滑的。若在讨论的区域内 $g_a(\eta,\xi) \neq 0$,把输入变换为
$$u = \frac{1}{g_a(\eta,\xi)}[u_a - f_a(\eta,\xi)] \tag{3-490}$$
则式(3-489)就简化为积分器 $\dot{\xi} = u_a$。因此,若存在一个稳定的状态反馈控制律 $\phi(\eta)$ 及 Lyapunov 函数 $V(\eta)$,使式(3-488)满足引理 3.3 的条件,则由引理及式(3-490)可得整个式(3-488)和式(3-489)的稳定状态反馈控制律
$$u = \phi_c(\eta,\xi) = \frac{1}{g_a(\eta,\xi)}\left\{\frac{\partial \phi}{\partial \eta}[f(\eta) + g(\eta)\xi] - \frac{\partial V}{\partial \eta}g(\eta) - k[\xi - \phi(\eta)] - f_a(\eta,\xi)\right\} \tag{3-491}$$

对于 $k > 0$,及 Lyapunov 函数
$$V_c(\eta,\xi) = V(\eta) + \frac{1}{2}[\xi - \phi(\eta)]^2 \tag{3-492}$$

迭代运用反步法,可稳定形成如下的严反馈系统。
$$\begin{cases} \dot{x} = f_0(x) + g_0(x)z_1 \\ \dot{z}_1 = f_1(x,z_1) + g_1(x,z_1)z_2 \\ \dot{z}_2 = f_2(x,z_1,z_2) + g_2(x,z_1,z_2)z_3 \\ \vdots \\ \dot{z}_{k-1} = f_{k-1}(x,z_1,z_2,\cdots,z_{k-1}) + g_{k-1}(x,z_1,z_2,\cdots,z_{k-1})z_k \\ \dot{z}_k = f_k(x,z_1,z_2,\cdots,z_k) + g_k(x,z_1,z_2,\cdots,z_k)u \end{cases}$$

其中,$x \in \mathbf{R}^n$,$z_1 \sim z_k$ 是标量,$f_0 \sim f_k$ 在原点为零。之所以称为严反馈系统,是因为 $\dot{z}_i (i=1,2,\cdots,k)$ 中的非线性函数 f_i 和 g_i 仅与 $x,z_1,z_2,\cdots,z_i$(即反馈的状态变量)有关。假设在所讨论的区域内,有
$$g_i(x,z_1,z_2,\cdots,z_i) \neq 0, \quad 1 \leqslant i \leqslant k$$

从系统
$$\dot{x} = f_0(x) + g_0(x)z_1$$
开始迭代,其中将 z_1 看作控制输入。假设能够确定一个稳定状态反馈控制律 $z_1 = \phi_0(x)$,$\phi_0(0) = 0$ 和一个 Lyapunov 函数 $V_0(x)$,使得在讨论的区域内对某一正定函数 $W(x)$,有
$$\frac{\partial V}{\partial x}[f_0(x) + g_0(x)\phi_0(x)] \leqslant -W(x)$$

在许多反步法应用中,变量 x 是标量,从而使稳定性问题得以简化。下面给出当 $\phi_0(x)$ 和 $V_0(x)$ 已知时,系统地运用反步法得步骤。首先把系统

$$\dot{x} = f_0(x) + g_0(x)z_1$$
$$\dot{z}_1 = f_1(x,z_1) + g_1(x,z_1)z_2$$

作为式(3-488)和式(3-489)的特例考虑,其中

$$\eta = x, \quad \xi = z_1, \quad u = z_2, \quad f = f_0, \quad g = g_0, \quad f_a = f_1, \quad g_a = g_1$$

利用式(3-491)及式(3-492)可得稳定状态反馈控制律及Lyapunov函数分别为

$$\phi_1(x,z_1) = \frac{1}{g_1}\left[\frac{\partial\phi_0}{\partial x}(f_0 + g_0 z_1) - \frac{\partial V_0}{\partial x}g_0 - k_1(z_1 - \phi) - f_1\right], \quad k_1 > 0$$

$$V_1(x,z_1) = V_0(x) + \frac{1}{2}[z_1 - \phi(x)]^2$$

然后把

$$\begin{cases} \dot{x} = f_0(x) + g_0(x)z_1 \\ \dot{z}_1 = f_1(x,z_1) + g_1(x,z_1)z_2 \\ \dot{z}_2 = f_2(x,z_1,z_2) + g_2(x,z_1,z_2)z_3 \end{cases}$$

作为式(3-488)和式(3-489)的特例考虑,其中

$$\eta = \begin{bmatrix} x \\ z_1 \end{bmatrix}, \quad \xi = z_2, \quad u = z_3, \quad f = \begin{bmatrix} f_0 + g_0 z_1 \\ f_1 \end{bmatrix}, \quad g = \begin{bmatrix} 0 \\ g_1 \end{bmatrix}, \quad f_a = f_2, \quad g_a = g_2$$

利用式(3-491)及式(3-492)可得稳定状态反馈控制律

$$\phi_2(x,z_1,z_2) = \frac{1}{g_2}\left[\frac{\partial\phi_1}{\partial x}(f_0 + g_0 z_1) + \frac{\partial\phi_1}{\partial z_1}(f_1 + g_1 z_2) - k_2(z_2 - \phi_1) - f_2\right]$$

对于 $k_2 > 0$,Lyapunov函数

$$V_2(x_1,z_1,z_2) = V_1(x,z_1) + \frac{1}{2}[z_2 - \phi_2(x,z_1)]^2$$

重复该步骤 k 次,即可得到总的稳定状态反馈控制律 $u = \phi_k(x,z_1,z_2,\cdots,z_k)$ 及Lyapunov函数 $V_k(x,z_1,z_2,\cdots,z_k)$。

3.11 本章小结

本章对现代控制理论的关键知识点进行了回顾,主要包括:

(1) 通过机理建模的方法,建立描述系统运动的微分方程或差分方程,然后通过选取合适的状态变量组,进一步将原始微分或差分方程转换为标准的状态空间描述形式。也可以采用实验的方法获取系统在不同输入激励下的输入输出数据,通过系统辨识的方法,确定系统的输入输出模型,再得出系统的状态空间描述。然后介绍了系统可控性、可观性与稳定性的常用判据。

(2) 对于一个动态系统,系统的输入输出的测量数据只能反映系统的外部特性,而系统的动态规律则需要内部状态变量来描述,当系统内部状态变量无法直接测量时,介绍了卡尔曼滤波算法、隆伯格观测器、滑模观测器是如何根据获取的测量数据来估算动态系统的内部状态的。同时,针对系统的反馈控制问题,依次介绍了极点配置法、LQR、MPC、滑模控制以

及其他输出反馈控制等常用设计方法。此外,考虑受控系统数学模型的不确定性,有可能给闭环系统的控制品质带来十分严重的影响,甚至有可能造成闭环系统的不稳定,因此,还简要介绍了 H_∞ 控制相关的理论知识。

(3) 本章还介绍了非线性系统的线性化方法,从而可以利用线性系统理论的分析和设计方法来处理某些非线性系统。值得指出的是,并不是所有的非线性系统均可以通过线性化的方法来分析和设计的,只有非线性程度较低的系统才可能在其参考点附近一定范围内将其近似为线性系统。最后,针对非线性系统的常用非线性控制设计与分析方法进行介绍。

第 4 章

优化方法基础

4.1 概　　述

在现实生活中,经常会遇到某类实际问题,要求在众多的方案中选择一个最优方案。例如,在工程设计中,怎样选择参数使设计方案在满足要求的前提下达到成本最低;在产品加工过程中,如何搭配各种原料的比例才能既降低成本又提高产品质量;在资源配置时,如何分配现有资源,使分配方案得到最好的经济效益;在车辆系统动力学控制时,如何选择合适的横纵向控制指令,使得车辆运行更平稳、更节能、更安全。在各个领域,诸如此类问题不胜枚举。这一类问题的特点,就是要在所有可能的备选方案中,选出最合理的且能达到事先规定的最优目标的方案,即最优化方案。寻找最优化方案的方法称为最优化方法,为解决这类问题所需的数学计算方法及处理手段即为优化算法。

最优化问题是个古老的问题,早在 17 世纪欧洲就有人提出了求解最大值和最小值的问题,并给出了一些求解法则。随着科学的发展,人们逐渐提出了许多优化算法并由此形成了系统的优化理论,如线性规划、非线性规划、整数规划和动态规则等。但由于这些传统的优化算法一般只适用于求解小规模问题,不适合在实际工程中应用,所以自 20 世纪 80 年代以来,一些新颖的优化算法,如人工神经网络、混沌、遗传算法、进化规划、模拟退火、禁忌搜索及其混合策略等,通过模拟或揭示某些自然现象或过程而得到发展,其思想和内容涉及数学、物理学、生物进化、人工智能等学科,为解决复杂问题提供了新的思路和手段,这些算法独特的优点和机制,引起了国内外学者的广泛重视并掀起了该领域的研究热潮,且在诸多领域得到了成功应用。

随着生产和科学研究突飞猛进的发展,特别是计算机科学技术的发展及广泛应用,以及人类生存空间和认识与改造世界范围的拓宽,人们对科学技术提出了新的和更高的要求,其中高效的优化技术不仅成为一种迫切需要,而且有了有力的求解工具,最优化理论和算法也就迅速发展起来,形成一个新的学科,并在工农业、交通运输、系统工程、人工智能、模式识别、生产调度、工艺优化和计算机工程等诸多领域中发挥着越来越重要的作用。因此,有关最优化方法的基本知识已成为新的工程技术、管理等人员所必备的基本知识之一。

4.2 优化问题描述

在智能驾驶车辆动力学控制问题中,如在规划车辆运动轨迹或车辆横纵向动力学控制时,经常会出现在众多参数中选择一个最优参数,来满足时间最短、舒适性最好或距离最短等目标要求。那么,怎样选择合理的参数使设计方案在满足约束的前提下达到最优的目标要求、选出最优化的方案,就是最优化问题。

从数学的角度来看,最优化问题即求一个一元或多元函数在某个给定集合上的极值。当量化地求解一个实际的最优化问题时,首先要把这个问题转换为一个数学问题,即建立数学模型。要建立一个合适的数学模型,必须对实际问题有很好的理解,经过分析、研究抓住其主要因素,厘清它们之间的相互关系,然后综合利用有关学科的知识和数学的知识来完成。

4.2.1 优化问题建模

最优化问题本质是求一元或多元函数在某个给定集合上的极值问题。当求解一个实际的最优化问题时,首先要做的就是把这个问题转换为数学问题,即将真实系统抽象成数学模型。最优化问题的数学模型一般由设计变量、目标函数以及约束条件三部分构成。建模是对真实系统抽象、简化的过程,它的好坏会直接影响优化结果。

设计变量是指在设计过程中可以进行调整和优选的独立参数,一般应该选择那些与目标函数和约束函数密切相关的,且能够表达设计对象特征的基本参数。设计变量一般分为连续变量和离散变量两类。所谓连续变量是指在实数范围内连续取值的变量,而离散变量是只能在给定数列或集合中取值的变量,大多数工程优化问题都属于连续变量设计。

设计变量的个数称为优化设计的维数,假设 n 个设计变量 $x_1,x_2,\cdots,x_n$ 相互独立,则由它们形成的向量 $X = [x_1,x_2,\cdots,x_n]^T$ 的全体集合构成的一个 n 维实欧氏空间称为设计空间,记作 $\mathbf{R}^n$。目标函数是指通过设计变量来表示设计过程所追求优化目标的数学表达式,是衡量设计方案优劣的定量评价标准,目标函数值越小,对应的设计方案越好,因此目标函数的最小值及其对应的设计变量的取值称为设计问题的最优解。一般而言,选择技术指标作为设计的目标函数。

约束条件是由于任何设计都有若干不同的要求和限制,将这些要求和限制表示成设计变量的函数并写成一系列不等式和等式的表达式,所以,约束条件的作用就是对设计变量的取值加以限制。约束条件根据形式不同一般分为不等式约束和等式约束;根据性质不同一般分为边界约束和性能约束,边界约束考虑变量的变化范围,性能约束根据设计性能和指标要求而确定。

4.2.2 优化问题分类

优化问题涉及的工程领域众多、问题种类繁杂,总的来说,根据设计变量的不同,可分为函数优化问题和组合优化问题两大类。函数优化问题的对象是连续变量,一般是基于 Benchmark 的典型问题展开的,而组合优化问题的对象是离散变量,包括 TSP 问题、0-1 背包问题等。同时,优化问题还可以根据问题的特征将优化问题分成以下三类:没有约束条件的无约束优化问题、具有函数约束搜索空间的约束优化问题,以及需要跟踪变化寻优的动态优化问题等。下面介绍无约束优化问题和有约束优化问题。

1. 无约束优化问题

对于无约束问题，其优化模型为

$$\min_{x \in \mathbf{R}^n} f(x) \tag{4-1}$$

其中，f 是 x 的实值连续函数，通常假定具有二阶连续偏导数。

如果一个无优化问题具有最优解，则需满足一阶条件和二阶条件，也就是最优性条件。

一阶必要条件：设 f 在点 $x^{(0)}$ 处连续可微，且 $x^{(0)}$ 为局部极小点，则必有梯度

$$\nabla(x^{(0)}) = \left[\frac{\partial f(x)}{\partial x_1}, \frac{\partial f(x)}{\partial x_2}, \cdots, \frac{\partial f(x)}{\partial x_n}\right]^T_{x=x^{(0)}} = 0 \tag{4-2}$$

二阶必要条件：设 f 在开集 D 上二阶连续可微，若 x^* 是一个局部极小值，则必有 $\nabla f(x^*) = 0$ 且 $\nabla^2 f(x^*)$ 是半正定矩阵。

二阶充分条件：设 f 在开集 D 上二阶连续可微，若 $x^* \in D$ 满足条件 $\nabla f(x^*) = 0$ 且 $\nabla^2 f(x^*)$ 是正定矩阵，则 x^* 是局部极小点。

对于目标函数是凸函数的无约束优化问题，其驻点、局部极小点和全局最小点三者是等价的。求解无约束优化问题的方法主要有一维搜索法、基本下降法、共轭法、拟牛顿法等几种。

一维搜索法的思想：首先确定包含问题最优解的搜索区间，然后采用某种分割技术不断缩小搜索区间，进行搜索寻优求解。具体方法包括牛顿法、0.618 法等。

基本下降法的思想：以导数最小的方向作为搜索方向，进行搜索寻优求解。具体方法包括最速下降法、牛顿法等。

共轭梯度法的思想：利用目标函数梯度逐步产生共轭方向作为线搜索方向的方法，每次搜索方向都在目标函数梯度的共轭方向上。

拟牛顿法是求解无约束优化问题最有效的方法之一，它克服了最速下降法在迭代点接近最优点附近时收敛速度慢的缺点，同时也克服了牛顿法求解时计算 Hessian 矩阵的逆矩阵导致计算复杂的缺点，其基本思想为构造一个近似 Hessian 矩阵来模拟牛顿法条件下优化目标函数。

除此之外，启发式算法也被广泛应用于求解最优化问题中，启发式算法是基于直观或经验构造的算法，在可接受的花费下给出待解决组合优化问题每一个实例的一个可行解。通俗地说，启发式算法是指在一个随机的群体寻优过程中，个体能够利用自身或者全局的经验来制定各自的搜索策略，具有自学习功能，其重点在于如何平衡局部搜索和全局搜索，有效逃离局部最优解，如遗传算法、模拟退火算法、粒子群算法等。

2. 有约束优化问题

约束优化问题的一般形式为

$$\begin{aligned} &\min f(x), \quad x \in \mathbf{R}^n \\ &\text{s.t. } h_i(x) = 0, \quad i = 1, 2, \cdots, l \\ &\quad\quad g_i(x) \geqslant 0, \quad i = 1, 2, \cdots, m \end{aligned} \tag{4-3}$$

有约束优化问题大体上可分为以下三类：等式约束问题、不等式约束问题以及一般约

束问题。对于仅有等式约束条件的约束优化问题,可采用消元法、拉格朗日乘子法、罚函数法等方法,将等式约束问题转换为无约束最优化问题进行求解;对于含有不等式约束的问题,可以将不等式约束转换为等式约束,再转换为无约束问题进行求解;如果是非线性问题可采用线性逼近的方法近似求解。

求解有约束优化问题有很多种方法,包括罚函数法、二次规划法、可行方向法、约束变尺度法、增广拉格朗日法等。本节简要介绍罚函数法,罚函数法的基本思想是将约束条件转换为某种惩罚函数并增加到目标函数中,从而将约束优化问题转换为一系列无约束优化问题来求解。罚函数法包括外罚函数法、内点法以及乘子法等,这里简要介绍外罚函数法。

考虑约束优化问题的一般形式,构造罚函数

$$\bar{P}(x) = \sum_{i=1}^{l} h_i^2(x) + \sum_{i=1}^{m} [\min\{0, g_i(x)\}]^2 \tag{4-4}$$

罚函数 $\bar{P}(x)$ 应满足以下三点:
(1) $\bar{P}(x)$ 是连续的;
(2) 对任意 $x \in \mathbf{R}^n$,有 $\bar{P}(x) \geqslant 0$;
(3) 当且仅当 $x \in D$,在可行域中时,$\bar{P}(x) = 0$。

构造增广目标函数

$$P(x, \sigma) = f(x) + \sigma \bar{P}(x) \tag{4-5}$$

其中,$\sigma > 0$ 为罚参数。

根据式(4-5),当 $x \in D$ 时,即 x 在可行域中,$P(x, \sigma) = f(x)$,此时目标函数没有受到额外的惩罚;而当 $x \notin D$ 时,即 x 不在可行域中,$P(x, \sigma) > f(x)$,此时目标函数受到了额外的惩罚,σ 越大,受到的惩罚越重。当 σ 充分大时,要使 $P(x, \sigma)$ 达到极小值,罚函数 $\bar{P}(x)$ 应该充分小,从而 $P(x, \sigma)$ 的极小点充分逼近可行域 D,而其极小值自然充分逼近 $f(x)$ 在 D 上的极小值。

外罚函数法很简单,但也存在缺点,例如罚函数的选取比较困难,$\bar{P}(x)$ 一般是不可微的,因而难以使用导数的优化算法,导致收敛速度较慢。

4.2.3 优化问题求解

求解优化问题的算法比较多,主要可以分为两类:经典优化算法和现代优化算法。

经典优化算法主要包括单纯形法、椭球算法(多项式算法)、内点法等。针对无约束优化问题,其求解算法包括最速下降法、共轭梯度法、牛顿法、拟牛顿法、信赖域法等;针对有约束优化问题,其求解算法包括拉格朗日乘子法、序列二次规划(SQP)等。

现代优化算法主要以启发式优化算法作为代表,是人工智能的一个重要分支,主要包括遗传算法、蚁群算法、模拟退火算法、禁忌搜索、粒子群算法、贪婪算法等。最近,随着计算机技术的发展,演化算法(Evolutionary Algorithm)、拟人拟物算法、量子算法、混沌优化、混合寻优算法等先进优化算法逐步得到应用。

经典优化算法和启发式优化算法都是迭代算法,但是,它们又有很大区别:
(1) 经典优化算法是以一个可行解为迭代的初始值,而启发式优化算法是以一组可行解为初始值;

（2）经典优化算法的搜索策略是确定性的，而启发式优化算法的搜索策略是结构化和随机化的；

（3）经典优化算法大多都需要导数信息，而启发式优化算法仅用到目标函数值的信息；

（4）经典优化算法对函数性质有着严格要求，而启发式优化算法对函数性质没有太大要求；

（5）经典优化算法的计算量要比启发式优化算法小很多。例如，对于规模较大且函数性质比较差的优化问题，经典优化算法的效果不好，但一般的启发式优化算法的计算量太大。

优化算法主要由搜索方向和搜索步长组成，搜索方向和搜索步长的选取决定了优化算法的搜索广度和搜索深度。经典优化算法和启发式优化算法的区别主要是由其搜索机制不同造成的。经典优化算法的搜索方向和搜索步长是由局部信息（如导数）决定的，所以只能对局部进行有效的深度搜索，而不能进行有效的广度搜索，所以经典的优化算法很难跳出局部最优。启发式优化算法为了避免像经典优化算法那样陷入局部最优，采用了相对有效的广度搜索，不过，这样做使得在问题规模较大时其计算量难以承受。以全局最优问题为例，要求计算时间少，搜索广度就无法保证，解的质量就差；要求收敛速度快，就需要有效的搜索方向，有了搜索方向就降低了搜索广度，这样解的全局最优性无法保证。因此，具体选择何种优化求解算法，需要根据具体的应用场景和问题的特点选择，以保证整体性能的综合最优。

4.3 二次规划

4.3.1 二次规划问题定义

二次规划（QP）是指在变量 x 的线性等式和线性不等式的约束下，求二次型目标函数的极小值问题。二次规划问题的一般形式为

$$\begin{aligned} \min\ & q(x) = \frac{1}{2} x^\mathrm{T} G x + c^\mathrm{T} x \\ \mathrm{s.t.}\ & a_i^\mathrm{T} x = b_i, \quad i = 1, 2, \cdots, m \\ & a_i^\mathrm{T} x \leqslant b_i, \quad i = m+1, \cdots, p \end{aligned} \tag{4-6}$$

其中，$c = [c_1, c_2, \cdots, c_n]^\mathrm{T}$，$x = (x_1, x_2, \cdots, x_n)^\mathrm{T}$，$G$ 为 $n \times n$ 阶对称矩阵，$a_1, a_2, \cdots, a_p$ 均为 n 维列向量，假设 $a_1, a_2, \cdots, a_m$ 线性无关，$b_1, b_2, \cdots, b_p$ 为已知常数，$m \leqslant n$，$p \geqslant m$。

对二次规划问题的解进行讨论：

（1）若式（4-6）的约束不相容，则没有有限的最小值，二次规划问题无解；

（2）若 $G \geqslant 0$，该二次规划问题为凸二次规划问题，局部最优解就是全局最优解；

（3）若 $G > 0$，该二次规划问题为正定二次规划问题，有唯一全局最优解；

（4）若 G 不定，则该二次规划问题为一般二次规划问题，存在多个平稳点和局部极小值。

4.3.2 二次规划问题求解

1. 等式约束二次规划问题求解

考虑如下二次规划问题

$$\min \frac{1}{2}x^{\mathrm{T}}Gx + c^{\mathrm{T}}x \tag{4-7}$$
$$\text{s.t.} \ Ax = b$$

其中 $G \in \mathbf{R}^{n \times n}$ 为对称正定阵, $A \in \mathbf{R}^{m \times n}$ 为行满秩; $x \in \mathbf{R}^n, b \in \mathbf{R}^m$。

1) 零空间法

矩阵 A 的零空间就是 $Ax=0$ 解的集合。设 x_0 满足 $Ax_0=b$, 记 A 的零空间为

$$N(A) = \{z \in \mathbf{R}^n \mid Az = 0\} \tag{4-8}$$

则式(4-8)中的任一可行点 x 可表示成 $x = x_0 + z \ (z \in N(A))$ 的形式。

$$\min \frac{1}{2}z^{\mathrm{T}}Gz + z^{\mathrm{T}}(c + Gx_0) \tag{4-9}$$
$$\text{s.t.} \ Az = b$$

令 $z \in \mathbf{R}^{n \times (n-m)}$ 是 $N(A)$ 的一组基组成的矩阵, 则对任意 $d \in \mathbf{R}^{n-m}$ 有 $z = Zd \in N(A)$, 则式(4-7)可表示为

$$\min \frac{1}{2}d^{\mathrm{T}}(Z^{\mathrm{T}}GZ)d + d^{\mathrm{T}}[Z^{\mathrm{T}}(c + Gx_0)] \tag{4-10}$$

在式(4-10)中, 若 G 为半正定矩阵, $Z^{\mathrm{T}}GZ$ 也为半正定矩阵。设 d^* 为式(4-10)的稳定点, 则 d^* 也为全局极小点, 故 $x^* = x_0 + Zd^*$ 为全局的极小值, 同时相应的拉格朗日乘子为 $\lambda^* = A^+(Hx^* + c)$, 其中, A^+ 为矩阵 A 的广义逆矩阵。

那么, 下面的问题就是如何求取矩阵 A 的广义逆矩阵 A^+。

首先对 A^{T} 进行 QR 分解。

$$A^{\mathrm{T}} = Q \begin{bmatrix} R \\ 0 \end{bmatrix} = \begin{bmatrix} Q_1 & Q_2 \end{bmatrix} \begin{bmatrix} R \\ 0 \end{bmatrix} \tag{4-11}$$

其中, Q 为一个 n 阶正交阵, R 为一个 m 阶上三角阵, $Q_1 \in \mathbf{R}^{n \times m}, Q_2 \in \mathbf{R}^{n \times (n-m)}$, 则

$$x_0 = Q_1 R^{-1} b, \quad Z = Q_2 \tag{4-12}$$

同时有

$$A^+ = Q_1 (R^{-1})^{\mathrm{T}} \tag{4-13}$$

2) 拉格朗日乘子法

等式约束二次规划问题求解的本质是将约束问题转化为无约束问题, 进而求解无约束函数的极值点参数, 获取原问题的极值点。

构造拉格朗日函数为

$$L(x, \lambda) = \frac{1}{2}x^{\mathrm{T}}Gx + c^{\mathrm{T}}x - \lambda^{\mathrm{T}}(Ax - b) \tag{4-14}$$

分别对 x 和 λ 求偏导, 则

$$\nabla_x L(x, \lambda) = 0, \quad \nabla_\lambda L(x, \lambda) = 0 \tag{4-15}$$

可得到

$$\begin{cases} Gx - A^T\lambda = -c \\ -Ax = -b \end{cases} \tag{4-16}$$

在求解最优变量 x 的过程中,因为对 λ 求偏导时已经包含了等式约束,所以该等式约束的问题就变成了含有两个参数 x 和 λ 的无条件极值问题。

将式(4-16)写成矩阵形式为

$$\begin{bmatrix} G & -A^T \\ -A & 0 \end{bmatrix} \begin{bmatrix} x \\ \lambda \end{bmatrix} = \begin{bmatrix} -c \\ -b \end{bmatrix} \tag{4-17}$$

其中 $\begin{bmatrix} G & -A^T \\ -A & 0 \end{bmatrix}$ 为拉格朗日矩阵,对该矩阵求逆,则

$$\begin{bmatrix} G & -A^T \\ -A & 0 \end{bmatrix}^{-1} = \begin{bmatrix} D & -B^T \\ -B & C \end{bmatrix} \tag{4-18}$$

由恒等式

$$\begin{bmatrix} G & -A^T \\ -A & 0 \end{bmatrix} \begin{bmatrix} D & -B^T \\ -B & C \end{bmatrix} = \begin{bmatrix} I_n & 0_{n\times m} \\ 0_{m\times n} & I_m \end{bmatrix} \tag{4-19}$$

得到

$$\begin{cases} GD + A^T B = I_n \\ -GB^T - A^T C = 0_{n\times m} \\ -AD = 0_{m\times n} \\ AB^T = I_m \end{cases} \tag{4-20}$$

则有

$$\begin{cases} D = G^{-1} - G^{-1}A^T(AG^{-1}A^T)^{-1}AG^{-1} \\ B = (AG^{-1}A^T)^{-1}AG^{-1} \\ C = -(AG^{-1}A^T)^{-1} \end{cases} \tag{4-21}$$

对式(4-17)两边同时左乘 $\begin{bmatrix} D & -B^T \\ -B & C \end{bmatrix}$ 得

$$\begin{bmatrix} \bar{x} \\ \bar{\lambda} \end{bmatrix} = \begin{bmatrix} D & -B^T \\ -B & C \end{bmatrix} \begin{bmatrix} -c \\ -b \end{bmatrix} \tag{4-22}$$

将式(4-21)代入式(4-22)即可求解。

2. 一般二次规划问题求解

考虑如下一般二次规划问题

$$\begin{aligned} \min\ & q(x) = \frac{1}{2}x^T G x + c^T x \\ \text{s.t.}\ & a_i^T x = b_i, \quad i \in \varepsilon = \{1, 2, \cdots, m\} \\ & a_i^T x \geqslant b_i, \quad i \in I = \{m+1, \cdots, p\} \end{aligned} \tag{4-23}$$

式中,G 为 n 阶对称阵。

有效集法是求解一般二次规划问题(见式(4-23))最经典的方法,接下来将简单介绍有效集法的原理,而其他方法如内点法、外点法等可自行探索,本节就不再赘述。设 x^* 是一般二次规划式(4-23)的全局极小点,且在 x^* 处的有效集为 $S(x^*)=\varepsilon \bigcup I(x^*)$,则 x^* 也是等式约束二次规划的全局极小点。

$$\min \frac{1}{2}x^\mathrm{T}Gx+c^\mathrm{T}x$$
$$\text{s.t.} \quad a_i^\mathrm{T}x=b_i, \quad i \in S(x^*) \tag{4-24}$$

有效集的算法步骤如下。

Step1:形成子问题并求出搜索方向 d_k。

设 x_k 是一般二次规划的一个可行点,据此确定相应的有效集 $S_k=\varepsilon \bigcup I(x_k)$,其中 $I(x_k)=\{i\,|\,a_i^\mathrm{T}x_k-b_i=0, i\in I\}$,首先求解相应的子问题为

$$\min \frac{1}{2}x^\mathrm{T}Gx+c^\mathrm{T}x$$
$$\text{s.t.} \quad a_i^\mathrm{T}x=b_i, \quad i \in S_k \tag{4-25}$$

则有

$$\min \frac{1}{2}d^\mathrm{T}Hd+g_k^\mathrm{T}d$$
$$\text{s.t.} \quad a_i^\mathrm{T}d=0, \quad i \in S_k \tag{4-26}$$

其中,$x=x_k+d_k$,$g_k=Gx_k+c$,设 d_k 和 λ_k 为所求的全局极小点对应的拉格朗日乘子。

Step2:进行线搜索确定步长 α_k。

若 x_k+d_k 是该一般二次规划的可行点,即 $a_i^\mathrm{T}(x_k+d_k)-b_i=0, i\in\varepsilon$ 以及 $a_i^\mathrm{T}(x_k+d_k)\geqslant b_i, i\in I$,则认为在此情况下 $\alpha_k=1, x_{k+1}=x_k+d_k$。

若 x_k+d_k 不是该一般二次规划的可行点,则通过线搜索求出下降最好的可行点为

$$\alpha_k=\bar{\alpha}_k=\min\left\{\frac{b_i-a_i^\mathrm{T}x_k}{a_i^\mathrm{T}d_k}\,\Big|\,a_i^\mathrm{T}d_k<0\right\} \tag{4-27}$$

综合以上两种情况,则步长 $\alpha_k=\min\{1,\bar{\alpha}_k\}$。

Step3:修正 S_k。

当 $\alpha_k=1$ 时,有效集不变,$S_{k+1}=S_k$;

当 $\alpha_k<1$ 时,$\alpha_k=\bar{\alpha}_k=\dfrac{b_{i_k}-a_{i_k}^\mathrm{T}x_k}{a_{i_k}^\mathrm{T}d_k}$,故 $a_{i_k}^\mathrm{T}(x_k+\alpha_k d_k)=b_{i_k}$。因此在 x_{k+1} 处增加一个有效约束 $S_{k+1}=S_k\bigcup\{i_k\}$。

Step4:考虑 $d_k=0$。

在此情况下,x_k 为全局极小点,若这时不等式约束的拉格朗日乘子为非负,则迭代终止;反之,则需要重新寻找一个下降可行的方向。

MATLAB 提供了一个二次规划函数 quadprog(),可以非常方便地求解二次规划问题,以下将结合一个实例对该函数的用法进行说明。

例 4.1 求函数 $f(x)=x_1^2+x_2^2-2x_1x_2-2x_1-2x_2$ 的最小值，其约束条件为

$$\text{s.t.} \begin{cases} x_1+x_2 \leqslant 5 \\ -x_1+x_2 \leqslant 2 \\ 2x_1+x_2 \leqslant 9 \\ x_1, \quad x_2 \geqslant 0 \end{cases}$$

Step1：将目标函数转化为如下形式。

$$f(x)=\frac{1}{2}x^{\mathrm{T}}Hx+f^{\mathrm{T}}x$$

Step2：根据目标函数得到 H、f。

$$x=\begin{bmatrix}x_1\\x_2\end{bmatrix}, \quad H=\begin{bmatrix}2 & -2\\-2 & 2\end{bmatrix}, \quad f=\begin{bmatrix}-2\\-2\end{bmatrix}$$

Step3：得到目标约束。

根据目标约束条件可得

$$\begin{cases}Ax \leqslant b\\A_{\mathrm{eq}}x=b_{\mathrm{eq}}\\ \mathrm{lb} \leqslant x \leqslant \mathrm{ub}\end{cases}$$

其中，A、b、A_{eq}、b_{eq}、lb 和 ub 为

$$A=\begin{bmatrix}1 & 1\\-1 & 1\\2 & 1\end{bmatrix}, \quad b=\begin{bmatrix}5\\2\\9\end{bmatrix}, \quad A_{\mathrm{eq}}=[\,], \quad b_{\mathrm{eq}}=[\,], \quad \mathrm{lb}=\begin{bmatrix}0\\0\end{bmatrix}, \quad \mathrm{ub}=[\,]$$

Step4：使用 MATLAB 编程求解。利用 quadprog() 函数求解。

```
H=[2,-2;-2,2];
f=[-2;-2];
A=[1,1;-1,1;2,1];
b=[5;2;9];
[x,fval,exitflag] = quadprog(H,f,A,b,[],[],zeros(2,1),[])
```

求得最优解为 $x_1=x_2=2.5$。

4.4 序列二次规划

由于线性规划和二次规划都比较容易求解，因此自然而然地可以把一般的非线性约束优化问题线性化，然后用线性规划方法逐步求其近似解，这种方法称为序列线性规划法，简写为 SLP 法。但是，线性逼近法的精度较差、收敛速度慢，而二次规划法是比较有效的求解算法，因此现在多用二次规划法来逐步逼近非线性规划，称为序列二次规划法，简写为 SQP 法。由于 SQP 法将复杂的非线性优化问题转换为如下所示的较简单的二次规划问题来求解，因此，此方法已成为目前最为流行的重要约束优化算法之一。

$$\min Q(x) = \frac{1}{2} x^{\mathrm{T}} G x + g^{\mathrm{T}} x$$
$$\text{s. t.} \begin{cases} A_{\mathrm{eq}} x = b_{\mathrm{eq}} \\ A x \leqslant b \end{cases} \quad (4\text{-}28)$$

其中,G 为对称矩阵。

4.4.1 牛顿-拉格朗日法

首先考虑纯等式约束的优化问题。
$$\begin{aligned} \min f(x), \quad & x \in \mathbf{R}^n \\ \text{s. t.} \quad & h(x) = 0 \end{aligned} \quad (4\text{-}29)$$

其中,f 和 h 都是二阶连续可微的实函数。

构造拉格朗日函数为
$$L(x,\lambda) = f(x) + \lambda h(x) \quad (4\text{-}30)$$

其中,λ 为拉格朗日乘子。

约束函数 $h(x)$ 的雅可比矩阵为 $A(x) = \nabla h(x)$。根据 KKT 条件,可得
$$\nabla L(x,\lambda) = \begin{bmatrix} \nabla_x L(x,\lambda) \\ \nabla_\lambda L(x,\lambda) \end{bmatrix} = \begin{bmatrix} \nabla f(x) + A^{\mathrm{T}}(x)\lambda \\ h(x) \end{bmatrix} \quad (4\text{-}31)$$

可以用牛顿法求解式(4-31)。记函数 $\nabla L(x,\lambda)$ 的雅可比矩阵为
$$N(x,\lambda) = \begin{bmatrix} W(x,\lambda) & A^{\mathrm{T}}(x) \\ A(x) & 0 \end{bmatrix} \quad (4\text{-}32)$$

其中
$$W(x,\lambda) = \nabla_{xx}^2 L(x,\lambda) = \nabla^2 f(x) + \nabla^2 h(x) \lambda \quad (4\text{-}33)$$

是拉格朗日函数 $L(x,\lambda)$ 关于 x 的 Hessian 矩阵。

对于给定的点 $z_k = [x_k^{\mathrm{T}}, \lambda_k^{\mathrm{T}}]^{\mathrm{T}}$,牛顿法的迭代格式为
$$z_{k+1} = z_k + p_k \quad (4\text{-}34)$$

其中,p_k 满足下列线性方程组
$$N(x_k, \lambda_k) p_k = -\nabla L(x_k, \lambda_k) \quad (4\text{-}35)$$

即
$$\begin{bmatrix} W(x_k,\lambda_k) & A^{\mathrm{T}}(x_k) \\ A(x_k) & 0 \end{bmatrix} \begin{bmatrix} d_k \\ v_k \end{bmatrix} = \begin{bmatrix} -\nabla f(x_k) - A^{\mathrm{T}}(x_k)\lambda \\ -h(x_k) \end{bmatrix} \quad (4\text{-}36)$$

把这种求解等式约束优化问题的方法称为牛顿-拉格朗日法,其计算步骤如下:
(1) 给定初始点 $x_0 \in \mathbf{R}^n, \lambda_0 \in \mathbf{R}^l, \beta, \sigma \in (0,1)$,令 $k=0$;
(2) 若 $\|\nabla L(x_k, \lambda_k)\| \leqslant \varepsilon$,则停止计算,否则转步骤(3)继续迭代;
(3) 求解式(4-36)可得 $p_k = [d_k^{\mathrm{T}}, v_k^{\mathrm{T}}]^{\mathrm{T}}$;
(4) 设 m_k 是满足下列不等式的最小非负数 m,即
$$\|\nabla L(x_k + \beta^m d_k, \lambda_k + \beta^m v_k)\| \leqslant (1 - \sigma \beta^m) \|\nabla L(x_k, \lambda_k)\|$$

令 $\alpha_k = \beta^{m_k}$;
(5) 令 $x_{k+1} = x_k + \alpha_k d_k, \lambda_{k+1} = \lambda_k + \alpha_k v_k, k = k+1$,转步骤(2)继续迭代。

4.4.2 基于拉格朗日函数 Hessian 矩阵的 SQP 方法

鉴于求解方程组(4-36)在数值上不是很稳定,故可以将它转换为一个严格的凸二次规划问题,转化的条件是式(4-29)的解 x^* 点处最优性二阶充分条件成立,即矩阵 $W(x^*,\lambda^*)$ 正定。

$$W(x^*,\lambda^*) > 0 \tag{4-37}$$

将式(4-36)中的 $W(x_k,\lambda_k)$ 用一个正定矩阵代替,记

$$B(x_k,\lambda_k) = W(x_k,\lambda_k) + \frac{1}{2\tau}A^T(x_k)A(x_k) \tag{4-38}$$

则式(4-36)等价于

$$\begin{bmatrix} B(x_k,\lambda_k) & A^T(x_k) \\ A(x_k) & 0 \end{bmatrix} \begin{bmatrix} d_k \\ \bar{\lambda}_k \end{bmatrix} = \begin{bmatrix} -\nabla f(x_k) \\ -h(x_k) \end{bmatrix} \tag{4-39}$$

则 d_k 满足式(4-39)的充分条件是 d_k 为如下严格凸二次规划问题的全局极小点。

$$\min \frac{1}{2}d^T B(x_k,\lambda_k)d + \nabla f^T(x_k)d$$
$$\text{s.t.} \quad h(x_k) + A(x_k)d = 0 \tag{4-40}$$

定义罚函数为

$$P(x,\lambda) = \|\nabla L(x,\lambda)\|^2 = \|\nabla f(x) + A^T(x)\lambda\|^2 + \|h(x)\|^2 \tag{4-41}$$

则可得纯等式约束优化问题的 SQP 问题的计算步骤如下:

(1) 给定初始点 $x_0 \in \mathbf{R}^n, \lambda_0 \in \mathbf{R}^l, \beta, \sigma \in (0,1)$,令 $k=0$;

(2) 若 $P(x_k,\lambda_k) \leqslant \varepsilon$,则停止计算,否则转步骤(3)继续迭代;

(3) 求解二次规划子问题(见式(4-40))可得 d_k 和 $\bar{\lambda}_k$,令

$$v_k = \bar{\lambda}_k - \lambda_k - \frac{1}{2\tau}A(x_k)d_k$$

(4) 设 m_k 是满足下列不等式的最小非负数 m,即

$$P(x_k + \beta^m d_k, \lambda_k + \beta^m v_k) \leqslant (1-\sigma\beta^m)P(x_k,\lambda_k) \tag{4-42}$$

令 $\alpha_k = \beta^{m_k}$;

(5) 令 $x_{k+1} = x_k + \alpha_k d_k, \lambda_{k+1} = \lambda_k + \alpha_k v_k, k = k+1$,转步骤(2)继续迭代。

4.4.3 基于修正 Hessian 矩阵的 SQP 方法

考虑一般形式的约束优化问题:

$$\min f(x), \quad x \in \mathbf{R}^n$$
$$\text{s.t.} \begin{cases} h(x) = 0 \\ g(x) \geqslant 0 \end{cases} \tag{4-43}$$

在给定点 (x_k,λ_k,μ_k) 之后,将约束函数线性化,并且对拉格朗日函数进行二次多项式近似,可得下列形式的二次规划子问题。

$$\min \frac{1}{2}d^{\mathrm{T}}W_k d + \nabla f^{\mathrm{T}}(x_k)d$$
$$\text{s. t.} \begin{cases} h(x_k) + \nabla h^{\mathrm{T}}(x_k)d = 0 \\ g(x_k) + \nabla g^{\mathrm{T}}(x_k)d \geqslant 0 \end{cases} \tag{4-44}$$

其中,$W_k = \nabla^2_{xx}L(x_k,\lambda_k,\mu_k)$。

拉格朗日函数为

$$L(x,\lambda,\mu) = f(x) + \lambda h(x) + \mu g(x) \tag{4-45}$$

在构造二次规划子问题时,需计算拉格朗日函数 $L(x,\lambda,\mu)$ 在迭代点 x_k 处的 Hessian 矩阵 $W_k = \nabla^2_{xx}L(x_k,\lambda_k,\mu_k)$,其计算量较大。为了克服这一困难,可以用对称正定矩阵 B_k 代替拉格朗日矩阵的 SQP 方法,即构造下列形式的二次规划子问题:

$$\min \frac{1}{2}d^{\mathrm{T}}B_k d + \nabla f^{\mathrm{T}}(x_k)d$$
$$\text{s. t.} \begin{cases} h(x_k) + \nabla h^{\mathrm{T}}(x_k)d = 0 \\ g(x_k) + \nabla g^{\mathrm{T}}(x_k)d \geqslant 0 \end{cases} \tag{4-46}$$

并用此问题的解 d_k 作为原问题的变量 x 在第 k 次迭代过程中的搜索方向。

计算步骤如下:

(1) 给定初始点 $x_0 \in \mathbf{R}^n, \sigma > 0, \delta > 0$,初始对称矩阵 $B_0 \in \mathbf{R}^{n \times n}$,以及满足 $\sum_{k=0}^{\infty} \eta_k < \infty$ 的非负数列 $\{\eta_k\}$,令 $k = 0$;

(2) 求解二次规划子问题(见式(4-46))可得最优解 d_k;

(3) 若 $\|d_k\| \leqslant \varepsilon$,则停止计算并输出 x_k 作为原问题的近似极小点,否则继续迭代;

(4) 利用罚函数

$$P_\sigma(x) = f(x) + \frac{1}{\sigma}\{\|h(x)\| + \|[g(x)]_-\|\} \tag{4-47}$$

其中,$[g(x)]_- = \max\{0, -g(x)\}$。

按照某种线搜索规划确定步长 $\alpha_k \in (0,\delta]$ 使得

$$P_\sigma(x_k + \alpha_k d_k) \leqslant \min_{\alpha \in (0,\sigma]} P_\sigma(x_k + \alpha d_k) + \eta_k \tag{4-48}$$

(5) 令 $x_{k+1} = x_k + \alpha_k d_k$,更新 B_k 为 B_{k+1},令 $k = k+1$,转步骤(2)继续迭代。

4.5 本章小结

随着工业生产的发展,特别是计算机科学技术的发展及广泛应用,最优化理论和高效优化算法得到迅速发展,在智能驾驶车辆动力学控制中发挥着越来越重要的作用。本章首先介绍了优化问题建模、分类及求解方法,并重点介绍了优化问题中非常重要的一类问题——二次规划问题及其求解方法。

第 5 章

环 境 感 知

5.1 概 述

智能驾驶汽车的环境感知模块利用视觉传感器、毫米波雷达、激光雷达、超声波雷达等各种传感器对车辆周围交通环境进行数据采集与分析处理,以获取当前行驶环境信息。交通场景模型的准确性直接影响障碍物的行为与轨迹预测精度,进而影响智能车辆动力学实时求解精度,甚至难以保证车辆的安全行驶。为了保证车辆的安全行驶,根据本车行驶轨迹、道路环境模型、障碍物相对运动状态,建立交通场景模型并对障碍物的运动状态进行跟踪与预测,是求解智能车辆动力学控制问题首要解决的难题。

为了确保智能车对车辆周围环境的准确理解,环境感知系统需要根据检测到的周围环境信息,感知理解出障碍物位置与速度、预测车辆未来可能的行为趋势、识别车辆可行驶区等高维度信息。可靠的多传感器融合(MSF)和多目标跟踪(MTT)是智能车在复杂的动态行驶场景中实现实时建模的关键,更是智能车辆动力学可行域建模的本质所在,智能车辆动力学可行域模型的精度直接关乎智能车的安全行驶,目标跟踪与筛选的准确性直接决定了车辆周边障碍物的运动状态能否准确地预测,尤其是动态障碍物的行为预测精度不够时,智能车将有发生碰撞的风险,且舒适性也较差。因此,为了提高交通场景模型和智能车辆动力学可行域的精度(见图 5.1),本章将分别设计车辆行驶状态估计、行驶道路曲率估计、障碍物行为分析、多目标筛选、MSF 与 MTT 等算法,基于摄像头、雷达、组合传感器等检测结果实时跟踪与预测障碍物运动状态,进而建立交通场景模型和智能车辆动力学可行域,以保证车辆行驶安全。

图 5.1 智能车辆动力学可行域建模示意图

5.2 环境感知传感器

智能驾驶车辆需要对环境信息和自车信息进行采集、处理与分析,这是智能车辆自主行驶的基础和前提。作为自动驾驶车辆最重要的一个环节,环境感知是智能驾驶车辆与外界环境信息交互的关键,其核心在于使智能驾驶车辆更好地理解车辆自身和周边环境的驾驶态势。智能驾驶车辆通过传感器硬件获取周围的环境信息。环境感知的对象主要包括路面、静态物体和动态物体等三个方面,涉及道路边界检测、障碍物检测、车辆检测、行人检测等技术。特别地,对于动态物体,不仅要检测到物体的当前位置,而且要对其轨迹进行跟踪,并根据跟踪结果预测障碍物下一步的运动状态。

目前,智能驾驶车辆环境感知功能所采用的传感器主要有视觉传感器、毫米波雷达、激光雷达、超声波雷达等,通常位于车辆的前后保险杠、侧视镜、驾驶室内部或者挡风玻璃上,可以探测光、热、压力或其他车辆运动状态的变量。具体介绍如下。

1. 视觉传感器

视觉传感器作为环境感知的重要传感器之一,可获取的环境信息最丰富,例如道路交通标志、信号灯、车道线、行人、车辆以及其他各类障碍物等,这些信号为智能驾驶汽车提供了重要的决策和规划依据。视觉传感器通过摄像头获得的图像信息,依次通过图像增强、去雾等技术对原始的输入图像进行数据预处理,再通过计算机视觉相关算法进行分析,实现分类、分割、检测、跟踪等,提取车道线、行人、车辆以及障碍物的位置、尺寸、速度和方向等信息。相比于激光雷达,视觉传感器可以获得如交通信号灯、车道线和指示牌等提供的较为丰富的语义特征,因此具有不可替代的优势。如图 5.2 所示为 Mobileye 前视摄像头。

图 5.2 Mobileye 前视摄像头

伴随着计算机视觉和人工智能的发展,尤其是在深度学习时代,视觉传感器的性能大幅提升,具有检测范围广、信息容量大、成本低等优点,同时对其所得图像进行处理可以实现对象的识别与检测,基于这些特点,视觉传感器在自动驾驶中得到广泛的应用。尽管视觉传感器的发展非常迅猛,但其仍存在处理速度相对较慢、鲁棒性差、准确性低、易受环境影响等缺陷,如何解决这些问题是各企业及机构的研究重点。环境对机器视觉系统的影响可分为三类:天气及光线条件的影响,包括变化的环境、雨或雾、变化不定的光线条件、建筑物或树木的阴影等因素;道路环境的影响,包括变化的道路纹理、车道线磨损或污渍、多变的路面结构等因素;检测目标的影响,包括不同类型的车辆、车辆表面污渍、行人等因素,尤其是在能见度低、光照过弱或反光的情境的性能影响较大,而且无法全天候工作。因此,图像处理算法旨在尽可能抑制甚至消除这些因素对于目标识别及准确定位的影响。

2. 毫米波雷达

毫米波雷达的工作原理是向道路周围发射毫米波信号,通过接收反射回来的毫米波信号以及多普勒效应来实现目标距离、速度、角度等信息的检测。毫米波雷达是唯一可以全天候工作的环境感知传感器,主要有 24GHz 和 77GHz 雷达传感器。毫米波雷达体积小、易集成、探测距离远、环境适应性好,对烟、雾、粉尘的穿透能力强,抗干扰性能好,因而被广泛应用于高级驾驶辅助系统(ADAS)。然而,毫米波雷达最大的弊端是无法探测平行平面内的目标信息,并且对静止障碍物的检测效果较差。如图5.3所示为德尔福和大陆的毫米波雷达产品。

图5.3 德尔福和大陆的毫米波雷达产品

3. 激光雷达

激光雷达由激光发射系统、接收系统、信息处理三部分组成。激光雷达通过发射激光脉冲并检测从其他物体反射回来的信号,进而获取目标的位置和速度信息以及周围环境的三维特征。根据目标的密度信息,就可以轻易地识别汽车、行人、路障、树木、路灯等道路上常见的目标。激光雷达的分辨率极高,测距精度高,角分辨率高,速度分辨率高,测量范围大,还具有抗干扰能力强等优点。目前常见的有4线、8线、16线、32线、64线、128线激光雷达。激光雷达线数越多,测量精度越高,车辆安全性越高。然而,激光雷达的价格较高,体积较大,频率相近的激光雷达之间存在着互相干扰。此外,受天气的影响较大,在雾霾、雨雪等能见度较低的环境中,激光雷达的可探测距离会急速衰减。如图5.4所示为Velodyne 16线激光雷达和在车顶的安装示意图。

图5.4 Velodyne 16线激光雷达和在车顶的安装示意图

随着汽车智能化的发展,L3以上级别智能驾驶汽车中开始应用激光雷达,由于具有高精度、实时3D环境建模等特点,激光雷达已成为自动驾驶汽车中最为关键的传感器,但是目前制约激光雷达应用的首要因素还是其高昂的成本。降低激光雷达成本主要有两种方式:

(1) 取消机械旋转结构,采用固态激光雷达降低成本。固态激光雷达体积更小,方便集成,并且系统可靠性更高,因此激光雷达有向固态化发展的趋势。

(2) 多个低线数激光雷达融合使用。随着量产规模的扩大,技术迭代更新,成本不断降低,激光雷达也在不断向小型化、低功耗、集成化发展。

4. 超声波雷达

超声波雷达也是常用的车载传感器,它是指利用超声波进行障碍物检测的传感器,主要工作频率有40kHz、48kHz和58kHz三种。一般来说，频率越高，灵敏度越高，但水平与垂直方向的探测角度就越小，故一般采用40kHz的超声波探头。超声波雷达防水、防尘，即使有少量的泥沙遮挡也不影响，并且其探测范围为0.1~3m，精度高、成本低，因此非常适合应用于泊车场景中的近距离障碍物检测。应用于自动泊车的超声波雷达如图5.5所示。

图5.5 应用于自动泊车的超声波雷达

综上所述，各种传感器在多个关键特性上的性能表现对例如表5.1所示。由表5.1可见，不同传感器的性能各有优劣。因此，为实现对智能驾驶汽车功能性与安全性的全面覆盖，在环境感知层需要采用多传感器信息融合技术。多传感器信息融合的目标是利用各种传感器独立和冗余观测信息，对数据进行多级别、多方位和多层次的信息处理，产生新的、内容更丰富的也更有意义的交通场景信息。这种信息是多传感器最佳冗余感知与协同感知作用的结果，利用多个传感器共同或联合感知的优势来提高整个环境感知系统的鲁棒性与可靠性，多传感器信息融合技术示意图如图5.6所示。

表5.1 传感器性能对比

传感器	视觉传感器	毫米波雷达	激光雷达	超声波雷达
最大探测距离	一般	大	大	小
分辨率	一般	好	好	差
误报率	一般	小	较小	较大
响应时间	较慢	快	快	较慢
数据处理	复杂	一般	复杂	简单
环境适应性	差	好	差	一般
价格	低	一般	高	低

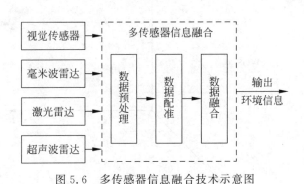

图5.6 多传感器信息融合技术示意图

5.3 导航定位系统

准确可靠的汽车位置和姿态（简称位姿）等定位信息是实现自动驾驶汽车导航功能的前提和基础。目前常用的车辆导航定位系统按照所使用的传感器不同，包括卫星定位、基于信标阵列的定位、航迹推算、惯性导航、全球卫星定位系统、视觉定位、基于激光雷达的定位、基于高精度地图的辅助定位等。自动驾驶汽车要求导航定位系统能精确、实时感知自身在全局环境中的相对位置且定位精度达到厘米级,同时对定位技术的可靠性和安全性提出了非常高的要求,而采用普通导航地图、卫星定位及基站定位等现有的定位方案显然不能满足自动驾驶汽车对于高精度定位的需求,因此,多种感知技术与定位技术的融合定位策略成为目前自动驾驶定位技术的发展趋势。

1. GPS 定位

全球定位系统(Global Positioning System,GPS)是 20 世纪 70 年代由美国陆海空三军联合研制的全球导航卫星系统(Global Navigation Satellite System,GNSS)。GPS 主要由空间星座部分、地面监控部分、用户设备部分组成。空间星座部分由 24 颗卫星组成,其中包括 3 颗备用卫星。地面监控部分由一个主控站、三个注入站和五个监测站组成。用户设备部分的核心是安装于实车上的 GPS 接收机,主要由主机、天线、电源和数据处理软件等组成,主要功能为接收卫星发播的信号,获取定位的观测值,提取导航电文中的广播星历、卫星星钟修正等参数,经数据处理而完成导航定位工作。

为了降低 GPS 观测量中的卫星和接收机时钟差、大气传播延迟、多路径效应等误差的影响,在实车定位中一般采用四星定位技术,因此,根据 GPS 接收机的观测数据来确定接收机或车辆位置的定位技术的基本原理如图 5.7 所示。设卫星在 WGS-84 坐标系下的空间坐标为 (x_n,y_n,z_n),接收机即车辆坐标为 (x,y,z),定位误差为 e,则 GPS 定位技术的本质即求解如下四元非线性方程组:

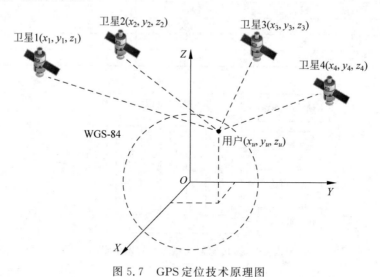

图 5.7 GPS 定位技术原理图

$$\begin{cases} d_1 = \sqrt{(x-x_1)^2+(y-y_1)^2+(z-z_1)^2}+e \\ d_2 = \sqrt{(x-x_2)^2+(y-y_2)^2+(z-z_2)^2}+e \\ d_3 = \sqrt{(x-x_3)^2+(y-y_3)^2+(z-z_3)^2}+e \\ d_4 = \sqrt{(x-x_4)^2+(y-y_4)^2+(z-z_4)^2}+e \end{cases} \quad (5\text{-}1)$$

2. 高精度地图

高精度地图包含语义信息的车道模型、道路部件、道路属性等矢量信息,是自动驾驶的专用地图,在整个自动驾驶领域扮演着核心角色。自动驾驶汽车在高精度地图的辅助下更容易判断自身位置、可行驶区域、目标类型、行驶方向、前车相对位置、感知红绿灯状态及行驶车道等信息。同时,还能利用其超视距的感知能力,辅助汽车预先感知坡度、曲率、航向等路面复杂信息,再结合车辆运动规划算法,让汽车做出正确决策。因此,高精度地图是保障自动驾驶安全性与稳定性的关键,在自动驾驶的感知、定位、规划、决策、控制等过程中都发挥着重要作用。

正是考虑上述原因,高精度地图生产制作过程中,需要对采集到的交通环境图像、激光点云、GPS定位等多种传感器原始数据进行处理,其中涉及车道线识别、交通标识标牌的图像处理技术、激光点云配准技术、同步定位与建图技术以及OTA数据更新与回传等云端服务技术。

3. 融合定位

当前可用于车辆定位的技术及方案越来越多,由不同类型传感器组成的定位系统也变得多样化。其中,按技术原理的不同,可将现有的汽车定位技术分为以下三类。

第一类是基于卫星信号的定位,其采用飞行时间测距法(Time of Flight,TOF)获取汽车与卫星间的距离,然后,使用三星定位原理得到汽车的空间绝对位置。其典型代表是GNSS,最常用的包括我国的北斗导航系统(BDS)、美国的GPS、俄罗斯的格洛纳斯(GLONASS)、欧盟的伽利略(Galileo)等。GNSS利用覆盖全球的地理空间定位的卫星系统,能够为车辆提供全气候、全时段、全方位、大范围的导航服务,但是也有其局限性。首先,虽然GNSS可以提供一个在全球范围内的位置,但通常仍不足以确定车辆厘米级的精确位置,难以满足智能汽车的更高精度定位要求;其次,在城市峡谷、隧道和其他无线电阴影区域,该系统的性能大大降低或位置可能完全不可用。基于差分技术的RTK-GNSS定位可轻易实现厘米级定位,具有精度高、可靠性高的特点,但缺点是更新速度慢、GNSS信号容易被遮挡发生多路径效应、易受环境影响(图5.8)。由于在定位准确性、连续性和实时性等方面的局限性,GNSS通常需要与其他定位技术结合使用方能满足面向智能驾驶的车载定位需求。

第二类是航迹递推即惯性导航,依靠加速度计、陀螺仪、里程计等,根据上一时刻汽车的位置和航向递推出当前时刻汽车的位置、速度和航向(图5.9)。惯性导航系统以牛顿力学定律为基础,是一种推导式的导航方式:根据已知点的位置和速度,推算当前的加速度、速度和位置。惯性导航在室内、隧道内等GNSS信号较弱的场景有着广泛的应用。惯性导航的缺点也很明显,当车辆处于复杂动态环境下如车轮滑移和滑转、路面不平、轮胎侧滑以及轮胎半径的变化,用于航迹推算的车辆模型精度以及编码器的低分辨率和采样频率等,航迹推算的精度也很难保证。此外,由于定位信息是通过对时间的积分获得的,误差会随着时间的积累而增加,因此长时间独立工作时精度无法保持,需要利用外部信息辅助校正。

第三类是地图匹配,用激光雷达或摄像头采集到的数据特征和高精度地图数据库中存储的特征进行匹配,得到实时的汽车位姿(图5.10)。

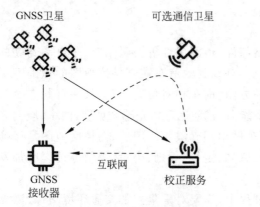

图 5.8 RTK-GNSS 定位技术原理图

图 5.9 用于惯性导航定位的 IMU 传感器

图 5.10 高精地图匹配定位

在自动驾驶定位系统的实践中,通常使用多种技术融合定位的方案(图 5.11),以保证在发生 GNSS 信号遮挡时也能提供实时高精度定位。

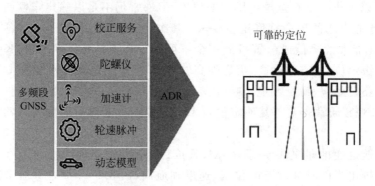

图 5.11 融合定位技术方案

5.4 车辆行驶状态估计

当车辆稳定行驶在小曲率车道内时,根据雷达或摄像头等传感器可以准确、可靠地获取车辆周边障碍物的运动轨迹。但是,当车辆行驶在大曲率车道内或者变道时,如图 5.12 所示,车辆前方障碍物有可能会驶出环境感知传感器的感知范围,或者将本车道前方车辆误判为相邻车道的车辆而发生漏报,也有可能将相邻车道车辆误判为本车道内车辆而发生误报,这都不利于智能车的安全平稳行驶。为了保证智能车的安全可靠行驶,就需要对本车行驶状态尤其是弯道行驶或者变道时的车辆横向动力学状态进行准确估计,并根据本车行驶轨迹对障碍物的运动状态进行补偿以实现准确的障碍物运动状态跟踪与预测,因此,本车行驶状态的跟踪与预测关乎着障碍物行驶状态的跟踪精度,进而影响智能车的安全行驶。

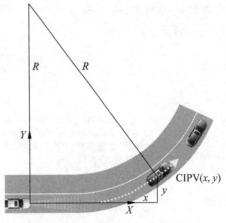

图 5.12 典型弯道场景示意图

5.4.1 车辆行驶状态传感器

1. 方向盘转角传感器

汽车方向盘转角传感器是车辆稳定性控制系统的一个重要组成部分,主要安装在方向盘下方的转向管柱上,如图 5.13 所示。它作为独立的 CAN 总线节点,进行数据传输。方向盘转角传感器主要用于测量汽车转向时方向盘的转动角度、转向速度和转动方向,结合车辆动力学模型可估计车辆的转弯半径,以辅助相关的主动安全控制功能。该传感器主要应用于电子稳定系统(ESP)、电动助力转向系统(EPS)、自适应前照灯系统(AFS)、高级辅助驾驶系统(ADAS)、辅助泊车系统(APS)等。

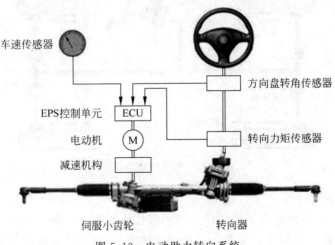

图 5.13 电动助力转向系统

通常使用的方向盘转角传感器采用三个齿轮的机械结构来测量转角和转过的圈数。方向盘转角传感器原理图如图 5.14 所示。大齿轮随方向盘管柱一起转动,两个小齿轮齿数相差 1 个,与传感器外壳一起固定在车身,不随方向盘转动而转动。两个小齿轮分别采集到随方向盘转动的转角,由于相差一个齿,不同的圈数就会相差特定的角度,通过计算得到方向盘的绝对转角。

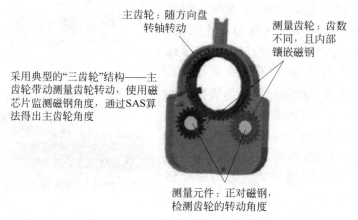

图 5.14 方向盘转角传感器原理图

2. 轮速传感器

轮速传感器主要是用来测量汽车车轮转速的传感器,安装在汽车轮胎的轮毂上,负责监测车轮转速,从而计算车辆速度以及滑移率等,以实现多种车辆功能,例如牵引力控制系统(TCS)、防抱死制动系统(ABS)等。另外汽车动态控制(VDC)系统、汽车电子稳定程序(ESP)、自动变速器的控制系统等都需要轮速信息。所以轮速传感器是现代汽车中最为关键的传感器之一。常用的轮速传感器主要有磁电式轮速传感器和霍尔式轮速传感器。轮速传感器位置如图 5.15 所示。

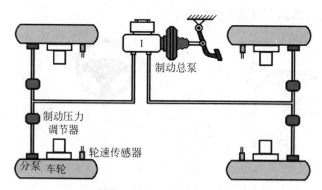

图 5.15 轮速传感器位置

1) 磁电式轮速传感器

磁电式轮速传感器由电磁感应式传感器和磁性齿圈组成。传感器由永久磁芯和感应线圈组成,齿圈由铁磁材料制成。齿圈是一个运动部件,一般安装在轮毂上或轮轴上与车轮一起旋转。轮速传感头是一个静止部件,传感头磁极与齿圈的端面有一定间隙,如图 5.16 所示。

磁力线从磁芯的一极出来,穿过齿圈和空气,返回到磁芯的另一极。由于传感器的线圈缠绕在磁芯上,因此,这些磁力线也会穿过线圈。当车轮旋转时,与车轮同步的齿圈(转子)

随之旋转,齿圈上的齿和间隙依次快速经过传感器的磁场,其结果是改变了磁路的磁阻,从而导致线圈中感应电势发生变化,产生一定幅值、频率的电势脉冲。脉冲的频率,即每秒产生的脉冲个数,反映了车轮旋转的快慢。

2) 霍尔式轮速传感器

霍尔式轮速传感器由传感头和齿圈组成。传感头由永磁体、霍尔元件和电子电路等组成,如图5.17所示。

用霍尔元件作为汽车的车轮转速传感器时,多采用磁感应强度 B 作输入信号,通过磁感应强度 B 随轮速变化,产生

图 5.16 轮速传感器剖视图

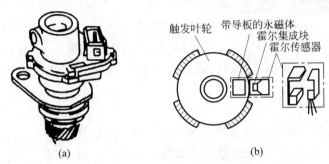

图 5.17 霍尔式轮速传感器结构
(a) 传感器示意图;(b) 传感器原理图

霍尔电势脉冲,经霍尔集成电路内部的放大、整形、功放后,向外输出脉冲序列,其占空比随转盘的角速度变化。齿盘的转动交替改变磁阻,引起磁感应强度变化,即可测得传感器输出的霍尔电势脉冲。

如图5.18所示,永磁体的磁力线穿过霍尔元件通向齿轮,齿轮相当于一个集磁器。

当齿轮位于图5.18(a)所示位置时,穿过霍尔元件的磁力线分散,磁场相对较弱;

当齿轮位于图5.18(b)所示位置时,穿过霍尔元件的磁力线集中,磁场相对较强;

齿轮转动时,使得穿过霍尔元件的磁力线密度发生变化,因而引起霍尔电压的变化,霍尔元件将输出一个毫伏级的准正弦波电压,此信号再经过电子电路转换为标准的脉冲电压。脉冲的频率,即每秒产生的脉冲个数,反映了车轮旋转的快慢,通过脉冲的频率即可得知车轮转速。

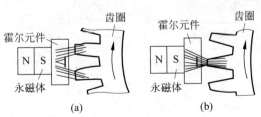

图 5.18 霍尔式轮速传感器原理图

3. 组合传感器

组合传感器是线控制动和车辆稳定性控制的核心传感器,是一种使用加速度计和陀螺

仪来测量物体三轴姿态角(或角速率)以及加速度的装置。为保证测量准确性,一般组合传感器要安装在被车辆的重心上。组合传感器如图 5.19 所示。

图 5.19 组合传感器

1) 加速度计工作原理

加速度计是一种能够测量加速度的传感器。加速度计的本质是检测力而非加速度,即加速度计的检测装置捕获的是引起加速度的惯性力,随后可利用牛顿第二定律获得加速度值。其测量原理可以用一个简单的质量块、弹簧和指示计来表示。加速度计测量值 $a_m = \dfrac{f}{m} = a - g$ 为弹簧拉力对应的加速度,f 为弹簧拉力,a 为物体在惯性系统下的加速度,g 为重力加速度。加速度计利用电容或者电阻桥等原理测量 a_m。根据传感器敏感元件的不同,常见的加速度传感器包括电容式、压阻式、压电式等。

2) 陀螺仪工作原理

当一个质点相对于惯性系做直线运动时,因为质点自身的惯性,相对于旋转体系,它的轨迹是一条曲线。立足于旋转体系,认为有一个力驱使质点运动轨迹形成曲线。科氏力就是对这种偏移的一种描述,如图 5.20 所示。

即本来直线的运动当放在一个旋转体系中直线轨迹会发生偏移,而实际上直线运动的问题并未受到力的作用,设立这样一个虚拟的力称为科氏力。

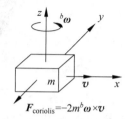

图 5.20 科氏力的形成

由此在陀螺仪中,选用两块物体,它们处于不断的运动中,并令它们运动的相位相差 $-180°$,即两个质量块运动速度方向相反,而大小相同。它们产生的科氏力相反,从而压迫两块对应的电容板移动,产生电容差分变化,电容的变化正比于旋转角速度,由电容即可得到旋转角度变化。陀螺仪工作原理如图 5.21 所示。

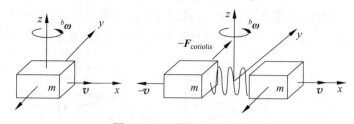

图 5.21 陀螺仪工作原理

5.4.2 车辆二自由度模型可观性分析

基于车辆二自由度横向动力学模型(见式(2-53))设计状态观测器,以实现车辆运动状态估计。针对该模型,当不考虑模型误差和观测误差时,定义系统状态方程和观测方程为

$$\begin{cases} f(X) = AX + B\delta \\ h(X) = CX \end{cases} \tag{5-2}$$

定义式(2-53)的观测性矩阵为

$$Q = \begin{bmatrix} \mathrm{d}L_{\mathrm{f}}^0 h(X) \\ \mathrm{d}L_{\mathrm{f}}^1 h(X) \end{bmatrix} \tag{5-3}$$

其中,李导数为

$$\begin{cases} \mathrm{d}L_{\mathrm{f}}^0 h(X) = \dfrac{\partial L_{\mathrm{f}}^0 h}{\partial X} = C \\ \mathrm{d}L_{\mathrm{f}}^1 h(X) = \dfrac{\partial L_{\mathrm{f}}^1 h}{\partial X} = CA \end{cases} \tag{5-4}$$

则观测性矩阵为

$$Q = \begin{bmatrix} C \\ CA \end{bmatrix} = \begin{bmatrix} 0 & 1 \\ -\dfrac{2C_{\alpha\mathrm{f}}l_{\mathrm{f}} - 2C_{\alpha\mathrm{r}}l_{\mathrm{r}}}{I_z V_{\mathrm{ego}}} & -\dfrac{2C_{\alpha\mathrm{f}}l_{\mathrm{f}}^2 + 2C_{\alpha\mathrm{r}}l_{\mathrm{r}}^2}{I_z V_{\mathrm{ego}}} \end{bmatrix}$$

显然,当 $C_{\alpha\mathrm{f}}l_{\mathrm{f}} \neq C_{\alpha\mathrm{r}}l_{\mathrm{r}}$ 时,则 Q 的秩满足 $\mathrm{rank}(Q)=2$,即系统是可观的;而当 $C_{\alpha\mathrm{f}}l_{\mathrm{f}} = C_{\alpha\mathrm{r}}l_{\mathrm{r}}$ 时,Q 的秩为 $\mathrm{rank}(Q)=1$,此时系统不可观。因此,仅当车辆参数满足 $C_{\alpha\mathrm{f}}l_{\mathrm{f}} \neq C_{\alpha\mathrm{r}}l_{\mathrm{r}}$ 时,基于车辆横向动力学模型,才能利用横摆角速度估计车辆行驶状态,否则,需要采用其他的方法来估计车辆行驶状态。一般情况下,乘用车在设计时都满足 $C_{\alpha\mathrm{f}}l_{\mathrm{f}} \neq C_{\alpha\mathrm{r}}l_{\mathrm{r}}$,因此,在本书中,假设 $C_{\alpha\mathrm{f}}l_{\mathrm{f}} \neq C_{\alpha\mathrm{r}}l_{\mathrm{r}}$ 即车辆横向动力学模型是可观的,而对 $C_{\alpha\mathrm{f}}l_{\mathrm{f}} = C_{\alpha\mathrm{r}}l_{\mathrm{r}}$ 时的情况不予考虑。

5.4.3 状态观测器设计

针对车辆横向动力学模型,设计如下所示的 Luenberger 状态观测器。

$$\begin{cases} \dot{\hat{X}} = A\hat{X} + B\delta + L(Y - \hat{Y}) \\ \hat{Y} = C\hat{X} \end{cases} \tag{5-5}$$

其中,L 为观测器增益矩阵。

定义估计误差为 $e_X = X - \hat{X}$,$e_Y = Y - \hat{Y}$,根据式(2-53)和式(5-5)可得闭环误差系统为

$$\begin{cases} \dot{e}_X = (A - LC)e_X + w_1 - Lw_2 \\ e_Y = Ce_X + w_2 \end{cases} \tag{5-6}$$

考虑车辆动力学模型中的建模误差和不确定性干扰,为了实现本车行驶状态的准确估计,基于 H_∞ 理论对 Luenberger 状态观测器的增益矩阵 L 进行设计。

定理 5.1 给定常数 $\gamma_1 > 0$ 和 $\gamma_2 > 1$,针对车辆横向动力学模型,采用 Luenberger 状态观测器,若存在正定对称矩阵 P 和矩阵 Q 满足如下线性矩阵不等式(LMI)

$$\begin{bmatrix} A^\mathrm{T}P + PA - C^\mathrm{T}Q^\mathrm{T} - QC + C^\mathrm{T}C & P & C^\mathrm{T} - Q \\ P & -\gamma_1^2 I & 0 \\ C - Q^\mathrm{T} & 0 & -\gamma_2^2 I \end{bmatrix} < 0 \tag{5-7}$$

则闭环误差系统(见式(5-6))具有如下所示 H_∞ 性能

$$\int_0^T \|e_Y\|^2 dt < \lambda_{\max}(P)\|e_X(0)\|^2 + \gamma_1^2 \int_0^T \|w_1\|^2 dt + \gamma_2^2 \int_0^T \|w_2\|^2 dt, \quad \forall T > 0 \tag{5-8}$$

其中，干扰满足 $w_1, w_2 \in L_2[0, \infty)$，Luenberger 状态观测器的增益矩阵为 $L = P^{-1}Q$，且 H_∞ 状态观测器可实现对车辆行驶状态的准确估计。

证明：定义 Lyapunov 函数为 $V = e_X^T P e_X$，则其导数为

$$\dot{V} = [(A - LC)e_X + w_1 - Lw_2]^T P e_X + e_X^T P[(A - LC)e_X + w_1 - Lw_2] \tag{5-9}$$

为了建立 H_∞ 性能，引入一个性能指数

$$J = \dot{V} + e_Y^T e_Y - \gamma_1^2 w_1^2 w_1 - \gamma_2^2 w_2^2 w_2 \tag{5-10}$$

根据式(5-6)和式(5-9)，则式(5-10)等价于

$$\begin{aligned} J &= \dot{V} + (Ce_X + w_2)^T (Ce_X + w_2) - \gamma_1^2 w_1^2 w_1 - \gamma_2^2 w_2^2 w_2 \\ &= \begin{bmatrix} e_X \\ w_1 \\ w_2 \end{bmatrix}^T \Pi \begin{bmatrix} e_X \\ w_1 \\ w_2 \end{bmatrix} \end{aligned} \tag{5-11}$$

其中

$$\Pi = \begin{bmatrix} (A-LC)^T P + P(A-LC) + C^T C & P & C^T - PL \\ P & -\gamma_1^2 I & 0 \\ C - L^T P & 0 & 1 - \gamma_2^2 I \end{bmatrix} \tag{5-12}$$

定义 $Q = PL$，根据式(5-7)可得 $\Pi < 0$，则

$$J = \dot{V} + e_Y^T e_Y - \gamma_1^2 w_1^2 w_1 - \gamma_2^2 w_2^2 w_2 \tag{5-13}$$

即

$$\int_0^T (\dot{V} + e_Y^T e_Y - \gamma_1^2 w_1^2 w_1 - \gamma_2^2 w_2^2 w_2) dt < 0 \tag{5-14}$$

其中

$$\int_0^T \dot{V} dt = V(t) - V(0) \geqslant -\lambda_{\max}(P)\|e_X(0)\|^2 \tag{5-15}$$

则式(5-14)等价于

$$\int_0^T \|e_Y\|^2 dt < \lambda_{\max}(P)\|e_X(0)\|^2 + \gamma_1^2 \int_0^T \|w_1\|^2 dt + \gamma_2^2 \int_0^T \|w_2\|^2 dt, \quad \forall T > 0 \tag{5-16}$$

则闭环误差系统具有 H_∞ 性能。

5.5 行驶道路曲率估计

准确的道路曲率估计有助于多目标的筛选与跟踪，是智能车辆动力学建模与求解最重要的步骤之一，也是目标车辆行为分析的第一步。针对如图 5.22 所示的弯道行驶场景，图

中的 CIPV 是本车道最近的车辆，若不考虑道路曲率，则该目标车有可能被直接判定为左侧车道内的车辆。如图 5.22 所示的场景，针对图中的目标车，环境感知传感器检测得到的横向距离 $d_{lat}=0$，该目标车有可能被判定为本车道内的车辆，而实际上该车辆位于右侧车道内。因此，考虑道路曲率带来的车道横向偏移量就显得至关重要。

采用回旋曲线道路模型，即

$$c(x_p) = c_0 + c_1 x_p \tag{5-17}$$

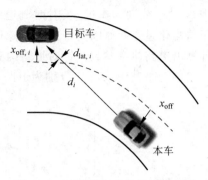

图 5.22 弯道场景车道识别示意图

其中，$c(x_p)$ 表示车辆前方 x_p 处的曲率，c_0 为车辆所处位置处道路曲率，c_1 为道路曲率变化率，则车辆行驶半径为 $R=1/c$。车辆弯道行驶的侧向加速度为

$$a_y(x_p) = c(x_p) V_{ego}^2 \tag{5-18}$$

其中，$a_y(x_p)$ 为车辆前方 x_p 处的预期侧向加速度。假设车辆匀速过弯，根据式(5-18)，则车辆过弯时的横向冲击度为

$$j_y(x_p) = \frac{da_y(x_p)}{dt} = c_1 V_{ego}^3 \tag{5-19}$$

考虑车辆过弯的舒适性，其横向冲击度需满足约束条件

$$|j_y(x_p)| \leqslant j_{ymax} \tag{5-20}$$

其中，j_{ymax} 为最大的车辆横向冲击度。根据式(5-19)和式(5-20)，则回旋曲线模型(见式(5-17))中的曲率变化率 c_1 满足下列约束条件

$$|c_1| \leqslant \frac{j_{ymax}}{V_{ego}^3} \tag{5-21}$$

基于回旋曲线模型(见式(5-17))，则道路曲率模型为

$$\begin{bmatrix} \dot{c}_0 \\ \dot{c}_1 \end{bmatrix} = \begin{bmatrix} 0 & V_{ego} \\ 0 & 0 \end{bmatrix} \begin{bmatrix} c_0 \\ c_1 \end{bmatrix} \tag{5-22}$$

考虑建模误差以及道路的随机干扰，并采用离散建模方法，则式(5-22)等价于

$$x_c(k+1) = A_c x_c(k) + w_c(k) \tag{5-23}$$

其中，$w_c(k)$ 为系统干扰和建模误差，状态变量和系统矩阵为

$$x_c(k) = \begin{bmatrix} c_0(k) \\ c_1(k) \end{bmatrix}, \quad A_c = \begin{bmatrix} 1 & T_s V_{ego} \\ 0 & 1 \end{bmatrix} \tag{5-24}$$

其中，T_s 为控制器采样周期。

5.5.1 输出测量模型

假设车辆沿着车道行驶且道路曲线方程为三次曲线，则车道两侧道路边界方程为

$$\begin{cases} y = y_l + k_0 x + \frac{1}{2} c_0 x^2 + \frac{1}{6} c_1 x^3, & \text{左侧边界} \\ y = y_r + k_0 x + \frac{1}{2} c_0 x^2 + \frac{1}{6} c_1 x^3, & \text{右侧边界} \end{cases} \tag{5-25}$$

其中，y_l、y_r 分别为车道左、右两侧道路边界方程常数项，k_0 为与航向角偏差相关的系数。利用结构化道路两侧隔离带或静止障碍物的雷达反射波拟合出道路曲线(见式(5-25))，即可计算出道路曲率参数。针对道路两旁雷达检测到的 $n(n=n_l+n_r)$ 个静止目标(x_i, y_i)，$i=1,2,\cdots,n$，其中，n_l、n_r 分别为道路左、右两侧雷达检测到的目标数目，则

$$\begin{cases} y_1 = y_l + k_0 x_1 + \dfrac{1}{2}c_0 x_1^2 + \dfrac{1}{6}c_1 x_1^3 \\ y_2 = y_l + k_0 x_2 + \dfrac{1}{2}c_0 x_2^2 + \dfrac{1}{6}c_1 x_2^3 \\ \vdots \\ y_{n_l} = y_l + k_0 x_{n_l} + \dfrac{1}{2}c_0 x_{n_l}^2 + \dfrac{1}{6}c_1 x_{n_l}^3 \\ y_{n_l+1} = y_r + k_0 x_{n_l+1} + \dfrac{1}{2}c_0 x_{n_l+1}^2 + \dfrac{1}{6}c_1 x_{n_l+1}^3 \\ y_{n_l+2} = y_r + k_0 x_{n_l+2} + \dfrac{1}{2}c_0 x_{n_l+2}^2 + \dfrac{1}{6}c_1 x_{n_l+2}^3 \\ \vdots \\ y_n = y_r + k_0 x_n + \dfrac{1}{2}c_0 x_n^2 + \dfrac{1}{6}c_1 x_n^3 \end{cases} \quad (5\text{-}26)$$

写成矩阵关系式为

$$Y = X\xi \quad (5\text{-}27)$$

其中

$$Y = \begin{bmatrix} y_1 \\ y_2 \\ \vdots \\ y_{n_l} \\ y_{n_l+1} \\ y_{n_l+2} \\ \vdots \\ y_n \end{bmatrix},\quad X = \begin{bmatrix} \dfrac{1}{6}c_1 x_1^3 & \dfrac{1}{2}c_0 x_1^2 & x_1 & 1 & 0 \\ \dfrac{1}{6}c_1 x_2^3 & \dfrac{1}{2}c_0 x_2^2 & x_2 & 1 & 0 \\ \vdots & \vdots & \vdots & \vdots & \vdots \\ \dfrac{1}{6}c_1 x_{n_l}^3 & \dfrac{1}{2}c_0 x_{n_l}^2 & x_{n_l} & 1 & 0 \\ \dfrac{1}{6}c_1 x_{n_l+1}^3 & \dfrac{1}{2}c_0 x_{n_l+1}^2 & x_{n_l+1} & 0 & 1 \\ \dfrac{1}{6}c_1 x_{n_l+2}^3 & \dfrac{1}{2}c_0 x_{n_l+2}^2 & x_{n_l+2} & 0 & 1 \\ \dfrac{1}{6}c_1 x_n^3 & \dfrac{1}{2}c_0 x_n^2 & x_n & 0 & 1 \end{bmatrix},\quad \xi = \begin{bmatrix} c_1 \\ c_0 \\ k_0 \\ y_l \\ y_r \end{bmatrix} \quad (5\text{-}28)$$

则解式(5-27)可得如下的最小二乘解

$$\xi = (X^\mathrm{T} X)^{-1} X^\mathrm{T} Y \quad (5\text{-}29)$$

考虑实际道路的特点，在求解式(5-25)的拟合问题时需要考虑很多约束条件。因此，利用解超定方程的方法求得的结果不一定适用于所有的实际场景。所以，利用优化的思想求解式(5-25)所示的拟合问题，即求解如下所示的优化问题

$$\arg\min_{\xi} \|Y - X\xi\|^2 \quad (5\text{-}30)$$

考虑式(5-25)随着时间变化的特征，因此，需实时估计模型参数 $\xi(k)$。将优化问题即

式(5-30)转换为标准的二次规划问题,即

$$\arg\min_{\xi(k)} f[\xi(k)] = \frac{1}{2}\xi^T(k)X^T X\xi(k) - Y^T X\xi(k)$$

$$\text{s.t.} \begin{cases} -\xi_{\max} \leqslant \xi(k) \leqslant \xi_{\max} \\ \xi(k-1) - \Delta\xi_{\max} \leqslant \xi(k) \leqslant \xi(k-1) + \Delta\xi_{\max} \end{cases} \tag{5-31}$$

其中,$\xi_{\max}$,$\Delta\xi_{\max}$ 分别为模型参数 $\xi(k)$ 的上限值与增量的上限值。

注释 5.1 当忽略式(5-31)中的约束条件时,超定方程的解(见式(5-29))就是二次规划问题即式(5-31)的最小二乘解,但是优化问题根据应用场景建立了具有实际意义的约束条件,因而更具有普适性。

当通过求解二次规划问题求得模型参数 $\xi(k)$ 后,还需要对曲线拟合的效果进行评价,因此引入 R-square 确定性系数来衡量拟合效果。

定义 5.1 针对雷达检测到的 n 个静止目标点 (x_i, y_i),$i = 1, 2, \cdots, n$,根据式(5-25)可得静止目标的估计点为 $(x_i, \hat{y}_i)$,$i = 1, 2, \cdots, n$,其中 $\hat{y}_i = y_0 + k_0 x_i + \frac{1}{2}c_0 x_i^2 + \frac{1}{6}c_1 x_i^3$,且针对左侧目标 $y_0 = y_l$ 和右侧目标 $y_0 = y_r$。定义曲线置信度为

$$R_{\text{square}}^{\text{fitting}} = 1 - \frac{\sum_{i=1}^{n}(y_i - \hat{y}_i)^2}{\sum_{i=1}^{n}(y_i - \bar{y}_i)^2} \tag{5-32}$$

其中,$\bar{y}$ 为 y_i 的平均值。根据式(5-32)可得 $R_{\text{square}}^{\text{fitting}} \in [0,1]$,且 $R_{\text{square}}^{\text{fitting}}$ 越接近于 1 表明模型参数 $\xi(k)$ 对静止目标点 y_i 的解释能力越强,即曲线拟合的效果也越好。

实时求解二次规划问题即可求得模型参数 $\xi(k)$,且当其相对应的曲线置信度大于某一阈值即满足 $R_{\text{square}}^{\text{fitting}} \geqslant R_{\text{th}}$ 时,则可认为曲线拟合的效果较好。此时,根据雷达反射特征进行曲线拟合得到的曲率参数 c_0、c_1 可认为是 $x_c(k)$ 的雷达传感器测量值,并将其记为 $y_{c,\text{radar}}(k) = [c_0(k), c_1(k)]^T$ 以用于曲率估计的反馈校正。以一个实车测试场景为例,车辆与车道中心线成一定角度,利用雷达反射信息进行曲线拟合所得结果如图 5.23 所示,其曲线置信度为 0.8951。

明尼苏达大学的 Rajamani 教授给出了由动力学估计道路曲率的方法。

$$c_0(k) = \begin{cases} \dfrac{\dot{\psi}}{V_{\text{ego}}}, & \text{高速} \\ \dfrac{\tan\delta_f}{L}, & \text{低速} \end{cases} \tag{5-33}$$

其中,L 为车辆轴距,δ_f 为前轮转角。将由车辆动力学估计的道路曲率也作为曲率参数 c_0 的一个测量值,并将其记为 $y_{c,\text{dynamic}}(k) = c_0(k)$。

除了上述两个方法之外,还有一种最常用的方法是利用视觉传感器检测车道线,通过拟合车道线曲线方程进而直接估计道路曲率,在此领域,以色列的 Mobileye 公司的摄像头产品最为出色,广泛应用于 ADAS 市场。当存在清晰的车道线且成功被视觉传感器检测到时,将此时视觉传感器的测量输出记为 $y_{c,\text{camera}}(k) = [c_0(k), c_1(k)]^T$,其中,本车不换道时

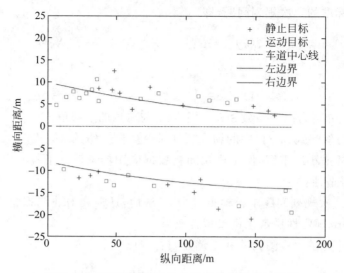

图 5.23 利用雷达反射信息进行曲线拟合的结果

的曲率参数 c_0、c_1 是 $x_c(k)$ 的视觉传感器直接测量值,本车换道时的曲率参数 c_0、c_1 为换道轨迹规划和预测的间接测量值。

在智能车实际应用中,单一的曲率估计方法均无法满足所有的场景需求,需要根据实际的应用场景并结合多种方法才能得到满意的估计效果。此外,道路环境干扰以及传感器信号干扰都对曲率估计精度有一定的影响,进而影响智能车辆动力学求解的结果,例如,曲率估计值的波动将导致车辆纵向期望速度和横向期望方向盘转角产生一定的突变和波动,进而降低车辆的舒适性和安全性,因此,需要对估计的曲率进行滤波处理。在设计道路曲率估计算法之前,需要建立曲率的输出测量模型,根据模型输出与测量输出对曲率估计值进行反馈校正,进而实现道路曲率的精确估计。

定义输出向量为

$$y_c(k) = \begin{bmatrix} y_{c,\text{radar}}(k) \\ y_{c,\text{camera}}(k) \\ y_{c,\text{dynamic}}(k) \end{bmatrix} \tag{5-34}$$

则道路曲率的输出测量模型为

$$y_c(k) = C_c x_c(k) + w_m(k) \tag{5-35}$$

其中,$w_m(k)$ 为传感器测量误差,测量矩阵为

$$C_c = \begin{bmatrix} 1 & 0 \\ 0 & 1 \\ 1 & 0 \\ 0 & 1 \\ 1 & 0 \end{bmatrix} \tag{5-36}$$

则道路曲率模型为

$$\begin{cases} x_c(k+1) = A_c x_c(k) + w_c(k) \\ y_c(k) = C_c x_c(k) + w_m(k) \end{cases} \tag{5-37}$$

注释 5.2 在道路曲率模型（见式(5-37)）中综合考虑了雷达反射特征、视觉传感器检测车道线、车辆动力学状态,通过多种传感器、多种测量模型的反馈校正以提高曲率估计精度,可适用于多种不同的交通场景,因而更具有普适性。

5.5.2 曲率融合估计

利用道路曲率模型,采用如图 5.24 所示的基于卡尔曼滤波的道路曲率估计算法。如图 5.24 所示,该融合估计算法主要由两部分组成,即模型预测和反馈校正。

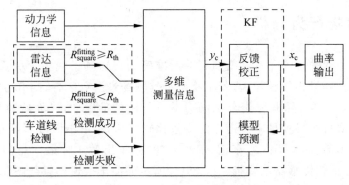

图 5.24 道路曲率估计算法

预测过程为

$$\begin{cases} \hat{x}_c^-(k) = A_c \hat{x}_c(k-1) \\ P^-(k) = A_c P(k-1) A_c^T + Q \end{cases} \tag{5-38}$$

校正过程为

$$\begin{cases} K(k) = P^-(k) C_c^T [C_c P^-(k) C_c^T + R]^{-1} \\ \hat{x}_c(k) = \hat{x}_c^-(k) + K(k) \Lambda(k) [y_c(k) - C_c \hat{x}_c^-(k)] \\ P(k) = [I - K(k) C_c] P^-(k) \end{cases} \tag{5-39}$$

其中,Q、R 分别为系统噪声和测量噪声的协方差,利用多维测量信息进行反馈校正的因子矩阵 $\Lambda(k)$ 为

$$\Lambda(k) = \begin{bmatrix} \Lambda_{radar}(k) & 0 & 0 & 0 & 0 \\ 0 & \Lambda_{radar}(k) & 0 & 0 & 0 \\ 0 & 0 & \Lambda_{camera}(k) & 0 & 0 \\ 0 & 0 & 0 & \Lambda_{camera}(k) & 0 \\ 0 & 0 & 0 & 0 & 1 \end{bmatrix} \tag{5-40}$$

且

$$\begin{cases} \Lambda_{radar}(k) = \begin{cases} 1, & R_{square}^{fitting} \geqslant R_{th} \\ 0, & 其他 \end{cases} \\ \Lambda_{camera}(k) = \begin{cases} 1, & 车道线被视觉传感器检测到 \\ 0, & 其他 \end{cases} \end{cases} \tag{5-41}$$

5.6 多传感器融合与多目标跟踪

为了实现可靠的 MSF 与 MTT,建立精确的交通场景模型,一个完整的 MTT 算法包括数据预处理(坐标系对齐与数据校验等)、目标聚合、多目标筛选、数据关联、多传感器融合、多目标跟踪、运动预测等过程,其中障碍物跟踪过程可分为航迹初始化、航迹跟踪与航迹删除三个过程。本节将重点研究 MSF 与 MTT 算法,依次对算法的各核心模块进行设计。

5.6.1 障碍物行为分析

分析障碍物的驾驶行为尤其是变道行为对准确的交通场景建模至关重要,但是弯道行驶场景与换道行驶场景相似度较高,若不将两种驾驶场景进行区分,则有可能造成错误的目标筛选与航迹跟踪结果,降低智能车辆动力学可行域的准确性,进而威胁到车辆的安全行驶。本车与前车都直线行驶且不换道时的场景比较简单,本书不做过多研究与说明,而重点探讨前车切出本车道、前车切入本车道、前车入弯、前车出弯 4 种最常见的场景,如图 5.25 所示。其中,环境感知传感器难以将图 5.25(a)所示的前车换道场景与图 5.25(c)所示的弯道行驶场景区分开,相类似,也无法将图 5.25(b)所示的前车换道场景与图 5.25(d)所示的弯道行驶场景区分开,在这两种情况下,都对智能车的纵向控制带来一定的难度。因此,需要对障碍物的驾驶行为进行分析,建立准确的交通场景模型,进而建立智能车辆动力学可行域,以保证智能车的安全行驶。

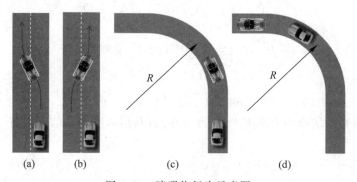

图 5.25 障碍物行为示意图
(a) 前车换道场景 1;(b) 前车换道场景 2;(c) 弯道行驶场景 1;(d) 弯道行驶场景 2

1. 前车换道场景

假设交通场景中共有 N 个车辆,目标车辆 $i(i=1,2,\cdots,N)$ 与本车的横纵向距离分别为 $d_{\text{lat},i}$ 和 d_i,根据道路的回旋曲线模型(见式(5-17)),则各目标车与本车行驶道路的曲率半径为

$$\begin{cases} R_i = \dfrac{1}{c_0 + c_1 d_i} \\ R_{\text{ego}} = \dfrac{1}{c_0} \end{cases} \tag{5-42}$$

其中，R_i 和 R_{ego} 分别为目标车 i 与本车行驶的曲率半径。

假设目标车辆 i 正在换道，以如图 5.26 所示的切出本车道场景为例，建立局部坐标系，

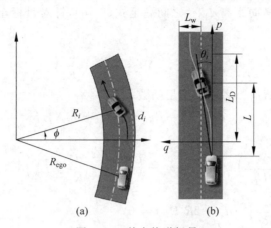

图 5.26　前车换道场景
(a) 前车换道；(b) 局部坐标系

假设该目标车换道时的轨迹方程为

$$r = R_i - \frac{L_w}{2}\left(1 - \cos\frac{\pi p}{L_D}\right), \quad 0 < p < L_D \tag{5-43}$$

其中，L_D 为换道所需要的行驶路径长度，L_w 为车道宽度，且规定 L_w 与 R_i 的正方向一致，即本车左侧车道宽度 L_w 为正，向左转弯时的半径 R_i 和 R_{ego} 为正。假设 L_D、L_w、$d_i \ll R_i$，则该目标车相对本车的横向车速为

$$v_{lat,i} \approx V_{ego}\left(\frac{\pi L_w}{2L_D}\sin\frac{\pi p}{L_D} + \frac{d_i}{R_i}\right) \tag{5-44}$$

在车辆坐标系下，目标车相对本车的方位角为

$$\theta_i \approx \frac{d_{lat,i}}{d_i} \approx \frac{d_i}{2R_i} + \frac{L_w}{2d_i}\left(1 - \cos\frac{\pi p}{L_D}\right) \tag{5-45}$$

根据式(5-44)和式(5-45)可得椭圆域为

$$\frac{\left(v_{lat,i} - \dfrac{d_i}{R_i}V_{ego}\right)^2}{\left(\dfrac{\pi L_w}{2L_D}V_{ego}\right)^2} + \frac{\left(d_{lat,i} - \dfrac{d_i^2}{2R_i} - \dfrac{L_w}{2}\right)^2}{\left(\dfrac{L_w}{2}\right)^2} = 1 \tag{5-46}$$

式(5-46)是根据如图 5.26 所示的驾驶场景建立起来的，在该场景中，前车向左侧切出本车道，该方程同样适用于其他换道场景，具体包括：

(1) 左转弯时向左切出或向右切入：左转弯时，前车向左侧切出本车道或从左侧向右切入本车道，$L_w > 0$，$R_i > 0$。

(2) 右转弯时向左切出或向右切入：右转弯时，前车向左侧切出本车道或从左侧向右切入本车道，$L_w > 0$，$R_i < 0$。

(3) 左转弯时向左切入或向右切出：左转弯时，前车向右侧切出本车道或从右侧向左切入本车道，$L_w < 0$，$R_i > 0$。

(4) 右转弯时向左切入或向右切出：右转弯时，前车向右侧切出本车道或从右侧向左切入本车道，$L_w<0$，$R_i<0$。

横向速度 $v_{\text{lat},i}$ 与横向距离 $d_{\text{lat},i}$ 之间满足式(5-46)，针对目标车辆 i，构造新的状态变量为

$$X_i = d_{\text{lat},i}, \quad Y_i = v_{\text{lat},i} - \frac{d_i}{R_i} V_{\text{ego}} \tag{5-47}$$

利用回归分析法，假设二者之间满足函数关系

$$Z_i = Y_i^2 = a_0 + a_1 X_i + a_2 X_i^2 \tag{5-48}$$

则式(5-46)等价于

$$\left[a_2 + \left(\frac{\pi V_{\text{ego}}}{L_D}\right)^2\right] X_i^2 + \left[a_1 - \left(\frac{\pi V_{\text{ego}}}{L_D}\right)^2 \left(\frac{d_i^2}{R_i} + L_w\right)\right] X_i + a_0 +$$
$$\left(\frac{\pi d_i V_{\text{ego}}}{2 L_D R_i}\right)^2 (d_i^2 + 2 R_i L_w) = 0 \tag{5-49}$$

则式(5-48)中的系数为

$$a_0 = -\left(\frac{\pi d_i V_{\text{ego}}}{2 L_D R_i}\right)^2 (d_i^2 + 2 R_i L_w), \quad a_1 = \left(\frac{\pi V_{\text{ego}}}{L_D}\right)^2 \left(\frac{d_i^2}{R_i} + L_w\right), \quad a_2 = -\left(\frac{\pi V_{\text{ego}}}{L_D}\right)^2$$
$$\tag{5-50}$$

考虑传感器测量误差以及建模误差，利用二次回归方程（见式(5-48)和式(5-50)）对目标车辆 i 的换道行为进行描述时存在一定的误差，即

$$Z_i = a_0 + a_1 X_i + a_2 X_i^2 + \varepsilon_i \tag{5-51}$$

其中，ε_i 为回归误差。为了降低目标车辆换道行为的建模误差，利用优化的思想求解回归问题，即求解如下所示优化问题。

$$\underset{a_0, a_1, a_2}{\arg\min} \| Z_i - a_0 - a_1 X_i - a_2 X_i^2 \|^2 \tag{5-52}$$

假设求得的回归系数为 $\hat{a}_0, \hat{a}_1, \hat{a}_2$，则式(5-46)转换为

$$\hat{Z}_i = \hat{a}_0 + \hat{a}_1 X_i + \hat{a}_2 X_i^2 \tag{5-53}$$

其中，$\hat{Z}_i$ 为 Z_i 的最优估计值。为了对式(5-53)的效果进行评价，参考定义 5.1，引入 R-square 确定性系数来衡量回归的效果。

定义 5.2 针对目标车辆 i 过去 n 个时刻的历史数据 $X_i(j), Z_i(j), k-n+1 \leq j \leq k$，$1 \leq i \leq N$，根据式(5-53)求得的估计值为 $\hat{Z}_i(j) = \hat{a}_0 + \hat{a}_1 X_i(j) + \hat{a}_2 X_i^2(j)$，定义回归置信度为

$$R_{\text{square}}^{\text{lane}} = 1 - \frac{\sum_{j=k-n+1}^{k} [Z_i(j) - \hat{Z}_i(j)]^2}{\sum_{j=k-n+1}^{k} [Z_i(j) - \bar{Z}_i]^2} \tag{5-54}$$

其中，$\bar{Z}_i$ 为 $Z_i(j)$ 的平均值。根据式(5-54)可得 $R_{\text{square}}^{\text{lane}} \in [0,1]$，且 $R_{\text{square}}^{\text{lane}}$ 越大表明式(5-48)对目标车辆 i 的换道行为的描述越准确，即回归的效果也越好。

假设实际的车道宽度为常数且可以被视觉传感器检测到，根据式(5-50)可得，估计的车道宽度为

$$\hat{L}_w = R_i \sqrt{\left(\frac{\hat{a}_1}{\hat{a}_2}\right)^2 - \frac{4\hat{a}_0}{\hat{a}_2}} \tag{5-55}$$

设视觉传感器检测到的车道宽度为 L_w,则利用回归所得的车道宽度估计误差为

$$\gamma_{\text{lane}} = \left|\frac{\hat{L}_w}{L_w} - 1\right| \tag{5-56}$$

当 γ_{lane} 越小说明式(5-48)对目标车辆 i 的换道行为的描述越准确。

因此,当满足以下条件时,则目标车辆 i 正在换道。

$$\begin{cases} R_{\text{square}}^{\text{lane}} \geqslant R_{\text{th}} \\ \gamma_{\text{lane}} \leqslant \gamma_{\text{th}} \end{cases} \tag{5-57}$$

其中,阈值可取 $R_{\text{th}} = 0.456, \gamma_{\text{th}} = 0.4$。

2. 弯道行驶场景

与前车换道场景相类似,以如图 5.27 所示的弯道行驶场景为例,当前车出弯或入弯时,目标车相对本车的方位角为

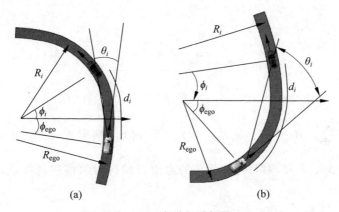

图 5.27 弯道行驶场景
(a) 前车入弯:$|R_i| < |R_{\text{ego}}|$;(b) 前车出弯:$|R_i| > |R_{\text{ego}}|$

$$\theta_i \approx \frac{d_{\text{lat},i}}{d_i} \approx \frac{\left(\frac{v_{\text{lat},i}}{V_{\text{ego}}} - \frac{d_i}{R_{\text{ego}}}\right)^2 + \frac{d_i^2}{R_{\text{ego}}}\left(\frac{1}{R_i} - \frac{1}{R_{\text{ego}}}\right)}{2d_i\left(\frac{1}{R_i} - \frac{1}{R_{\text{ego}}}\right)} \tag{5-58}$$

该弯道行驶方程同样适用于其他弯道行驶场景,具体包括:

(1) 左转弯时入弯:左转弯时,前车先入弯,$0 < R_i < R_{\text{ego}}$。
(2) 右转弯时入弯:右转弯时,前车先入弯,$R_{\text{ego}} < R_i < 0$。
(3) 左转弯时出弯:左转弯时,前车先出弯,$0 < R_{\text{ego}} < R_i$。
(4) 右转弯时出弯:右转弯时,前车先出弯,$R_i < R_{\text{ego}} < 0$。

利用回归分析法,假设目标车辆 i 的横向距离 $d_{\text{lat},i}$ 与横向速度 $v_{\text{lat},i}$ 之间满足二次函数关系:

$$d_{\text{lat},i} = b_0 + b_1 v_{\text{lat},i} + b_2 v_{\text{lat},i}^2 \tag{5-59}$$

根据式(5-42)和式(5-58),则式(5-59)中的系数为

$$b_0 = \frac{c_0^2 d_i}{2c_1} + \frac{c_0 d_i^2}{2}, \quad b_1 = -\frac{c_0}{c_1 V_{ego}}, \quad b_2 = \frac{1}{2c_1 d_i V_{ego}^2} \tag{5-60}$$

为了降低目标车辆弯道行驶行为的建模误差,建立如下优化问题。

$$\arg\min_{b_0,b_1,b_2} \| d_{lat,i} - b_0 - b_1 v_{lat,i} - b_2 v_{lat,i}^2 \|^2 \tag{5-61}$$

假设求得的回归系数为 $\hat{b}_0, \hat{b}_1, \hat{b}_2$,则式(5-59)转换为

$$\hat{d}_{lat,i} = \hat{b}_0 + \hat{b}_1 v_{lat,i} + \hat{b}_2 v_{lat,i}^2 \tag{5-62}$$

其中,$\hat{d}_{lat,i}$ 为横向距离 $d_{lat,i}$ 的最优估计值。

与前车换道场景的定义 5.2 相类似,同样引入 R-square 确定性系数来评价弯道行驶场景下的回归效果。

定义 5.3 针对目标车辆 i 过去 n 个时刻的历史数据 $d_{lat,i}(j), v_{lat,i}(j), k-n+1 \leqslant j \leqslant k, 1 \leqslant i \leqslant N$,根据式(5-62)求得的估计值为 $\hat{d}_{lat,i} = \hat{b}_0 + \hat{b}_1 v_{lat,i} + \hat{b}_2 v_{lat,i}^2$,定义回归置信度为

$$R_{square}^{curve} = 1 - \frac{\sum_{j=k-n+1}^{k}[d_{lat,i}(j) - \hat{d}_{lat,i}(j)]^2}{\sum_{j=k-n+1}^{k}[d_{lat,i}(j) - \bar{d}_{lat,i}]^2} \tag{5-63}$$

其中,$\bar{d}_{lat,i} = \frac{1}{n}\sum_{j=k-n+1}^{k} d_{lat,i}(j)$ 为 $d_{lat,i}(j)$ 的平均值。根据式(5-63)可得 $R_{square}^{curve} \in [0,1]$,且 R_{square}^{curve} 越大表明式(5-62)对目标车辆 i 的弯道行驶行为的描述越准确,即回归的效果也越好。

假设实际的车速 V_{ego} 是已知的,根据式(5-60)估计的车速为

$$\hat{V}_{ego} = \frac{d_i \hat{b}_1}{\hat{b}_1^2 - 4\hat{b}_0 \hat{b}_2} \tag{5-64}$$

则利用回归所得的车速估计误差为

$$\gamma_{curve} = \left| \frac{\hat{V}_{ego}}{V_{ego}} - 1 \right| \tag{5-65}$$

γ_{curve} 越小说明式(5-62)对目标车辆 i 的弯道行驶行为的描述越准确。

因此,当满足以下条件时,则目标车辆 i 正在弯道行驶。

$$\begin{cases} R_{square}^{curve} \geqslant R_{th} \\ \gamma_{curve} \leqslant \gamma_{th} \end{cases} \tag{5-66}$$

根据式(5-57)和式(5-66),则可以有效地将障碍物的直线行驶、换道行驶、弯道行驶等驾驶行为区分开,进而实现对障碍物行驶轨迹的准确预测,尤其是当前车出现切入、切出行为时可提高智能车的行驶安全性和舒适性。

5.6.2 多目标筛选

如图 5.28 所示,车辆行驶区域为根据本车运动状态预测的车辆即将行驶的区域,监测区域为车辆行驶区域相邻的可行驶区域,车辆行驶区域内最近的目标车即为 CIPV,行驶区域内较远的目标车和相邻监测区域的目标车即为 POs。障碍物的行为预测对智能车辆动力学的实时求解非常重要,例如忽略或错误识别障碍物的切入和切出行为,POs 的切入行为可能导致本车的急减速,CIPV 的切出可能导致车辆的急加速,障碍物行为预测精度不足也是导致误报与漏报的主要原因之一,而错误的预测结果甚至有可能威胁车辆的行驶安全。因此,必须对本车道以及相邻车道内的所有障碍物的运动状态进行监测,尤其是障碍物的横向运动状态与多目标的筛选直接相关,例如弯道时 CIPV 的筛选、出现前车切入时 CIPV 的决策等,更是影响 MTT 性能的首要因素。

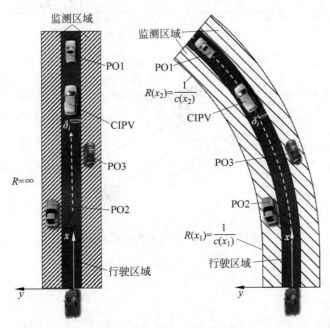

图 5.28 行驶区域与监测区域示意图

建立如图 5.29 所示的多目标筛选架构图,多目标筛选首先需要根据本车的运动状态和目标障碍物的相对运动关系,建立障碍物的横向距离补偿模型和贝叶斯估计模型,进而获得障碍物的运动轨迹并对障碍物所在车道进行判别,据此筛选出 CIPV 和 POs 以进行障碍物的横纵向驾驶行为的预测与分析。

1. 本车不换道时的车道判别

当本车不换道时,仅考虑本车道和相邻车道的交通参与车辆对本车横纵向控制的影响,根据如图 5.30 所示的横向距离补偿计算示意图,针对目标车辆 $i, i=1,2,\cdots,N$,传感器检测的横纵向距离分别为 $d_{\text{lat},i}$ 和 d_i,假设补偿后的横向距离为 δ_i,横向速度为 v_i,则

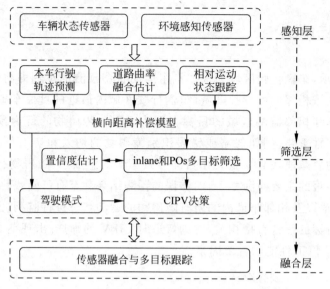

图 5.29 多目标筛选架构图

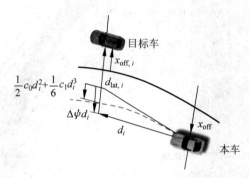

图 5.30 横向距离补偿计算示意图

$$\begin{cases} \delta_i = x_{off} - x_{off,i} = -d_{lat,i} - \Delta\psi d_i + \frac{1}{2}c_0 d_i^2 + \frac{1}{6}c_1 d_i^3 \\ \nu_i = \frac{\partial \delta_i}{\partial t} = -v_{lat,i} + \frac{1}{2}c_1 V_{ego} d_i^2 - (\dot{\psi} - c_0 V_{ego})d_i \end{cases} \quad (5\text{-}67)$$

其中,$\Delta\psi$ 为本车相对车辆引导线的航向角偏差。

针对目标车辆 i,根据修正后的横向距离 δ_i 即可判断其所在车道,即本车不换道时障碍物所在车道判据为

$$\begin{cases} \delta_{min,i} \leqslant \delta_i \leqslant \delta_{th}, & \text{目标车辆 } i \text{ 位于左侧车道} \\ -\delta_{th} \leqslant \delta_i \leqslant -\delta_{min,i}, & \text{目标车辆 } i \text{ 位于右侧车道} \\ -\delta_{min,i} \leqslant \delta_i \leqslant \delta_{min,i}, & \text{目标车辆 } i \text{ 位于本车道} \end{cases} \quad (5\text{-}68)$$

其中,δ_{th},$\delta_{min,i}$ 分别为横向距离阈值与横向安全距离。定义横向阈值 δ_{th} 为

$$\delta_{th} = \delta_0 + \frac{1}{2}B_w + L_w \quad (5\text{-}69)$$

其中,B_w 为车宽,L_w 为车道宽度。为了避免所判断的车道频繁变化而导致筛选出的目标

车辆频繁切换,将横向阈值(见式(5-69))中的 δ_0 定义为回滞常数项,即

$$\delta_0(k+1)=\begin{cases}\delta_{\text{in}}, & \text{目标车辆 } i \text{ 切入本车道}\\ \delta_{\text{out}}, & \text{目标车辆 } i \text{ 切出本车道} \\ \delta_0(k), & \text{其他}\end{cases} \quad (5\text{-}70)$$

其中,为了形成回滞以避免目标筛选结果的频繁切换,一般取常数项 $\delta_{\text{in}} < \delta_{\text{out}}$。

若本车道内没有目标车辆,则在本车前方增加一辆虚拟目标车即 $\delta_i = 0, d_i = 200 \text{m}$。根据式(5-68)即可筛选出本车道和相邻的左右车道最近的目标车辆,其多目标筛选策略如图 5.31 所示。

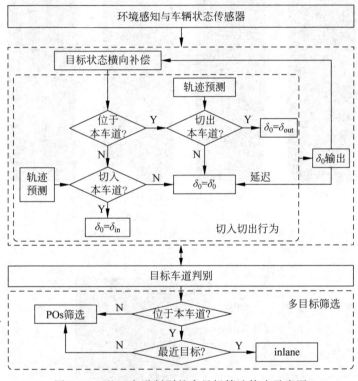

图 5.31 基于车道判别的多目标筛选策略示意图

注释 5.3 在障碍物的横向距离补偿模型(见式(5-67))中,考虑了车辆动力学状态和道路曲率模型,根据本车行驶轨迹对障碍物的运动状态进行补偿,实现了更准确的障碍物运动状态跟踪与预测,并根据式(5-68)进行多目标筛选及其车道判别,进而为建立 MLMV 交通场景模型和智能车辆动力学可行域做准备。

2. 本车换道时的车道判别

当本车换道时,障碍物的车道判别与本车不换道的情形相类似,但是针对本车换道轨迹和障碍物相对位置的不确定性等场景特点,以及环境感知传感器的测量误差的影响,目标车的车道判别和相对位置关系将变得更复杂,基于逻辑规则的判别准则(见式(5-68))将不再适用于该场景,而需要采用基于概率统计的判别方法。

如图 5.32 所示,假设车辆始终沿着车道线向前行驶,即不换道时车辆行驶轨迹如

图 5.32(a)所示,当需要避障时车辆行驶轨迹如图 5.32(b)所示,即使换道过程中车辆也不会超出目标车道的车道线,即车辆行驶轨迹如图 5.32(c)所示,而不会出现如图 5.32(d)所示的换道情况。因此,在该假设条件下,本节将以如图 5.33 所示的向左换道场景为例,基于贝叶斯估计理论提出一种车道概率判别方法,以实现本车换道时障碍物的车道判别,向右换道场景与该场景相同而不再赘述。

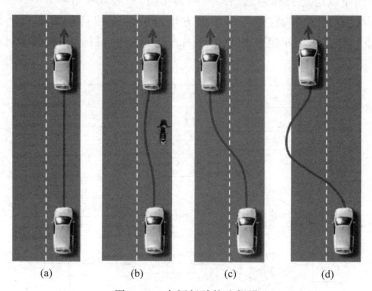

图 5.32　车辆行驶轨迹假设

(a) 正常驾驶;(b) 避障;(c) 换道;(d) 假设不存在的情况

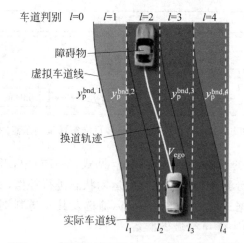

图 5.33　换道场景下的目标-车道关联示意图

在图 5.33 所示的换道场景中,虚线为实际的车道线,黑色实线是为了分隔车辆换道轨迹和假想的相邻"车道"而设置的虚拟车道线。将 4 条实际车道线记作 l_i,$i=1,2,3,4$,且分别对应次左、左、右和次右 4 条车道线,其对应的虚拟车道线在 Frenét 坐标系下的横向位置 $y_p^{bnd,i}$ 可由车道线 l_i 和规划与预测的换道轨迹(白色实线)确定,由 4 条虚拟车道线确定的 5 个行驶区域用 $l \in L = \{0,1,2,3,4\}$ 表示,其定性描述如表 5.2 所示。因此,本车换道时的车道判别问题就转换为障碍物-车道关联问题,即针对所有障碍物估计其行驶区域 $l \in L$。

表 5.2 行驶区域定性描述

l	0	1	2	3	4
车道描述	次左车道	左邻车道	本车道	右邻车道	次右车道

注释 5.4 根据车道线检测和轨迹规划的结果,虚拟车道线 $y_\mathrm{p}^{\mathrm{bnd},2}$ 和 $y_\mathrm{p}^{\mathrm{bnd},3}$ 可以直接得到,但是 $y_\mathrm{p}^{\mathrm{bnd},0}$ 和 $y_\mathrm{p}^{\mathrm{bnd},4}$ 可能会出现检测不到的情况,此时需要根据具体的行驶场景(尤其是车道宽度与可行驶区的识别)对 $y_\mathrm{p}^{\mathrm{bnd},2}$ 和 $y_\mathrm{p}^{\mathrm{bnd},3}$ 向外进行扩展。当车道线 l_i 之一是道路边界时,外扩的虚拟车道线 $y_\mathrm{p}^{\mathrm{bnd},0}$ 和 $y_\mathrm{p}^{\mathrm{bnd},4}$ 不能超出道路边界线,以如图 5.33 所示的向左换道场景为例,当车道线 l_1 是左侧道路边界时,虚拟车道线 $y_\mathrm{p}^{\mathrm{bnd},0}$ 将与实际的车道线 l_1 重合,当车道线 l_3 是右侧道路边界时,车道线 l_4 将不复存在,而虚拟车道线 $y_\mathrm{p}^{\mathrm{bnd},4}$ 将与道路边界线 l_3 重合。

根据如图 5.12 所示的几何关系,假设障碍物在笛卡儿坐标系下的坐标位置为 (x,y),则其在 Frenét 坐标系下的坐标位置 $(x_\mathrm{p}^{\mathrm{obj}}, y_\mathrm{p}^{\mathrm{obj}})$ 为

$$\begin{cases} x_\mathrm{p}^{\mathrm{obj}} = x \\ y_\mathrm{p}^{\mathrm{obj}} = \dfrac{1}{c_0} - \mathrm{sign}\left(\dfrac{1}{c_0}\right)\sqrt{x^2 + \left(\dfrac{1}{c_0} - y\right)^2} \end{cases} \quad (5\text{-}71)$$

其中, sign(·)表示符号函数。特别地,当 $c_0 \to 0$ 时,利用等价无穷小方法,$y_\mathrm{p}^{\mathrm{obj}}$ 可以简化为

$$y_\mathrm{p}^{\mathrm{obj}} = y - \frac{1}{2}c_0(x^2 + y^2) \quad (5\text{-}72)$$

在离散时间 k 时,定义由障碍物和虚拟车道线在 Frenét 坐标系下的横向位置构成的集合为

$$z_\mathrm{p}(k) = \{y_\mathrm{p}^{\mathrm{obj}}(k), y_\mathrm{p}^{\mathrm{bnd},1}(k), y_\mathrm{p}^{\mathrm{bnd},2}(k), y_\mathrm{p}^{\mathrm{bnd},3}(k), y_\mathrm{p}^{\mathrm{bnd},4}(k)\} \quad (5\text{-}73)$$

以及障碍物和虚拟车道线的历史轨迹构成的集合为

$$Z(k) = \{z_\mathrm{p}(k), z_\mathrm{p}(k-1), \cdots, z_\mathrm{p}(k-h_\mathrm{p})\} \quad (5\text{-}74)$$

其中,h_p 为历史轨迹的跟踪与保持时长。

1) 滤波器更新

基于贝叶斯滤波器,障碍物-车道的关联概率根据其历史轨迹集合 $Z(k)$ 确定,其条件概率为

$$p[l(k)|Z(k)] = \frac{p[z_\mathrm{p}(k)|l(k)] \, p[l(k)|Z(k-1)]}{\sum_{m(k)\in L} p[z_\mathrm{p}(k)|m(k)] \, p[m(k)|Z(k-1)]} \quad (5\text{-}75)$$

其中,$p(z_\mathrm{p}(k)|l(k))$ 为测量似然概率。基于贝叶斯理论可得似然概率满足关系式

$$p[z_\mathrm{p}(k)|l(k)] = p[l(k)|z_\mathrm{p}(k)] \frac{p[z_\mathrm{p}(k)]}{p[l(k)]} \quad (5\text{-}76)$$

假设 $p(l(k))$ 的先验分布服从均匀分布规律,则式(5-75)等价于

$$p[l(k)|Z(k)] = \frac{p[l(k)|z_\mathrm{p}(k)] \, p[l(k)|Z(k-1)]}{\sum_{m(k)\in L} p[m(k)|z_\mathrm{p}(k)] \, p[m(k)|Z(k-1)]} \quad (5\text{-}77)$$

根据目标-车道关联图(见图 5.33),条件概率 $p(l(k)|z_p(k))$ 等价于障碍物处于虚拟车道线 $y_p^{bnd,l(k)}$ 与 $y_p^{bnd,l(k)+1}$ 之间的条件概率,即

$$p[l(k)|z_p(k)] = \int_{-\infty}^{0} p[\xi_1|z_p(k)]d\xi_1 - \int_{-\infty}^{0} p[\xi_2|z_p(k)]d\xi_2 \quad (5-78)$$

其中,积分变量为 $\xi_1 = y_p^{obj}(k) - y_p^{bnd,l(k)+1}$,$\xi_2 = y_p^{obj}(k) - y_p^{bnd,l(k)}$。假设系统不确定性、环境干扰与测量噪声等服从高斯分布,则障碍物和虚拟车道线的横向位置 $y_p^{obj}(k)$ 和 $y_p^{bnd,l(k)}$ 的概率分布可以表示为 $N[y_p^{obj}(k):\mu_p^{obj}(k),\sigma_p^{obj}(k)]$ 和 $N[y_p^{bnd,l(k)}:\mu_p^{bnd,l(k)},\sigma_p^{bnd,l(k)}]$,则条件概率的被积函数(见式(5-78))中的概率密度函数可以表示为

$$\begin{cases} p[\xi_1|z_p(k)] = N\left[\xi_1:\mu_p^{obj}(k)-\mu_p^{bnd,l(k)+1},\sqrt{(\sigma_p^{obj}(k))^2+(\sigma_p^{bnd,l(k)+1})^2}\right] \\ p[\xi_2|z_p(k)] = N\left[\xi_1:\mu_p^{obj}(k)-\mu_p^{bnd,l(k)},\sqrt{(\sigma_p^{obj}(k))^2+(\sigma_p^{bnd,l(k)})^2}\right] \end{cases} \quad (5-79)$$

则式(5-78)等价于

$$p[l(k)|z_p(k)] = \Phi\left[\frac{\mu_p^{bnd,l(k)+1}-\mu_p^{obj}(k)}{\sqrt{(\sigma_p^{obj}(k))^2+(\sigma_p^{bnd,l(k)+1})^2}}\right] - \Phi\left[\frac{\mu_p^{bnd,l(k)}-\mu_p^{obj}(k)}{\sqrt{(\sigma_p^{obj}(k))^2+(\sigma_p^{bnd,l(k)})^2}}\right] \quad (5-80)$$

其中 $\Phi(\cdot)$ 是标准正态分布的累积分布函数。

2) 滤波器预测

考虑环境的不确定性,基于马尔可夫链的条件概率预测为

$$p[l(k)|Z(k-1)] = \sum_{l(k)\in L} p[l(k)|l(k-1)]p[l(k-1)|Z(k-1)] \quad (5-81)$$

其中,马尔可夫转移矩阵 $p(l(k)|l(k-1))$ 为单位阵的扰动矩阵,即假设每个障碍物趋向于保持在其原来的车道内,而以较小的概率向相邻车道换道,并且每次换道只能向相邻车道换道而不能一次跨越两个车道,则转移矩阵为

$$p[l(k)|l(k-1)] = \begin{bmatrix} 1-\varepsilon-\Delta\varepsilon & \varepsilon+0.5|\Delta\varepsilon|-\Delta\varepsilon & 0 & 0 & 0 \\ \varepsilon+\Delta\varepsilon & 1-2\varepsilon-|\Delta\varepsilon| & \varepsilon+0.5|\Delta\varepsilon|-\Delta\varepsilon & 0 & 0 \\ 0 & \varepsilon+0.5|\Delta\varepsilon|+\Delta\varepsilon & 1-2\varepsilon-|\Delta\varepsilon| & \varepsilon+0.5|\Delta\varepsilon|-\Delta\varepsilon & 0 \\ 0 & 0 & \varepsilon+0.5|\Delta\varepsilon|+\Delta\varepsilon & 1-2\varepsilon-|\Delta\varepsilon| & \varepsilon-|\Delta\varepsilon| \\ 0 & 0 & 0 & 0 & 1-\varepsilon-|\Delta\varepsilon| \end{bmatrix}$$

(5-82)

其中,$\varepsilon>0$ 表示在相邻车道之间换道的常数概率,$\Delta\varepsilon$ 为根据场景而实时小范围变化的概率参数,例如当检测到障碍物的相对横向速度为正时,障碍物有向左换道的趋势,此时应该增加其向左换道的概率,同时降低其向右换道的概率,此时 $\Delta\varepsilon<0$,而当障碍物的相对横向速度为负时,则 $\Delta\varepsilon>0$。

由于采用马尔可夫链模型模拟本车与障碍物的横向相对运动关系,其参数 $\Delta\varepsilon$ 对车辆不确定的行驶行为具有一定的模拟能力,因此,所提出的贝叶斯滤波器预测精度更高,可实现障碍物所在车道的准确判别。

3) 目标-车道关联

根据贝叶斯滤波器更新(见式(5-77))和预测(见式(5-81))可求得目标-车道关联的先验概率分布,则利用如下中值估计器可求得最优的障碍物车道判别 $l_{est}(k)$:

$$\begin{cases} \sum_{l(k) \leqslant l_{est}} p[l(k) | Z(k)] \geqslant 0.5 \\ \sum_{l(k) \geqslant l_{est}} p[l(k) | Z(k)] \geqslant 0.5 \end{cases} \quad (5-83)$$

以如图 5.33 所示的换道场景为例,在换道过程中的某时刻求得障碍物的车道似然概率分布结果如表 5.3 所示。根据该似然概率分布表,基于中值估计器(见式(5-83))可得障碍物最优的车道判别为 $l_{est}(k)=2$,即该障碍物位于本车道(包含虚拟车道)。而如果以最大似然概率所对应的车道作为其车道判别结果,则该障碍物车道 $l_{est}(k)=1$ 即障碍物位于左侧相邻车道,可见利用最大似然概率所得结果可能会出现误判的情况,这主要是由车辆换道过程中的横摆与测量误差导致的。还有一种基于阈值的方法,如采埃孚天合提出的利用 $p(l_{est}(k) | Z(k)) \geqslant pl_{min}$ 来判断车道的方法,但是在不同场景下的阈值 pl_{min} 很难确定,例如一种极端情况 $pl_{min}=0.5$ 是完全成立的,但是如表 5.3 中所展示的 $pl_{min}=0.3$ 在图 5.32 所示的场景中就将障碍物误判为左侧车道,可见该阈值法也容易出现误判。因此,利用中值估计器可以求得更稳定的最优车道判别输出。

表 5.3 似然概率 $p[l(k) | Z(k)]$ 的分布

车道判别 $l(k)$	0	1	2	3	4
似然概率 $p[l(k) | Z(k)]$	0.158	0.316	0.275	0.143	0.108

注释 5.5 考虑环境不确定性以及干扰的影响,基于贝叶斯滤波器和马尔可夫链模型估计障碍物所在车道概率,进而实现准确的车道判别。由于车辆的横摆运动与测量误差的影响,车道判别的概率分布可能会出现多个相近的峰值,如表 5.3 所示,而基于中值估计器的车道判别算法具有较好的鲁棒性,车道判别准确度比阈值法和最大似然概率法的准确度更高。

3. 目标筛选

在多目标筛选时,CIPV 的筛选决策对车辆的纵向安全驾驶至关重要。本车换道时的目标筛选与前车切入切出时的目标筛选策略相同,本节以前车切入切出时的目标筛选策略为例,对 CIPV 目标筛选策略进行说明。

为了车辆的安全平顺驾驶,根据前方目标车切入切出本车道的驾驶情况,将目标车的驾驶行为分为常规驾驶模式、危险驾驶模式和平稳驾驶模式共三种驾驶模式,依次对 CIPV 行驶状态的筛选策略进行描述,其中,图 5.34(a)为常规驾驶模式,图 5.34(b)为危险驾驶模式,平稳驾驶模式包括平稳切入模式(见图 5.34(c))和平稳切出模式(见图 5.34(d))两种驾驶模式。

1) 常规驾驶模式

如图 5.34(a)所示,当根据策略(见式(5-68))初选出的前车 inlane 在本车道前方稳定行驶,且没有其他 POs 切入本车道时,CIPV 即为初选出的本车道前车,即

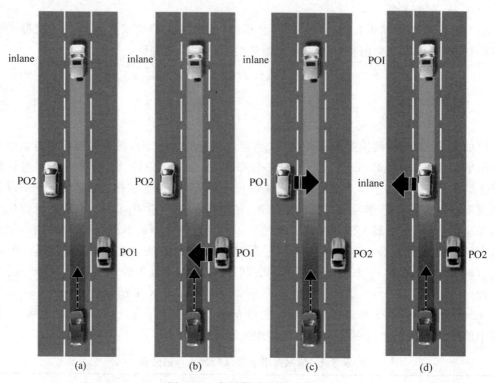

图 5.34 驾驶模式分类示意图
(a) 常规驾驶模式；(b) 危险驾驶模式；(c) 平稳切入模式；(d) 平稳切出模式

$$\begin{cases} d_{\text{CIPV}} = d_{\text{inlane}} \\ V_{\text{CIPV}} = V_{\text{inlane}} \end{cases} \tag{5-84}$$

其中，d_{CIPV}、V_{CIPV} 分别为筛选出的 CIPV 的纵向距离和纵向相对速度，d_{inlane} 和 V_{inlane} 分别为根据式(5-68)初选出的本车道前车 inlane 的纵向距离和纵向相对速度。

2) 危险驾驶模式

如图 5.34(b)所示，当相邻车道的目标车 PO1 突然切入本车道，且与本车的纵向距离较近时，CIPV 即为切入本车道的目标车 PO1，即

$$\begin{cases} d_{\text{CIPV}} = d_{\text{PO1}} \\ V_{\text{CIPV}} = V_{\text{PO1}} \end{cases} \tag{5-85}$$

其中，d_{PO1}、V_{PO1} 分别为切入本车道目标车 PO1 的纵向距离和纵向相对速度，且纵向距离 d_{PO1} 满足条件：

$$d_{\text{PO1}} \leqslant d_{\text{min,PO1}} + T_{\text{h0}} V_{\text{ego}} \tag{5-86}$$

其中，$d_{\text{min,PO1}}$ 为本车与目标车 PO1 的纵向安全距离，T_{h0} 为车辆纵向控制系统响应时间。

3) 平稳驾驶模式

如图 5.34(c)所示，平稳驾驶模式主要包括两种情况。当相邻车道的目标车 PO1 切入本车道且与本车的纵向距离较远时，即纵向距离 d_{PO1}、d_{inlane} 满足条件

$$d_{\text{inlane}} > d_{\text{PO1}} > d_{\text{min,PO1}} + T_{\text{h0}} V_{\text{ego}} \tag{5-87}$$

为了保证车辆行驶的平顺性，则 CIPV 设置为本车道内的一个虚拟目标车，该虚拟目标车从

inlane 逐步平稳地切换到 PO1，即

$$d_{\text{CIPV}} = \alpha_{\text{cutin}} d_{\text{inlane}} + (1-\alpha_{\text{cutin}}) d_{\text{PO1}}$$
$$V_{\text{CIPV}} = \alpha_{\text{cutin}} V_{\text{inlane}} + (1-\alpha_{\text{cutin}}) V_{\text{PO1}}$$
$$\alpha_{\text{cutin}} = \frac{|\delta_{\text{PO1}}|}{\delta_{\min,\text{PO1}}} \tag{5-88}$$

其中，在目标车 PO1 切入本车道的过程中，系数 α_{cutin} 由 1 逐渐减小到 0。当切入过程完成后，根据式(5-68)初选出的前车 inlane 将变为该目标车 PO1。

如图 5.34(d)所示，当根据式(5-68)初选出的前车 inlane 切出本车道时，假设纵向距离 d_{PO1}、d_{inlane} 满足条件：

$$d_{\text{PO1}} > d_{\text{inlane}} > d_{\min,\text{PO1}} + T_{\text{h0}} V_{\text{ego}} \tag{5-89}$$

其中，$d_{\min,\text{inlane}}$ 为本车与本车道目标车 inlane 的纵向安全距离，则 CIPV 为本车道内的一个虚拟目标车，且从 inlane 逐步平稳地切换到 PO1，即

$$d_{\text{CIPV}} = \alpha_{\text{cutout}} d_{\text{PO1}} + (1-\alpha_{\text{cutout}}) d_{\text{inlane}}$$
$$V_{\text{CIPV}} = \alpha_{\text{cutout}} V_{\text{PO1}} + (1-\alpha_{\text{cutout}}) V_{\text{inlane}}$$
$$\alpha_{\text{cutout}} = \frac{|\delta_{\text{inlane}}|}{\delta_{\min,\text{inlane}}} \tag{5-90}$$

其中，在目标车 inlane 切出本车道的过程中，系数 α_{cutout} 由 0 逐渐增大到 1。当切出过程完成后，根据式(5-68)初选出的前车 inlane 将变为目标车 PO1。

综合上述三种驾驶模式，根据 inlane 和 PO1 的驾驶行为以及与本车的纵向距离，CIPV 的筛选策略如图 5.35 所示。

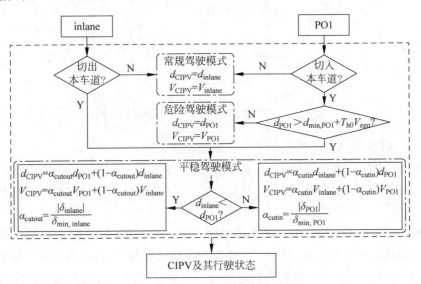

图 5.35　CIPV 筛选策略示意图

5.6.3　多传感器融合

多传感器数据融合是针对智能驾驶车辆系统使用多个(种)传感器实现环境感知这一特

定问题而提出的信息处理方法，可发挥多个(种)传感器的联合优势，消除单一传感器的局限性。其把分布在不同位置的多个同类或不同类传感器所提供的数据资源加以综合，采用计算机技术对其进行分析，加以互补，实现最佳协同效果，获得对被观测对象的一致性解释与描述，提高系统的容错性，从而提高系统决策、规划、反应的快速性和正确性，使系统获得更充分的信息。在智能驾驶车辆系统中使用多传感器融合技术主要有如下优势。

(1) 提高系统感知的准确度。多种传感器联合互补，可避免单一传感器的局限性，最大程度发挥各个(种)传感器的优势。

(2) 增加系统的感知维度，提高系统的可靠性和鲁棒性。多传感器融合可带来一定的信息冗余度，即使某一个传感器出现故障，系统仍可在一定范围内继续正常工作。

(3) 增强环境适应能力。应用多传感器融合技术采集的信息具有明显的特征互补性，对空间和时间的覆盖范围更广，弥补了单一传感器对空间的分辨率和环境的语义不确定性。

(4) 有效减少成本。融合可以实现多个价格低廉的传感器代替价格昂贵的传感器设备，在保证性能的基础上又可以降低成本预算。

如图 5.36 所示，MSF 与 MTT 方法主要包括多传感器数据与多目标航迹之间的数据关联、多目标航迹跟踪、航迹的创建/保持/删除等模块，利用多传感器测量数据的反馈校正，降低传感器测量误差对航迹跟踪的影响，尤其是降低误报率和漏报率，提高多目标航迹跟踪的精度。

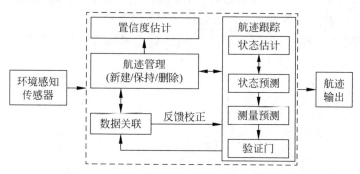

图 5.36　多传感器融合与多目标跟踪架构图

首先给出 MSF 与 MTT 算法中两个必要的假设条件。

假设 5.1　实车应用环境中，雷达反射可能来自环境中的任何障碍物，如车辆和树木等，假设运动目标不可能被附近的静止物体遮挡，即静止目标和运动目标不可能是同一个障碍物。

假设 5.2　由于各传感器和处理器的时序存在不一致的情况，假设所有处理器的时序经过硬件同步和软件同步处理，即所有处理器的采样周期相同，该周期称为系统的采样周期 T_s。同时，假设传感器到处理器的通信时延远小于采样周期 T_s，系统的通信时延以及采样周期的时变不确定性等因素的影响都可以忽略不计。

1. 运动模型

建立移动目标的运动模型是目标状态估计算法的关键所在，采用与目标真实运动情况相匹配的运动模型是保证状态估计算法精度的最主要因素。目前在多传感器融合与多目标跟踪中应用最多的运动模型主要包括匀速(CV)模型、匀加速(CA)模型和 Singer 模型。

1) 匀速模型

匀速模型即位移对时间的一阶导数是恒定的,而速度对时间的一阶导数等于 0。定义障碍物 j 的状态为

$$x_j(k) = [x_{long}, v_{long}, x_{lat}, v_{lat}]^T \tag{5-91}$$

考虑实际情况中速度的轻微变化,则加速度常常被看作是具有随机特性的扰动输入,可以用连续时间白噪声来建模,并假设其服从零均值高斯分布,则匀速模型的状态空间描述为

$$x_j(k+1) = A_1 x_j(k) + B_1 w(k) \tag{5-92}$$

其中

$$A_1 = \begin{bmatrix} 1 & T & 0 & 0 \\ 0 & 1 & 0 & 0 \\ 0 & 0 & 1 & T \\ 0 & 0 & 0 & 1 \end{bmatrix}, \quad B_1 = \begin{bmatrix} 0 & 0 \\ 1 & 0 \\ 0 & 0 \\ 0 & 1 \end{bmatrix}, \quad w(k) = \begin{bmatrix} w_{long}(k) \\ w_{lat}(k) \end{bmatrix}$$

噪声 $w(k)$ 的协方差为

$$Q_1 = q \begin{bmatrix} \frac{1}{3}T^3 & \frac{1}{2}T^2 & 0 & 0 \\ \frac{1}{2}T^2 & T & 0 & 0 \\ 0 & 0 & \frac{1}{3}T^3 & \frac{1}{2}T^2 \\ 0 & 0 & \frac{1}{2}T^2 & T \end{bmatrix}$$

2) 匀加速模型

匀加速模型即位移对时间的二阶导数即速度对时间的一阶导数是恒定的,而加速度对时间的一阶导数等于 0。定义障碍物 j 的状态为

$$x_j(k) = [x_{long}, v_{long}, a_{long}, x_{lat}, v_{lat}, a_{lat}]^T \tag{5-93}$$

与匀速模型相类似,匀加速模型的状态空间描述为

$$x_j(k+1) = A_2 x_j(k) + B_2 w(k) \tag{5-94}$$

其中

$$A_2 = \begin{bmatrix} 1 & T & \frac{1}{2}T^2 & 0 & 0 & 0 \\ 0 & 1 & T & 0 & 0 & 0 \\ 0 & 0 & 1 & 0 & 0 & 0 \\ 0 & 0 & 0 & 1 & T & \frac{1}{2}T^2 \\ 0 & 0 & 0 & 0 & 1 & T \\ 0 & 0 & 0 & 0 & 0 & 1 \end{bmatrix}, \quad B_2 = \begin{bmatrix} 0 & 0 \\ 0 & 0 \\ 1 & 0 \\ 0 & 0 \\ 0 & 0 \\ 0 & 1 \end{bmatrix}$$

噪声 $w(k)$ 的协方差为

$$Q_2 = q \begin{bmatrix} \frac{1}{20}T^5 & \frac{1}{8}T^4 & \frac{1}{6}T^3 & 0 & 0 & 0 \\ \frac{1}{8}T^4 & \frac{1}{6}T^3 & \frac{1}{2}T^2 & 0 & 0 & 0 \\ \frac{1}{6}T^3 & \frac{1}{2}T^2 & T & 0 & 0 & 0 \\ 0 & 0 & 0 & \frac{1}{20}T^5 & \frac{1}{8}T^4 & \frac{1}{6}T^3 \\ 0 & 0 & 0 & \frac{1}{8}T^4 & \frac{1}{6}T^3 & \frac{1}{2}T^2 \\ 0 & 0 & 0 & \frac{1}{6}T^3 & \frac{1}{2}T^2 & T \end{bmatrix}$$

3) Singer 模型

匀加速模型假设目标的机动加速度导数为零均值白噪声过程。Singer 在 1969 年提出了机动目标的零均值、一阶时间相关机动加速度模型，称为 Singer 模型。其假定机动加速度 $a(t)$ 为零均值平稳随机过程，应用 Wiener-Kolmogorov 白化程序后，机动加速度可用输入为白噪声的一阶时间相关模型表示，即

$$\begin{cases} \dot{a}_{\text{long}} = -\alpha_1 a_{\text{long}} + w_1 \\ \dot{a}_{\text{lat}} = -\alpha_2 a_{\text{lat}} + w_2 \end{cases} \tag{5-95}$$

定义障碍物 j 的状态为

$$x_j(k) = [x_{\text{long}}, v_{\text{long}}, a_{\text{long}}, x_{\text{lat}}, v_{\text{lat}}, a_{\text{lat}}]^T \tag{5-96}$$

则 Singer 模型的状态空间描述为

$$x_j(k+1) = A_3 x_j(k) + B_3 w(k) \tag{5-97}$$

其中

$$A_3 = \begin{bmatrix} 1 & T & \frac{\alpha_1 T - 1 + e^{-\alpha_1 T}}{\alpha_1^2} & 0 & 0 & 0 \\ 0 & 1 & \frac{1 - e^{-\alpha_1 T}}{\alpha_1} & 0 & 0 & 0 \\ 0 & 0 & e^{-\alpha_1 T} & 0 & 0 & 0 \\ 0 & 0 & 0 & 1 & T & \frac{\alpha_2 T - 1 + e^{-\alpha_2 T}}{\alpha_2^2} \\ 0 & 0 & 0 & 0 & 1 & \frac{1 - e^{-\alpha_2 T}}{\alpha_2} \\ 0 & 0 & 0 & 0 & 0 & e^{-\alpha_2 T} \end{bmatrix}, \quad B_3 = \begin{bmatrix} 0 & 0 \\ 0 & 0 \\ 1 & 0 \\ 0 & 0 \\ 0 & 0 \\ 0 & 1 \end{bmatrix}$$

噪声 $w(k)$ 的协方差为

$$Q_3 = q \begin{bmatrix} q_{11}(\alpha_1) & q_{12}(\alpha_1) & q_{13}(\alpha_1) & 0 & 0 & 0 \\ q_{12}(\alpha_1) & q_{22}(\alpha_1) & q_{23}(\alpha_1) & 0 & 0 & 0 \\ q_{13}(\alpha_1) & q_{23}(\alpha_1) & q_{33}(\alpha_1) & 0 & 0 & 0 \\ 0 & 0 & 0 & q_{11}(\alpha_2) & q_{12}(\alpha_2) & q_{13}(\alpha_2) \\ 0 & 0 & 0 & q_{12}(\alpha_2) & q_{22}(\alpha_2) & q_{23}(\alpha_2) \\ 0 & 0 & 0 & q_{13}(\alpha_2) & q_{23}(\alpha_2) & q_{33}(\alpha_2) \end{bmatrix}$$

其中

$$q_{11}(\alpha) = \frac{1}{2\alpha^5}\left(1 + 2\alpha T - 2\alpha^2 T^2 + \frac{2}{3}\alpha^3 T^3 - e^{-2\alpha T} - 4\alpha T e^{-\alpha T}\right)$$

$$q_{12}(\alpha) = \frac{1}{2\alpha^4}(1 - 2\alpha T + \alpha^2 T^2 - 2e^{-\alpha T} + e^{-2\alpha T} + 2\alpha T e^{-\alpha T})$$

$$q_{13}(\alpha) = \frac{1}{2\alpha^3}(1 - e^{-2\alpha T} - 2\alpha T e^{-\alpha T})$$

$$q_{22}(\alpha) = \frac{1}{2\alpha^3}(-3 + 2\alpha T + 4e^{-\alpha T} - e^{-2\alpha T})$$

$$q_{23}(\alpha) = \frac{1}{2\alpha^2}(1 - 2e^{-\alpha T} + e^{-2\alpha T})$$

$$q_{33}(\alpha) = \frac{1}{2\alpha}(1 - e^{-2\alpha T})$$

当 α 较小时，Singer 模型将趋近于匀加速模型；当 α 较大时，Singer 模型将趋近于匀速模型。因此，Singer 模型对应于目标介乎于匀速和匀加速之间的运动，有着较匀加速和匀速模型更大的目标机动模式覆盖范围。

本章基于匀加速模型进行相关算法设计。定义障碍物 j 的状态和测量为

$$\begin{cases} x_j(k) = [x_{\text{long}}, v_{\text{long}}, a_{\text{long}}, x_{\text{lat}}, v_{\text{lat}}, a_{\text{lat}}]^{\text{T}} \\ z_j(k) = x_j(k) \end{cases} \tag{5-98}$$

为了降低测量噪声中的高频噪声对障碍物跟踪性能的影响，在处理器上先串联一个低通滤波器（或一阶动态补偿器）改善算法的噪声抑制能力，以实现测量噪声的一级滤波处理。

$$G_{\text{lpf}} = \frac{1}{T_{\text{lpf}} s + 1} \tag{5-99}$$

其中，T_{lpf} 是低通滤波器的时间常数。假设障碍物做匀加速运动，利用一阶泰勒公式将系统离散化，可得障碍物 j 的运动学模型为

$$\begin{cases} x_j(k+1) = A x_j(k) + B w_1(k) \\ z_j(k) = x_j(k) + w_2(k) \end{cases} \tag{5-100}$$

其中,系统矩阵为

$$A = \begin{bmatrix} 1 & T_s & T_{lpf}(T_s - T_{lpf}) & 0 & 0 & 0 \\ 0 & 1 & T_{lpf} & 0 & 0 & 0 \\ 0 & 0 & 1 - \dfrac{T_s}{T_{lpf}} & 0 & 0 & 0 \\ 0 & 0 & 0 & 1 & T_s & T_{lpf}(T_s - T_{lpf}) \\ 0 & 0 & 0 & 0 & 1 & T_{lpf} \\ 0 & 0 & 0 & 0 & 0 & 1 - \dfrac{T_s}{T_{lpf}} \end{bmatrix},$$

$$B = \begin{bmatrix} \dfrac{1}{2}[(T_s - T_{lpf})^2 + T_{lpf}^2] & 0 \\ T_s - T_{lpf} & 0 \\ \dfrac{T_s}{T_{lpf}} & 0 \\ 0 & \dfrac{1}{2}[(T_s - T_{lpf})^2 + T_{lpf}^2] \\ 0 & T_s - T_{lpf} \\ 0 & \dfrac{T_s}{T_{lpf}} \end{bmatrix}$$

其中,T_s 为控制器采样周期,$w_1(k)$ 和 $w_2(k)$ 分别为系统噪声和测量噪声,假设 $w_1(k)$ 和 $w_2(k)$ 都是零均值的高斯白噪声,且协方差为 Q 和 R。

为了解决目标障碍物误报和漏报的问题,除了计算目标的置信度水平 p 以外,还将航迹分为临时航迹、初步航迹和稳定航迹三种,临时航迹用来跟踪新出现的障碍物(包括误报),初步航迹用来跟踪已经存在一定时间的障碍物,稳定航迹用来跟踪持续稳定的障碍物,即当置信度达到一定阈值后,临时航迹将转为初步航迹,初步航迹将转为稳定航迹。针对这三种航迹,其滤波器分别采用不同的时间常数 T_{lpf},以达到最优的航迹跟踪效果。

2. 改进的概率数据关联滤波

基于贝叶斯理论提出改进的概率数据关联滤波(IPDAF)算法,提高障碍物行驶状态的跟踪与预测精度,降低交通环境不确定性带来的影响。

1) 状态预测

首先对传感器所有的测量进行可靠性验证,连续出现(或关联成功)3次以上的测量值才会被认为是真实测量值,否则作为误报处理。设时间点 k 时经过验证的可靠测量的集合为

$$Z(k) = \{z_i(k)\}_{i=1}^{m(k)} \tag{5-101}$$

可靠测量的累计集合为

$$\bar{Z}(k) = \{Z(l)\}_{l=1}^{k} \tag{5-102}$$

其中,$m(k)$ 为所有可靠测量的数量。记所有稳定跟踪的航迹的集合为

$$\overline{T}(k) = \{T_j(k)\}_{j=1}^{n(k)} \tag{5-103}$$

其中,$n(k)$ 为所有航迹的数量。定义事件

$$\begin{cases} \chi_i(k) = \{z_i(k) \text{ 是准确观测值}\}, & i=1,2,\cdots,m(k) \\ \chi_0(k) = \{\text{没有准确观测值}\} \end{cases} \tag{5-104}$$

则每一个测量值是源自真实目标的概率为

$$\beta_i(k) = P\{\chi_i(k) | \overline{Z}(k)\}, \quad i=0,1,\cdots,m(k) \tag{5-105}$$

根据障碍物的运动模型(见式(5-100)),跟踪目标的状态预测和协方差为

$$\begin{cases} \hat{x}_j(k|k-1) = A\hat{x}_j(k-1|k-1) \\ P(k|k-1) = AP(k-1|k-1)A^T + Q \end{cases} \tag{5-106}$$

测量的估计和估计残差为

$$\begin{cases} \hat{z}(k|k-1) = \hat{x}_j(k|k-1) \\ v_i(k) = z_i(k) - \hat{z}(k|k-1) \end{cases} \tag{5-107}$$

测量估计的协方差为

$$S(k) = P(k|k-1) + R \tag{5-108}$$

障碍物运动轨迹的稳定跟踪航迹称为真实航迹,否则就是误报。考虑计算效率,为了节省对大量测量信息的计算资源,只有通过验证门的测量信息才会被用来更新航迹。其中,椭圆验证门为

$$\rho_i^2(k) = v_i^T(k) S^{-1}(k) v_i(k) \leqslant \gamma^2 \tag{5-109}$$

其中,γ 是一个给定的概率检验阈值,以验证测量信息的可靠性,对于不满足式(5-109)的测量信息将不应用到航迹更新中,式(5-109)实际上是一个用于测量验证的置信度椭圆域。γ 的数值可由 χ^2 分布表确定,由于式(5-100)的自由度为 6,检测率为 $P_D=0.9$,验证门置信度为 $P_G=0.99$,则通过查表可得 $\gamma^2=16.812$。

2) 数据关联

为了确定多传感器测量数据与多目标航迹之间的对应关系,高效的数据关联方法是 MSF 与 MTT 算法的核心,数据关联的可靠性直接决定了 MTT 算法的性能。当行驶环境中有多个目标且存在误报、漏报时,如图 5.37 所示,其中 $\hat{z}_1$、$\hat{z}_2$、$\hat{z}_3$ 分别为三个目标的预测测量值,但是传感器采集到 5 个测量值,其对应的测量空间为 $\{z_1, z_2, \cdots, z_5\}$。测量 z_5 没有与任何目标关联上,即称为误报或新目标。目标 $\hat{z}_3$ 没有与任何测量值关联上,即称为漏报或目标消失。需要特别说明的是,测量空间中的 $i=0$ 表示没有测量值(关联目标即为漏报),航迹空间中的 $j=0$ 表示没有障碍物(关联测量即为误报),这两种情况是数据关联时需要重点关注的场景。测量 z_2 同时可以与目标 1 和目标 2 关联上,即称为待分解目标,在障碍物较多且距离较近时很容易出现这种情况,这也是障碍物车道误判和 CIPV 筛选不准的主要误差来源。

雷达的角分辨率较低,横向距离测量误差较大,因此,必须与摄像头融合以提高横向距离识别精度和系统的目标分解能力。另外,在实际的障碍物检测中,长度较长的障碍物例如铰链车、牵引车等很有可能会出现这种情况,此时极有可能出现将一个障碍物分裂成多个障碍物的不准确结果,图 5.37 中的目标 1 和目标 2 有可能本来就是同一个目标,因此,在传感器融合前也需要考虑多目标聚合。假设在目标跟踪之前先进行多目标聚合,即以聚合后的

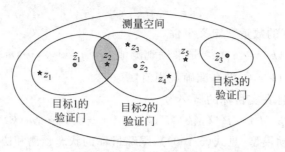

图 5.37 数据关联示意图

测量信息来进行跟踪,则在该假设前提下,针对图 5.37 中所示环境的数据关联结果,测量 z_1 与目标 $\hat{z}_1$ 关联或误报,测量 z_2 与目标 $\hat{z}_1$、目标 $\hat{z}_2$ 关联或误报,测量 z_3、z_4 聚合后的测量值与目标 $\hat{z}_2$ 关联或者 z_3、z_4 都是误报,测量 z_5 是误报或新目标,目标 $\hat{z}_3$ 是漏报或目标消失。

当利用行驶环境中的不确定测量信息来进行障碍物跟踪时,无法确定测量值来自于哪一个目标,甚至有可能是误报;而航迹更新无法确定利用哪一个测量信息,也有可能是漏报。因此,为了实现障碍物运动状态跟踪与行为预测,测量-航迹的二维关联问题必须重点解决。

首先定义一个 0-1 关联决策变量

$$a(i,j) = \begin{cases} 1, & \text{测量 } z_i \text{ 与航迹 } T_j \text{ 关联} \\ 0, & \text{其他} \end{cases} \tag{5-110}$$

记集合 $S=\{0,1\}$,则测量-航迹的二维关联矩阵为

$$\{a(i,j) \in S; i=0,1,2,\cdots,m(k), j=0,1,2,\cdots,n(k)\} \tag{5-111}$$

关联决策变量 $a(i,j)$ 具有一些隐含的典型特征。例如,同一个目标的漏报和误报不可能同时发生,即

$$a(0,0)=0 \tag{5-112}$$

单独考虑误报的情况,由于误报可以同时发生多次,即误报发生的次数为

$$N_{fa} = \sum_{i=1}^{m(k)} a(i,0) \geqslant 0 \tag{5-113}$$

与误报情况相类似的,针对单独考虑漏报的情况,由于漏报可以同时发生多次,即漏报发生的次数为

$$N_{fd} = \sum_{j=1}^{n(k-1)} a(0,j) \geqslant 0 \tag{5-114}$$

其中,漏报计数时采用的是现有航迹,因此,式(5-114)中的航迹数量是 $n(k-1)$ 而不是 $n(k)$。

针对聚合后的测量-航迹关联,一个航迹最多与一个测量关联,即

$$\sum_{i=1}^{m(k)} a(i,j) \leqslant 1, \quad j=1,2,\cdots,n(k-1) \tag{5-115}$$

同时,一个测量最多与一个航迹关联,定义一个 0-1 测量关联变量 α_i 来衡量测量 z_i 是否与航迹关联成功

$$\alpha_i = \sum_{j=1}^{n(k-1)} a(i,j) \in S, \quad i=1,2,\cdots,m(k) \tag{5-116}$$

针对所有的测量和航迹，必须完成关联，即

$$\begin{cases} \sum_{i=0}^{m(k)} a(i,j) = 1, & j = 1, 2, \cdots, n(k-1) \\ \sum_{j=0}^{n(k-1)} a(i,j) = 1, & i = 1, 2, \cdots, m(k) \end{cases} \tag{5-117}$$

将测量集合 $Z(k)$ 与航迹集合 $T(k-1)$ 的二维关联问题转换为具有约束(见式(5-110)～式(5-117))的非线性 0-1 规划问题，其优化目标为

$$a^*(k) = \arg\min_{a} \sum_{i=0}^{m(k)} \sum_{j=0}^{n(k-1)} a(i,j)\phi(i,j) \tag{5-118}$$

其中，似然函数 $\phi(i,j)$ 定义为

$$\phi(i,j) = \begin{cases} \dfrac{1}{2}\rho_i^2(k) - \ln\left(\dfrac{\pi\gamma P_D}{\sqrt{2\pi}}\right), & i = 1, 2, \cdots, m(k), j = 1, 2, \cdots, n(k-1) \\ 0, & i = 1, 2, \cdots, m(k), j = 0 \\ -\ln(1 - P_D), & i = 0, j = 1, 2, \cdots, n(k-1) \end{cases} \tag{5-119}$$

数据关联问题就被转换为如下所示的二维的 0-1 规划问题

$$\arg\min_{a} \sum_{i=0}^{m(k)} \sum_{j=0}^{n(k-1)} a(i,j)\phi(i,j)$$

$$\text{s.t.} \begin{cases} \sum_{i=0}^{m(k)} a(i,j) = 1 \\ \sum_{j=0}^{n(k-1)} a(i,j) = 1 \\ a(0,0) = 0 \\ a(i,j) \in S \end{cases} \tag{5-120}$$

利用数值算法求解式(5-120)后，即可求得最优的测量-航迹关联结果。

3) 状态更新

当没有测量值通过验证门，即发生漏报时，利用运动方程对障碍物运动轨迹进行预测而没有反馈校正

$$\hat{x}_j(k|k) = \hat{x}_j(k|k-1) \tag{5-121}$$

当有测量值通过验证门时，利用全概率形式，状态更新方程为

$$\hat{x}_j(k|k) = \hat{x}_j(k|k-1) + W(k)v(k) \tag{5-122}$$

其中，误差反馈校正项为

$$v(k) = \sum_{i=1}^{m(k)} \alpha_i(k)\beta_i(k)v_i(k) \tag{5-123}$$

其中，$v(k)$ 利用所有验证过的测量信息加权后对状态估计值进行反馈校正。$\alpha_i \in S$ 是测量关联系数，当测量关联失败时 $\alpha_i = 0$，此时的状态估计也没有反馈校正，仅当关联成功即 $\alpha_i = 1$ 时才会利用测量信息进行校正。系数 $\beta_i(k)$ 是衡量测量 $z_i(k)$ 源自于该障碍物的置信度系数。注意到系数 α_i 和 $\beta_i(k)$ 的存在，式(5-122)实质上等价于一个非线性反馈校正过程。

状态更新权重矩阵为

$$W(k) = P(k|k-1)S^{-1}(k) \tag{5-124}$$

协方差更新方程为

$$P(k|k) = P_0(k|k) + \widetilde{P}(k) \tag{5-125}$$

其中

$$P_0(k|k) = \beta_0(k)P(k|k-1) + [1-\beta_0(k)][1-W(k)]P(k|k-1) \tag{5-126}$$

全概率形式的协方差矩阵 $P_0(k|k)$ 包含两部分：第一部分是假设所有测量都是不准确的概率为 $\beta_0(k)$，则状态估计和预测的协方差不更新；第二部分为所有测量信息都是可用的概率为 $1-\beta_0(k)$，此时协方差矩阵随之更新。由于测量信息中包含了大量的不确定信息，因此，在协方差 $P(k|k)$ 中还增加了一个衡量测量信息源不确定性的补偿项

$$\widetilde{P}(k) = W(k)\left[\sum_{i=1}^{m(k)} \beta_i(k)v_i(k)v_i^{\mathrm{T}}(k) - v(k)v^{\mathrm{T}}(k)\right]W^{\mathrm{T}}(k) \tag{5-127}$$

根据式(5-122)和式(5-125)可见，利用目标航迹跟踪的置信度对各状态更新量的非线性反馈校正，是所提出的 IPDAF 方法的最关键特点。此外，非线性反馈项中还包含了经过二维非线性 0-1 优化后的测量关联系数 α_i，这也是所提出方法与传统 PDAF 方法的主要区别。

置信度系数 $\beta_i(k)$ 是与测量信息源相关的后验概率

$$\beta_i(k) = \frac{q_i(k)}{\sum_{i=0}^{m(k)} q_i(k)} \tag{5-128}$$

其中，似然函数为

$$q_i(k) = \begin{cases} \lambda(1-P_D P_G), & i=0 \\ \dfrac{1}{(2\pi)^{r/2}|S(k)|^{1/2}}\exp\left[-\dfrac{1}{2}\rho_i^2(k)\right]P_D, & i \neq 0 \end{cases} \tag{5-129}$$

其中，假设 P_G、P_D 对所有障碍物都相同。测量信息空间的密度为

$$\lambda = \frac{m(k)}{\pi\gamma}|S(k)|^{1/2} \tag{5-130}$$

4) 障碍物数量估计

在所提出的 IPDAF 方法中，需要知道障碍物的具体数量，然而，在实际车辆感知范围内的障碍物数量是时变不确定的，因此，需要准确估计障碍物的数量。假设障碍物数量为 $N(k)$，观测数量序列为 $M(k) = \{m(1), m(2), \cdots, m(k)\}$，则基于贝叶斯估计理论可得概率 $P(N(k)|M(k))$ 为

$$P[N(k)|M(k)] = P[m(k)|N(k), M(k-1)]P[N(k)|M(k-1)] \tag{5-131}$$

由于历史的障碍物数量是已知的，且假设当前估计的障碍物数量与历史估计的数量是独立分布的，则

$$P[N(k)|M(k)] = P[m(k)|N(k)]P[N(k)|M(k-1)] \tag{5-132}$$

假设 $N(k)$ 与 $M(k-1)$ 独立，利用全概率公式可得

$$P[N(k)|M(k)] = P[m(k)|N(k)]\sum_q P[N(k)|N(k-1)=q] \cdot P[N(k-1)=q|M(k-1)] \tag{5-133}$$

其中，$P(m(k)|N(k))$ 为 $N(k)$ 个障碍物全部包含在 $m(k)$ 个测量中的概率，$P(N(k)|N(k-1))$ 代表了障碍物数量变化的统计特征。

假设新目标的确定和旧目标的消失服从泊松分布，即障碍物数量的变化服从泊松分布。根据式(5-133)可求得 $P(N(k)|M(k))$ 的概率分布。利用最大似然估计法，即可实时估计障碍物数量 $N(k)$。

如果 IPDAF 航迹数量小于估计值 $N(k)$，则说明出现了新的障碍物，此时新的跟踪器将会被创建以跟踪新的障碍物；如果 IPDAF 航迹数量大于估计值 $N(k)$，则说明有障碍物消失了，其对应的航迹将被删除，但是需要先确定即将被删除的航迹。为了评价跟踪器 $\beta_i(k)$ 的性能，引入移动平均值 $\hat{\beta}_i(k)$。

$$\hat{\beta}_i(k) = (1-\rho)\hat{\beta}_i(k-1) + \rho\beta_i(k) \tag{5-134}$$

其中，ρ 是衰减因子。当数值 $\hat{\beta}_i(k)$ 急剧下降且置信度较低时，说明该跟踪器 $\beta_i(k)$ 并没有跟踪环境中的障碍物，或障碍物离开了车辆感知范围。此时，选取最小的性能指标 $\hat{\beta}_i(k)$ 所对应的跟踪器，并将其删除。

所提出的基于 IPDAF 的 MTT 算法流程图如图 5.38 所示，在该方法中，测量-航迹关联与数据融合滤波深度耦合，提高了障碍物跟踪的精度，同时能兼顾到算法的实时性。由于所提出的 IPDAF 方法并没有包含环境参数或车辆参数，所以该方法能适用于多种不同的动态环境，具有较好的普适性。由图 5.38 可见，虽然障碍物的运动方程(5-100)为线性方程，但是利用了测量关联系数 α_i 和置信度系数 $\beta_i(k)$ 对状态估计进行非线性反馈校正，且由于贝叶斯滤波理论的优势而对环境不确定性具有较好的抑制能力。若系统方程或测量方程为非线性方程，利用扩展卡尔曼滤波(EKF)和无迹卡尔曼滤波(UKF)对系统模型和 IPDAF 方法进行适当改进后，所提出的 IPDAF 方法也可适用于非线性系统。另外，障碍物运动模型(5-100)中串联了一个低通滤波器，所提出的 IPDAF 方法的噪声抑制性能得到进一步提高，对环境干扰与测量噪声具有较好的处理能力。

3. 航迹管理

如图 5.39 所示，多目标的航迹管理包括创建航迹、保持航迹、删除航迹。针对 MTT 场景需求，当目标被确认后即具有较高的置信度水平时，将创建一个新的航迹去跟踪该目标；而当其置信度较低时，所对应的航迹将被删除；跟踪的目标将利用跟踪算法实现航迹的保持、滤波和稳定输出。

如图 5.40 所示，令 p 为目标的置信度水平，则临时航迹、初步航迹和稳定航迹这三种航迹的管理策略如下。

(1) 创建航迹：对新出现的目标（包括误报）创建航迹对其进行跟踪，当置信度小于 0.45 时即为临时航迹，当置信度大于 0.8 后转为稳定航迹，否则为初步航迹。

(2) 保持航迹：对于持续稳定跟踪的目标，利用多目标跟踪方法对其航迹进行更新。

(3) 删除航迹：对于临时丢失的目标（包括漏报），利用动力学模型（见式(5-100)）对其进行预测，当置信度小于 0.45 时转为临时航迹，当置信度小于 0.2 时认为目标消失则删除其航迹。

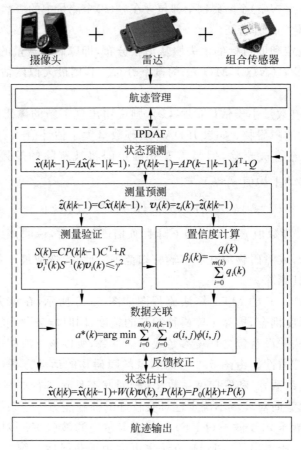

图 5.38 IPDAF 方法流程图

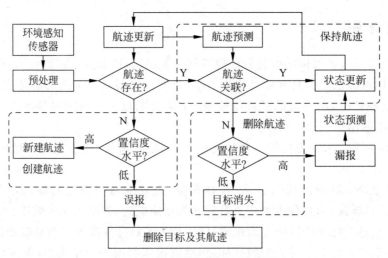

图 5.39 多目标航迹管理架构图

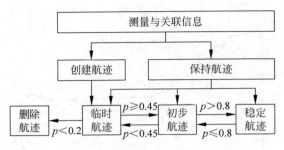

图 5.40 三种航迹的管理策略示意图

5.6.4 多目标跟踪

为了充分抑制噪声的影响，提高车辆舒适性与安全性，针对障碍物的运动模型，设计鲁棒状态观测器。

1. 小波分析

毫米波雷达的测量噪声主要是由毫米波反射、折射和衍射等协同效应以及内部传感器噪声和其他一些外部干扰引起的，如果不能很好地将其抑制，融合时将会把部分噪声引入跟踪结果中，对 MSF 和 MTT 带来不利影响，进而降低交通场景模型和智能车辆动力学可行域的精度。因此，首先利用小波分析方法进行干扰特性分析，小波分析的相关理论不是本书的重点，在书中不做过多说明而直接给出分析结果，相关理论可查阅相关文献资料。

为了测试干扰特性，采用一个典型的 ACC 启停实车场景进行测试分析，本车与前车车速如图 5.41 所示。障碍物跟踪结果的相对距离、相对速度以及小波分析结果如图 5.42～图 5.44 所示。

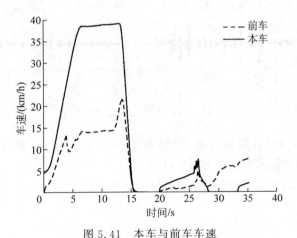

图 5.41 本车与前车车速

利用符号 $\chi(t)$ 表示障碍物相对本车的距离、速度和加速度等测量信号，根据小波分析理论，信号 $\chi(t)$ 能分解成信号 $d_1(t)$、$d_2(t)$、$d_3(t)$ 和 $a_3(t)$ 的叠加，即

$$\chi(t) = d_1(t) + d_2(t) + d_3(t) + a_3(t) \tag{5-135}$$

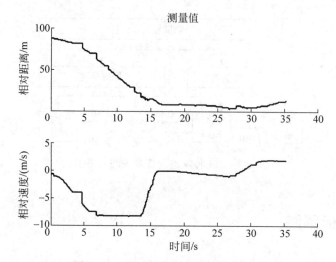

图 5.42 相对距离和相对速度测量值

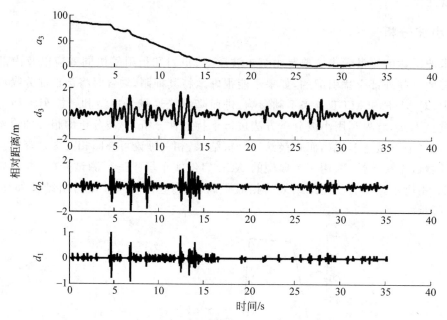

图 5.43 相对距离的小波分析结果

其中,$d_1(t)$、$d_2(t)$、$d_3(t)$ 分别为高频、中频和低频噪声,$a_3(t)$ 为重构和滤波后的信号,可以用来表示重构的相对距离和相对速度,如图 5.43 和图 5.44 所示。信噪比(SNR)通常被用来评价信息与噪声的比值,利用信号的能量定义 SNR 值以评价信号 $\chi(t)$,$t \in [t_0, t_f]$ 的质量:

$$\mathrm{SNR}(\chi) = 10 \lg \frac{\int_{t_0}^{t_f} \chi^2(t) \mathrm{d}t}{\int_{t_0}^{t_f} d^2(t) \mathrm{d}t} (\mathrm{dB}) \tag{5-136}$$

其中,$d(t)$ 是信号 $\chi(t)$ 的噪声成分。通常来说,越大的 $\mathrm{SNR}(\chi)$ 意味着噪声的影响越小,即信号 $\chi(t)$ 的质量越高,且 SNR>40dB 和 SNR≤40dB 的信号分别对应强信号和弱信号。但

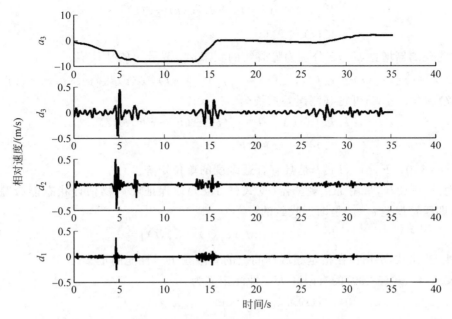

图 5.44　相对速度的小波分析结果

是,针对不同的信号处理系统,强信号的 SNR 阈值可能有所不同,在本书中,具有较好信号质量的跟踪信号的 SNR 阈值设为 45dB。针对障碍物跟踪性能,越大的 SNR 值则说明 MTT 跟踪性能越好,反之则越差。

在图 5.43 和图 5.44 所示的小波分析结果中,针对高频成分 $d=d_1$,相对距离和相对速度的 SNR 值分别为 50.77dB 和 64.03dB;针对中低频噪声 $d=d_2+d_3$,相对距离和相对速度的 SNR 值分别为 37.89dB 和 54.35dB。因此,测量信号的高频成分小于中低频成分。根据图 5.43 和图 5.44 中的小波分析结果,高频噪声对跟踪结果的影响也小于中低频噪声的影响,这主要是因为传感器的信号处理器本身就带有低通滤波功能(见式(5-99))。值得注意的是,虽然低通滤波器能抑制高频噪声,但是大量不可忽视的中低频噪声依然存在。

因此,可假设系统中的噪声 w_1、w_2 是中低频噪声,本节将重点设计有限频 H_∞ 观测器来消除 IPDAF 跟踪结果中低频噪声 w_1,w_2 的影响。为了解决有限频 H_∞ 观测器设计问题,首先给出如下假设。

假设 5.3　式(5-100)中的噪声 w_1、w_2 满足 $|w| \leqslant w_m$,其中,w 是噪声 w_1、w_2 的频率分布,$w_m = 100\text{Hz}$ 是给定的反映噪声频率分布特性的频率阈值。

2. 有限频 H_∞ 观测器

在连续空间下设计有限频 H_∞ 状态观测器。针对 MTT 系统(见式(5-100)),其对应的连续状态空间形式为

$$\begin{cases} \dot{x}_j(t) = \overline{A} x_j(t) + \overline{B} w_1(t) \\ z(t) = x_j(t) + w_2(t) \end{cases} \quad (5\text{-}137)$$

其中,测量值 $z(t)$ 为 IPDAF 融合跟踪后的状态信息,$w_1(t)$、$w_2(t)$ 为中低频噪声,基于一阶近似假设可得系统矩阵为 $\overline{A} = \dfrac{1}{T_s}(A-I)$,$\overline{B} = \dfrac{1}{T_s} B$。针对式(5-137),设计 H_∞ 观测器

$$\begin{cases} \dot{\hat{x}}_j(t) = \overline{A}\hat{x}_j(t) + L[z(t) - \hat{z}(t)] \\ \hat{z}(t) = \hat{x}_j(t) \end{cases} \tag{5-138}$$

其中，L 为观测器增益，$\hat{x}_j$、$\hat{z}$ 分别为障碍物的状态 x_j、测量 z 的估计值。

定义 $e_x(t) = x_j(t) - \hat{x}_j(t)$，$e_z(t) = z_j(t) - \hat{z}_j(t)$，$w(t) = [w_1^T(t), w_2^T(t)]^T$，根据式(5-137)和式(5-138)可得观测误差系统为

$$\begin{cases} \dot{e}_x(t) = (\overline{A} - L)e_x(t) + (E - LF)w(t) \\ e_z(t) = e_x(t) + Fw(t) \end{cases} \tag{5-139}$$

其中，$E = [\overline{B}, 0]$，$F = [0, I]$，I 是具有合适维度的单位矩阵。

针对式(5-137)，采用 H_∞ 观测器(见式(5-138))以保证障碍物估计状态能跟踪上其真实状态，即跟踪误差 $e_z(t)$ 是渐近收敛的：

$$\lim_{t \to \infty} e_z(t) = \lim_{t \to \infty} [z_j(t) - \hat{z}_j(t)] = 0 \tag{5-140}$$

因此，给出式(5-137)在指定频域空间上的有限频 H_∞ 性能的定义。

定义 5.4 式(5-139)的有限频 H_∞ 性能定义为

$$\|G(s)\|_\infty = \sup_{\forall |w| \leqslant w_m} \sigma_{\max}[G(jw)] \tag{5-141}$$

其中，式(5-139)的传递函数矩阵为 $G(s) = (sI - \overline{A} + L)^{-1}(E - LF) + F$，$\sigma_{\max}(\cdot)$ 表示最大奇异值。

注释 5.6 无限频域上的标准 H_∞ 性能是在频域空间 $w \in (-\infty, \infty)$ 上定义的，而定义 5.4 中的有限频 H_∞ 性能是在频域空间 $w \in (-w_m, w_m)$ 上定义的一个范数，以抑制有限频域噪声的影响。针对式(5-137)的滤波后处理系统，将被转换为在中低频域上设计有限频 H_∞ 观测器问题，以实现较好的噪声抑制性能。

基于有限频域干扰假设 5.3，将建立有限频 H_∞ 观测器设计准则以保证式(5-139)的渐近稳定性。

3. 有限频 H_∞ 设计准则

针对式(5-139)，通用 KYP(Kalman-Yakubovic-Popov)引理利用 LMI 条件给出了系统在给定频域空间上满足所需频域特性的充要条件，因此，首先给出 KYP 引理，基于该引理，能够很好地处理有限频 H_∞ 性能。

引理 5.1(通用 KYP 引理) 针对式(5-139)，给定对称矩阵 Π，则如下两个不等式条件等价。

(1) 有限频不等式

$$\begin{bmatrix} G(jw) \\ I \end{bmatrix}^* \Pi \begin{bmatrix} G(jw) \\ I \end{bmatrix} < 0, \quad \forall |w| \leqslant w_m \tag{5-142}$$

其中，符号 $*$ 表示共轭转置。

(2) 存在对称矩阵 P 和 Q 且 $Q > 0$ 满足如下 LMI

$$\begin{bmatrix} \overline{A} - L & E - LF \\ I & 0 \end{bmatrix}^T \Xi \begin{bmatrix} \overline{A} - L & E - LF \\ I & 0 \end{bmatrix} + \begin{bmatrix} I & F \\ 0 & I \end{bmatrix}^T \Pi \begin{bmatrix} I & F \\ 0 & I \end{bmatrix} < 0 \tag{5-143}$$

其中

$$\Xi = \begin{bmatrix} -Q & P \\ P & w_m^2 Q \end{bmatrix}$$

基于 KYP 引理,令对称矩阵 $\Pi = \mathrm{diag}\{I, -\gamma^2 I\}$ 且常数 $\gamma > 0$,则式(5-142)将被简化为 $G(\mathrm{j}w) * G(\mathrm{j}w) < \gamma^2 I$,且等价于

$$\sigma_{\max}[G(\mathrm{j}w)] < \gamma, \quad \forall |w| \leqslant w_m \tag{5-144}$$

其中,更准确的有限频 H_∞ 性能不等式定义为

$$\sup_{\forall |w| \leqslant w_m} \|G(\mathrm{j}w)\|_\infty < \gamma \tag{5-145}$$

引理 5.2(反向投影引理) 针对任意正定矩阵 M,不等式 $\psi + \Phi + \Phi^T < 0$ 等价于 LMI

$$\begin{bmatrix} \Psi + M - V - V^T & \Psi^T + V^T \\ \Psi + V & -M \end{bmatrix} < 0 \tag{5-146}$$

引理 5.3(投影引理) 假设矩阵 X、Y、Ω 具有合适的维度且 Ω 是对称阵,则存在矩阵 R 满足如下不等式

$$\Omega + X^T R Y + (X^T R Y)^T < 0 \tag{5-147}$$

的条件是,当且仅当

$$N_X^T \Omega N_X < 0, \quad N_Y^T \Omega N_Y < 0 \tag{5-148}$$

定理 5.2 给定正常数 γ 和 η,如果存在对称矩阵 P 和 $Q > 0$,$Z > 0$ 以及常规矩阵 R,S 且 R 可逆,满足如下 LMI

$$\begin{bmatrix} -R-R^T & \Theta_0 + Z & R^T & R^T E - S^T F \\ \Theta_0^T + Z & -Z & 0 & 0 \\ R & 0 & -Z & 0 \\ E^T R - F^T S & 0 & 0 & -\eta I \end{bmatrix} < 0 \tag{5-149}$$

$$\begin{bmatrix} \Theta & P - R^T & R^T E - S^T F & I \\ P - R & -Q & 0 & 0 \\ E^T R - F^T S & 0 & -\gamma^2 I & F^T \\ I & 0 & F & -I \end{bmatrix} < 0 \tag{5-150}$$

其中,$\Theta_0 = R^T \bar{A} - S^T$,$\Theta = w_m^2 Q + \Theta_0 + \Theta_0^T$。则式(5-137)和式(5-138)满足有限频 H_∞ 性能,式(5-139)渐近稳定,其中,观测器增益为 $L = (SR^{-1})^T$。

证明:通过 Schur 补定理,式(5-149)等价于

$$\begin{bmatrix} R^T \Psi R + R^T Z^{-1} R - R - R^T & R^T \bar{A} - S^T + Z \\ \bar{A}^T R - S + Z & -Z \end{bmatrix} < 0 \tag{5-151}$$

其中,$\Psi = \dfrac{1}{\eta}(E - LF)(E - LF)^T$。对式(5-151)利用 $\mathrm{diag}\{R^{-1}, Z^{-1}\}$ 执行同余变换,且令 $V = R^{-1}$,$M = Z^{-1}$,$\Phi = (\bar{A} - L) Z^{-1}$,则式(5-151)等价于

$$\begin{bmatrix} \Psi + Z^{-1} - V - V^T & (\bar{A} - L) Z^{-1} + V^T \\ Z^{-1} (\bar{A} - L)^T + V & -Z^{-1} \end{bmatrix} < 0 \tag{5-152}$$

利用引理5.2,式(5-152)等价于

$$\Psi + (\bar{A} - L)Z^{-1} + Z^{-1}(\bar{A} - L)^T < 0 \qquad (5-153)$$

根据特征不等式 $\Psi > 0$ 可得

$$(\bar{A} - L)Z^{-1} + Z^{-1}(\bar{A} - L)^T < 0 \qquad (5-154)$$

根据Lyapunov稳定性理论,式(5-139)渐近稳定。

利用Schur补定理,式(5-150)等价于

$$G\Xi G^T + H\Pi H^T + \Gamma R\Lambda + (\Gamma R\Lambda)^T < 0 \qquad (5-155)$$

其中

$$\Lambda = [0, I, 0], \quad \Gamma = \begin{bmatrix} -I \\ (\bar{A} - L)^T \\ (E - LF)^T \end{bmatrix}, \quad G = \begin{bmatrix} I & 0 \\ 0 & I \\ 0 & 0 \end{bmatrix}, \quad H = \begin{bmatrix} 0 & 0 \\ I & 0 \\ F^T & I \end{bmatrix} \qquad (5-156)$$

根据引理5.3和 $\Omega = G\Xi G^T + H\Pi H^T$,则式(5-155)成立的条件是

$$W^T(G\Xi G^T + H\Pi H^T)W < 0 \qquad (5-157)$$

$$U(G\Xi G^T + H\Pi H^T)U^T < 0 \qquad (5-158)$$

其中

$$W = \begin{bmatrix} I & 0 & 0 \\ 0 & 0 & I \end{bmatrix}^T, \quad U = \begin{bmatrix} (\bar{A} - L)^T & I & 0 \\ (E - LF)^T & 0 & I \end{bmatrix} \qquad (5-159)$$

则

$$W^T G = \begin{bmatrix} I & 0 \\ 0 & 0 \end{bmatrix}, \quad W^T H = \begin{bmatrix} 0 & F \\ 0 & I \end{bmatrix}^T, \quad UG = \begin{bmatrix} \bar{A} - L & E - LF \\ I & 0 \end{bmatrix}^T, \quad UH = \begin{bmatrix} I & F \\ 0 & I \end{bmatrix}^T$$

$$(5-160)$$

注意,式(5-157)与式(5-150)是密切相关的,且式(5-157)等价于

$$\begin{bmatrix} -Q & 0 \\ 0 & F^T F - \gamma^2 I \end{bmatrix} < 0 \qquad (5-161)$$

显然式(5-150)已经包含了式(5-161)。此外,式(5-158)等价于式(5-143)。根据引理5.1,系统的有限频 H_∞ 性能得到保证。

根据定理5.2,误差系统在中低频域上的 H_∞ 性能准则可以用来设计有限频 H_∞ 观测器。基于Schur补定理和定理5.2,可以直接得到传统的定义在无穷频域的 H_∞ 观测器设计准则,其具体证明过程就不再赘述。

定理5.3 若存在正定对称阵 $P = P^T > 0$ 以及矩阵 X 满足LMI

$$\begin{bmatrix} \bar{A}^T P + P\bar{A} - X - X^T & PE - XF & I \\ E^T P - F^T X^T & -\gamma I & F^T \\ I & F & -\gamma I \end{bmatrix} < 0 \qquad (5-162)$$

则式(5-137)和式(5-138)满足无限频 H_∞ 性能 $\gamma > 0$,且观测器增益为 $L = P^{-1}X$。

假设系统采样周期为 $T_s = 0.01s$,针对临时航迹、初步航迹和稳定航迹,其低通滤波器时间常数分别取 $T_{lpf} = 10T_s, T_{lpf} = 5T_s, T_{lpf} = 3T_s$,且观测器参数为 $\gamma = 1.3, \eta = 10, w_m = 100Hz$,则根据定理5.2和定理5.3求得观测器增益矩阵。基于IPDAF和有限频 H_∞ 观测器设计MTT系统框架,如图5.45所示,利用低通滤波器(见式(5-99))在IPDAF中滤掉高

频噪声后,再采用有限频 H_∞ 观测器(见式(5-138))抑制中低频噪声。由于结合了贝叶斯估计和 H_∞ 理论的优势,所提出的基于低通滤波器、IPDAF 和有限频 H_∞ 观测器的联合 MTT 算法的干扰抑制以及误报、漏报等处理性能得到有效改进,其更准确、更稳定的障碍物跟踪性能有助于提高交通场景模型的精度,基于该场景模型建立的智能车辆动力学可行域能有效保证车辆行驶安全性与舒适性。

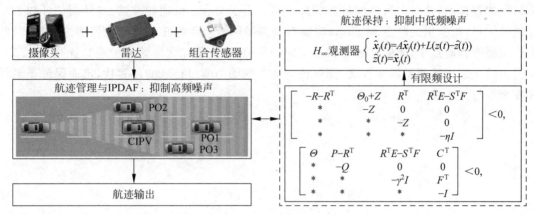

图 5.45　多目标跟踪系统框架图

5.7　本章小结

本章针对智能车辆动力学可行域建模问题,提出基于 MSF 与 MTT 算法的交通场景建模方法,并依次开展了如下研究。

(1) 本章首先介绍了几种环境感知传感器和导航定位系统的工作原理和特性,为了准确估计本车的运动状态和行驶道路曲率,建立了车辆动力学模型,并基于 H_∞ 状态观测器对车辆横向运动状态进行估计。利用摄像头、雷达、车辆动力学状态联合估计道路曲率,并基于 KF 方法实现道路曲率的融合估计,由于考虑了多种传感器、多种测量模型的反馈校正,道路曲率估计精度较高,能充分抑制环境干扰、测量噪声以及车辆驾驶行为的不确定性,可适用于多种不同的交通场景。

(2) 为了分析障碍物的直线行驶、弯道行驶、换道行驶等驾驶行为,本章基于回归分析方法实现了驾驶场景的识别和障碍物行驶轨迹的跟踪与预测,当前车切入切出时可有效提高车辆行驶安全性和舒适性。在实车测试中,利用所提出的算法实现了对目标车驾驶行为的准确跟踪,尤其是当障碍物被遮挡或离开传感器 FOV 后依然能保持一段时间的稳定跟踪轨迹,可有效降低系统漏报率。

(3) 为了实现对本车道以及相邻车道内的障碍物的运动轨迹和行为进行跟踪和预测,本章建立了障碍物车道判别准则,根据本车和障碍物的运动状态进行障碍物车道判别,进而筛选出 CIPV 和 POs。当本车不换道时,建立障碍物的横向距离补偿模型,直接就可以实现障碍物的车道判别。当本车换道时,考虑到行驶环境的不确定性和传感器的测量误差,基于贝叶斯估计理论和马尔可夫链模型估计障碍物所在车道概率,并基于中值估计器建立车道概率判据,进而利用概率统计法实现障碍物的车道判别,判别精度与可靠性优于阈值法和似然估计法。

(4) 为了建立交通场景模型,本章提出基于低通滤波器、IPDAF 算法和有限频 H_∞ 观测器的联合 MTT 方法,进而提高障碍物行驶状态的估计精度,并基于贝叶斯估计理论估计了障碍物数量。为了实现测量-航迹的准确数据关联,建立二维非线性 0-1 规划模型。根据障碍物的置信度,建立多目标的航迹管理策略。由于结合了低通滤波器、贝叶斯估计和 H_∞ 理论的优势,所提出的联合 MTT 算法能有效抑制环境与系统的不确定性和随机干扰,降低系统误报率和漏报率,障碍物运动状态跟踪结果的 SNR 值相比原始测量至少提高 32.2dB,所提出的交通场景模型精度较高,能保证智能车辆动力学可行域的可靠性,进而保证车辆行驶安全性与舒适性。

第 6 章

决策与规划

6.1 概　　述

早在 1986 年,美国学者 Bernard 等建立了车辆二自由度模型的逆模型,直接求得车辆跟随期望路径时的模型输入,首次提出车辆逆动力学问题,为车辆动力学研究的发展开辟了一种新的方法。车辆正动力学、逆动力学以及二者的联系定性描述如下。

正动力学:如图 6.1 所示,根据车辆受力情况建立车辆动力学模型,已知转向、驱动与制动等控制输入求解车辆系统的动态响应,进而分析车辆的平顺性和操纵稳定性等。如式(6-1)所示,车辆正动力学根据系统模型 G、初始状态 $x(0)$ 和控制输入 $u(t)$ 求解系统输出 $y(t)$。其中,控制输入为方向盘转角、驱动扭矩、制动压力,系统状态为车辆运动状态(一般包括横纵向车速、横纵向加速度、横摆角速度以及侧倾与垂向运动状态等),系统输出为车载传感器可测的车辆运动状态。

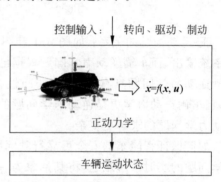

图 6.1　车辆正动力学示意图

$$G:\begin{cases} \dot{x}(t) = f[x(t),u(t)] \\ y(t) = g[x(t),u(t)] \\ x \in \mathbf{R}^n, \quad u \in \mathbf{R}^m, y \in \mathbf{R}^p \end{cases} \tag{6-1}$$

逆动力学:如图 6.2 所示,根据车辆期望的运动状态、当前实际运动状态以及行驶环境,实时求解系统的控制输入,此时,车辆正动力学将变成逆动力学问题的一个约束条件即动力学约束(或微分约束、非完整约束)。如式(6-2)所示,车辆逆动力学根据期望输出 $y_{\text{ref}}(t)$、当前输出 $y(t)$ 以及各类约束条件求解最优控制输入 $u(t)$。

$$G:\begin{cases} \underset{u(t)}{\arg\min} \dfrac{1}{2} \| y(t) - y_{\text{ref}}(t) \|^2 \\ \dot{x}(t) = f[x(t),u(t)] \\ y(t) = g[x(t),u(t)] \\ h[x(t),u(t)] \leqslant 0 \\ \Psi[x(t),u(t)] = 0 \\ x \in \mathbf{R}^n, \quad u \in \mathbf{R}^m, y \in \mathbf{R}^p \end{cases} \tag{6-2}$$

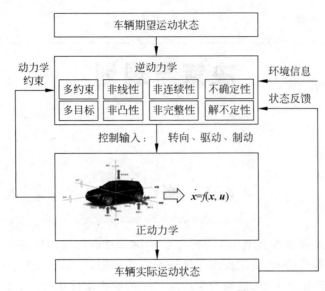

图 6.2 车辆正动力学与逆动力学之间的关系

正-逆动力学的关系：如图 6.1 和图 6.2 所示，车辆正动力学问题根据已知控制输入求解系统输出，而车辆逆动力学问题根据已知期望输出和各类约束条件求解控制输入。由于车辆逆动力学问题具有非线性、非凸性、非连续性、非完整性以及解不定性、不确定性等特点，且车辆正动力学更是逆动力学问题的约束条件之一，因此，车辆逆动力学问题的求解比正动力学问题的求解更复杂。

如何保证智能车的安全可靠行驶问题的本质是车辆逆动力学问题，考虑智能车辆逆动力学问题的实时求解难题，将其抽象为一个标准的多约束、多目标、非线性优化（Non-Linear Programming，NLP）问题。因此，开展智能车辆逆动力学可行域建模、逆动力学抽象与横纵向动力学逆解算等关键技术研究，探索一种高效的车辆正-逆动力学实时求解方法，实现智能车实时、安全、可靠行驶，对保障智能车辆行驶安全具有重大的理论研究意义和工程应用价值。

在智能车辆动力学实时控制众多核心技术中，决策与规划子系统负责生成安全、舒适的车辆驾驶行为与运动轨迹，是体现车辆智慧与安全水平的关键因素。基于智能车辆逆动力学模型实现车辆实时规划决策，主要可分为行为决策和运动规划两部分。其中，行为决策求解满足交通规则、行驶安全等约束条件的驾驶行为意图，本章重点关注减速、车道变更、避障、超车等行为，而不考虑左转弯、右转弯、泊车和掉头等特殊驾驶行为。运动规划根据车辆状态和环境信息，考虑环境的动态不确定因素以及各类约束条件，兼顾安全性、舒适性等性能，实时求解出车辆可行驶的期望轨迹。

在智能车辆的规划决策过程中，车辆逆动力学问题抽象环节是影响车辆行驶行为质量的最直接因素，因此智能车逆动力学建模与求解技术受到了国内外学者的格外重视。智能车辆逆动力学抽象模型的核心问题是车辆在局部动态环境中安全行驶时的局部路径规划以及轨迹生成，其在逆动力学求解过程中不仅要考虑动态环境带来的各类约束问题，而且还需要考虑与车辆自身特性有关的动力学约束问题。考虑车辆系统的动力学特性和交通环境的动态不确定性，同时，根据交通场景模型与障碍物行为预测其运动轨迹，加入道路边界约束、环境几何约束、安全性与舒适性约束以及车辆系统的动力学约束等，建立车辆逆动力学抽象模型的约束集，同时还需要考虑车辆安全性、舒适性等建立多目标优化模型，这势必将导致车辆逆动力学问题变得更复杂。针对智能车辆逆动力学实时求解问题，为了降低求解算法的复杂度，采用横向-纵向和路径-速度双解耦规划以及分层求解的思想，建立车辆逆动力学问题抽象方法，根据环境信息和车辆运动状态实时规划车辆的行为，以及生成一条无碰撞的、舒适的期望运动轨迹，并将优化后的期望轨迹和目标速度发送给动力学逆解算系统，以实现车辆逆动力学问题实时求解和车辆、环境状态的闭环反馈。

因此，为了兼顾车辆行驶安全性与算法的实时性，如图6.3所示，本章将采用双解耦与分层求解的思想，建立智能车辆逆动力学抽象模型，分别设计安全车速模型、行为决策规划、轨迹规划、速度规划、碰撞检测等算法，根据障碍物、参考线等环境信息以及逆动力学可行域实时计算车辆目标车速与目标轨迹，并保证期望轨迹的舒适性、安全性与可达性。

图6.3 智能车辆逆动力学抽象示意图

6.2 规划模型框架

决策与规划技术是智能驾驶汽车的控制中枢，其主要作用是根据环境感知的结果以及先验地图信息，在满足交通规则、安全性与舒适性、车辆动力学等车辆诸多行驶约束的前提下，生成一条全局最优的车辆运动轨迹。在复杂的动态环境中行驶时，车辆主要需要解决四个方面的挑战：安全性、可行性、最优性以及效率性。安全性需要在环境感知的基础上实现对障碍物的无碰撞行驶；可行性是评价车辆输入与对应的期望轨迹输出之间的映射品质；最优性是对规划轨迹的品质的度量，通过全局最优解来评价；效率性则反映求解轨迹的计算开销，考虑有限的计算能力以及决策规划系统持续响应不断变化环境的需求，效率性对于智能汽车来讲也是至关重要的。

因此，智能汽车决策与规划所面临的问题具有复杂、多变、不确定的特点，需要合理的体系架构对问题进行分解、细化，从而更加有效地解决该问题。基于有限状态机（FSM）的决策模型是智能驾驶和自动控制中应用最多的一种方法，其清晰的逻辑规则有助于降低计算的复杂性，提高逆动力学算法的实时性。考虑智能车辆逆动力学实时求解系统的分层架构如图6.4所示，基于FSM的车辆横纵向行为决策示意图如图6.5所示。针对图6.5中的FSM，值得说明的是，车辆的超车行为相当于两次连续的换道行为（换道与并道），因此，在车辆横向行为决策时不单独考虑超车这一情况，当车辆存在超车（换道与并道）需求时，行为决策模块输出两次连续的换道请求即可，所以，在本书中将超车行为归类到换道行为中而不做特别的研究。假设车辆底层线控执行系统能可靠地响应逆动力学求得的控制指令，不考虑紧急制动和紧急转向场景,即车辆逆动力学抽象模型只需要考虑上层的决策规划、轨迹规划和速度规划。

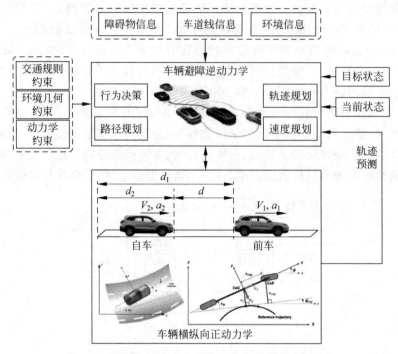

图 6.4　智能车辆逆动力学实时求解系统的分层架构

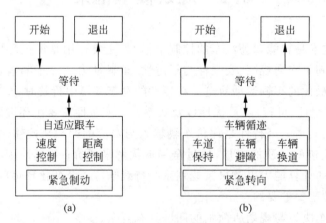

图 6.5　基于 FSM 的车辆横纵向行为决策示意图
(a) 纵向行为决策；(b) 横向行为决策

6.3　车辆安全速度

如图 6.6 所示,当车辆在弯道行驶时,在距离弯道一定距离之前,就需要对车速进行控制使车辆可以安全通过弯道(一般情况下进行减速)。但是该问题的难点在于如何使车辆从当前的车速在入弯时到达期望车速,既要保证入弯速度快,又要保证消耗的能量少,同时车辆行驶舒适性与安全性得到较好的兼顾。弯道行驶时的安全速度规划问题即从车辆当前位置开始对速度进行控制,直到车辆在入弯时达到期望的安全车速,同时保证车辆的横向运动安全性与舒适性。

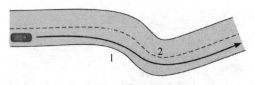

图 6.6 弯道行驶场景

6.3.1 极限车速

车辆安全车速直接关系智能车的安全性与乘坐舒适性,因此,在智能车逆动力学求解时必须将车辆安全车速作为一个约束条件进行考虑,例如弯道行驶时需要根据道路曲率限制车辆速度,在车辆入弯之前就平稳减速。美国得克萨斯A&M大学的Polus等对道路安全驾驶的参考车速做了详细的研究,并对各种速度模型做了对比。其中,车辆稳定性与乘坐舒适性是必须考虑的因素,即车辆横向加速度和横摆角速度需满足约束条件:

$$\begin{cases} |a_y| = V_{ego}^2 |c| \leqslant a_{y\max} \\ |\dot{\psi}| = V_{ego} |c| \leqslant \dot{\psi}_{\max} \end{cases} \tag{6-3}$$

其中,$a_{y\max} = k_y \mu g$,$\dot{\psi}_{\max} = k_\psi \mu$,分别为最大的车辆侧向加速度和横摆角速度,$k_y$ 和 k_ψ 为乘坐舒适性系数,μ 为车辆横向附着系数,c 为基于KF估计的道路曲率,$g = 9.8 \text{m/s}^2$ 为重力加速度。为了保证车辆弯道行驶安全性,需要根据动态变化的环境信息对车辆速度进行限制,尤其是基于曲率的车辆自适应动态限速。根据式(6-3)可得

$$\begin{cases} V_{ego} \leqslant \sqrt{\dfrac{k_y \mu g}{|c|}} \\ V_{ego} \leqslant \dfrac{k_\psi \mu}{|c|} \end{cases} \tag{6-4}$$

Reymond 横向安全模型为

$$a_{y\max} = k_1 - k_2 V_{ego}^2 \tag{6-5}$$

则车速满足

$$V_{ego} \leqslant \sqrt{\dfrac{k_1}{|c| + k_2}} \tag{6-6}$$

Levison 模型给出了弯道下的舒适加速度方程

$$a_{y\max} = \dfrac{k^2}{V_{ego}^2} \tag{6-7}$$

其中,$k > 0$ 是常数。则 Levison 安全车速为

$$V_{ego} \leqslant \sqrt[4]{\dfrac{k^2}{|c|}} \tag{6-8}$$

意大利特伦托大学的 Bosetti 等提出改进的 Levison 安全模型

$$a_{y\max} = \frac{a_0}{\sqrt{1 + \frac{V_{\text{ego}}^4}{V_0^4}}} \quad (6\text{-}9)$$

则改进的 Levison 安全车速为

$$V_{\text{ego}} \leqslant V_0 \sqrt[4]{\sqrt{\frac{1}{4} + \frac{a_0^2}{|c|^2 V_0^4}} - \frac{1}{2}} \quad (6\text{-}10)$$

美国俄亥俄州立大学王俊敏教授等提出拟人式驾驶员模型

$$a_{y\max} = \frac{\alpha^3}{V_{\text{ego}}} \quad (6\text{-}11)$$

则拟人式安全车速为

$$V_{\text{ego}} \leqslant \alpha |c|^{-1/3} \quad (6\text{-}12)$$

设车辆安全车速为 $V_{\lim}$，$V_{\max}$ 为满足交通规则限制的最大车速，则

$$V_{\lim} = \min\{V_{\max}, \sqrt{k_y \mu g} |c|^{-1/2}, k_\psi \mu |c|^{-1}, \alpha |c|^{-\beta}\} \quad (6\text{-}13)$$

其中，α、β 为根据实车进行测试标定的参数。

6.3.2 安全车速

针对如图 6.6 所示的弯道行驶场景，车辆依次通过了两个弯道 1 和 2，假设车辆行驶的纵向速度与行驶里程之间的关系如图 6.7 所示，减速通过弯道后又加速至目标车速，可将该复杂的弯道驾驶行为描述为一个安全车速优化求解问题。

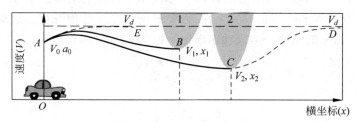

图 6.7 安全车速求解

定义车辆纵向运动为三阶动力学系统：

$$\begin{cases} \dot{s}_{\text{ego}}(t) = V_{\text{ego}}(t) \\ \dot{V}_{\text{ego}}(t) = a_{\text{ego}}(t) \\ \dot{a}_{\text{ego}}(t) = j_{\text{ego}}(t) \end{cases} \quad (6\text{-}14)$$

其中，s_{ego}、V_{ego}、a_{ego}、j_{ego} 分别为车辆纵向行驶里程、车速、加速度和冲击度。

车辆平稳与安全过弯问题即求解如下优化问题以寻找最优的冲击度输入和行驶时间：

$$\arg\min_{j_{\text{ego}}(t),T} J = \int_0^T j_{\text{ego}}^2(t) \mathrm{d}t + w_T T \quad (6\text{-}15)$$

同时，满足边界约束：

$$\begin{cases} s_{\text{ego}}(0)=0, & V_{\text{ego}}(0)=V_0, \quad a_{\text{ego}}(0)=a_0 \\ V_{\text{ego}}(T)=V_d, \quad a_{\text{ego}}(T)=0 \end{cases} \tag{6-16}$$

以及速度约束：

$$V_{\text{ego}}(t) \leqslant V_{\text{safe}} = \min\{V_{\lim}, V_d\} \tag{6-17}$$

其中，式(6-15)中包含两个优化目标：快速通行即行驶时间 T 最短，平稳过弯即舒适性（或冲击度）最小，w_T 表示两个目标间的权重系数。则车辆过弯的安全车速规划问题可描述为如下优化问题：

$$\arg\min_{j_{\text{ego}}(t), T} J = \int_0^T j_{\text{ego}}^2(t)\,\text{d}t + w_T T$$

$$\text{s. t.} \begin{cases} V_{\text{ego}}(t) \leqslant V_{\text{safe}} \\ s_{\text{ego}}(0)=0, \quad V_{\text{ego}}(0)=V_0, \quad a_{\text{ego}}(0)=a_0 \\ V_{\text{ego}}(T)=V_d, \quad a_{\text{ego}}(T)=0 \end{cases} \tag{6-18}$$

考虑该问题的复杂性，同时规划减速入弯与加速出弯两个过程中的安全车速难度较大，因此，将这两个阶段的规划问题独立成两个子问题依次求解。

1. 减速入弯过程

减速入弯过程实质上就是点到点的速度规划问题，例如图 6.7 中的 A-C 或者 A-B，该局部优化问题相对全局规划问题（见式(6-18)）更容易求解。由于 C 点处的曲率更大，其安全车速更低，故以 A-C 作为研究对象。则在 C 点处的边界条件为

$$s_{\text{ego}}(T_C) = s_C, \quad V_{\text{ego}}(T_C) = V_C, \quad a_{\text{ego}}(T_C) = 0 \tag{6-19}$$

其中，到达 C 点的时间 T_C 未知，C 点处的安全车速为

$$V_C = \sqrt{\frac{k_y \mu g}{|c_0 + s_C c_1|}} \tag{6-20}$$

根据起点 A 和急弯 C 点处的边界条件，假设车辆行驶里程可用 5 次多项式来描述，即

$$s_{\text{ego}}(t) = c_1 t + \frac{1}{2} c_2 t^2 + \frac{1}{6} c_3 t^3 + \frac{1}{24} c_4 t^4 + \frac{1}{120} c_5 t^5 \tag{6-21}$$

则求导可得速度、加速度和冲击度为

$$V_{\text{ego}}(t) = c_1 + c_2 t + \frac{1}{2} c_3 t^2 + \frac{1}{6} c_4 t^3 + \frac{1}{24} c_5 t^4$$

$$a_{\text{ego}}(t) = c_2 + c_3 t + \frac{1}{2} c_4 t^2 + \frac{1}{6} c_5 t^3$$

$$j_{\text{ego}}(t) = c_3 + c_4 t + \frac{1}{2} c_5 t^2 \tag{6-22}$$

其中，系数 c_i 可由边界条件求得，即

$$c_1 = V_0$$

$$c_2 = a_0$$

$$c_3 = -\frac{9 a_0}{T_C} + \frac{60 s_C}{T_C^3} - \frac{12(3 V_0 + 2 V_C)}{T_C^2}$$

$$c_4 = \frac{36a_0}{T_C^2} - \frac{360s_C}{T_C^4} + \frac{24(8V_0 + 7V_C)}{T_C^3}$$

$$c_5 = -\frac{60a_0}{T_C^3} + \frac{720s_C}{T_C^5} - \frac{360(V_0 + V_C)}{T_C^4} \tag{6-23}$$

根据车辆动力学与舒适性、安全性约束条件

$$\begin{cases} V_{\text{ego}}(t) \leqslant V_{\text{safe}} \\ |a_{\text{ego}}(t)| \leqslant a_{\max} \end{cases} \tag{6-24}$$

其中,V_{safe}、$a_{\max}$ 分别为车辆安全极限车速、最大加速度。对任意的 $t \in [0, T_C]$,约束条件都需满足,这对优化问题的实时求解带来一定的困难。考虑约束条件式(6-24)和优化问题式(6-15)的连续性以及式(6-22)连续采样的特点,因此,采用离散点约束法将其简化,由于该方法能非常方便地处理各类非线性约束条件,且可以有效保证求解稳定性与收敛性,在本书中也将多次采用。假设离散采样点为 $t = kT_C$,$k = 0.2, 0.4, 0.6, 0.8$,则简化后的性能约束条件为

$$\begin{cases} V_{\text{ego}}(kT_C) \leqslant V_{\text{safe}} \\ |a_{\text{ego}}(kT_C)| \leqslant a_{\max} \\ k = 0.2, 0.4, 0.6, 0.8 \end{cases} \tag{6-25}$$

将其化简后可得三个二次不等式:

$$\begin{cases} a_1 T_C^2 + a_2 T_C + a_3 \leqslant 0 \\ b_1 T_C^2 + b_2 T_C + b_3 \leqslant 0 \\ b_1 T_C^2 + b_2 T_C + b_4 \geqslant 0 \\ a_1 = \frac{1}{2} a_0 k (k-1)^2 (2-5k), \quad a_3 = 30 k^2 (k-1)^2 s_C \\ a_2 = V_0 - 18k^2 V_0 + 32k^3 V_0 - 15k^4 V_0 - 12k^2 V_C + 28k^3 V_C - 15k^4 V_C - V_{\text{safe}} \\ b_1 = (1-k)(1-8k+10k^2) a_0, \quad b_2 = -12k(k-1)[(5k-3)V_0 + (5k-2)V_C] \\ b_3 = 60k(k-1)(2k-1) s_C - a_{\max} T_C^2, \quad b_4 = 60k(k-1)(2k-1) s_C + a_{\max} T_C^2 \end{cases}$$
$$\tag{6-26}$$

假设由 $3 \times 4 = 12$ 个约束条件获得的 T_C 取值范围为 $0 < T_{C\min} \leqslant T_C \leqslant T_{C\max} < \infty$,在该可行域内的规划模型即式(6-15)等价于

$$\mathop{\arg\min}\limits_{T_{C\min} < T_C < T_{C\max}} J(T_C) = w_T T_C + \frac{9a_0^2}{T_C} + \frac{24a_0(3V_0 + 2V_C)}{T_C^2} +$$

$$\frac{24(8V_0^2 + 8V_C^2 + 14V_0 V_C - 5a_0 s_C)}{T_C^3} - \frac{720 s_C (V_0 + V_C)}{T_C^4} + \frac{720 s_C^2}{T_C^5} \tag{6-27}$$

显然,式(6-27)是一个带约束的单变量非线性优化模型,其优化变量是 $T_{C\min} \leqslant T_C \leqslant T_{C\max}$,根据 KKT 原理,其最优解将出现在极值点或边界点处。假设极值点为 T_{C0},则通过比较极值点和边界点的代价函数值大小即可实现该规划模型的求解。考虑其极值点满足条件

$$\left.\frac{\partial J(T_C)}{\partial T_C}\right|_{T_C=T_{C0}} = 0 \tag{6-28}$$

求导后可得

$$w_T T_{C0}^6 - 9a_0^2 T_{C0}^4 - 48a_0(3V_0 + 2V_C)T_{C0}^3 -$$
$$72(8V_0^2 + 8V_C^2 + 14V_0V_C - 5a_0 s_C)T_{C0}^2 + 2880 s_C(V_0 + V_C)T_{C0} - 3600 s_C^2 = 0 \tag{6-29}$$

则通过求最小的代价函数值

$$\min\{J(T_{C0}), J(T_{C\min}), J(T_{C\max})\} \tag{6-30}$$

即可求得最优的到达时间 T_C^*，进而规划出最优的入弯速度 $V_{\text{ego}}^*(t)$。

2. 加速出弯过程

加速出弯过程实质上是自由加速问题，图 6.7 中 C-D 过程中的局部优化问题相对全局规划问题即式(6-18)也将更容易求解。以 C-D 过程作为研究对象，起点 C 点的时间记为 0，在 C 和 D 点处的边界条件为

$$\begin{cases} s_{\text{ego}}(0) = 0, \quad V_{\text{ego}}(0) = V_C, \quad a_{\text{ego}}(0) = 0 \\ V_{\text{ego}}(T_D) = V_d, \quad a_{\text{ego}}(T_D) = 0 \end{cases} \tag{6-31}$$

其中，由 C 点出发到达 D 点的时间 T_D 未知，则整个平稳过弯过程的时间为 $T = T_C + T_D$。

与入弯过程相类似，假设车辆行驶里程可用 5 次多项式来描述，即

$$s_{\text{ego}}(t) = c_1 t + \frac{1}{2}c_2 t^2 + \frac{1}{6}c_3 t^3 + \frac{1}{24}c_4 t^4 + \frac{1}{120}c_5 t^5 \tag{6-32}$$

其中，系数 c_i 可由边界条件求得，即

$$\begin{cases} c_1 = V_C \\ c_2 = 0 \\ c_3 = \dfrac{6(V_D - V_C)}{T_D^2} \\ c_4 = \dfrac{12(V_C - V_D)}{T_D^3} \\ c_5 = 0 \end{cases} \tag{6-33}$$

利用离散点约束法，其离散采样点为 $t = kT_D, k = 0.2, 0.4, 0.6, 0.8$，则性能约束条件与式(6-25)相同，将其化简后得

$$T_D \geqslant T_{D\min} = \frac{3(V_D - V_C)}{2a_{\max}} \tag{6-34}$$

加速出弯过程的规划模型(见式(6-15))等价于

$$\arg\min_{T_D \geqslant T_{D\min}} J(T_D) = w_T T_D + \frac{12(V_D - V_C)^2}{T_D^3} \tag{6-35}$$

其极值点满足条件

$$\left.\frac{\partial J(T_D)}{\partial T_D}\right|_{T_D = T_{D0}} = w_T - \frac{36(V_D - V_C)^2}{T_{D0}^4} = 0 \tag{6-36}$$

可得极值点为

$$T_{D0} = \sqrt[4]{\frac{36(V_D - V_C)^2}{w_T}} \tag{6-37}$$

根据式(6-36)的特点，当 $T_{D0} \geqslant T_{D\min}$ 时，最优到达时间为 $T_D^* = T_{D0}$；当 $T_{D0} < T_{D\min}$ 时，则最优到达时间为 $T_D^* = T_{D\min}$，进而规划出最优出弯速度 $V_{\text{ego}}^*(t)$。

综上，通过求解最优到达时间 T_C^* 和 T_D^*，进而规划出整个平稳过弯过程的速度 $V_{\text{ego}}^*(t)$，则过弯时间即由 A 点到 D 点的总行驶时间为 $T = T_C^* + T_D^*$。

6.4 行为决策规划

6.4.1 行为决策功能

智能车的行为决策是车辆根据周围环境以及本车行驶状态综合决策的结果，反映了局部交通微系统的熵减决策过程。针对如图 6.8 所示的多车道多车辆（MLMV）交通场景，考虑行驶环境不确定性与干扰，尤其是环境中人类驾驶车辆的随机行为对本车的干扰，利用基于最小熵的行为决策方法实现最优的跟随-换道决策。在跟随-换道决策过程中必须保证整个局部交通场景熵的最小化和车辆纵向控制的鲁棒性，即本车的驾驶行为不能对局部交通系统的安全性和通行效率造成不利影响，且对周边人类驾驶车辆的随机驾驶行为具有一定的抗干扰性能，以保证局部交通系统的稳定性。

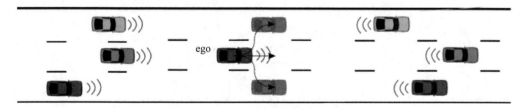

图 6.8 多车道多车辆交通场景

在进行跟随-换道决策之前需要建立考虑 MLMV 的局部交通系统模型，为了避免换道时系统状态突变对优化决策带来的困难，采用设置虚拟车的建模方法，假设本车以相同的行驶状态行驶在每一个可行驶的车道上，如图 6.8 所示，本车（图中车辆 ego）行驶在中间车道且可以向左或向右变道，在车辆 ego 相邻两个车道上的车辆即为本车的虚拟车。选择左车道、本车道、右车道三个车道局部交通系统熵最小的车道即为车辆跟随-换道行为决策过程。

智能车辆行驶环境主要包括跟随、避障、换道三大场景，车辆跟随-避障-换道行为示意图如图 6.9 所示，所对应三种模式的决策规划流程图如图 6.10 所示。首先根据动态环境信息与本车运动状态进行碰撞风险评估，若存在碰撞风险需要进行避障时，行为决策规划模块进行行为决策。若满足换道条件则进入换道模式，若不允许换道则进一步判断车道内行驶空间是否足够车辆安全通过，若允许，则通过转向实现车道内避障则进入避障模式，否则进入减速避障或者跟随模式，行为决策规划模块输出最终的行为决策结果。

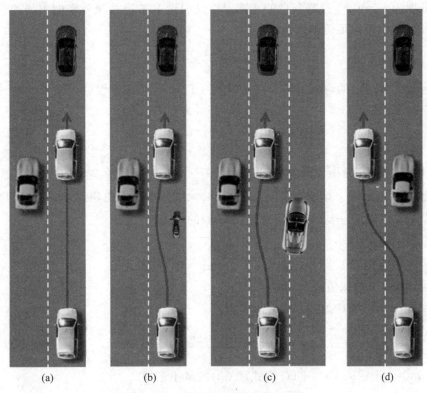

图 6.9 车辆行为三大场景示意图
(a) 跟随模式；(b) 避障模式 1；(c) 避障模式 2；(d) 换道模式

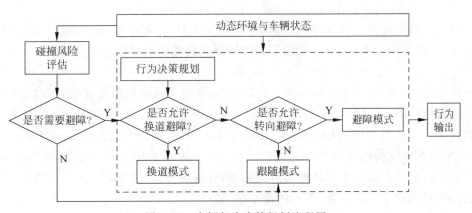

图 6.10 车辆行为决策规划流程图

6.4.2 碰撞风险评估

根据障碍物运动轨迹跟踪结果，对车辆碰撞风险进行评估，以保障车辆安全行驶，是建立智能车辆逆动力学可行域的关键。利用碰撞时间(Time-To-Collision,TTC)评估碰撞风险是应用最多的一种方法。设障碍物 i 相对本车的纵向距离为 d_i，其对应的相对速度、相

对加速度分别为 v_i 和 a_i，忽略测量的不确定性且假设本车相对障碍物做匀加速运动，本车与障碍物发生碰撞时满足运动方程

$$d_i + v_i t + \frac{1}{2} a_i t^2 = 0 \tag{6-38}$$

求解运动方程所得的时间 t 即为碰撞时间 TTC。针对该方程进行如下讨论。

(1) 若 $a_i = 0$ 则式(6-38)变成一阶方程，其解为

$$\text{TTC}_i = -\frac{d_i}{v_i} \tag{6-39}$$

当 $\text{TTC}_i \leq 0$ 时，碰撞不可能发生，此时令 $\text{TTC}_i = 20\text{s}$；当 $\text{TTC}_i > 20$ 时，也取 $\text{TTC}_i = 20\text{s}$。

(2) 若 $a_i \neq 0$ 且 $v_i^2 - 2 d_i a_i < 0$ 时，式(6-38)无解即不会发生碰撞，此时令 $\text{TTC}_i = 20\text{s}$。

(3) 若 $a_i \neq 0$ 且 $v_i^2 - 2 d_i a_i \geq 0$ 时，式(6-38)的解为

$$t = \frac{-v_i \pm \sqrt{v_i^2 - 2 d_i a_i}}{a_i} \tag{6-40}$$

需要对式(6-40)的取值进行讨论。

① 当 $a_i < 0$ 时，TTC 为式(6-40)的正根

$$\text{TTC}_i = \frac{-v_i - \sqrt{v_i^2 - 2 d_i a_i}}{a_i} \tag{6-41}$$

② 当 $a_i > 0$ 且 $v_i < 0$ 时，TTC 为式(6-38)的最小正根。

$$\text{TTC}_i = \frac{-v_i - \sqrt{v_i^2 - 2 d_i a_i}}{a_i} \tag{6-42}$$

③ 当 $a_i > 0$ 且 $v_i \geq 0$ 时，式(6-40)没有正根，则 $\text{TTC}_i = 20\text{s}$。

若本车针对障碍物 i 的碰撞时间满足 $\text{TTC}_i \geq \text{TTC}_{\text{th}}$，则本车与障碍物 i 无碰撞风险，其中，TTC_{th} 为安全行车的 TTC 阈值。则车辆纵向碰撞安全性约束条件为

$$\text{TTC}_i \geq \text{TTC}_{\text{th}} \tag{6-43}$$

在换道行为决策与目标车道选择之前，需要对所有车道进行风险评估，即对车辆及其虚拟车进行碰撞检测，以评估目标车道的安全性。设各车道 l 上相对本车最近的障碍物的纵向距离为 x_{fl}、x_{rl}，其对应的相对速度、相对加速度分别为 v_{fl}、v_{rl}、a_{fl}、a_{rl}，其中，x_{fl}、v_{fl}、a_{fl} 为本车前方障碍物的相对运动状态，x_{rl}、v_{rl}、a_{rl} 为本车后方障碍物的相对运动状态。根据 TTC 分析过程可得，本车针对前后方障碍物的碰撞时间分别为 TTC_{fl}、TTC_{rl}，则各车道上的碰撞时间取前后障碍物 TTC 的最小值，即

$$\text{TTC}_l = \min\{\text{TTC}_{fl}, \text{TTC}_{rl}\} \tag{6-44}$$

若车道 l 在交通规则上是可以行使的且 $\text{TTC}_l \geq \text{TTC}_{\text{th}}$，则车道 l 是可以安全换道的且没有碰撞风险，其中，TTC_{th} 为安全换道行驶的 TTC 阈值。假设所有可行驶且没有碰撞风险的车道 l 的集合为 N_l，即车道 $l \in N_l$。假设 l_0 为本车当前所在车道，需要特别说明的是，如果 $l_0 \notin N_l$ 则说明本车道的碰撞风险较高，此时需要通过换道来规避碰撞风险，若此时的行驶环境不满足换道条件，即隐含着集合 $N_l = \varnothing$，则采用车道内转向避障或减速避障来规避碰撞风险。

设换道行为决策规划的可行域为 N_l，通过规划模型求得的最优车道 l 即为目标车道。

若求得的最优车道 $l\neq l_0$ 则本车执行换道模式,若 $l=l_0$ 则本车执行跟随模式或避障模式,此时通过本车相对 CIPV 的横向距离以及相对车道中心线的距离来进一步做决策,若车道内的可行驶空间足够本车通过,则本车执行避障模式,否则执行跟随模式。设 CIPV 相对本车的横向距离为 y_{CIPV},本车相对车道中心线的横向距离为 y_0,则车道内剩余空间宽度为

$$W_{resi} = |y_{CIPV} + y_0| + \frac{1}{2}(|L_w| - B_w) \tag{6-45}$$

其中,L_w 为车道宽度,B_w 为车身宽度。若车道内剩余空间宽度大于横向安全距离阈值,则车辆可安全通行,即满足转向避障模式的条件

$$W_{resi} \geq \delta_{min,CIPV} \tag{6-46}$$

其中,$\delta_{min,CIPV}$ 为本车相对主目标 CIPV 的横向安全阈值。则行为决策模型为

$$\begin{cases} 换道模式, & l \neq l_0 \\ 避障模式, & N_l = \varnothing 且 W_{resi} \geq \delta_{min,CIPV},或 l = l_0 且 W_{resi} \geq \delta_{min,CIPV} \\ 跟随模式, & 其他 \end{cases} \tag{6-47}$$

根据式(6-47)进而实现最优的换道-跟随-避障行为决策,以及换道时的最优车道选择。

6.4.3 经验驾驶员模型

考虑驾驶员纵向行为特征,基于 ACC 跟车时距模型建立经验驾驶员模型:

$$d_{r,n,l} = T_{h,l} V_{n,l} + r_0, \quad l \in N_l, \quad n = 1, 2, \cdots, N_{veh,l} \tag{6-48}$$

其中,$N_{veh,l}$ 为每个车道 l 上车辆感知范围内包含本车的车辆总数,则 $N_{veh,l} = 1$ 表示车道 l 上没有其他车辆。为了方便处理,将车道 l 上所有 $N_{veh,l}$ 辆车按照车辆行驶方向由前往后进行编号,即第 1 辆车表示车辆行驶前方最远的目标车或本车。$V_{n,l}$ 为车道 l 上第 n 辆车的车速,$d_{r,n,l}$ 为车道 l 上第 n 辆车与前方车辆期望的距离,r_0 为常数,$T_{h,l}$ 为车道 l 上的跟车时距,在局部交通系统中,$T_{h,l}$ 为常数且只与各车道 l 上的局部交通密度有关,当交通密度较高时 $T_{h,l}$ 较小,当交通密度较低时 $T_{h,l}$ 较大,因此,在式(6-48)中,采用不同车道 l 上一段时间内的平均跟车时距作为 $T_{h,l}$ 的参考值,即

$$T_{h,l} = \begin{cases} \dfrac{d_{1,l} - d_{N_{veh,l},l} - (N_{veh,l} - 1)(L_{veh} + r_0)}{\sum_{n=2}^{N_{veh,l}} V_{n,l}}, & N_{veh,l} \geq 2 \\ T_{h0}, & N_{veh,l} = 1 \end{cases} \tag{6-49}$$

其中,T_{h0} 为没有目标车时的跟车时距,$d_{n,l}$ 为车道 l 上第 n 辆车与本车的距离。由于式(6-49)采用平均值建模方法,对环境具有较好的兼容性,且对交通系统中的不确定性和干扰具有一定的抑制能力。为了方便处理,需要对式(6-49)做如下三点处理。

(1) 在实际应用中,在一段时间窗内对车道的跟车时距 $T_{h,l}$ 进行平均滤波处理,则 $T_{h,l}$ 可认为是慢时变参数,在短时间内可作为常数处理。

(2) 针对本车,假设本车为车道 l 上的第 $n_{ego,l}$ 辆车且 $1 \leq n_{ego,l} \leq N_{veh,l}$,则本车的相对距离为 $d_{n_{ego,l},l} = 0$。

(3) 当 $n_{ego,l} = 1$ 时即本车为车道 l 上的第 1 辆车,则本车前方没有目标车,此时,假设

在本车前方有一辆虚拟目标车,且该虚拟目标车的状态为

$$\begin{cases} d_{0,l} = T_{h,l} V_{\text{set}} + r_0 \\ V_{0,l} = V_{\text{set}} \\ a_{0,l} = w \end{cases} \tag{6-50}$$

其中,V_{set} 为驾驶员设定的期望车速,且在短时间内变化较小,因此,假设干扰输入满足 $w \in L_2[0,\infty)$ 且 $\dot{w} \approx 0$。

6.4.4 协同驾驶策略

将车辆底盘系统简化为一阶惯性环节,定义输入为 $u_{n,l} = a_{r,n,l}$,其中,$a_{r,n,l}$ 为车道 l 上第 n 辆车的期望加速度,则

$$\dot{a}_{n,l} = -\left(\frac{1}{\tau} - \frac{\Delta\tau}{\tau^2}\right) a_{n,l} + \left(\frac{1}{\tau} - \frac{\Delta\tau}{\tau^2}\right) u_{n,l} \tag{6-51}$$

其中,τ 为本车底盘系统的时间常数,$\Delta\tau$ 为考虑不同车辆的建模不确定性且满足 $|\Delta\tau| \leqslant \Delta\tau_{\max}$。接下来分两种情况分别进行建模。

1. 跟随驾驶模式

当 $2 \leqslant n_{\text{ego},l} \leqslant N_{\text{veh},l}$ 时即本车前方有目标车,定义车道 l 上第 n 辆车的运动状态向量和控制输入为

$$x_{n,l} = \begin{bmatrix} d_{n-1,l} - d_{n,l} - d_{r,n,l} \\ V_{n-1,l} - V_{n,l} \\ a_{n-1,l} - a_{n,l} \\ a_{n,l} \end{bmatrix}, \quad u_{n,l} = K_{n,l} x_{n,l}, 2 \leqslant n \leqslant N_{\text{veh},l} \tag{6-52}$$

其中,状态反馈控制增益矩阵为 $K_{n,l} = [k_{n1,l}, k_{n2,l}, k_{n3,l}, k_{n4,l}]$。根据式(6-51)可得,车道 l 上第 n 辆车的闭环模型为

$$\begin{cases} \dot{x}_{n,l} = A_{n,l} x_{n,l} + \widetilde{B}_2 u_{n-1,l}, & n = 2 \\ \dot{x}_{n,l} = A_{n,l} x_{n,l} + B_{n,l} x_{n-1,l}, & 3 \leqslant n \leqslant N_{\text{veh},l} \end{cases} \tag{6-53}$$

其中,系统矩阵为

$$\widetilde{A}_{n,l} = \begin{bmatrix} 0 & 1 & 0 & -T_{h,l} \\ 0 & 0 & 1 & 0 \\ 0 & 0 & -\frac{1}{\tau} + \frac{\Delta\tau}{\tau^2} & 0 \\ 0 & 0 & 0 & -\frac{1}{\tau} + \frac{\Delta\tau}{\tau^2} \end{bmatrix}, \quad \widetilde{B}_1 = \begin{bmatrix} 0 \\ 0 \\ -\frac{1}{\tau} + \frac{\Delta\tau}{\tau^2} \\ \frac{1}{\tau} - \frac{\Delta\tau}{\tau^2} \end{bmatrix}, \quad \widetilde{B}_2 = \begin{bmatrix} 0 \\ 0 \\ \frac{1}{\tau} - \frac{\Delta\tau}{\tau^2} \\ 0 \end{bmatrix},$$

$$A_{n,l} = \widetilde{A}_{n,l} + \widetilde{B}_1 K_{n,l}, \quad B_{n,l} = \widetilde{B}_2 K_{n-1,l}, \quad 2 \leqslant n \leqslant N_{\text{veh},l}$$

定义车道 l 上的局部交通系统的增广状态向量为

$$x_{\text{follow},l} = \begin{bmatrix} x_{2,l} \\ x_{3,l} \\ x_{4,l} \\ \vdots \\ x_{N_{\text{veh},l},l} \end{bmatrix} \tag{6-54}$$

则车道 l 上的局部交通系统模型为

$$\dot{x}_{\text{follow},l} = A_{\text{follow},l} x_{\text{follow},l} + B_{\text{follow},l} w_{\text{follow},l} \tag{6-55}$$

其中，$w_{\text{follow},l} = u_{1,l}$ 表示车道 l 上第 1 辆车的随机驾驶行为输入，可认为是式(6-55)的干扰输入，系统矩阵为

$$A_{\text{follow},l} = \begin{bmatrix} A_{2,l} & 0 & 0 & \cdots & 0 & 0 \\ B_{3,l} & A_{3,l} & 0 & \cdots & 0 & 0 \\ 0 & B_{4,l} & A_{4,l} & \cdots & 0 & 0 \\ \vdots & \vdots & \vdots & & \vdots & \vdots \\ 0 & 0 & 0 & \cdots & A_{N_{\text{veh},l}-1,l} & 0 \\ 0 & 0 & 0 & \cdots & B_{N_{\text{veh},l},l} & A_{N_{\text{veh},l},l} \end{bmatrix}, \quad B_{\text{follow},l} = \begin{bmatrix} \widetilde{B}_2 \\ 0 \end{bmatrix}$$

构造控制器增益矩阵

$$K_{\text{follow},l} = \begin{bmatrix} K_{2,l} & 0 & 0 & \cdots & 0 & 0 \\ 0 & K_{3,l} & 0 & \cdots & 0 & 0 \\ 0 & 0 & K_{4,l} & \cdots & 0 & 0 \\ \vdots & \vdots & \vdots & & \vdots & \vdots \\ 0 & 0 & 0 & \cdots & K_{N_{\text{veh},l}-1,l} & 0 \\ 0 & 0 & 0 & \cdots & 0 & K_{N_{\text{veh},l},l} \end{bmatrix} \tag{6-56}$$

和增广矩阵

$$\overline{A}_{\text{follow},l} = \underbrace{\begin{bmatrix} \widetilde{A}_l & 0 & 0 & \cdots & 0 & 0 \\ 0 & \widetilde{A}_l & 0 & \cdots & 0 & 0 \\ 0 & 0 & \widetilde{A}_l & \cdots & 0 & 0 \\ \vdots & \vdots & \vdots & & \vdots & \vdots \\ 0 & 0 & 0 & \cdots & \widetilde{A}_l & 0 \\ 0 & 0 & 0 & \cdots & 0 & \widetilde{A}_l \end{bmatrix}}_{\text{对角线上共}N_{\text{veh},l}-1\text{个}\widetilde{A}_l}, \quad \overline{B}_{\text{follow},l} = \underbrace{\begin{bmatrix} \widetilde{B}_1 & 0 & 0 & \cdots & 0 & 0 \\ \widetilde{B}_2 & \widetilde{B}_1 & 0 & \cdots & 0 & 0 \\ 0 & \widetilde{B}_2 & \widetilde{B}_1 & \cdots & 0 & 0 \\ \vdots & \vdots & \vdots & & \vdots & \vdots \\ 0 & 0 & 0 & \cdots & \widetilde{B}_1 & 0 \\ 0 & 0 & 0 & \cdots & \widetilde{B}_2 & \widetilde{B}_1 \end{bmatrix}}_{\text{对角线上共}N_{\text{veh},l}-1\text{个}\widetilde{B}_1}$$

$$\tag{6-57}$$

其中

$$\widetilde{A}_l = \begin{bmatrix} 0 & 1 & 0 & -T_{h,l} \\ 0 & 0 & 1 & 0 \\ 0 & 0 & -\dfrac{1}{\tau}+\dfrac{\Delta\tau}{\tau^2} & 0 \\ 0 & 0 & 0 & -\dfrac{1}{\tau}+\dfrac{\Delta\tau}{\tau^2} \end{bmatrix} \tag{6-58}$$

则系统矩阵 $A_{\text{follow},l}$ 可写为

$$A_{\text{follow},l} = \overline{A}_{\text{follow},l} + \overline{B}_{\text{follow},l} K_{\text{follow},l} \tag{6-59}$$

考虑系统模型的不确定性 $\Delta\tau$,则

$$\widetilde{A}_l = \widetilde{A}_l^0 + \widetilde{A}_l^\Delta \Delta\tau, \quad \widetilde{B}_1 = \widetilde{B}_1^0 + \widetilde{B}_1^\Delta \Delta\tau, \quad \widetilde{B}_2 = \widetilde{B}_2^0 + \widetilde{B}_2^\Delta \Delta\tau \tag{6-60}$$

其中

$$\begin{cases} \widetilde{A}_l^0 = \begin{bmatrix} 0 & 1 & 0 & -T_{h,l} \\ 0 & 0 & 1 & 0 \\ 0 & 0 & -\dfrac{1}{\tau} & 0 \\ 0 & 0 & 0 & -\dfrac{1}{\tau} \end{bmatrix}, \quad \widetilde{A}_l^\Delta = \begin{bmatrix} 0 & 0 & 0 & 0 \\ 0 & 0 & 0 & 0 \\ 0 & 0 & \dfrac{1}{\tau^2} & 0 \\ 0 & 0 & 0 & \dfrac{1}{\tau^2} \end{bmatrix} \\[2em] \widetilde{B}_1^0 = \begin{bmatrix} 0 \\ 0 \\ -\dfrac{1}{\tau} \\ \dfrac{1}{\tau} \end{bmatrix}, \quad \widetilde{B}_1^\Delta = \begin{bmatrix} 0 \\ 0 \\ \dfrac{1}{\tau^2} \\ -\dfrac{1}{\tau^2} \end{bmatrix}, \quad \widetilde{B}_2^0 = \begin{bmatrix} 0 \\ 0 \\ \dfrac{1}{\tau} \\ 0 \end{bmatrix}, \quad \widetilde{B}_2^\Delta = \begin{bmatrix} 0 \\ 0 \\ -\dfrac{1}{\tau^2} \\ 0 \end{bmatrix} \end{cases} \tag{6-61}$$

则系统矩阵为

$$\begin{cases} \overline{A}_{\text{follow},l} = \overline{A}_{\text{follow},l}^0 + \overline{A}_{\text{follow},l}^\Delta \Delta\tau \\ \overline{B}_{\text{follow},l} = \overline{B}_{\text{follow},l}^0 + \overline{B}_{\text{follow},l}^\Delta \Delta\tau \\ B_{\text{follow},l} = B_{\text{follow},l}^0 + B_{\text{follow},l}^\Delta \Delta\tau \end{cases} \tag{6-62}$$

其中

$$\overline{A}_{\text{follow},l}^0 = \underbrace{\begin{bmatrix} \widetilde{A}_l^0 & 0 & 0 & \cdots & 0 & 0 \\ 0 & \widetilde{A}_l^0 & 0 & \cdots & 0 & 0 \\ 0 & 0 & \widetilde{A}_l^0 & \cdots & 0 & 0 \\ \vdots & \vdots & \vdots & & \vdots & \vdots \\ 0 & 0 & 0 & \cdots & \widetilde{A}_l^0 & 0 \\ 0 & 0 & 0 & \cdots & 0 & \widetilde{A}_l^0 \end{bmatrix}}_{\text{对角线上共}N_{\text{veh},l}-1\text{个}\widetilde{A}_l^0}, \quad \overline{A}_{\text{follow},l}^\Delta = \underbrace{\begin{bmatrix} \widetilde{A}_l^\Delta & 0 & 0 & \cdots & 0 & 0 \\ 0 & \widetilde{A}_l^\Delta & 0 & \cdots & 0 & 0 \\ 0 & 0 & \widetilde{A}_l^\Delta & \cdots & 0 & 0 \\ \vdots & \vdots & \vdots & & \vdots & \vdots \\ 0 & 0 & 0 & \cdots & \widetilde{A}_l^\Delta & 0 \\ 0 & 0 & 0 & \cdots & 0 & \widetilde{A}_l^\Delta \end{bmatrix}}_{\text{对角线上共}N_{\text{veh},l}-1\text{个}\widetilde{A}_l^\Delta},$$

$$\overline{B}_{\text{follow},l}^{0} = \underbrace{\begin{bmatrix} \widetilde{B}_1^0 & 0 & 0 & \cdots & 0 & 0 \\ \widetilde{B}_2^0 & \widetilde{B}_1^0 & 0 & \cdots & 0 & 0 \\ 0 & \widetilde{B}_2^0 & \widetilde{B}_1^0 & \cdots & 0 & 0 \\ \vdots & \vdots & \vdots & & \vdots & \vdots \\ 0 & 0 & 0 & \cdots & \widetilde{B}_1^0 & 0 \\ 0 & 0 & 0 & \cdots & \widetilde{B}_2^0 & \widetilde{B}_1^0 \end{bmatrix}}_{\text{对角线上共}N_{\text{veh},l}-1\text{个}\widetilde{B}_1^0}, \quad \overline{B}_{\text{follow},l}^{\Delta} = \underbrace{\begin{bmatrix} \widetilde{B}_1^{\Delta} & 0 & 0 & \cdots & 0 & 0 \\ \widetilde{B}_2^{\Delta} & \widetilde{B}_1^{\Delta} & 0 & \cdots & 0 & 0 \\ 0 & \widetilde{B}_2^{\Delta} & \widetilde{B}_1^{\Delta} & \cdots & 0 & 0 \\ \vdots & \vdots & \vdots & & \vdots & \vdots \\ 0 & 0 & 0 & \cdots & \widetilde{B}_1^{\Delta} & 0 \\ 0 & 0 & 0 & \cdots & \widetilde{B}_2^{\Delta} & \widetilde{B}_1^{\Delta} \end{bmatrix}}_{\text{对角线上共}N_{\text{veh},l}-1\text{个}\widetilde{B}_1^{\Delta}}$$

$$B_{\text{follow},l}^{0} = \begin{bmatrix} \widetilde{B}_2^0 \\ 0 \end{bmatrix}, \quad B_{\text{follow},l}^{\Delta} = \begin{bmatrix} \widetilde{B}_2^{\Delta} \\ 0 \end{bmatrix}$$

2. 引导驾驶模式

当 $n_{\text{ego},l}=1$ 时即本车前方没有目标车，定义车道 l 上第 1 辆车即本车的运动状态向量和控制输入为

$$x_{1,l} = \begin{bmatrix} V_{0,l} - V_{n,l} \\ a_{1,l} \end{bmatrix}, \quad u_{1,l} = K_{1,l} x_{1,l} \tag{6-63}$$

其中，状态反馈控制增益矩阵为 $K_{1,l} = [k_{11,l}, k_{12,l}]$。根据式(6-63)可得，车道 l 上第 1 辆车的闭环模型为

$$\dot{x}_{1,l} = A_{1,l} x_{1,l} + B_1 w \tag{6-64}$$

其中，系统矩阵为

$$\widetilde{A}_{1,l} = \begin{bmatrix} 0 & -1 \\ 0 & -\dfrac{1}{\tau} + \dfrac{\Delta\tau}{\tau^2} \end{bmatrix}, \quad \widetilde{B} = \begin{bmatrix} 0 \\ \dfrac{1}{\tau} - \dfrac{\Delta\tau}{\tau^2} \end{bmatrix}, \quad B_1 = \begin{bmatrix} 1 \\ 0 \end{bmatrix}, \quad A_{1,l} = \widetilde{A}_{1,l} + \widetilde{B} K_{1,l}$$

$$\tag{6-65}$$

定义车道 l 上的局部交通系统的增广状态向量为

$$x_{\text{lead},l} = \begin{bmatrix} x_{1,l} \\ x_{2,l} \\ x_{3,l} \\ \vdots \\ x_{N_{\text{veh}},l} \end{bmatrix} \tag{6-66}$$

则车道 l 上的局部交通系统模型为

$$\dot{x}_{\text{lead},l} = A_{\text{lead},l} x_{\text{lead},l} + B_{\text{lead},l} w_{\text{lead},l} \tag{6-67}$$

其中，$w_{\text{lead},l} = w$ 表示本车的随机驾驶行为输入，可认为是式（6-67）的干扰输入，系统矩阵为

$$A_{\text{lead},l} = \begin{bmatrix} A_{1,l} & 0 & 0 & \cdots & 0 & 0 \\ B_{2,l} & A_{2,l} & 0 & \cdots & 0 & 0 \\ 0 & B_{3,l} & A_{3,l} & \cdots & 0 & 0 \\ \vdots & \vdots & \vdots & & \vdots & \vdots \\ 0 & 0 & 0 & \cdots & A_{N_{\text{veh},l}-1,l} & 0 \\ 0 & 0 & 0 & \cdots & B_{N_{\text{veh},l},l} & A_{N_{\text{veh},l},l} \end{bmatrix}, \quad B_{\text{lead},l} = \begin{bmatrix} B_1 \\ 0 \end{bmatrix} \quad (6\text{-}68)$$

构造控制器增益矩阵

$$K_{\text{lead},l} = \begin{bmatrix} K_{1,l} & 0 & 0 & \cdots & 0 & 0 \\ 0 & K_{2,l} & 0 & \cdots & 0 & 0 \\ 0 & 0 & K_{3,l} & \cdots & 0 & 0 \\ \vdots & \vdots & \vdots & & \vdots & \vdots \\ 0 & 0 & 0 & \cdots & K_{N_{\text{veh},l}-1,l} & 0 \\ 0 & 0 & 0 & \cdots & 0 & K_{N_{\text{veh},l},l} \end{bmatrix} \quad (6\text{-}69)$$

和增广矩阵

$$\overline{A}_{\text{lead},l} = \underbrace{\begin{bmatrix} \widetilde{A}_{1,l} & 0 & 0 & \cdots & 0 & 0 \\ 0 & \widetilde{A}_l & 0 & \cdots & 0 & 0 \\ 0 & 0 & \widetilde{A}_l & \cdots & 0 & 0 \\ \vdots & \vdots & \vdots & & \vdots & \vdots \\ 0 & 0 & 0 & \cdots & \widetilde{A}_l & 0 \\ 0 & 0 & 0 & \cdots & 0 & \widetilde{A}_l \end{bmatrix}}_{\text{对角线上共} N_{\text{veh},l}-1\text{个}\widetilde{A}_l,1\text{个}\widetilde{A}_{1,l}}, \quad \overline{B}_{\text{lead},l} = \underbrace{\begin{bmatrix} \widetilde{B} & 0 & 0 & \cdots & 0 & 0 \\ \widetilde{B}_2 & \widetilde{B}_1 & 0 & \cdots & 0 & 0 \\ 0 & \widetilde{B}_2 & \widetilde{B}_1 & \cdots & 0 & 0 \\ \vdots & \vdots & \vdots & & \vdots & \vdots \\ 0 & 0 & 0 & \cdots & \widetilde{B}_1 & 0 \\ 0 & 0 & 0 & \cdots & \widetilde{B}_2 & \widetilde{B}_1 \end{bmatrix}}_{\text{对角线上共} N_{\text{veh},l}-1\text{个}\widetilde{B}_1,1\text{个}\widetilde{B}}$$

(6-70)

则系统矩阵 $A_{\text{lead},l}$ 可写为

$$A_{\text{lead},l} = \overline{A}_{\text{lead},l} + \overline{B}_{\text{lead},l} K_{\text{lead},l} \quad (6\text{-}71)$$

考虑系统模型的不确定性 $\Delta\tau$，则

$$\widetilde{A}_{1,l} = \widetilde{A}_{1,l}^0 + \widetilde{A}_{1,l}^\Delta \Delta\tau, \quad \widetilde{B} = \widetilde{B}^0 + \widetilde{B}^\Delta \Delta\tau \quad (6\text{-}72)$$

其中

$$\widetilde{A}_{1,l}^0 = \begin{bmatrix} 0 & -1 \\ 0 & -\dfrac{1}{\tau} \end{bmatrix}, \quad \widetilde{A}_{1,l}^\Delta = \begin{bmatrix} 0 & 0 \\ 0 & \dfrac{1}{\tau^2} \end{bmatrix}, \quad \widetilde{B}^0 = \begin{bmatrix} 0 \\ \dfrac{1}{\tau} \end{bmatrix}, \quad \widetilde{B}^\Delta = \begin{bmatrix} 0 \\ -\dfrac{1}{\tau^2} \end{bmatrix} \quad (6\text{-}73)$$

则系统矩阵为

$$\begin{cases} \overline{A}_{\text{lead},l} = \overline{A}_{\text{lead},l}^0 + \overline{A}_{\text{lead},l}^\Delta \Delta\tau \\ \overline{B}_{\text{lead},l} = \overline{B}_{\text{lead},l}^0 + \overline{B}_{\text{lead},l}^\Delta \Delta\tau \\ B_{\text{lead},l} = B_{\text{lead},l}^0 + B_{\text{lead},l}^\Delta \Delta\tau \end{cases} \quad (6\text{-}74)$$

其中

$$\overline{A}_{\text{lead},l}^0 = \begin{bmatrix} \widetilde{A}_{1,l}^0 & 0 & 0 & \cdots & 0 & 0 \\ 0 & \widetilde{A}_l^0 & 0 & \cdots & 0 & 0 \\ 0 & 0 & \widetilde{A}_l^0 & \cdots & 0 & 0 \\ \vdots & \vdots & \vdots & & \vdots & \vdots \\ 0 & 0 & 0 & \cdots & \widetilde{A}_l^0 & 0 \\ 0 & 0 & 0 & \cdots & 0 & \widetilde{A}_l^0 \end{bmatrix}, \quad \overline{A}_{\text{lead},l}^\Delta = \begin{bmatrix} \widetilde{A}_{1,l}^\Delta & 0 & 0 & \cdots & 0 & 0 \\ 0 & \widetilde{A}_l^\Delta & 0 & \cdots & 0 & 0 \\ 0 & 0 & \widetilde{A}_l^\Delta & \cdots & 0 & 0 \\ \vdots & \vdots & \vdots & & \vdots & \vdots \\ 0 & 0 & 0 & \cdots & \widetilde{A}_l^\Delta & 0 \\ 0 & 0 & 0 & \cdots & 0 & \widetilde{A}_l^\Delta \end{bmatrix},$$

对角线上共 $N_{\text{veh},l}-1$ 个 $\widetilde{A}_l^0$，1 个 $\widetilde{A}_{1,l}^0$ 对角线上共 $N_{\text{veh},l}-1$ 个 $\widetilde{A}_l^\Delta$，1 个 $\widetilde{A}_{1,l}^\Delta$

$$\overline{B}_{\text{lead},l}^0 = \begin{bmatrix} \widetilde{B}^0 & 0 & 0 & \cdots & 0 & 0 \\ \widetilde{B}_2^0 & \widetilde{B}_1^0 & 0 & \cdots & 0 & 0 \\ 0 & \widetilde{B}_2^0 & \widetilde{B}_1^0 & \cdots & 0 & 0 \\ \vdots & \vdots & \vdots & & \vdots & \vdots \\ 0 & 0 & 0 & \cdots & \widetilde{B}_1^0 & 0 \\ 0 & 0 & 0 & \cdots & \widetilde{B}_2^0 & \widetilde{B}_1^0 \end{bmatrix}, \quad \overline{B}_{\text{lead},l}^\Delta = \begin{bmatrix} \widetilde{B}^\Delta & 0 & 0 & \cdots & 0 & 0 \\ \widetilde{B}_2^\Delta & \widetilde{B}_1^\Delta & 0 & \cdots & 0 & 0 \\ 0 & \widetilde{B}_2^\Delta & \widetilde{B}_1^\Delta & \cdots & 0 & 0 \\ \vdots & \vdots & \vdots & & \vdots & \vdots \\ 0 & 0 & 0 & \cdots & \widetilde{B}_1^\Delta & 0 \\ 0 & 0 & 0 & \cdots & \widetilde{B}_2^\Delta & \widetilde{B}_1^\Delta \end{bmatrix}$$

对角线上共 $N_{\text{veh},l}-1$ 个 $\widetilde{B}_1^0$，1 个 $\widetilde{B}^0$ 对角线上共 $N_{\text{veh},l}-1$ 个 $\widetilde{B}_1^\Delta$，1 个 $\widetilde{B}^\Delta$

$$B_{\text{lead},l}^0 = B_{\text{lead},l}, \quad B_{\text{lead},l}^\Delta = 0$$

3. 基于 H_∞ 的协同驾驶策略

根据式(6-54)和式(6-67)可得，MLMV 协同驾驶模型为

$$\dot{x}_{\sigma,l} = A_{\sigma,l} x_{\sigma,l} + B_{\sigma,l} w_{\sigma,l} \quad (6\text{-}75)$$

其中，系统矩阵为 $A_{\sigma,l} = \overline{A}_{\sigma,l} + \overline{B}_{\sigma,l} K_{\sigma,l}$，其中，$\overline{A}_{\sigma,l}$ 和 $\overline{B}_{\sigma,l}$ 为已知矩阵，控制器增益矩阵 $K_{\sigma,l}$ 为待求矩阵。系统切换信号 $\sigma \in \{\text{follow}, \text{lead}\}$ 定义为

$$\sigma = \begin{cases} \text{follow}, & 2 \leqslant n_{\text{ego},l} \leqslant N_{\text{veh},l} \\ \text{lead}, & n_{\text{ego},l} = 1 \end{cases} \quad (6\text{-}76)$$

考虑系统模型的不确定性 $\Delta\tau$，根据式(6-62)和式(6-74)可得系统矩阵为

$$A_{\sigma,l} = \overline{A}_{\sigma,l}^0 + \overline{B}_{\sigma,l}^0 K_{\sigma,l} + (\overline{A}_{\sigma,l}^\Delta + \overline{A}_{\sigma,l}^\Delta K_{\sigma,l}) \Delta\tau, \quad B_{\sigma,l} = \overline{B}_{\sigma,l}^0 + \overline{B}_{\sigma,l}^\Delta \Delta\tau \quad (6\text{-}77)$$

根据式(6-77)可见，式(6-75)为一个具有不确定性的局部交通系统，在交通系统建模时考虑了车辆的随机驾驶行为和车辆系统的不确定性。

注释 6.1　在 MLMV 协同驾驶模型(见式(6-75))中，针对每一个车道 l 分别进行建模，采

用了虚拟车的建模方法,即假设本车以相同的行驶状态行驶在每一个车道 l 上,进而描述了车道 l 上局部交通系统的动态特性。由于式(6-75)中的增广状态向量 $x_{\sigma,l}$ 中还包含了本车或虚拟车的状态向量 $x_{n_{\text{ego},l},l}$,因此在每一个车道 l 上的交通系统模型中都包含了本车的动态特性。采用这种虚拟车的建模方法,在换道前就已经在目标车道设置了虚拟车并对系统状态进行了相应处理,可以有效解决换道时本车所在车道和目标车道的系统状态突变对系统鲁棒性带来的不利影响,故而巧妙解决了系统状态重置或突变时的 H_∞ 控制器设计难题。

由于人类驾驶员对交通环境变化的适应性很强,这反映了人类驾驶员在操控车辆时具有很强的鲁棒性,因此,在 MLMV 协同驾驶模型中,基于 H_∞ 控制理论对协同驾驶策略的状态反馈控制器进行设计,以保证局部交通系统的鲁棒性与稳定性。首先给出如下重要引理。

引理 6.1 给定实矩阵 E、F,则存在正数 $\varepsilon > 0$ 满足如下不等式:

$$EF + F^{\mathrm{T}} E^{\mathrm{T}} \leqslant \varepsilon F^{\mathrm{T}} F + \frac{1}{\varepsilon} E E^{\mathrm{T}} \tag{6-78}$$

针对式(6-75),定义输出变量为 $y_{\sigma,l} = x_{\sigma,l}$,根据引理 3.2 和引理 6.1 可得到如下 H_∞ 控制器设计准则。

定理 6.1 给定常数 $\gamma > 0$,多车道多车辆协同驾驶模型具有如下所示的 H_∞ 性能 γ。

$$\int_0^T \| y_{\sigma,l} \|^2 \mathrm{d}t < \eta \| x_{\sigma,l}(0) \|^2 + \int_0^T \| w_{\sigma,l} \|^2 \mathrm{d}t, \quad \forall T > 0 \tag{6-79}$$

其条件是存在正常数 $\varepsilon > 0$,正定对称矩阵 $X_{\sigma,l}$

$$X_{\sigma,l} = \begin{cases} X_{2,\sigma,l} \oplus X_{3,\sigma,l} \oplus \cdots \oplus X_{N_{\text{veh},l},\sigma,l}, & \sigma = \text{follow} \\ X_{1,\sigma,l} \oplus X_{2,\sigma,l} \oplus \cdots \oplus X_{N_{\text{veh},l},\sigma,l}, & \sigma = \text{lead} \end{cases} \tag{6-80}$$

和矩阵 $Y_{\sigma,l}$

$$Y_{\sigma,l} = \begin{cases} Y_{2,\sigma,l} \oplus Y_{3,\sigma,l} \oplus \cdots \oplus Y_{N_{\text{veh},l},\sigma,l}, & \sigma = \text{follow} \\ Y_{1,\sigma,l} \oplus Y_{2,\sigma,l} \oplus \cdots \oplus Y_{N_{\text{veh},l},\sigma,l}, & \sigma = \text{lead} \end{cases} \tag{6-81}$$

满足如下 LMI:

$$\Sigma_l = \begin{bmatrix} \Sigma_l^0 & \bar{B}_{\sigma,l}^0 & (\bar{A}_{\sigma,l}^\Delta X_{\sigma,l} + \bar{B}_{\sigma,l}^\Delta Y_{\sigma,l})^{\mathrm{T}} & X_{\sigma,l} \\ (\bar{B}_{\sigma,l}^0)^{\mathrm{T}} & (\varepsilon \Delta \tau_{\max}^2 - \gamma^2) I & 0 & 0 \\ \bar{A}_{\sigma,l}^\Delta X_{\sigma,l} + \bar{B}_{\sigma,l}^\Delta Y_{\sigma,l} & 0 & -\varepsilon I & 0 \\ X_{\sigma,l} & 0 & 0 & -I \end{bmatrix} < 0 \tag{6-82}$$

其中,$\eta > 0$,$\Sigma_l^0 = X_{\sigma,l} (\bar{A}_{\sigma,l}^\Delta)^{\mathrm{T}} + \bar{A}_{\sigma,l}^\Delta X_{\sigma,l} + Y_{\sigma,l}^{\mathrm{T}} (\bar{B}_{\sigma,l}^0)^{\mathrm{T}} + \bar{B}_{\sigma,l}^0 Y_{\sigma,l} + \frac{1}{\varepsilon} \bar{B}_{\sigma,l}^\Delta (\bar{B}_{\sigma,l}^\Delta)^{\mathrm{T}} + \varepsilon \Delta \tau_{\max}^2 I$,且 $X_{i,\sigma,l}, i = 1, 2, \cdots, N_{\text{veh}}$ 为正定对称矩阵,则控制器增益矩阵为 $K_{\sigma,l} = Y_{\sigma,l} X_{\sigma,l}^{-1}$。

证明:定义 Lyapunov 函数为 $V = x_{\sigma,l}^{\mathrm{T}} P_{\sigma,l} x_{\sigma,l}$,其中正定对称矩阵 $P_{\sigma,l} > 0$,则其导数为

$$\begin{aligned} \dot{V} &= \dot{x}_{\sigma,l}^{\mathrm{T}} P_{\sigma,l} x_{\sigma,l} + x_{\sigma,l}^{\mathrm{T}} P_{\sigma,l} \dot{x}_{\sigma,l} \\ &= x_{\sigma,l}^{\mathrm{T}} (A_{\sigma,l}^{\mathrm{T}} P_{\sigma,l} + P_{\sigma,l} A_{\sigma,l}) x_{\sigma,l} + w_{\sigma,l}^{\mathrm{T}} B_{\sigma,l}^{\mathrm{T}} P_{\sigma,l} x_{\sigma,l} + x_{\sigma,l}^{\mathrm{T}} P_{\sigma,l} B_{\sigma,l} w_{\sigma,l} \end{aligned} \tag{6-83}$$

为了建立 H_∞ 性能,引入一个性能指数

$$J = \dot{V} + y_{\sigma,l}^{\mathrm{T}} y_{\sigma,l} - \gamma^2 w_{\sigma,l}^{\mathrm{T}} w_{\sigma,l} \tag{6-84}$$

根据式(6-75)和式(6-83),则式(6-84)等价于

$$\begin{aligned}
J &= \dot{V} + x_{\sigma,l}^{\mathrm{T}} x_{\sigma,l} - \gamma^2 w_{\sigma,l}^{\mathrm{T}} w_{\sigma,l} \\
&= x_{\sigma,l}^{\mathrm{T}} (A_{\sigma,l}^{\mathrm{T}} P_{\sigma,l} + P_{\sigma,l} A_{\sigma,l} + I) x_{\sigma,l} + w_{\sigma,l}^{\mathrm{T}} B_{\sigma,l}^{\mathrm{T}} P_{\sigma,l} x_{\sigma,l} + \\
&\quad x_{\sigma,l}^{\mathrm{T}} P_{\sigma,l} B_{\sigma,l} w_{\sigma,l} - \gamma^2 w_{\sigma,l}^{\mathrm{T}} w_{\sigma,l}
\end{aligned} \tag{6-85}$$

根据式(6-77)可得

$$\begin{aligned}
A_{\sigma,l}^{\mathrm{T}} P_{\sigma,l} + P_{\sigma,l} A_{\sigma,l} &= (\bar{A}_{\sigma,l}^0 + \bar{B}_{\sigma,l}^0 K_{\sigma,l})^{\mathrm{T}} P_{\sigma,l} + P_{\sigma,l} (\bar{A}_{\sigma,l}^0 + \bar{B}_{\sigma,l}^0 K_{\sigma,l}) + \\
&\quad (\bar{A}_{\sigma,l}^\Delta + \bar{A}_{\sigma,l}^\Delta K_{\sigma,l})^{\mathrm{T}} P_{\sigma,l} \Delta\tau + P_{\sigma,l} (\bar{A}_{\sigma,l}^\Delta + \bar{A}_{\sigma,l}^\Delta K_{\sigma,l}) \Delta\tau
\end{aligned}$$

$$\begin{aligned}
w_{\sigma,l}^{\mathrm{T}} B_{\sigma,l}^{\mathrm{T}} P_{\sigma,l} x_{\sigma,l} + x_{\sigma,l}^{\mathrm{T}} P_{\sigma,l} B_{\sigma,l} w_{\sigma,l} &= w_{\sigma,l}^{\mathrm{T}} (\bar{B}_{\sigma,l}^0)^{\mathrm{T}} P_{\sigma,l} x_{\sigma,l} + \\
&\quad x_{\sigma,l}^{\mathrm{T}} P_{\sigma,l} \bar{B}_{\sigma,l}^0 w_{\sigma,l} + w_{\sigma,l}^{\mathrm{T}} (\bar{B}_{\sigma,l}^\Delta)^{\mathrm{T}} P_{\sigma,l} x_{\sigma,l} \Delta\tau + \\
&\quad x_{\sigma,l}^{\mathrm{T}} P_{\sigma,l} \bar{B}_{\sigma,l}^\Delta w_{\sigma,l} \Delta\tau
\end{aligned} \tag{6-86}$$

根据引理 6.1 以及 $|\Delta\tau| \leqslant \Delta\tau_{\max}$ 可得

$$\begin{aligned}
A_{\sigma,l}^{\mathrm{T}} P_{\sigma,l} + P_{\sigma,l} A_{\sigma,l} &\leqslant (\bar{A}_{\sigma,l}^0 + \bar{B}_{\sigma,l}^0 K_{\sigma,l})^{\mathrm{T}} P_{\sigma,l} + P_{\sigma,l} (\bar{A}_{\sigma,l}^0 + \bar{B}_{\sigma,l}^0 K_{\sigma,l}) + \\
&\quad \frac{1}{\varepsilon} (\bar{A}_{\sigma,l}^\Delta + \bar{A}_{\sigma,l}^\Delta K_{\sigma,l})^{\mathrm{T}} (\bar{A}_{\sigma,l}^\Delta + \bar{A}_{\sigma,l}^\Delta K_{\sigma,l}) + \varepsilon P_{\sigma,l} P_{\sigma,l} \Delta\tau_{\max}^2
\end{aligned} \tag{6-87}$$

$$\begin{aligned}
w_{\sigma,l}^{\mathrm{T}} B_{\sigma,l}^{\mathrm{T}} P_{\sigma,l} x_{\sigma,l} + x_{\sigma,l}^{\mathrm{T}} P_{\sigma,l} B_{\sigma,l} w_{\sigma,l} &\leqslant w_{\sigma,l}^{\mathrm{T}} (\bar{B}_{\sigma,l}^0)^{\mathrm{T}} P_{\sigma,l} x_{\sigma,l} + x_{\sigma,l}^{\mathrm{T}} P_{\sigma,l} \bar{B}_{\sigma,l}^0 w_{\sigma,l} + \\
&\quad \varepsilon w_{\sigma,l}^{\mathrm{T}} w_{\sigma,l} \Delta\tau_{\max}^2 + \frac{1}{\varepsilon} x_{\sigma,l}^{\mathrm{T}} P_{\sigma,l} \bar{B}_{\sigma,l}^\Delta (\bar{B}_{\sigma,l}^\Delta)^{\mathrm{T}} P_{\sigma,l} x_{\sigma,l}
\end{aligned}$$

根据式(6-85)和式(6-87),则

$$\begin{aligned}
J &= x_{\sigma,l}^{\mathrm{T}} \left[(\bar{A}_{\sigma,l}^0 + \bar{B}_{\sigma,l}^0 K_{\sigma,l})^{\mathrm{T}} P_{\sigma,l} + P_{\sigma,l} (\bar{A}_{\sigma,l}^0 + \bar{B}_{\sigma,l}^0 K_{\sigma,l}) + \frac{1}{\varepsilon} P_{\sigma,l} \bar{B}_{\sigma,l}^\Delta (\bar{B}_{\sigma,l}^\Delta)^{\mathrm{T}} P_{\sigma,l} + \right. \\
&\quad \left. \frac{1}{\varepsilon} (\bar{A}_{\sigma,l}^\Delta + \bar{A}_{\sigma,l}^\Delta K_{\sigma,l})^{\mathrm{T}} (\bar{A}_{\sigma,l}^\Delta + \bar{A}_{\sigma,l}^\Delta K_{\sigma,l}) + \varepsilon P_{\sigma,l} P_{\sigma,l} \Delta\tau_{\max}^2 + I \right] x_{\sigma,l} + \\
&\quad w_{\sigma,l}^{\mathrm{T}} (\bar{B}_{\sigma,l}^0)^{\mathrm{T}} P_{\sigma,l} x_{\sigma,l} + x_{\sigma,l}^{\mathrm{T}} P_{\sigma,l} \bar{B}_{\sigma,l}^0 w_{\sigma,l} + (\varepsilon \Delta\tau_{\max}^2 - \gamma^2) w_{\sigma,l}^{\mathrm{T}} w_{\sigma,l} \\
&\leqslant \begin{bmatrix} x_{\sigma,l} \\ w_{\sigma,l} \end{bmatrix}^{\mathrm{T}} \Omega \begin{bmatrix} x_{\sigma,l} \\ w_{\sigma,l} \end{bmatrix}
\end{aligned} \tag{6-88}$$

其中

$$\Omega = \begin{bmatrix} \Omega_0 & P_{\sigma,l} \bar{B}_{\sigma,l}^0 \\ (\bar{B}_{\sigma,l}^0)^{\mathrm{T}} P_{\sigma,l} & \varepsilon \Delta\tau_{\max}^2 - \gamma^2 \end{bmatrix}$$

$$\begin{aligned}
\Omega_0 &= (\bar{A}_{\sigma,l}^0 + \bar{B}_{\sigma,l}^0 K_{\sigma,l})^{\mathrm{T}} P_{\sigma,l} + P_{\sigma,l} (\bar{A}_{\sigma,l}^0 + \bar{B}_{\sigma,l}^0 K_{\sigma,l}) + \\
&\quad \frac{1}{\varepsilon} P_{\sigma,l} \bar{B}_{\sigma,l}^\Delta (\bar{B}_{\sigma,l}^\Delta)^{\mathrm{T}} P_{\sigma,l} + \frac{1}{\varepsilon} (\bar{A}_{\sigma,l}^\Delta + \bar{A}_{\sigma,l}^\Delta K_{\sigma,l})^{\mathrm{T}} (\bar{A}_{\sigma,l}^\Delta + \bar{A}_{\sigma,l}^\Delta K_{\sigma,l}) + \\
&\quad \varepsilon P_{\sigma,l} P_{\sigma,l} \Delta\tau_{\max}^2 + I
\end{aligned} \tag{6-89}$$

由于不等式 $\Omega < 0$ 是非线性的,需要先将其转化为 LMI 以方便求解控制器增益矩阵 $K_{\sigma,l}$。对不等式 $\Omega < 0$ 分别左乘和右乘矩阵因子 $P_{\sigma,l}^{-1} \oplus I$,可得

$$\begin{bmatrix} P_{\sigma,l}^{-1}\Omega_0 P_{\sigma,l}^{-1} & \overline{B}_{\sigma,l}^0 \\ (\overline{B}_{\sigma,l}^0)^{\mathrm{T}} & (\varepsilon\Delta\tau_{\max}^2 - \gamma^2)I \end{bmatrix} < 0 \qquad (6-90)$$

根据 Schur 补定理,并令 $X_{\sigma,l} = P_{\sigma,l}^{-1}, Y_{\sigma,l} = K_{\sigma,l}X_{\sigma,l}$,则不等式 $\Omega < 0$ 等价于式(6-82)。根据式(6-88)可得

$$J = \dot{V} + y_{\sigma,l}^{\mathrm{T}} y_{\sigma,l} - \gamma^2 w_{\sigma,l}^{\mathrm{T}} w_{\sigma,l} < 0 \qquad (6-91)$$

即

$$\int_0^T (\dot{V} + y_{\sigma,l}^{\mathrm{T}} y_{\sigma,l} - \gamma^2 w_{\sigma,l}^{\mathrm{T}} w_{\sigma,l}) \mathrm{d}t < 0 \qquad (6-92)$$

其中

$$\int_0^T \dot{V} \mathrm{d}t = V(T) - V(0) \geqslant -\lambda_{\max}(P_{\sigma,l}) \parallel x_{\sigma,l}(0) \parallel^2$$

则式(6-92)等价于

$$\int_0^T \parallel y_{\sigma,l} \parallel^2 \mathrm{d}t < \lambda_{\max}(P_{\sigma,l}) \parallel x_{\sigma,l}(0) \parallel^2 + \gamma^2 \int_0^T \parallel w_{\sigma,l} \parallel^2 \mathrm{d}t, \quad \forall T > 0 \qquad (6-93)$$

根据式(6-79),则式(6-75)具有 H_∞ 性能 γ。

根据定理 6.1,采用如下所示的带约束迹优化算法即可求得控制器增益矩阵 $K_{\sigma,l}$。

$$\begin{aligned} & \underset{X_{\sigma,l} > 0}{\arg\min} \operatorname{tr}(B_{\sigma,l}^{\mathrm{T}} X_{\sigma,l} B_{\sigma,l}) \\ & \text{s.t.} \Sigma_l < 0, \quad l \in N_l \end{aligned} \qquad (6-94)$$

注释 6.2 根据系统 H_2 范数的定义,迹优化问题即式(6-94)实质上是带 H_∞ 性能约束的 H_2 性能优化问题,在该优化模型中,考虑了 MLMV 局部交通系统的性能优化与约束,为实现最优的跟随-避障-换道行为决策提供了理论基础。

注释 6.3 由于 MLMV 协同驾驶模型(见式(6-75))中考虑了交通系统中不同车辆的建模不确定性,同时采用跟车时距平均值模型(见式(6-47))以及如图 6.8 所示的虚拟车建模方法,因此,车辆的行为决策模型(见式(6-94))对行驶环境具有较好的自适应性与鲁棒性。

6.4.5 最小熵优化

定义 6.1 鲁棒系统的熵:针对具有 H_∞ 性能 γ 的 MLMV 协同驾驶模型,系统的熵定义为

$$\Xi_0(l) = \operatorname{tr}(B_{\sigma,l}^{\mathrm{T}} X_{\sigma,l} B_{\sigma,l}), \quad l \in N_l \qquad (6-95)$$

其中,正定对称矩阵 $X_{\sigma,l}$ 满足 LMI(见式(6-82))。

行为决策与目标车道选择是智能驾驶决策系统中的关键模块,需要综合考虑驾驶员行为特征、局部交通系统的状态,以及本车换道对周围行驶环境所带来的影响。由于系统的熵是针对增广后的 MLMV 协同驾驶策略模型进行定义的,因此,在定义 6.1 中综合考虑了局部交通系统中本车与所有周边交通参与车辆的运动状态,在优化决策时可实现 MLMV 场景下的最优决策和控制。但是,在协同驾驶模型中采用的是各车道 l 上的平均值建模方法(见式(6-47)),因此,熵定义(见式(6-95))相当于也是局部交通系统熵的一种类似于先平均

再求和的近似描述,该平均模型对本车周边近距离障碍物的重视程度不够,因此,需要对该定义从安全性、舒适性、通行效率等方面进行改进。

针对本车前方近距离障碍物安全性主要由距离和碰撞时间这两方面指标组成。

$$\varXi_1(l) = \begin{cases} \dfrac{\alpha_0}{d_{n_{\text{ego},l}-1,l}} + \alpha_1 \left[\dfrac{V_{n_{\text{ego},l},l} - V_{n_{\text{ego},l}-1,l}}{d_{n_{\text{ego},l}-1,l}}\right]_+, & 2 \leqslant n_{\text{ego},l} \leqslant N_{\text{veh},l} \\ 0, & n_{\text{ego},l} = 1 \end{cases} \quad (6\text{-}96)$$

其中,α_0 和 α_1 分别为距离和 TTC 的影响权重系数,运算符 $[x]_+ = \max\{x, 0\}$。与本车前方近距离障碍物的安全性指标(见式(6-96))相类似,针对本车后方近距离障碍物的安全性指标也主要由距离和 TTC 组成。

$$\varXi_2(l) = \begin{cases} \dfrac{\alpha_0}{d_{n_{\text{ego},l}+1,l}} + \alpha_1 \left[\dfrac{V_{n_{\text{ego},l}+1,l} - V_{n_{\text{ego},l},l}}{d_{n_{\text{ego},l},l}}\right]_+, & 1 \leqslant n_{\text{ego},l} \leqslant N_{\text{veh},l} - 1 \\ 0, & n_{\text{ego},l} = N_{\text{veh},l} \end{cases} \quad (6\text{-}97)$$

为了避免频繁换道,增加一个换道时所产生的惩罚项。

$$\varXi_3(l) = \alpha_2 |l - l_0| \quad (6\text{-}98)$$

其中,α_2 为换道惩罚项的权重系数。

为了保证车辆以合适的车速在适当的车道上行驶,即本车不超速行驶且保证较高的通行效率,避免车辆换道至一个超速车道或慢速车道,因此,引入速度惩罚项。

$$\varXi_4(l) = \begin{cases} \alpha_3 \left(\sum\limits_{n=1}^{N_{\text{veh},l}} V_{n,l} - N_{\text{veh},l} V_{\text{set}}\right), & \sum\limits_{n=1}^{N_{\text{veh},l}} V_{n,l} \geqslant N_{\text{veh},l} V_{\text{set}} \\ \alpha_4 \left(N_{\text{veh},l} V_{\text{set}} - \sum\limits_{n=1}^{N_{\text{veh},l}} V_{n,l}\right), & \sum\limits_{n=1}^{N_{\text{veh},l}} V_{n,l} < N_{\text{veh},l} V_{\text{set}} \end{cases} \quad (6\text{-}99)$$

其中,α_3 和 α_4 分别为超速和通行效率惩罚项的权重系数。

根据式(6-95)~式(6-99),则改进后的局部交通系统的熵定义为

$$\varXi(l) = \sum_{j=1}^4 \varXi_j(l) + \text{tr}(B_{\sigma,l}^T X_{\sigma,l} B_{\sigma,l}), \quad l \in N_l \quad (6\text{-}100)$$

注释 6.4 式(6-100)针对包含本车道和相邻车道的 MLMV 交通场景,给出了具有 H_∞ 性能的局部交通系统熵的详细描述,在该定义中不仅考虑了感知范围内的多个交通参与车辆的影响,还综合考虑了安全性、舒适性、通行效率等多种因素的影响。

基于最小熵优化的行为决策算法如下所示:

$$\begin{aligned} & \underset{l \in N_l}{\arg\min} \ \underset{X_{\sigma,l} > 0}{\arg\min} \varXi(l) \\ & \text{s.t.} \ \Sigma_l < 0 \end{aligned} \quad (6\text{-}101)$$

根据基于最小熵优化和 H_∞ 控制理论建立的行为决策算法,通过求解式(6-101)得到的解 l 即为本车目标车道,当解 $l = l_0$ 时,表示本车执行跟随指令;当解 $l \neq l_0$ 时,表示本车执行换道指令,进而实现最优的换道-跟随决策。具体的换道-跟随过程控制算法设计,将在后文中进行详细介绍。

6.5　车辆轨迹规划

根据决策模型(见式(6-45))和最小熵优化算法(见式(6-101))求得的行为决策结果,车辆将进入跟随模式、避障模式或换道模式,这三种模式下的轨迹规划方法完全类似,只是目标位姿和参考线有所区别,本节将以换道模式为例对车辆轨迹规划方法进行说明,跟随模式和避障模式下的轨迹规划算法更为简单,这里不再赘述,而只给出一些需要特别说明的地方。

6.5.1　典型路径规划方法

路径规划首先需要建立规划模型,利用状态空间法描述规划模型是建立非线性优化模型的关键。图搜索算法可以很好地解决该问题,其基本思想是将车辆的初始位姿和目标位姿映射到一个状态空间,然后将状态空间离散化,并将其构成一幅图,随后从图中搜索满足约束条件的最优轨迹。

随机采样方法是另一类被广泛采用的方法,其基本思想是在构型空间中随机采样,并筛选出满足性能需求的最优采样点,具备概率完备性,但其最大的缺点是舒适性较差,且计算效率随着障碍物数量的增长而下降。最常用的方法包括概率路标算法(PRM)以及快速搜索随机树算法(RRT)。

为了降低路径规划问题求解难度,确定性采样方法得到了广泛的应用,具体包括多项式参数化模型和样条曲线、螺旋线、回旋曲线、贝塞尔曲线等变种参数化曲线方法。基于贝塞尔曲线的路径规划方法通过控制点的选取来改变曲线的形状,通常定义 n 阶贝塞尔曲线由 $n+1$ 个控制点组成,表达式为

$$P(t) = \sum_{i=0}^{n} P_i B_{i,n}(t), \quad t \in [0,1] \tag{6-102}$$

式中,P_i 是控制点 i 的坐标值,$B_{i,n}(t)$ 是 Bernstein 多项式,具体为

$$B_{i,n}(t) = C_n^i t^i (1-t)^{n-i}, \quad i=0,1,2,\cdots,n \tag{6-103}$$

三次贝塞尔曲线的参数方程可表示为

$$P(t) = P_0(1-t)^3 + 3P_1(1-t)^2 + 3P_2(1-t) + P_3 t^3 \tag{6-104}$$

因其线条光滑且曲率值小的特点而被广泛地应用于轨迹曲线规划中。

基于人工势场法的轨迹规划方法,其基本思想是假设行驶目标点对车辆产生引力,而障碍物对车辆产生斥力,控制车辆沿势场中间的"势峰"向"势谷"前进。其中,引力与车辆到行驶目标点的距离成正比,斥力与车辆到障碍物的距离成反比。通过求解车辆所受引力和斥力的合力作为车辆的合外力来控制车辆的行驶速度和运动方向。该方法具有易于数学表达、反应速度快、易于实现算法与环境形成闭环控制等优点,但它在求解过程中极易出现局部最优解而导致产生死锁现象。典型路径规划方法对比如表6.1所示。

表 6.1 典型路径规划方法对比

方　法	优　点	缺　点
图搜索方法	具有实时性、障碍物约束空间处理能力	在多障碍物的复杂场景下计算复杂度较高
随机采样法	具有概率完备性	舒适性较差,计算效率随着障碍物数量的增长而下降
多项式采样	求解难度低	求解多项式参数需要较充分的条件
贝塞尔曲线	线条光滑且曲率较小	计算较复杂
人工势场法	易于数学表达、反应速度快、易于实现算法与环境形成闭环控制	易出现局部最优解

车辆换道过程需要综合考虑安全性、舒适性与时效性,而轨迹函数决定了车辆能否顺畅、快速、舒适、安全地运行,因此,在实际应用时,轨迹函数可根据轨迹路径曲率变化是否连续、起点和终点曲率是否为零、轨迹函数的灵活性进行合理选择。合理的换道轨迹规划可以使车辆更加快速、流畅地变换到目标车道,提高换道效率。接下来,针对换道过程的路径规划问题,简要介绍几种常用的换道规划模型。

1. 等速偏移模型和圆弧换道模型

等速偏移模型和圆弧换道模型是对实际换道轨迹进行了简化,是最简单的换道轨迹模型。等速偏移模型如图 6.11 所示,其由三条直线段构成,分别代表换道的准备阶段、执行阶段和调整阶段,只要确定了车道宽度和换道执行阶段的斜率或换道长度即可得到完整的换道轨迹曲线表达式。在轨迹起点 C_0、终点 C_3 处曲率为零,但轨迹的曲率在 C_1、C_2 处会发生突变,在实际行车中无法实现,需要对换道轨迹进行改进。

圆弧换道模型是在等速偏移模型的基础上,采用圆弧作为起始段、终了段,两端圆弧的曲率半径均为 R,如图 6.12 所示。同样,由于在圆弧端点 C_0、C_1、C_2、C_3 处轨迹曲率不连续,使得车辆在实际变道行驶中无法完全实现该轨迹。此外,由于圆弧换道模型是多阶非线性曲线,计算麻烦,如果车辆要调整换道过程,比较困难。

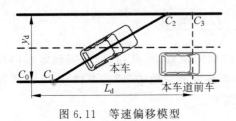

图 6.11 等速偏移模型　　　　　图 6.12 圆弧换道模型

2. 基于期望侧向加速度的换道模型

基于期望侧向加速度的换道模型是基于换道车辆的侧向加速度变化规律为线性变化、最大侧向加速度不超过一定值而提出的,该方法认为车辆在直线道路上进行变道行驶时,侧向加速度的形状由两个大小相等的正反梯形组成,梯形的高为侧向加速度的最大值,梯形腰的斜率为侧向加速度率,如图 6.13 所示,该方法有时也被称为梯形加速度换道模型。该方法没有直接设计车辆的换道轨迹,而是设计换道过程的横向加速度,通过对期望侧向加速度进行两次积分得到理想变道轨迹。基于侧向加速度的变道轨迹能够很好地满足变道过程中曲率连续变化的要求,且在轨迹起点、终点曲率为零,但该模型是分段函数,存在动态调整比较困难的局限性。

梯形加速换道轨迹的横向加速度为

$$a_y(t) = \begin{cases} J_{\max}t, & 0 \leqslant t \leqslant t_1 \\ a_{\max}, & t_1 \leqslant t \leqslant t_2 \\ \dfrac{(2t-t_2-t_3)a_{\max}}{t_2-t_3}, & t_2 \leqslant t \leqslant t_3 \\ -a_{\max}, & t_3 \leqslant t \leqslant t_4 \\ J_{\max}(t-T), & t_4 \leqslant t \leqslant T \end{cases} \quad (6\text{-}105)$$

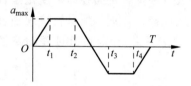

图 6.13 基于梯形加速度的换道模型

其中,t_1、t_2、t_3、t_4、T 分别是车辆换道过程中横向加速度变化的时间节点,$a_{\max}$ 是换道过程中规划的最大横向加速度,$J_{\max}$ 是横向加速度变化率。

根据式(6-105)和图 6.13 可得各时间节点满足边界条件:

$$\begin{cases} t_1 = \dfrac{a_{\max}}{J_{\max}} \\ t_2 = \dfrac{-a_{\max}^2 + \sqrt{a_{\max}^4 + 4J_{\max}^2 a_{\max}d}}{2J_{\max}a_{\max}} \\ t_3 = \dfrac{3a_{\max}^2 + \sqrt{a_{\max}^4 + 4J_{\max}^2 a_{\max}d}}{2J_{\max}a_{\max}} \\ t_4 = \dfrac{\sqrt{a_{\max}^4 + 4J_{\max}^2 a_{\max}d}}{J_{\max}a_{\max}} \\ T = \dfrac{a_{\max}^2 + \sqrt{a_{\max}^4 + 4J_{\max}^2 a_{\max}d}}{J_{\max}a_{\max}} \end{cases}$$

由式(6-105)经过两次积分可得换道过程中的横向位移,由此可见,只需确定横向加速度的最大值 $a_{\max}$ 和横向加速度的变化率 $J_{\max}$ 即可确定换道轨迹,所需条件较少,计算过程简单,但是换道轨迹函数一旦确定后则很难进行调整。

3. 余弦函数换道模型

余弦函数换道模型由于计算简便、平滑性较好,是目前被广泛采用的轨迹之一,其轨迹如图 6.14 所示。假设两车道的车道中心线距离为 d,换道过程产生的纵向位移为 L,余弦函数换道模型轨迹函数为

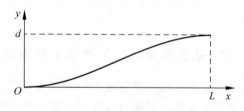

图 6.14 余弦函数换道模型

$$y_d(x) = \dfrac{d}{2}\left[1 - \cos\left(\dfrac{\pi x}{L}\right)\right] \quad (6\text{-}106)$$

对上式求导得

$$\begin{cases} \dot{y}_d(x) = \dfrac{\pi d}{2L}\sin\left(\dfrac{\pi x}{L}\right) \\ \ddot{y}_d(x) = \dfrac{\pi^2 d}{2L}\cos\left(\dfrac{\pi x}{L}\right) \end{cases} \tag{6-107}$$

则车辆换道模型的轨迹曲率 K 为

$$K = \dfrac{|\ddot{y}_d(x)|}{[1+\dot{y}_d^2(x)]^{\frac{3}{2}}} \tag{6-108}$$

虽然余弦函数换轨迹的曲率连续变化，但最大曲率出现在路径起点 $x=0$ 和终点处 $x=L$ 处，最大曲率 $K_{\max} = \dfrac{d\pi^2}{2L^2}$，即该换道轨迹曲率的最大值在换道的起点和终点处，此时侧向加速度最大，不满足换道模型轨迹中起点和终点处曲率均应为 0 的要求。

4. 余弦函数和双曲正切函数加权换道模型

余弦函数和双曲正切函数加权换道模型是余弦轨迹函数 $y_{\cos}(x)$ 和双曲正切换道函数 $y_{\tanh}(x)$ 加权的换道轨迹，如图 6.15 中虚线和实线分别表示余弦和双曲正切函数换道轨迹函数。该模型通过引入纵向拉伸系数和加权系数，使得在轨迹起点和终点处的曲率值接近于 0，但仍不为 0。

$$y_d(x) = \dfrac{d}{2}\left\{1 - (1-\Delta a)\cos\left(\dfrac{\pi x}{L}\right) + \Delta a \tanh\left[\dfrac{\Delta \sigma}{L}\left(x - \dfrac{L}{2}\right)\right]\right\}, \quad x \in (0, L) \tag{6-109}$$

式中，$\Delta \sigma$ 表示纵向拉伸系数，Δa 表示加权系数。

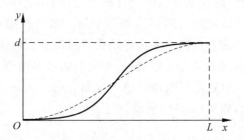

图 6.15　余弦函数和双曲正切函数加权换道模型

5. 等速偏移正弦函数换道模型

等速偏移正弦函数换道模型是将等速偏移轨迹函数与正弦函数叠加，具备了等速偏移轨迹侧向加速度恒为 0 的优点与正弦函数换道轨迹平滑性优异的特点。该模型初始函数为

$$y = x + \sin x \tag{6-110}$$

为了满足换道轨迹的一些要求，上式可改进为

$$y = \dfrac{d}{2\pi}\left\{\pi + \dfrac{\pi L}{2}\left(x - \dfrac{L}{2}\right) + \sin\left[\dfrac{\pi L}{2}\left(x - \dfrac{L}{2}\right)\right]\right\}, \quad x \in (0, L) \tag{6-111}$$

式中，d 为两车道的车道中心线的距离，L 为换道过程产生的沿车道方向的纵向位移。

等速偏移正弦函数轨迹如图 6.16 所示，只要整个换道行程 $L \geqslant L_{\min}$，就能满足车辆在

公路的加速度和加速度变化率的限制条件,其中

$$L_{\min} = \max\left(\sqrt{\frac{2\pi d}{a_{\max}}u^2}, \sqrt[3]{\frac{(2\pi)^2 d}{J_{\max}}u^3}\right) \quad (6\text{-}112)$$

其中,u 为车辆沿车道的纵向速度,$a_{\max}$ 为车辆允许的最大安全侧向加速度,$J_{\max}$ 为允许的车辆最大侧向冲击度。通过对 y 进行两次求导,可计算出轨迹曲率,当 $x=0$ 或 $x=L$ 时,曲率 $K=0$,此时曲率半径无穷大,车辆沿直线行驶。该模型既满足了换道轨迹路径曲率连续变化、不发生突变的要求,又实现了在换道路径起点和终点处曲率均为 0,使得车辆在换道起始时刻、结束时刻的运动方向与车道线保持平行。

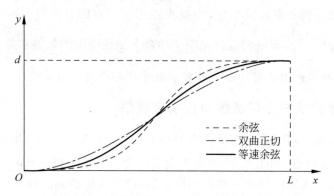

图 6.16 等速偏移正弦函数加权换道模型

6. 多项式函数换道模型

基于多项式参数化模型的规划方法的设计思想是根据车辆的初始状态和目标状态对变道轨迹进行规划,使车辆在指定的时间到达相邻车道。试图在用函数 $f(x,y,t)$ 描述的函数族类中寻找一条轨迹,能充分描述车辆从起始位置过渡到目标位置整个过程的动态特性。随着多项式次数的变大,曲线的拟合效果越好,但次数的增多也会导致参数求解的运算量呈指数增长,通常选用 5 次多项式进行变道轨迹的规划。在 x 方向、y 方向分别选用 5 次多项式构造变道轨迹的曲线簇,如式(6-113)所示。

$$\begin{cases} f(x,t) = \sum_{i=0}^{5} a_i x^i \\ f(y,t) = \sum_{i=0}^{5} b_i x^i \end{cases} \quad (6\text{-}113)$$

由式(6-113)可见,多项式函数换道轨迹将车辆横纵向解耦,车辆实际换道过程易于实现闭环控制,因此是最理想的轨迹规划方法。在道路结构的约束下,由 5 次多项式规划的曲线无论是在纵向上还是在侧向上都能达到期望的位置,车辆能在规定的变道时间内平顺地完成变道,且轨迹曲线的曲率在起点和终点都能达到零的期望值。但是,基于多项式的轨迹规划方法也存在变道时间和终点必须预先已知的局限,对多项式中参数的确定需要有较充分的条件,对纵向车速变化的情况和实际车辆变道过程中终端点并不唯一的机动性和自适应性较差。

针对换道或避障时的轨迹规划问题,智能车逆动力学抽象模型中的构型空间包含 3 个

维度：横向空间维度、纵向空间维度、时间维度，在Frenét坐标系下可将车辆逆动力学这一高维度的优化问题分割成横向和纵向两个时空方向上的彼此独立的优化问题。Lattice规划器是一种非常有效的分层逆动力学求解方法，该方法包括生成Lattice、Lattice连接、生成轨迹和轨迹平滑4步，由于该方法计算复杂度较高，因此本节仅借鉴该分层求解思想，利用多项式轨迹规划方法对车辆运动轨迹进行实时采样求解，以保证逆动力学求解算法的实时性。

基于多项式插值的逆动力学求解方法是面向局部路径规划或轨迹规划最常用的方法之一，该方法提供了较大的冗余自由度，以保证在考虑多重约束时非线性优化模型依然是有解的。通常来说，光滑的轨迹更符合车辆实际运动状态，为了确保轨迹的光滑程度，需要轨迹至少具有连续的速度和加速度，因此，轨迹规划时通常要求至少由3次多项式函数来进行采样以保证轨迹的3阶连续可导性以及曲率连续无突变。然而，实际中经常使用更高阶的多项式，主要是为了解决3次多项式加速度跳变的情况，以及考虑更多的边界约束条件，这样所设计的换道轨迹能够更好地模拟实际换道情形。

6.5.2 车辆引导线

根据最小熵优化算法求得的换道指令，需规划出车辆由当前车道 l_0 换道至目标车道 l 的轨迹。为了实现坐标系的对齐，假设在环境感知坐标系下根据车道线得出的相邻目标车道 l 的中心线方程为

$$y_l = -y_0 - k_0 x - \frac{1}{2} k_1 x^2 \tag{6-114}$$

则目标车道 l 的中心线方程为

$$y_{\text{ref}} = y_0 + k_0 x + \frac{1}{2} k_1 x^2 \tag{6-115}$$

且当 $y_0 < 0$ 表示车辆向左换道，当 $y_0 > 0$ 表示车辆向右换道。根据式(6-115)可见，在换道模式下，该参考线为目标车道 l 的中心线。值得注意的是，在跟随模式下，该参考线即为本车道的中心线；在避障模式下，该参考线方程为

$$y_{\text{ref}} = \bar{y}_0 + k_0 x + \frac{1}{2} k_1 x^2 \tag{6-116}$$

其中，常数项 $\bar{y}_0 = y_\delta + y_0$，且车道内避障的横向偏移量为

$$y_\delta = \begin{cases} y_{\text{CIPV}} + \delta_{\min,\text{CIPV}} + \delta_{\text{CA0}}, & y_{\text{CIPV}} \leq 0 \\ y_{\text{CIPV}} - \delta_{\min,\text{CIPV}} - \delta_{\text{CA0}}, & y_{\text{CIPV}} > 0 \end{cases} \tag{6-117}$$

其中，δ_{CA0} 为车道内转向避障的横向安全阈值。因此，在换道模式下的参考线为目标车道 l 的中心线，跟随模式下的参考线为本车道的中心线，避障模式下的参考线为本车道中心线向左或向右偏移一定量，例如障碍物在本车右侧时则向左偏移 y_δ，障碍物在本车左侧时则向右偏移 y_δ，且偏移量 y_δ 与本车、障碍物CIPV的运动状态有关。

注释6.5 以目标车道 l 的中心线作为参考线建立Frenét坐标系，当参考线相对车辆的横向偏差 $y_0 > 0$ 时，表示目标车道位于本车的右侧即车辆需向右换道，因此，假定车道线检测结果以车辆右侧为正方向，而目标检测结果以车辆左侧为正方向，为了实现坐标系的对齐，在

环境感知坐标系下对车道线方程做了处理，如式(6-114)和式(6-115)中所示的 $y_l = -y_{CIPV}$。

不考虑左转弯、右转弯和掉头等特殊场景，而重点考虑跟随、避障、换道等场景，其参考线的选取与避障场景和目标车道中心线有关。但是存在两种特殊情况需要额外对车道中心线进行拼接或插补处理。

(1) 当车道线出现局部破损、残缺、丢失时，可以利用历史车道线信息以及当前可检测到的车道线信息，将残缺部分的车道线进行插补处理，进而获得完整的车道中心线。设检测到目标车道 l 的两段中心线方程为

$$\begin{cases} y_{l1} = -y_{01} - k_{01}x - \frac{1}{2}k_{11}x^2, & 0 \leqslant x \leqslant L_1 \\ y_{l2} = -y_{02} - k_{02}x - \frac{1}{2}k_{12}x^2, & L_2 \leqslant x \leqslant L \end{cases} \quad (6\text{-}118)$$

其中，$L_1 < L_2 < L$。则插补后的车道中心线方程为

$$y_l = -y_0 - k_0 x - \frac{1}{2}k_1 x^2, \quad 0 \leqslant x \leqslant L \quad (6\text{-}119)$$

其中

$$y_0 = y_{01}, \quad k_0 = k_{02} + \frac{y_{02} - y_{01}}{L} + \frac{1}{4}(k_{12} - k_{11})L, \quad k_1 = \frac{1}{2}(k_{11} + k_{12})$$

(2) 当没有检测到车道线时，例如车辆经过红绿灯路口时无车道线的情形，此时需要根据前车与本车的运动状态估计道路曲率，假设行驶道路为圆弧，且本车与前车都沿着虚拟车道中心线行驶，则根据前车的转弯半径实现本车的运动轨迹规划与横向控制。如第 5 章所述，根据障碍物行为分析可以有效地将障碍物的直线行驶、换道行驶、弯道行驶等驾驶行为区分开，同时，可以估计出 CIPV 的转弯半径 R_{CIPV}，设 CIPV 的相对纵向和横向距离分别为 x_{CIPV}, y_{CIPV}，则虚拟车道中心线方程为

$$y_l = -\frac{1}{2R_{CIPV}}x_{CIPV}^2 - \left(\frac{y_{CIPV}}{x_{CIPV}} - \frac{x_{CIPV}}{R_{CIPV}}\right)x - \frac{1}{2R_{CIPV}}x^2 \quad (6\text{-}120)$$

根据这两类一般情况下的车道中心线插补结果式(6-119)和式(6-120)，可以直接类推出另外两种情况的插补结果。设插补后的车道中心线方程为

$$y_l = -y_0 - k_0 x - \frac{1}{2}k_1 x^2, \quad 0 \leqslant x \leqslant L \quad (6\text{-}121)$$

当只有 y_{l1} 时

$$y_0 = y_{01}, \quad k_0 = \frac{y_{CIPV} - y_{01}}{x_{CIPV}} - \frac{1}{2}k_1 x_{CIPV}, \quad k_1 = \frac{1}{2}\left(k_{11} + \frac{1}{R_{CIPV}}\right) \quad (6\text{-}122)$$

当只有 y_{l2} 时

$$y_0 = \frac{1}{2}k_{12}x_{CIPV}^2, \quad k_0 = k_{02} + \frac{2y_{02} - k_{12}x_{CIPV}^2}{2L} + \frac{1}{4}(k_{12} - c_0)L, \quad k_1 = \frac{1}{2}(c_0 + k_{12})$$

$$(6\text{-}123)$$

可见，这两种情况是式(6-119)的两种不同变形，而式(6-119)更具有一般性。

此时，参考线还不能直接用于车辆的循迹控制，需要经过优化处理后才能使用，经过优化处理后的目标轨迹称为引导线。如图 6.17 所示，以参考线为基准建立 Frenét 坐标系，引导线为待优化的车辆期望运动轨迹，即车辆期望跟踪的目标轨迹。由图 6.17 可见，引导线实际上是

在满足安全性、舒适性等多重约束条件下,由车辆当前位置平滑过渡到参考线的一条目标轨迹。

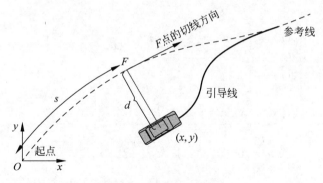

图 6.17 引导性规划

6.5.3 优化目标

在 Frenét 坐标系下,将车辆横纵向运动解耦,进而将轨迹优化问题分割成 s 和 d 两个方向依次进行,利用 5 次多项式来规划引导线:

$$\begin{cases} s(t)=a_0+a_1t+\frac{1}{2}a_2t^2+\frac{1}{6}a_3t^3+\frac{1}{24}a_4t^4+\frac{1}{120}a_5t^5 \\ d(t)=b_0+b_1t+\frac{1}{2}b_2t^2+\frac{1}{6}b_3t^3+\frac{1}{24}b_4t^4+\frac{1}{120}b_5t^5 \end{cases} \quad (6-124)$$

其中,a_i 和 b_i 为待定的多项式系数。

横纵向轨迹规划的优化目标主要由换道过程中的状态误差、加速度、冲击度以及换道完成后的状态误差组成:

$$\begin{cases} J_s=\int_0^T\left[w_1\dddot{s}^2(t)+w_2\ddot{s}^2(t)+w_3(\dot{s}(t)-V_{\text{set}})^2\right]\mathrm{d}t+w_1T\dddot{s}^2(T)+w_4T(s(T)-s_T)^2 \\ J_d=\int_0^T\left[w_1\dddot{d}^2(t)+w_2\ddot{d}^2(t)+w_3\dot{d}^2(t)+w_4d^2(t)\right]\mathrm{d}t+w_1T\dddot{d}^2(T)+w_2T\ddot{d}^2(T) \end{cases}$$

$$(6-125)$$

其中,w_1、w_2、w_3、w_4 为多目标优化的权重系数,T 为运动规划的时间窗宽度,$s_T=s_0+T_{\text{lc}}V_{\text{set}}$ 为期望的换道距离,其中,T_{lc} 为与车速有关的换道时距,s_0 为换道时的距离常数,则式(6-125)等价于

$$\begin{cases} J_s=w_1\int_0^T\dddot{s}^2(t)\mathrm{d}t+w_2\int_0^T\ddot{s}^2(t)\mathrm{d}t+w_3\int_0^T\dot{s}^2(t)\mathrm{d}t+w_1T\dddot{s}^2(T)+ \\ \qquad w_4Ts^2(T)-(2w_3V_{\text{set}}+2w_4Ts_T)s(T)+w_4Ts_T^2+w_3TV_{\text{set}}^2 \\ J_d=w_1\int_0^T\dddot{d}^2(t)\mathrm{d}t+w_2\int_0^T\ddot{d}^2(t)\mathrm{d}t+w_3\int_0^T\dot{d}^2(t)\mathrm{d}t+w_4\int_0^Td^2(t)\mathrm{d}t+ \\ \qquad w_1T\dddot{d}^2(T)+w_2T\ddot{d}^2(T) \end{cases}$$

$$(6-126)$$

注释 6.6 基于式(6-126)所得的车辆期望运动轨迹(见式(6-124))是 C^3 连续的,可有效保证车辆的舒适性和横向稳定性。

定义优化变量为 $x_s = [a_0, a_1, a_2, a_3, a_4, a_5]^T$，$x_d = [b_0, b_1, b_2, b_3, b_4, b_5]^T$，根据式(6-124)可得

$$\begin{cases} s(t) = \begin{bmatrix} 1 & t & \frac{1}{2}t^2 & \frac{1}{6}t^3 & \frac{1}{24}t^4 & \frac{1}{120}t^5 \end{bmatrix} x_s \\ \dot{s}(t) = \begin{bmatrix} 0 & 1 & t & \frac{1}{2}t^2 & \frac{1}{6}t^3 & \frac{1}{24}t^4 \end{bmatrix} x_s \\ \ddot{s}(t) = \begin{bmatrix} 0 & 0 & 1 & t & \frac{1}{2}t^2 & \frac{1}{6}t^3 \end{bmatrix} x_s \\ \dddot{s}(t) = \begin{bmatrix} 0 & 0 & 0 & 1 & t & \frac{1}{2}t^2 \end{bmatrix} x_s \\ d(t) = \begin{bmatrix} 1 & t & \frac{1}{2}t^2 & \frac{1}{6}t^3 & \frac{1}{24}t^4 & \frac{1}{120}t^5 \end{bmatrix} x_d \\ \dot{d}(t) = \begin{bmatrix} 0 & 1 & t & \frac{1}{2}t^2 & \frac{1}{6}t^3 & \frac{1}{24}t^4 \end{bmatrix} x_d \\ \ddot{d}(t) = \begin{bmatrix} 0 & 0 & 1 & t & \frac{1}{2}t^2 & \frac{1}{6}t^3 \end{bmatrix} x_d \\ \dddot{d}(t) = \begin{bmatrix} 0 & 0 & 0 & 1 & t & \frac{1}{2}t^2 \end{bmatrix} x_d \end{cases} \quad (6\text{-}127)$$

针对纵向规划，根据式(6-127)可得

$$s^2(t) = s^T(t)s(t) = x_s^T \begin{bmatrix} 1 & t & \frac{1}{2}t^2 & \frac{1}{6}t^3 & \frac{1}{24}t^4 & \frac{1}{120}t^5 \\ t & t^2 & \frac{1}{2}t^3 & \frac{1}{6}t^4 & \frac{1}{24}t^5 & \frac{1}{120}t^6 \\ \frac{1}{2}t^2 & \frac{1}{2}t^3 & \frac{1}{4}t^4 & \frac{1}{12}t^5 & \frac{1}{48}t^6 & \frac{1}{240}t^7 \\ \frac{1}{6}t^3 & \frac{1}{6}t^4 & \frac{1}{12}t^5 & \frac{1}{36}t^6 & \frac{1}{144}t^7 & \frac{1}{720}t^8 \\ \frac{1}{24}t^4 & \frac{1}{24}t^5 & \frac{1}{48}t^6 & \frac{1}{144}t^7 & \frac{1}{576}t^8 & \frac{1}{2880}t^9 \\ \frac{1}{120}t^5 & \frac{1}{120}t^6 & \frac{1}{240}t^7 & \frac{1}{720}t^8 & \frac{1}{2880}t^9 & \frac{1}{14400}t^{10} \end{bmatrix} x_s \quad (6\text{-}128)$$

$$\dot{s}^2(t) = \dot{s}^T(t)\dot{s}(t) = x_s^T \begin{bmatrix} 0 & 0 & 0 & 0 & 0 & 0 \\ 0 & 1 & t & \frac{1}{2}t^2 & \frac{1}{6}t^3 & \frac{1}{24}t^4 \\ 0 & t & t^2 & \frac{1}{2}t^3 & \frac{1}{6}t^4 & \frac{1}{24}t^5 \\ 0 & \frac{1}{2}t^2 & \frac{1}{2}t^3 & \frac{1}{4}t^4 & \frac{1}{12}t^5 & \frac{1}{48}t^6 \\ 0 & \frac{1}{6}t^3 & \frac{1}{6}t^4 & \frac{1}{12}t^5 & \frac{1}{36}t^6 & \frac{1}{144}t^7 \\ 0 & \frac{1}{24}t^4 & \frac{1}{24}t^5 & \frac{1}{48}t^6 & \frac{1}{144}t^7 & \frac{1}{576}t^8 \end{bmatrix} x_s \quad (6\text{-}129)$$

$$\dddot{s}^2(t) = \dddot{s}^{\mathrm{T}}(t)\dddot{s}(t) = x_s^{\mathrm{T}} \begin{bmatrix} 0 & 0 & 0 & 0 & 0 & 0 \\ 0 & 0 & 0 & 0 & 0 & 0 \\ 0 & 0 & 1 & t & \dfrac{1}{2}t^2 & \dfrac{1}{6}t^3 \\ 0 & 0 & t & t^2 & \dfrac{1}{2}t^3 & \dfrac{1}{6}t^4 \\ 0 & 0 & \dfrac{1}{2}t^2 & \dfrac{1}{2}t^3 & \dfrac{1}{4}t^4 & \dfrac{1}{12}t^5 \\ 0 & 0 & \dfrac{1}{6}t^3 & \dfrac{1}{6}t^4 & \dfrac{1}{12}t^5 & \dfrac{1}{36}t^6 \end{bmatrix} x_s \qquad (6\text{-}130)$$

$$\ddot{s}^2(t) = \ddot{s}^{\mathrm{T}}(t)\ddot{s}(t) = x_s^{\mathrm{T}} \begin{bmatrix} 0 & 0 & 0 & 0 & 0 & 0 \\ 0 & 0 & 0 & 0 & 0 & 0 \\ 0 & 0 & 0 & 0 & 0 & 0 \\ 0 & 0 & 0 & 1 & t & \dfrac{1}{2}t^2 \\ 0 & 0 & 0 & t & t^2 & \dfrac{1}{2}t^3 \\ 0 & 0 & 0 & \dfrac{1}{2}t^2 & \dfrac{1}{2}t^3 & \dfrac{1}{4}t^4 \end{bmatrix} x_s \qquad (6\text{-}131)$$

根据式(6-127)~式(6-131)可得优化目标为

$$\begin{cases} J_{s1} = \displaystyle\int_0^T \dddot{s}^2(t)\mathrm{d}t + T\dddot{s}^2(T) = x_s^{\mathrm{T}} H_{s1} x_s \\ J_{s2} = \displaystyle\int_0^T \ddot{s}^2(t)\mathrm{d}t = x_s^{\mathrm{T}} H_{s2} x_s \\ J_{s3} = \displaystyle\int_0^T \dot{s}^2(t)\mathrm{d}t = x_s^{\mathrm{T}} H_{s3} x_s \\ J_{s4} = T s^2(T) = x_s^{\mathrm{T}} H_{s4} x_s \\ J_{s5} = -(2w_3 V_{\mathrm{set}} + 2w_4 T s_T) s(T) = f_s x_s \\ J_s = w_1 J_{s1} + w_2 J_{s2} + w_3 J_{s3} + w_4 J_{s4} + J_{s5} + w_4 T s_T^2 + w_3 T V_{\mathrm{set}}^2 \end{cases} \qquad (6\text{-}132)$$

其中

$$H_{s1} = \begin{bmatrix} 0 & 0 & 0 & 0 & 0 & 0 \\ 0 & 0 & 0 & 0 & 0 & 0 \\ 0 & 0 & 0 & 0 & 0 & 0 \\ 0 & 0 & 0 & 2T & \dfrac{3}{2}T^2 & \dfrac{2}{3}T^3 \\ 0 & 0 & 0 & \dfrac{3}{2}T^2 & \dfrac{4}{3}T^3 & \dfrac{5}{8}T^4 \\ 0 & 0 & 0 & \dfrac{2}{3}T^3 & \dfrac{5}{8}T^4 & \dfrac{3}{10}T^5 \end{bmatrix}$$

$$H_{s2} = \begin{bmatrix} 0 & 0 & 0 & 0 & 0 & 0 \\ 0 & 0 & 0 & 0 & 0 & 0 \\ 0 & 0 & T & \frac{1}{2}T^2 & \frac{1}{6}T^3 & \frac{1}{24}T^4 \\ 0 & 0 & \frac{1}{2}T^2 & \frac{1}{3}T^3 & \frac{1}{8}T^4 & \frac{1}{30}T^5 \\ 0 & 0 & \frac{1}{6}T^3 & \frac{1}{8}T^4 & \frac{1}{20}T^5 & \frac{1}{72}T^6 \\ 0 & 0 & \frac{1}{24}T^4 & \frac{1}{30}T^5 & \frac{1}{72}T^6 & \frac{1}{252}T^7 \end{bmatrix}$$

$$H_{s3} = \begin{bmatrix} 0 & 0 & 0 & 0 & 0 & 0 \\ 0 & T & \frac{1}{2}T^2 & \frac{1}{6}T^3 & \frac{1}{24}T^4 & \frac{1}{120}T^5 \\ 0 & \frac{1}{2}T^2 & \frac{1}{3}T^3 & \frac{1}{8}T^4 & \frac{1}{30}T^5 & \frac{1}{144}T^6 \\ 0 & \frac{1}{6}T^3 & \frac{1}{8}T^4 & \frac{1}{20}T^5 & \frac{1}{72}T^6 & \frac{1}{336}T^7 \\ 0 & \frac{1}{24}T^4 & \frac{1}{30}T^5 & \frac{1}{72}T^6 & \frac{1}{252}T^7 & \frac{1}{1152}T^8 \\ 0 & \frac{1}{120}T^5 & \frac{1}{144}T^6 & \frac{1}{336}T^7 & \frac{1}{1152}T^8 & \frac{1}{5184}T^9 \end{bmatrix}$$

$$H_{s4} = \begin{bmatrix} T & T^2 & \frac{1}{2}T^3 & \frac{1}{6}T^4 & \frac{1}{24}T^5 & \frac{1}{120}T^6 \\ T^2 & T^3 & \frac{1}{2}T^4 & \frac{1}{6}T^5 & \frac{1}{24}T^6 & \frac{1}{120}T^7 \\ \frac{1}{2}T^3 & \frac{1}{2}T^4 & \frac{1}{4}T^5 & \frac{1}{12}T^6 & \frac{1}{48}T^7 & \frac{1}{240}T^8 \\ \frac{1}{6}T^4 & \frac{1}{6}T^5 & \frac{1}{12}T^6 & \frac{1}{36}T^7 & \frac{1}{144}T^8 & \frac{1}{720}T^9 \\ \frac{1}{24}T^5 & \frac{1}{24}T^6 & \frac{1}{48}T^7 & \frac{1}{144}T^8 & \frac{1}{576}T^9 & \frac{1}{2880}T^{10} \\ \frac{1}{120}T^6 & \frac{1}{120}T^7 & \frac{1}{240}T^8 & \frac{1}{720}T^9 & \frac{1}{2880}T^{10} & \frac{1}{14400}T^{11} \end{bmatrix}$$

$$f_s = -(2w_3 V_{\text{set}} + 2w_4 T s_T) \begin{bmatrix} 1 & T & \frac{1}{2}T^2 & \frac{1}{6}T^3 & \frac{1}{24}T^4 & \frac{1}{120}T^5 \end{bmatrix}$$

则纵向轨迹规划的优化目标即式(6-126)等价于

$$J_s = x_s^{\text{T}} H_s x_s + f_s x_s + J_{s0} \tag{6-133}$$

其中

$$H_s = w_1 H_{s1} + w_2 H_{s2} + w_3 H_{s3} + w_4 H_{s4}, \quad J_{s0} = w_4 T s_T^2 + w_3 T V_{\text{set}}^2$$

与纵向的分析过程类似,针对横向,根据式(6-127)可得优化目标为

$$\begin{cases} J_{d1} = \int_0^T \dddot{d}^2(t)\mathrm{d}t + T\ddot{d}^2(T) = x_d^\mathrm{T} H_{d1} x_d \\ J_{d2} = \int_0^T \ddot{d}^2(t)\mathrm{d}t + T\ddot{d}^2(T) = x_d^\mathrm{T} H_{d2} x_d \\ J_{d3} = \int_0^T \dot{d}^2(t)\mathrm{d}t = x_d^\mathrm{T} H_{d3} x_d \\ J_{d4} = \int_0^T d^2(t)\mathrm{d}t = x_d^\mathrm{T} H_{d4} x_d \\ J_d = w_1 J_{d1} + w_2 J_{d2} + w_3 J_{d3} + w_4 J_{d4} \end{cases} \tag{6-134}$$

其中

$$H_{d1} = H_{s1}, \quad H_{d3} = H_{s3}, \quad H_{d2} = \begin{bmatrix} 0 & 0 & 0 & 0 & 0 & 0 \\ 0 & 0 & 0 & 0 & 0 & 0 \\ 0 & 0 & 2T & \frac{3}{2}T^2 & \frac{2}{3}T^3 & \frac{5}{24}T^4 \\ 0 & 0 & \frac{3}{2}T^2 & \frac{4}{3}T^3 & \frac{5}{8}T^4 & \frac{1}{5}T^5 \\ 0 & 0 & \frac{2}{3}T^3 & \frac{5}{8}T^4 & \frac{3}{10}T^5 & \frac{7}{72}T^6 \\ 0 & 0 & \frac{5}{24}T^4 & \frac{1}{5}T^5 & \frac{7}{72}T^6 & \frac{2}{63}T^7 \end{bmatrix}$$

$$H_{d4} = \begin{bmatrix} T & \frac{1}{2}T^2 & \frac{1}{6}T^3 & \frac{1}{24}T^4 & \frac{1}{120}T^5 & \frac{1}{720}T^6 \\ \frac{1}{2}T^2 & \frac{1}{3}T^3 & \frac{1}{8}T^4 & \frac{1}{30}T^5 & \frac{1}{144}T^6 & \frac{1}{840}T^7 \\ \frac{1}{6}T^3 & \frac{1}{8}T^4 & \frac{1}{20}T^5 & \frac{1}{72}T^6 & \frac{1}{336}T^7 & \frac{1}{1920}T^8 \\ \frac{1}{24}T^4 & \frac{1}{30}T^5 & \frac{1}{72}T^6 & \frac{1}{252}T^7 & \frac{1}{1152}T^8 & \frac{1}{6480}T^9 \\ \frac{1}{120}T^5 & \frac{1}{144}T^6 & \frac{1}{336}T^7 & \frac{1}{1152}T^8 & \frac{1}{5184}T^9 & \frac{1}{28800}T^{10} \\ \frac{1}{720}T^6 & \frac{1}{840}T^7 & \frac{1}{1920}T^8 & \frac{1}{6480}T^9 & \frac{1}{28800}T^{10} & \frac{1}{158400}T^{11} \end{bmatrix}$$

则横向轨迹规划的优化目标即式(6-126)等价于

$$J_d = x_d^\mathrm{T} H_d x_d \tag{6-135}$$

其中

$$H_d = w_1 H_{d1} + w_2 H_{d2} + w_3 H_{d3} + w_4 H_{d4}$$

6.5.4 约束条件

约束条件主要分为内部约束和外部约束,内部约束主要为由车辆动力学或运动学限制带来的非完整约束等,外部约束主要为由驾驶环境、障碍物等带来的约束。

边界约束：假设车辆实际轨迹一直沿着规划的路径向前运动，则根据坐标系映射关系（见式(2-8)）可得换道路径(见式(6-124))满足边界约束条件

$$\begin{cases} s(0)=0, & \dot{s}(0)=V_{\text{ego}}, & \ddot{s}(0)=a_{\text{ego}}, & \dot{s}(T)=V_{\text{set}}, & \ddot{s}(T)=0 \\ d(0)=y_0, & \dot{d}(0)=V_{\text{ego}}k_0, & \ddot{d}(0)=a_{\text{ego}}k_0+V_{\text{ego}}^2 k_1, & d(T)=0, & \dot{d}(T)=0 \end{cases} \quad (6\text{-}136)$$

其中，跟随模式的边界约束条件与换道模式下的约束条件即式(6-136)完全一样，避障模式下的边界约束条件与式(6-136)基本一样，除了横向终止目标状态 $d(T)=\bar{y}_0$ 与其他两种模式略有区别。

安全性约束：为了保证换道的安全性，横纵向轨迹需满足约束条件

$$\begin{cases} 0 \leqslant \dot{s}(t) \leqslant V_{\text{lim}} \\ -\delta_d + \dfrac{y_0}{2} - \dfrac{y_0}{2}\text{sign}(y_0) \leqslant d(t) \leqslant \delta_d + \dfrac{y_0}{2} + \dfrac{y_0}{2}\text{sign}(y_0) \end{cases} \quad (6\text{-}137)$$

其中，δ_d 为车辆偏离车道中心的允许偏差，跟随与换道模式下 $\delta_d=0.15L_w$，避障模式下 $\delta_d=0.3L_w$。跟随模式下的安全性约束条件与换道模式下的约束条件即式(6-137)完全一样，避障模式下的安全性约束条件则略有区别，为

$$\begin{cases} 0 \leqslant \dot{s}(t) \leqslant V_{\text{lim}} \\ -\delta_d + \dfrac{\bar{y}_0}{2} - \dfrac{\bar{y}_0}{2}\text{sign}(\bar{y}_0) \leqslant d(t) \leqslant \delta_d + \dfrac{\bar{y}_0}{2} + \dfrac{\bar{y}_0}{2}\text{sign}(\bar{y}_0) \end{cases} \quad (6\text{-}138)$$

同时，在换道模式和避障模式下，车辆运动轨迹在与障碍物的潜在碰撞点处需要能避开障碍物，假设障碍物的碰撞时间满足 TTC$\leqslant T$，则潜在碰撞点为 $(s(\text{TTC}), d(\text{TTC}))$，此时需要保证该点处的行驶安全性，而在跟随模式下则不需要考虑该约束条件。当车辆向左换道或向左避障($y_0<0$)时，安全性约束为

$$d(\text{TTC}) - d_{\text{obs}} \geqslant \delta_{\text{safe}} \quad (6\text{-}139)$$

当向右换道或向右避障($y_0>0$)时，安全性约束为

$$d_{\text{obs}} - d(\text{TTC}) \geqslant \delta_{\text{safe}} \quad (6\text{-}140)$$

因此，三种模式下的安全性约束条件可统一为

$$[d(\text{TTC}) - d_{\text{obs}}]\text{sign}(y_0)\eta \leqslant -\eta\delta_{\text{safe}} \quad (6\text{-}141)$$

其中，d_{obs}、TTC 分别为障碍物的横向距离与碰撞时间，δ_{safe} 为横向安全阈值。在换道模式和避障模式下 $\eta=1$，在跟随模式下 $\eta=0$，利用系数 η 实现三种模式的统一。显然，安全性约束条件即式(6-137)和式(6-141)分别考虑了限速安全、车道内安全行驶以及避障安全等约束条件。

舒适性约束：为了保证三种模式下车辆行驶的舒适性，横纵向轨迹需满足约束条件

$$\begin{cases} -a_{\max} \leqslant \ddot{s}(t) \leqslant a_{\max}, & -j_{\max} \leqslant \dddot{s}(t) \leqslant j_{\max} \\ -a_{y\max} \leqslant \ddot{d}(t) \leqslant a_{y\max}, & -j_{y\max} \leqslant \dddot{d}(t) \leqslant j_{y\max} \end{cases} \quad (6\text{-}142)$$

其中，$a_{\max}$ 为车辆所能提供的最大加速度，$j_{\max}$ 为最大冲击度。

非完整性约束：由车辆 Ackerman 转向几何带来的曲率约束是最主要的非完整性约束

$$|\kappa(t)| \leqslant \kappa_{\max} \quad (6\text{-}143)$$

其中,κ_{max}为由车辆转向系统确定的最大曲率。根据式(6-143)建立的曲率约束是最主要的非完整性约束。考虑在Frenét坐标系下曲率计算的非线性特点,假设在一个规划窗内车辆的动力学状态变化较小且可以忽略,则简化后的曲率为

$$\kappa(t) \approx \frac{V_{ego}\ddot{d}(t) - a_{ego}\dot{d}(t)}{[V_{ego}^2 + \dot{d}^2(t)]^{\frac{3}{2}}} \qquad (6-144)$$

由于车辆横向速度远小于纵向速度,则简化后的曲率满足

$$|\kappa(t)| \leqslant \frac{|V_{ego}\ddot{d}(t) - a_{ego}\dot{d}(t)|}{V_{ego}^3} \leqslant \kappa_{max}$$

即得可应用于实时规划的非完整约束条件

$$|V_{ego}\ddot{d}(t) - a_{ego}\dot{d}(t)| \leqslant \kappa_{max} V_{ego}^3 \qquad (6-145)$$

根据式(6-145),非完整性约束主要根据车辆纵向运动状态对车辆横向运动轨迹进行约束。可见,根据式(6-144),将式(6-143)转换为式(6-145)。

根据式(6-136),则车辆轨迹规划的等式约束等价于

$$\begin{cases} A_{s,eq} x_s = b_{s,eq} \\ A_{d,eq} x_d = b_{d,eq} \end{cases} \qquad (6-146)$$

其中

$$A_{s,eq} = \begin{bmatrix} 1 & 0 & 0 & 0 & 0 & 0 \\ 0 & 1 & 0 & 0 & 0 & 0 \\ 0 & 1 & T & \frac{1}{2}T^2 & \frac{1}{6}T^3 & \frac{1}{24}T^4 \\ 0 & 0 & 1 & 0 & 0 & 0 \\ 0 & 0 & 1 & T & \frac{1}{2}T^2 & \frac{1}{6}T^3 \end{bmatrix}, \quad b_{s,eq} = \begin{bmatrix} 0 \\ V_{ego} \\ V_{set} \\ a_{ego} \\ 0 \end{bmatrix}$$

$$A_{d,eq} = \begin{bmatrix} 1 & 0 & 0 & 0 & 0 & 0 \\ 1 & T & \frac{1}{2}T^2 & \frac{1}{6}T^3 & \frac{1}{24}T^4 & \frac{1}{120}T^5 \\ 0 & 1 & 0 & 0 & 0 & 0 \\ 0 & 1 & T & \frac{1}{2}T^2 & \frac{1}{6}T^3 & \frac{1}{24}T^4 \\ 0 & 0 & 1 & 0 & 0 & 0 \end{bmatrix}, \quad b_{d,eq} = \begin{bmatrix} y_0 \\ b_{d2} \\ V_{ego}k_0 \\ 0 \\ a_{ego}k_0 + V_{ego}^2 k_1 \end{bmatrix}$$

其中,跟随模式和换道模式下$b_{d2}=0$,避障模式下$b_{d2}=\bar{y}_0$。

安全性约束条件(见式(6-137)、式(6-141))和舒适性约束条件(见式(6-142))等价于

$$\begin{cases} \bar{A}_s(t) x_s \leqslant \bar{b}_s, & \forall t \in [0,T] \\ \bar{A}_d(t) x_d \leqslant \bar{b}_d, & \forall t \in [0,T] \\ \bar{A}_{d0} x_d \leqslant \bar{b}_{d0} \end{cases} \qquad (6-147)$$

其中，$\bar{b}_{d0} = d_{obs}\mathrm{sign}(y_0)\eta - \eta\delta_{safe}$ 且

$$\bar{A}_s(t) = \begin{bmatrix} 0 & -1 & -t & -\frac{1}{2}t^2 & -\frac{1}{6}t^3 & -\frac{1}{24}t^4 \\ 0 & 1 & t & \frac{1}{2}t^2 & \frac{1}{6}t^3 & \frac{1}{24}t^4 \\ 0 & 0 & -1 & -t & -\frac{1}{2}t^2 & -\frac{1}{6}t^3 \\ 0 & 0 & 1 & t & \frac{1}{2}t^2 & \frac{1}{6}t^3 \\ 0 & 0 & 0 & -1 & -t & -\frac{1}{2}t^2 \\ 0 & 0 & 0 & 1 & t & \frac{1}{2}t^2 \end{bmatrix}, \quad b_s = \begin{bmatrix} 0 \\ V_{\lim} \\ a_{\max} \\ a_{\max} \\ j_{\max} \\ j_{\max} \end{bmatrix}$$

$$\bar{A}_d(t) = \begin{bmatrix} -1 & -t & -\frac{1}{2}t^2 & -\frac{1}{6}t^3 & -\frac{1}{24}t^4 & -\frac{1}{120}t^5 \\ 1 & t & \frac{1}{2}t^2 & \frac{1}{6}t^3 & \frac{1}{24}t^4 & \frac{1}{120}t^5 \\ 0 & 0 & -1 & -t & -\frac{1}{2}t^2 & -\frac{1}{6}t^3 \\ 0 & 0 & 1 & t & \frac{1}{2}t^2 & \frac{1}{6}t^3 \\ 0 & 0 & 0 & -1 & -t & -\frac{1}{2}t^2 \\ 0 & 0 & 0 & 1 & t & \frac{1}{2}t^2 \end{bmatrix}, \quad \bar{b}_d = \begin{bmatrix} \bar{b}_{d1} \\ \bar{b}_{d2} \\ a_{y\max} \\ a_{y\max} \\ j_{y\max} \\ j_{y\max} \end{bmatrix}$$

$$\bar{A}_{d0} = \begin{bmatrix} 1 & \mathrm{TTC} & \frac{1}{2}\mathrm{TTC}^2 & \frac{1}{6}\mathrm{TTC}^3 & \frac{1}{24}\mathrm{TTC}^4 & \frac{1}{120}\mathrm{TTC}^5 \end{bmatrix} \mathrm{sign}(y_0)\eta$$

其中，跟随模式和换道模式下 $\bar{b}_{d1} = \delta_d - \frac{y_0}{2} + \frac{y_0}{2}\mathrm{sign}(y_0)$，$\bar{b}_{d2} = \delta_d + \frac{y_0}{2} + \frac{y_0}{2}\mathrm{sign}(y_0)$，避障模式下 $\bar{b}_{d1} = \delta_d - \frac{\bar{y}_0}{2} + \frac{\bar{y}_0}{2}\mathrm{sign}(\bar{y}_0)$，$\bar{b}_{d2} = \delta_d + \frac{\bar{y}_0}{2} + \frac{\bar{y}_0}{2}\mathrm{sign}(\bar{y}_0)$。

式(6-145)等价于

$$\widetilde{A}_d(t)x_d \leqslant \tilde{b}_d, \quad \forall t \in [0, T] \tag{6-148}$$

其中

$$\widetilde{A}_{d0}(t) = \begin{bmatrix} 0 & a_{\mathrm{ego}} & a_{\mathrm{ego}}t - V_{\mathrm{ego}} & \frac{1}{2}a_{\mathrm{ego}}t^2 - V_{\mathrm{ego}}t & \frac{1}{6}a_{\mathrm{ego}}t^3 - \frac{1}{2}V_{\mathrm{ego}}t^2 & \frac{1}{24}a_{\mathrm{ego}}t^4 - \frac{1}{6}V_{\mathrm{ego}}t^3 \end{bmatrix}$$

$$\widetilde{A}_d(t) = \begin{bmatrix} \widetilde{A}_{d0}(t) \\ -\widetilde{A}_{d0}(t) \end{bmatrix}, \quad \tilde{b}_d = \begin{bmatrix} V_{\mathrm{ego}}^3 \kappa_{\max} \\ V_{\mathrm{ego}}^3 \kappa_{\max} \end{bmatrix}$$

由于对任意的 $t \in [0, T]$，约束条件式(6-147)和式(6-148)都需满足，这对实时求解逆动力学问题带来一定的困难。考虑到优化空间和约束条件(见式(6-147)、式(6-148))的连

续性以及多项式采样(见式(6-124))的特点,因此,采用离散点约束法将其简化,由于该方法能非常方便地处理各类非线性约束条件,且有效保证求解稳定性与收敛性,在本书中也多次采用。假设离散采样点为 $t=kT, k=0, 0.1, 0.2, \cdots, 1$,则简化后的性能约束条件为

$$\begin{cases} A_s x_s \leqslant B_s \\ A_d x_d \leqslant B_d \end{cases} \tag{6-149}$$

其中

$$A_s = \begin{bmatrix} \overline{A}_s(0) \\ \overline{A}_s(0.1T) \\ \overline{A}_s(0.2T) \\ \vdots \\ \overline{A}_s(T) \end{bmatrix}, \quad B_s = \underbrace{\begin{bmatrix} b_s \\ b_s \\ b_s \\ \vdots \\ b_s \end{bmatrix}}_{\text{共11个} b_s}, \quad A_d = \begin{bmatrix} \overline{A}_{d0} \\ \overline{A}_d(0) \\ \overline{A}_d(0.1T) \\ \overline{A}_d(0.2T) \\ \vdots \\ \overline{A}_d(T) \\ \widetilde{A}_d(0) \\ \widetilde{A}_d(0.1T) \\ \widetilde{A}_d(0.2T) \\ \vdots \\ \widetilde{A}_d(T) \end{bmatrix}, \quad B_d = \underbrace{\begin{bmatrix} \overline{b}_{d0} \\ \overline{b}_d \\ \overline{b}_d \\ \vdots \\ \overline{b}_d \\ \widetilde{b}_d \\ \widetilde{b}_d \\ \vdots \\ \widetilde{b}_d \end{bmatrix}}_{\substack{\text{共1个} \overline{b}_{d0} \\ \text{11个} \overline{b}_d \\ \text{11个} \widetilde{b}_d}}$$

在式(6-149)中,针对纵向规划,包含了 22 个安全性约束条件、44 个舒适性约束条件;针对横向规划,包含了 23 个安全性约束条件、44 个舒适性约束条件、22 个非完整性约束条件。将这些约束条件转换为 LMI 形式,有助于规划模型的快速求解。

综上分析,在 Frenét 坐标系下,将车辆轨迹规划问题转换为如下横纵向解耦的两个标准 QP 问题。

(1) 纵向 QP 问题。

$$\underset{x_s}{\arg\min} J_s(x_s) = x_s^\mathrm{T} H_s x_s + f_s x_s + J_{s0}$$

$$\text{s. t.} \begin{cases} A_{s,\mathrm{eq}} x_s = b_{s,\mathrm{eq}} \\ A_s x_s \leqslant B_s \end{cases} \tag{6-150}$$

(2) 横向 QP 问题。

$$\underset{x_d}{\arg\min} J_d(x_d) = x_d^\mathrm{T} H_d x_d$$

$$\text{s. t.} \begin{cases} A_{d,\mathrm{eq}} x_d = b_{d,\mathrm{eq}} \\ A_d x_d \leqslant B_d \end{cases} \tag{6-151}$$

注释 6.7 通过将车辆轨迹规划问题解耦成横纵两个方向上的两个独立的子规划问题,并将其转换为两个标准二次规划问题,在二次规划模型式(6-150)和式(6-151)中,综合考虑了轨迹的平滑性(舒适性)、安全性及各类约束,且解耦后的逆动力学模型计算复杂度较低,能满足逆动力学求解实时性要求。

本节重点分析了换道模式下的横纵向轨迹规划模型,并成功将其转化为标准二次规划问题,而跟随模式和避障模式下的轨迹规划问题与换道模式下的求解方法完全一样,优化目标函数、舒适性约束、非完整性约束也完全相同,只是边界约束和安全性约束有所区别,因此,这两种模式下的轨迹规划问题就不再赘述,而是直接给出三种模式下的轨迹规划统一模型(见式(6-150)和式(6-151))。此外,由于原始的横纵向轨迹规划问题是非凸的,利用决策规划的结果将驾驶场景分为跟随模式、避障模式和换道模式,则原始的非凸优化问题就转换为一个熵优化问题和三个模式下的凸优化问题。

6.6 车辆速度规划

智能车辆的速度规划即根据车辆前方一定范围内的期望路径上的交通情况规划出期望速度分布,实现车辆在期望路径上以安全、舒适的车速行驶。虽然在车辆纵向轨迹模型(见式(6-124))和规划模型(见式(6-150))中已经初步求得了纵向车速,但是还不能直接用于车辆的纵向控制中,还需要对速度分布的时间平滑性和行驶的纵向安全性进行进一步的优化与安全性检验,因此,以二次规划模型(见式(6-150))的规划结果作为初值,基于S-T图进行速度重规划(Replan)。

以如图6.18所示的场景为例(见6.6.3节),图中左边的交通场景是一个典型的前车切入切出场景,图中右边为所建立的S-T图。若规划所得的S-T曲线与该阴影区域发生重叠,则表示车辆与该目标车存在碰撞风险。由最小熵优化算法(见式(6-102))求得的行为决策结果,当车辆进入跟随模式或超车模式(此处指避障模式和换道模式)时,其规划的S-T曲线分别如图6.18中所示的红色与黄色曲线。为了方便描述,速度规划时只有两种模式即跟随模式与超车模式,而超车模式即行为决策的避障模式和换道模式的统称,因此,速度规划的超车与行为决策规划的超车(连续两次换道)是有区别的。与单车场景的S-T图相类似,针对多车场景的S-T图如图6.19所示,本车跟随蓝色车辆行驶,黄色车辆随后切入本车道,规划后的红色S-T曲线表示本车超越黄色车辆且跟随蓝色车辆行驶。

6.6.1 优化目标

在利用最小熵优化算法(见式(6-102))进行最优决策后,车辆进入跟随模式或超车模式,采用5次多项式进行车辆速度规划,则S-T曲线为6次多项式,即假设S-T曲线方程为

$$s_c(t) = c_0 + c_1 t + \frac{1}{2} c_2 t^2 + \frac{1}{6} c_3 t^3 + \frac{1}{24} c_4 t^4 + \frac{1}{120} c_5 t^5 + \frac{1}{720} c_6 t^6 \quad (6\text{-}152)$$

其中,c_i为待定的多项式系数,通过对式(6-152)求导可得速度、加速度、冲击度为

$$\begin{cases} v_c(t) = c_1 + c_2 t + \frac{1}{2} c_3 t^2 + \frac{1}{6} c_4 t^3 + \frac{1}{24} c_5 t^4 + \frac{1}{120} c_6 t^5 \\ a_c(t) = c_2 + c_3 t + \frac{1}{2} c_4 t^2 + \frac{1}{6} c_5 t^3 + \frac{1}{24} c_6 t^4 \\ j_c(t) = c_3 + c_4 t + \frac{1}{2} c_5 t^2 + \frac{1}{6} c_6 t^3 \end{cases} \quad (6\text{-}153)$$

车辆速度规划的目标是当前车速 V_{ego} 能快速平稳地跟踪上设定的期望车速 V_{set}，该优化目标主要包括两方面：规划的车速跟踪误差小和车辆的舒适性好，从而实现车辆的高效车速跟踪和令人满意的舒适性。因此，车辆速度规划的优化目标函数定义为

$$\begin{aligned} J &= \int_0^T \left[k_1 (v_c(t) - V_{\text{set}})^2 + k_2 a_c^2(t) + k_3 j_c^2(t) \right] \mathrm{d}t \\ &= k_1 \int_0^T v_c^2(t) \mathrm{d}t - 2k_1 V_{\text{set}} \int_0^T v_c(t) \mathrm{d}t + k_2 \int_0^T a_c^2(t) \mathrm{d}t + k_3 \int_0^T j_c^2(t) \mathrm{d}t + k_1 V_{\text{set}}^2 T \end{aligned} \tag{6-154}$$

其中，k_1、k_2、k_3 为多目标优化的权重系数，T 为速度规划的时间窗宽度，即在该时间窗内车辆从当前状态 $(v_c(0), a_c(0), j_c(0))$ 跟踪到目标状态 $(v_c(T), a_c(T), j_c(T))$。

注释 6.8 设车辆的状态可表示为 $x_c(t) = [v_c(t), a_c(t), j_c(t)]^{\mathrm{T}}$，初始状态为 $x_c(0) = [v_c(0), a_c(0), j_c(0)]^{\mathrm{T}}$，规划的目标状态为 $x_c(T) = [v_c(T), a_c(T), j_c(T)]^{\mathrm{T}} = [V_{\text{set}}, 0, 0]^{\mathrm{T}}$，则式(6-154)可表示为

$$J = \int_0^T [x_c(t) - x_c(T)]^{\mathrm{T}} \Theta [x_c(t) - x_c(T)] \mathrm{d}t \tag{6-155}$$

其中，权重矩阵 $\Theta = \mathrm{diag}\{k_1, k_2, k_3\}$，则式(6-154)相当于累计的加权跟踪误差，因此，式(6-154)可同时用于评价速度规划的误差和车辆舒适性。

定义优化变量为 $x = [c_1, c_2, c_3, c_4, c_5, c_6]^{\mathrm{T}}$，根据式(6-153)可得速度、加速度和冲击度的方程等价于

$$\begin{cases} v_c(t) = \begin{bmatrix} 1 & t & \dfrac{1}{2}t^2 & \dfrac{1}{6}t^3 & \dfrac{1}{24}t^4 & \dfrac{1}{120}t^5 \end{bmatrix} x \\ a_c(t) = \begin{bmatrix} 0 & 1 & t & \dfrac{1}{2}t^2 & \dfrac{1}{6}t^3 & \dfrac{1}{24}t^4 \end{bmatrix} x \\ j_c(t) = \begin{bmatrix} 0 & 0 & 1 & t & \dfrac{1}{2}t^2 & \dfrac{1}{6}t^3 \end{bmatrix} x \end{cases} \tag{6-156}$$

则速度、加速度和冲击度的平方为

$$v_c^2(t) = v_c^{\mathrm{T}}(t) v_c(t) = x^{\mathrm{T}} \begin{bmatrix} 1 & t & \dfrac{1}{2}t^2 & \dfrac{1}{6}t^3 & \dfrac{1}{24}t^4 & \dfrac{1}{120}t^5 \\ t & t^2 & \dfrac{1}{2}t^3 & \dfrac{1}{6}t^4 & \dfrac{1}{24}t^5 & \dfrac{1}{120}t^6 \\ \dfrac{1}{2}t^2 & \dfrac{1}{2}t^3 & \dfrac{1}{4}t^4 & \dfrac{1}{12}t^5 & \dfrac{1}{48}t^6 & \dfrac{1}{240}t^7 \\ \dfrac{1}{6}t^3 & \dfrac{1}{6}t^4 & \dfrac{1}{12}t^5 & \dfrac{1}{36}t^6 & \dfrac{1}{144}t^7 & \dfrac{1}{720}t^8 \\ \dfrac{1}{24}t^4 & \dfrac{1}{24}t^5 & \dfrac{1}{48}t^6 & \dfrac{1}{144}t^7 & \dfrac{1}{576}t^8 & \dfrac{1}{2880}t^9 \\ \dfrac{1}{120}t^5 & \dfrac{1}{120}t^6 & \dfrac{1}{240}t^7 & \dfrac{1}{720}t^8 & \dfrac{1}{2880}t^9 & \dfrac{1}{14400}t^{10} \end{bmatrix} x \tag{6-157}$$

$$a_c^2(t) = a_c^T(t)a_c(t) = x^T \begin{bmatrix} 0 & 0 & 0 & 0 & 0 & 0 \\ 0 & 1 & t & \frac{1}{2}t^2 & \frac{1}{6}t^3 & \frac{1}{24}t^4 \\ 0 & t & t^2 & \frac{1}{2}t^3 & \frac{1}{6}t^4 & \frac{1}{24}t^5 \\ 0 & \frac{1}{2}t^2 & \frac{1}{2}t^3 & \frac{1}{4}t^4 & \frac{1}{12}t^5 & \frac{1}{48}t^6 \\ 0 & \frac{1}{6}t^3 & \frac{1}{6}t^4 & \frac{1}{12}t^5 & \frac{1}{36}t^6 & \frac{1}{144}t^7 \\ 0 & \frac{1}{24}t^4 & \frac{1}{24}t^5 & \frac{1}{48}t^6 & \frac{1}{144}t^7 & \frac{1}{576}t^8 \end{bmatrix} x \quad (6\text{-}158)$$

$$j_c^2(t) = j_c^T(t)j_c(t) = x^T \begin{bmatrix} 0 & 0 & 0 & 0 & 0 & 0 \\ 0 & 0 & 0 & 0 & 0 & 0 \\ 0 & 0 & 1 & t & \frac{1}{2}t^2 & \frac{1}{6}t^3 \\ 0 & 0 & t & t^2 & \frac{1}{2}t^3 & \frac{1}{6}t^4 \\ 0 & 0 & \frac{1}{2}t^2 & \frac{1}{2}t^3 & \frac{1}{4}t^4 & \frac{1}{12}t^5 \\ 0 & 0 & \frac{1}{6}t^3 & \frac{1}{6}t^4 & \frac{1}{12}t^5 & \frac{1}{36}t^6 \end{bmatrix} x \quad (6\text{-}159)$$

则式(6-154)等价于

$$\begin{cases} J_1 = \int_0^T v_c^2(t) \mathrm{d}t = x^T H_1 x \\ J_2 = \int_0^T a_c^2(t) \mathrm{d}t = x^T H_2 x \\ J_3 = \int_0^T j_c^2(t) \mathrm{d}t = x^T H_3 x \\ J_4 = \int_0^T v_c(t) \mathrm{d}t = f_0 x \\ J = k_1 J_1 + k_2 J_2 + k_3 J_3 - 2k_1 V_{\text{set}} J_4 + k_1 T V_{\text{set}}^2 \end{cases} \quad (6\text{-}160)$$

其中

$$H_1 = H_{d4}, \quad H_2 = H_{s3}, \quad H_3 = H_{s2}$$

$$f_0 = \begin{bmatrix} T & \frac{1}{2}T^2 & \frac{1}{6}T^3 & \frac{1}{24}T^4 & \frac{1}{120}T^5 & \frac{1}{720}T^6 \end{bmatrix}$$

则式(6-154)等价于

$$J = x^T H x + f x + k_1 T V_{\text{set}}^2 \quad (6\text{-}161)$$

其中

$$H = k_1 H_1 + k_2 H_2 + k_3 H_3, \quad f = -2k_1 V_{\text{set}} f_0$$

6.6.2 约束条件

车辆的 S-T 曲线方程式(6-152)和式(6-153)需满足边界条件

$$\begin{cases} v_c(0) = V_{ego}, \quad a_c(0) = a_{ego} \\ v_c(T) = V_{set}, \quad a_c(T) = 0, \quad j_c(T) = 0 \end{cases} \quad (6\text{-}162)$$

其中,V_{ego} 和 a_{ego} 分别为车辆当前车速和加速度。

根据式(6-153),则式(6-162)等价于

$$A_{eq} x = b_{eq} \quad (6\text{-}163)$$

其中

$$A_{eq} = \begin{bmatrix} 1 & 0 & 0 & 0 & 0 & 0 \\ 0 & 1 & 0 & 0 & 0 & 0 \\ 1 & T & \frac{1}{2}T^2 & \frac{1}{6}T^3 & \frac{1}{24}T^4 & \frac{1}{120}T^5 \\ 0 & 1 & T & \frac{1}{2}T^2 & \frac{1}{6}T^3 & \frac{1}{24}T^4 \\ 0 & 0 & 1 & T & \frac{1}{2}T^2 & \frac{1}{6}T^3 \end{bmatrix}, \quad b_{eq} = \begin{bmatrix} V_{ego} \\ a_{ego} \\ V_{set} \\ 0 \\ 0 \end{bmatrix}$$

考虑车辆的舒适性、动力性,则车辆速度、加速度和冲击度即式(6-153)满足性能约束条件

$$\begin{cases} 0 \leqslant v_c(t) \leqslant V_{lim} \\ -a_{max} \leqslant a_c(0) \leqslant a_{max,lon}(t) \\ -j_{max} \leqslant j_c(t) \leqslant j_{max} \end{cases} \quad (6\text{-}164)$$

其中,为了保证安全性与舒适性,假设最大加速度 $a_{max,lon}(t)$ 与车速相关,即

$$a_{max,lon}(t) = a_{max} \left[1 - \frac{v_c(t)}{V_{max}} \right] \quad (6\text{-}165)$$

根据式(6-153),则性能约束条件式(6-164)等价于

$$\overline{A}(t) x \leqslant \overline{b}, \quad \forall t \in [0, T] \quad (6\text{-}166)$$

其中

$$\overline{A}(t) = \begin{bmatrix} -1 & -t & -\frac{1}{2}t^2 & -\frac{1}{6}t^3 & -\frac{1}{24}t^4 & -\frac{1}{120}t^5 \\ 1 & t & \frac{1}{2}t^2 & \frac{1}{6}t^3 & \frac{1}{24}t^4 & \frac{1}{120}t^5 \\ 0 & -1 & -t & -\frac{1}{2}t^2 & -\frac{1}{6}t^3 & -\frac{1}{24}t^4 \\ \frac{a_{max}}{V_{max}} & 1+\frac{a_{max}}{V_{max}}t & t+\frac{a_{max}t^2}{2V_{max}} & \frac{t^2}{2}+\frac{a_{max}t^3}{6V_{max}} & \frac{t^3}{6}+\frac{a_{max}t^4}{24V_{max}} & \frac{t^4}{24}+\frac{a_{max}t^5}{120V_{max}} \\ 0 & 0 & -1 & -t & -\frac{1}{2}t^2 & -\frac{1}{6}t^3 \\ 0 & 0 & 1 & t & \frac{1}{2}t^2 & \frac{1}{6}t^3 \end{bmatrix}$$

$$\overline{b} = [0, V_{\lim}, a_{\max}, a_{\max}, j_{\max}, j_{\max}]^T$$

针对式(6-166),考虑优化目标即式(6-161)和约束条件即式(6-166)的连续性,采用离散点约束法将其简化即 $t = kT, k = 0, 0.1, 0.2, \cdots, 1$,则简化后的性能约束条件为

$$A_p x \leqslant b_p \tag{6-167}$$

其中

$$A_p = \begin{bmatrix} \overline{A}(0) \\ \overline{A}(0.1T) \\ \overline{A}(0.2T) \\ \vdots \\ \overline{A}(T) \end{bmatrix}, \quad b_p = \underbrace{\begin{bmatrix} \overline{b} \\ \overline{b} \\ \vdots \\ \overline{b} \end{bmatrix}}_{\text{共11个}\overline{b}}$$

6.6.3 碰撞检测

考虑多障碍物的连续动态行驶环境,如果将碰撞安全性纳入优化目标中,势必会降低算法的实时性,并且逆动力学模型的局部最优解仍有可能存在碰撞风险;如果将碰撞安全性纳入约束函数中,在提高算法实时性的同时还能利用可行域保证车辆的行驶安全性。因此,为了兼顾车辆行驶安全性与控制算法的实时性,将横纵向路径规划、速度规划、碰撞检测解耦,将原始问题简化,直接求解简化后的智能车辆逆动力学 NLP 问题可以大幅提高算法的计算效率。

1. 基于 S-T 图的避障安全域

针对车辆动态行驶环境,考虑多障碍物连续避障的碰撞安全性约束,利用避障安全域保证车辆的行驶安全性,同时降低计算复杂性,对智能车辆逆动力学问题实时求解至关重要。考虑到 TTC 的非线性特性不利于避障安全域的建立,因此,为了兼顾车辆行驶安全性与算法的实时性,基于 S-T 图建立车辆避障安全域,而车辆碰撞安全性约束条件即式(6-41)作为必须满足的约束条件,在逆动力学解的校验即碰撞检测阶段使用,进而实现了非凸、非线性的约束条件即式(6-41)的凸化、线性化处理,以兼顾车辆安全性与算法实时性。

在 S-T 图中,s 与 t 分别代表行驶距离与时间,S-T 图中的曲线斜率代表车速,曲线弯曲程度代表加速度与冲击度。以如图 6.18 所示的场景为例,图中左边的交通场景是一个典型的前车切入场景,假设由交通场景模型预测出蓝色目标车将分别在 t_{in} 和 t_{out} 时刻切入和切出本车道,且前车切入本车道时两车纵向距离为 d,则图中右边的 S-T 图中将出现一块斜向上的蓝色阴影区域,其高度为蓝色目标车的车长,阴影区域的上下边界分别表示车头和车尾,斜率表示该目标车的车速。需要特别说明的是,本车跟随且前车切出场景与本车换道或避障所对应的 S-T 图一样,旁车切入的情景也相类似,因此,t_{in} 和 t_{out} 不仅仅指前车切入切出时刻,也指本车换道或避障的时刻,为了行文方便将二者统一。根据本车车速、加速度所建立的 S-T 曲线代表了本车纵向行驶状态,当车辆进入跟随模式时,本车 S-T 曲线位于障碍物所对应的阴影区域的下方,如图 6.18 中的红色曲线所示;当车辆进入避障模式和换道模式时,本车 S-T 曲线则位于该阴影区域的上方,如图 6.18 中的黄色曲线所示;当本车 S-T 曲线与该阴影区域发生交叉重叠或距离较近时,则表示车辆与该障碍物存在碰撞风险。

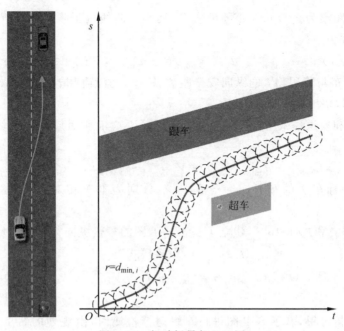

图 6.18 驾驶场景与 S-T 图

与单车场景的 S-T 图相类似,针对多车场景的 S-T 图如图 6.19 所示,本车跟随蓝色车辆行驶,黄色车辆随后切入本车道,红色的 S-T 曲线表示本车超越黄色车辆且跟随蓝色车辆行驶,由黑色圆圈形成的包络即为本车行驶的安全域边界,其半径为纵向安全距离 $d_{\min,i}$,当黑色圆圈与障碍物所对应的阴影区域重叠时则说明车辆存在碰撞风险。如图 6.18 和图 6.19 所示,通过 S-T 图可以直观的展示本车与障碍物之间的相对运动关系,同时还可以清晰地展示本车的超车、跟车等驾驶行为,方便建立车辆避障安全域。

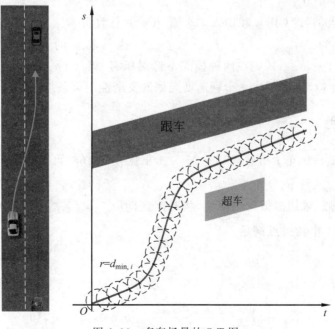

图 6.19 多车场景的 S-T 图

设本车行驶距离为 $s_c(t)$，在跟随模式下，其 S-T 曲线位于障碍物 i 所对应阴影区域的下方，其约束条件为

$$s_c(t) \leqslant -d_{\min,i} + d_i + V_{\text{obj},i}(t - t_{\text{in},i}), \quad t_{\text{in},i} \leqslant t \leqslant t_{\text{out},i} \quad (6\text{-}168)$$

其中，$d_{\min,i}$ 为本车与障碍物 i 的纵向安全距离，$V_{\text{obj},i}$ 为障碍物 i 的速度，$t_{\text{in},i}$ 和 $t_{\text{out},i}$ 分别为障碍物 i 切入和切出本车道的时刻。

在避障模式和换道模式下，其 S-T 曲线位于障碍物 j 所对应阴影区域的上方，其约束条件为

$$s_c(t) \geqslant L_{\text{veh},j} + d_{\min,j} + d_j + V_{\text{obj},j}(t - t_{\text{in},j}), \quad t_{\text{in},j} \leqslant t \leqslant t_{\text{out},j} \quad (6\text{-}169)$$

其中，$L_{\text{veh},j}$ 为目标车 j 的车长，$t_{\text{in},j}$ 和 $t_{\text{out},j}$ 分别为本车相对障碍物 j 换道或避障的时刻。

根据式(6-168)和式(6-169)，建立了基于 S-T 图的车辆纵向行驶安全域

$$\begin{cases} s_c(t) \leqslant -d_{\min,i} + d_i + V_{\text{obj},i}(t - t_{\text{in},i}), \text{跟随模式时} \\ |y_{\text{obj},j}| \geqslant \delta_{\min,j} \text{且} s_c(t) \geqslant L_{\text{veh},j} + d_{\min,j} + d_j + V_{\text{obj},j}(t - t_{\text{in},j}), \text{换道或避障模式时} \end{cases} \quad (6\text{-}170)$$

通过以上分析可得，基于 S-T 图进行车辆碰撞检测时，由规划的 S-T 曲线生成的包络区与目标车所对应的阴影区域不能发生重叠，否则，车辆与该目标车将存在碰撞风险。由于多障碍物碰撞检测的存在降低了算法的实时性，而采用这种区域重叠检测的方式不利于车辆速度规划模型的实时求解，因此，利用决策信息将其转换为跟随模式和超车模式下的碰撞检测问题。考虑如图 6.19 所示的多车场景，在跟随模式下，S-T 曲线位于目标车所对应阴影区域的下方；在超车模式下，S-T 曲线位于目标车所对应阴影区域的上方；S-T 曲线与各阴影区域保持一定的安全距离，如图 6.19 中的包络区边界所示。在这两个不同的独立模式下，分别在 S-T 图中障碍物对应的阴影区域的上方和下方进行采样，则原始的非凸、非线性碰撞检测问题得以简化。

考虑多车场景，假设 CIPV 和切入本车道 POs 的总数为 N_{obj}，其中本车执行跟车的 n_{obj} 个目标车的集合为 $N_{\text{follow}} = \{f_1, f_2, \cdots, f_{\text{nobj}}\}$，执行超车的 m_{obj} 个目标车的集合为 $N_{\text{overtake}} = \{o_1, o_2, \cdots, o_{\text{mobj}}\}$，则在两种模式下针对所有 $N_{\text{obj}} = n_{\text{obj}} + m_{\text{obj}}$ 个目标车依次在 S-T 图中进行碰撞检测，进而建立车辆速度规划的安全性约束条件。

2. 跟随模式

假设本车跟随目标车 i 行驶，即 $i \in N_{\text{follow}}$，根据式(6-168)可得约束条件为

$$s_c(t) \leqslant -d_{\min,i} + d_i + V_{\text{obj},i}(t - t_{\text{in},i}), \quad t_{\text{in},i} \leqslant t \leqslant t_{\text{out},i}, i \in N_{\text{follow}} \quad (6\text{-}171)$$

与式(6-166)相类似，采用离散点约束法，将时间区间 $[t_{\text{in},i}, t_{\text{out},i}]$ 等分为 10 段有限元区间 $[\bar{t}_{k-1}, \bar{t}_k]$，则 11 个约束点满足

$$\begin{cases} \bar{t}_0 = t_{\text{in},i} \\ \bar{t}_{10} = t_{\text{out},i} \\ \bar{t}_k - \bar{t}_{k-1} = \dfrac{t_{\text{out},i} - t_{\text{in},i}}{10}, \quad k = 0, 1, 2, \cdots, 10 \end{cases} \quad (6\text{-}172)$$

可得约束点为
$$t_{ki} = \bar{t}_k = t_{\text{in},i} + \frac{t_{\text{out},i} - t_{\text{in},i}}{10}k, \quad k = 0,1,2,\cdots,10 \tag{6-173}$$

则式(6-171)简化为
$$\widetilde{A}^f(i)x \leqslant \tilde{b}^f(i), \quad \forall i \in N_{\text{follow}} \tag{6-174}$$

其中
$$\widetilde{A}^f(i) = \begin{bmatrix} \widetilde{A}^f_0(i) \\ \widetilde{A}^f_1(i) \\ \widetilde{A}^f_2(i) \\ \vdots \\ \widetilde{A}^f_{10}(i) \end{bmatrix}, \quad \tilde{b}^f(i) = \begin{bmatrix} \tilde{b}^f_0(i) \\ \tilde{b}^f_1(i) \\ \tilde{b}^f_2(i) \\ \vdots \\ \tilde{b}^f_{10}(i) \end{bmatrix}$$

且
$$\widetilde{A}^f_k(i) = \begin{bmatrix} t_{ki} & \frac{1}{2}t_{ki}^2 & \frac{1}{6}t_{ki}^3 & \frac{1}{24}t_{ki}^4 & \frac{1}{120}t_{ki}^5 & \frac{1}{720}t_{ki}^6 \end{bmatrix}$$
$$\tilde{b}^f_k(i) = -d_{\min,i} + d_i + V_{\text{obj},i}(t_{ki} - t_{\text{in},i}), \quad k = 0,1,2,\cdots,10$$

3. 超车模式

假设本车超越目标车 j 行驶，即 $j \in N_{\text{overtake}}$，根据式(6-169)可得约束条件为
$$s_c(t) \geqslant L_{\text{veh},j} + d_{\min,j} + d_j + V_{\text{obj},j}(t - t_{\text{in},j}), \quad t_{\text{in},j} \leqslant t \leqslant t_{\text{out},j}, j \in N_{\text{overtake}} \tag{6-175}$$

与跟随模式下的约束条件相类似，采用离散点约束法，与式(6-173)相类似，可得约束点为
$$t_{kj} = t_{\text{in},j} + \frac{t_{\text{out},j} - t_{\text{in},j}}{10}k, \quad k = 0,1,2,\cdots,10 \tag{6-176}$$

则式(6-175)简化为
$$\widetilde{A}^o(j)x \leqslant \tilde{b}^o(j), \quad \forall j \in N_{\text{overtake}} \tag{6-177}$$

其中，
$$\widetilde{A}^o(j) = \begin{bmatrix} \widetilde{A}^o_0(j) \\ \widetilde{A}^o_1(j) \\ \widetilde{A}^o_2(j) \\ \vdots \\ \widetilde{A}^o_{10}(j) \end{bmatrix}, \quad \tilde{b}^o(i) = \begin{bmatrix} \tilde{b}^o_0(j) \\ \tilde{b}^o_1(j) \\ \tilde{b}^o_2(j) \\ \vdots \\ \tilde{b}^o_{10}(j) \end{bmatrix}$$

且
$$\widetilde{A}^o_k(j) = \begin{bmatrix} t_{kj} & \frac{1}{2}t_{kj}^2 & \frac{1}{6}t_{kj}^3 & \frac{1}{24}t_{kj}^4 & \frac{1}{120}t_{kj}^5 & \frac{1}{720}t_{kj}^6 \end{bmatrix}$$
$$\tilde{b}^o_k(j) = -L_{\text{veh},j} - d_{\min,j} - d_j - V_{\text{obj},j}(t_{kj} - t_{\text{in},j}), \quad k = 0,1,2,\cdots,10$$

根据安全性约束条件式(6-174)和式(6-177),则针对包含 N_{obj} 个目标车的多车场景,其车辆速度规划的安全性约束条件为

$$A_{ca}x \leqslant b_{ca} \tag{6-178}$$

其中

$$A_{ca} = \begin{bmatrix} \widetilde{A}^f(f_1) \\ \widetilde{A}^f(f_2) \\ \vdots \\ \widetilde{A}^f(f_{n_{obj}}) \\ \widetilde{A}^o(o_1) \\ \widetilde{A}^o(o_2) \\ \vdots \\ \widetilde{A}^o(o_{m_{obj}}) \end{bmatrix}, \quad b_{ca} = \begin{bmatrix} \widetilde{b}^f(f_1) \\ \widetilde{b}^f(f_2) \\ \vdots \\ \widetilde{b}^f(f_{n_{obj}}) \\ \widetilde{b}^o(o_1) \\ \widetilde{b}^o(o_2) \\ \vdots \\ \widetilde{b}^o(o_{m_{obj}}) \end{bmatrix}$$

注释 6.9 基于如图 6.20 所示的 S-T 图进行碰撞检测,其降维核心思想为时空解耦,即将"全局碰撞约束"收缩为 S-T 图下的"局部时空约束",在指定时域 $[t_{in,i}, t_{out,i}] \subset [0, T]$、$[t_{in,j}, t_{out,j}] \subset [0, T]$ 和指定空间域(S-T 图中阴影区域上方或下方)上建立碰撞安全性约束条件,从而在保证安全性的前提下降低构型空间的时空域维度。因此,如安全性约束条件式(6-174)和式(6-177)所示,时空解耦思想的本质是,利用 S-T 图将碰撞约束的全构型空间简化为"子构型空间"。同时,利用行为决策结果,实现了非凸的碰撞安全性约束条件的凸化描述,从而保证逆动力学求解算法的实时性。

6.6.4 速度规划

由于车辆碰撞检测时的约束条件是一个非凸的约束条件且优化空间不连续,导致车辆速度规划是一个非凸的优化问题,因此,结合行为决策规划结果,将非凸的车辆速度规划问题转化为跟随模式和超车模式下的凸的速度规划问题,即两种模式下的标准二次规划问题:

$$\begin{aligned} &\arg\min_{x} J(x) = x^{\mathrm{T}} Hx + fx + k_1 TV_{set}^2 \\ &\text{s.t.} \begin{cases} A_{eq}x = b_{eq} \\ Ax \leqslant b \end{cases} \end{aligned} \tag{6-179}$$

其中,不等式约束条件由性能约束即式(6-167)与安全性约束条件即式(6-178)组成,即

$$A = \begin{bmatrix} A_p \\ A_{ca} \end{bmatrix}, \quad b = \begin{bmatrix} b_p \\ b_{ca} \end{bmatrix} \tag{6-180}$$

与轨迹规划的离散采样点约束条件处理相类似,在式(6-179)的约束条件中,包含了 66 个性能约束条件,以及与障碍物有关的 $11N_{obj}$ 个安全性约束条件。通过求解标准二次规划问题即可实时规划带约束的 S-T 曲线,即实现了速度的实时重规划和车辆动态避障。

注释 6.10 在跟随模式或超车模式下分别求解二次规划问题(见式(3-179)),将非凸

的速度规划问题转换为凸优化问题,实现车辆速度规划的实时求解。基于双解耦和分层求解的思想,将智能车辆逆动力学问题抽象为纵向轨迹(见式(6-150))、横向轨迹(见式(6-151))和速度分布(见式(6-179))共三个标准的二次规划问题,保证逆动力学求解的实时性,且由于考虑了由避障场景模型建立的逆动力学可行域,车辆行驶时的安全性得到保证。

6.7 本章小结

本章针对动态环境下的车辆逆动力学抽象建模问题,首先基于FSM、双解耦和分层规划的思想提出了车辆逆动力学模型框架,并重点开展了如下研究。

(1) 为了保证车辆的行驶安全性和舒适性,本章首先提出安全车速模型,实现基于道路曲率的车辆自适应动态限速功能。

(2) 为了保证车辆行驶安全,本章基于熵优化思想建立了车辆行为决策机制,利用基于改进的最小熵优化的决策方法实现最优的跟随-换道-避障决策,以解决动态不确定环境下的行为决策问题。根据MLMV交通场景模型,考虑驾驶员行为特征提出协同驾驶策略,在车辆安全行驶的同时保证局部交通系统的稳定性与鲁棒性。

(3) 为了实现车辆逆动力学实时求解,本章利用"分而治之"的思想,将逆动力学问题从横向-纵向、路径-速度两个维度进行解耦,并将轨迹规划和速度规划问题都转换为标准的二次规划问题,降低了规划的复杂度从而保证算法的实时性。利用基于决策规划、横纵向轨迹规划、速度规划、碰撞检测的分层规划策略,可以大幅提高逆动力学求解算法的计算效率,同时保证舒适性与安全性。在Frenét坐标系下进行轨迹规划时,车辆引导线不仅与车辆行驶状态有关,还与当前和未来的行驶场景直接相关,因此将经过优化的车辆引导线应用于智能车横纵向动力学逆解算中,对动态行驶环境以及环境干扰具有较好的自适应性与鲁棒性。

第 7 章

系统动力学与控制

7.1 概 述

车辆动力学正模型主要是根据车辆受力情况,分析车辆的平顺性和操纵稳定性等。车辆动力学逆模型主要是根据车辆期望的目标轨迹逆解算出车辆所需的控制输入,例如针对纵向速度控制,根据期望速度与车辆当前的运动状态、车辆行驶环境解算出期望的加速度与减速度,进而解算出所需要的动力系统驱动扭矩和制动系统制动压力;针对横向距离与航向控制,根据期望行驶轨迹与车辆行驶状态以及交通环境解算出期望的方向盘转角。车辆横纵向动力学逆解算系统将解算的驱动、制动、转向等控制目标值发送给车辆线控底盘,假设线控底盘能可靠响应驱动、制动、转向控制指令,则车辆动力学逆解算系统重点关注车辆的纵向和横向反馈控制,将逆解算所得的期望加速度、减速度和方向盘转角等控制指令发送给线控底盘,而线控底盘具体的线控驱动系统、线控制动系统和线控转向系统等将响应相应的控制指令。

可将车辆的横纵向动力学逆解算问题描述为:首先将车辆动力学逆解算系统解耦成横向与纵向两个子系统控制问题,根据逆动力学模型求解的目标轨迹,基于横纵向动力学模型分别对车辆横向与纵向进行解耦控制,将逆解算出的控制指令发送给线控底盘,车辆底盘实时响应动力学逆解算系统的控制请求,使车辆沿着期望轨迹行驶,进而实现车辆运动过程中对最优轨迹的路径和速度跟随的动力学控制。

考虑系统的非线性和不确定性,尤其是环境的干扰不确定性,为了兼顾车辆安全性、舒适性以及系统鲁棒性与自适应性,如图 7.1 所示,本章将建立车辆横纵向动力学逆解算方法,实现车辆横纵向解耦控制,分别建立横纵向正动力学模型、最优预瞄时距、最优跟车时距、动力学反馈控制等算法,根据障碍物、引导线等环境信息以及目标车速、目标轨迹实时逆解算期望方向盘转角与期望加速度/减速度。同时,以 H_∞ 控制方法为例,对横纵向动力学控制器进行了设计,并给出了各自的逆解算鲁棒设计准则,以保证车辆行驶安全性与舒适性,同时对动态环境具有一定的自适应性,对环境不确定性与系统噪声具有较好的鲁棒性。

图 7.1 横纵向动力学逆解算示意图

为探索一种可能适用于不同场景的动力学控制方法,本章采用一种横纵向解耦的分层车辆动力学逆解算方法,如图 7.2 所示。由图可见,车辆横纵向动力学逆解算系统可分为三部分:根据环境信息、当前车辆状态和约束条件进行逆动力学实时求解;根据逆动力学模型求解结果和车辆当前状态对车辆纵向跟车时距和横向预瞄时距进行实时优化;利用横纵向动力学实时逆解算方法进行车辆横纵向解耦的鲁棒控制,进而实现具有一定场景适应能力的车辆闭环控制。

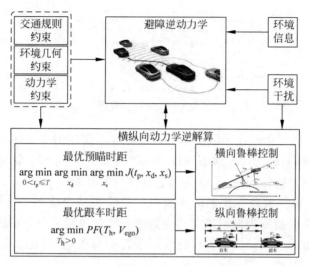

图 7.2 车辆横纵向动力学逆解算框架图

7.2 驾驶员模型

驾驶员模型主要有两个作用:①理解驾驶员对汽车的操纵行为以及车辆状态的反应;②对驾驶员建模有助于对车辆系统相关参数的设计和优化以及自动驾驶技术方面提供理论支撑。自 20 世纪中叶以来,驾驶员行为特性模型的发展大致经历了补偿跟随模型和预瞄跟随模型两个阶段。

补偿跟随模型最早是由美国学者 Mc Ruer 提出的,其结构如图 7.3 所示。其中,$H(s)$ 表示驾驶员的控制特性,$G(s)$ 表示汽车的动态特性,r 表示预期轨道的特征量,y 表示行驶轨迹的特征量,ε

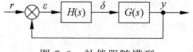

图 7.3 补偿跟随模型

为偏差,δ 为方向盘转角。该模型没有考虑驾驶员的前视作用,仅仅依靠当前时刻汽车的运动状态所引起的与预期路径之间的横向偏差进行补偿校正,不适用于高速行驶汽车预瞄跟踪的特点。

美国学者 Sheridan 在 1966 年提出了最优预瞄控制的概念,把汽车跟随道路行驶的问题看作是一个由局部最优到整体最优的过程。而最早的驾驶员预瞄跟随模型是日本学者 Kondo 于 1968 年提出的线性预估模型。而作为目前应用最多的预瞄跟随模型由 MacAdam 于 1981 年提出,此模型正广泛应用于 Carsim 和 PreScan 仿真软件中。20 世纪 80 年代以来研究人员提出的模型几乎都是预瞄跟随模型,即驾驶员总是提前一段距离观测要跟随的道路路径,这种特点最接近于实际驾驶员的控制特性。预瞄跟随模型的结构如图 7.4 所示。图中 $P(s)$ 为预瞄环节,$F(s)$ 为前向校正环节,$B(s)$ 为反馈预估环节,$G(s)$ 仍表示汽车的动态特性,f 为预期轨迹特征量,y 为当前汽车运动轨迹的位置,f_p 为被控系统在未来某一时刻要跟随的特征量,y_p 为被控系统特征参量的预估值,ε 为两者的偏差,δ 为对汽车施加的控制信息。

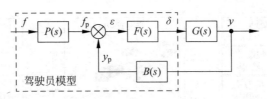

图 7.4 预瞄跟随模型

1982 年,中国学者郭孔辉在美国 UMTRI 进行学术访问时提出了"预瞄-跟随"理论,并在此基础上提出了"预瞄最优曲率模型",该模型直接建立了模型参数与汽车操纵特性和驾驶员的基本特性参数之间的关系,可以应用于线性与非线性的汽车模型闭环仿真。随着交通科技的进步,驾驶员因素及其所起的作用被广泛认为是智能运输系统成功发展的关键。进入 21 世纪以来,驾驶员行为模型研究已成为智能驾驶领域一个新的研究热点。目前基于经验驾驶员行为模型的驾驶员模型被广泛应用于智能驾驶,为智能驾驶系统动力学控制方法的建立提供了理论基础。

7.2.1 纵向跟驰模型

早在 20 世纪 50 年代,工程技术人员就开发了跟车驾驶员模型来评估交通容量和拥挤程度,包括线性跟随领队模型(该模型假定驾驶员期望的加速度和本车与目标车之间的速度差存在线性关系,期望的加速度是在神经肌肉延迟后实现的)以及非线性跟随领队模型(即期望速度是距离误差的指数函数)。从直觉上看,经验驾驶员更倾向于兼顾相对距离和相对速度,即加速度是距离误差和相对速度的函数。除了跟随前车外,还需要考虑安全跟车策略,即通过估计前车和后车在制动情况下的相对运动关系,计算出安全跟车距离。

在跟车任务中,驾驶员通常会调节车速,以便即使在前车速度波动的情况下,跟车和前车之间的间距也处于理想的水平。清华大学李克强院士团队提出了一种容错驾驶员跟驰模型,该模型具体形式如下所述:假设驾驶员有一个目标加速度,该目标加速度是相对距离、相对行驶速度和跟车时距的函数。

$$a_d(t) = f_{a_d}(R(t), \dot{R}(t), T_h) \tag{7-1}$$

受管道模型的启发,可以从一个简单的线性方程开始。

$$a_d(t) = P \cdot \dot{R}(t) \tag{7-2}$$

式(7-2)中的 P 值往往不是一个定值,而是一个相对距离 $R(t)$ 的函数,所以式(7-2)可有如下表述形式。

$$a_d(t) = P(R(t)) \cdot \dot{R}(t) \tag{7-3}$$

函数一般可以表述为一个三次多项式函数形式：
$$P(R(t)) = P_3 \cdot R^3(t) + P_2 \cdot R^2(t) + P_1 \cdot R(t) + P_0 \tag{7-4}$$

在现实中，人类驾驶员除了调节相对速度外，还调节相对距离或车头时距。假设人类驾驶员有一个期望的范围，并将调节车速达到期望的范围。为了捕捉这种行为，式中加入了一个额外的项。

$$a_d(t) = P(R(t)) \cdot \dot{R}(t) + C \cdot (R(t) - T_h \cdot V_F(t)) \tag{7-5}$$

式中，C 是调节增益常数，T_h 是车距时间常数，V_F 是本车速度。

7.2.2 单点预瞄

最优预瞄理论的路径跟随理论依据是模拟驾驶员的开车过程，通过对道路前方信息的预估，为了使得车辆实际轨迹与期望轨迹的偏差最小从而得到一个最优的转向盘转角输入。因此，基于最优预瞄理论的路径跟随控制问题一般包括两个部分：第一部分是根据当前的车辆状态，选择一个合理的预瞄距离，并计算出预瞄距离和期望路径的误差与转向盘转角之间的传递函数关系，这部分称为基于最优预瞄理论的前馈控制；第二部分是在路径跟随的过程中，计算车辆的航向角和期望航向角的误差，并基于车辆航向角的误差进行反馈控制，这部分称为基于最优预瞄理论的反馈控制。

最优预瞄理论前馈控制的原理如下：驾驶员沿着当前车辆行驶的方向向前进行预瞄，根据当前的车辆状态，选择一个合理的预瞄距离；然后计算参考轨迹中离预瞄点最近的点与预瞄点的距离，该距离就称为预瞄偏差，为了使得车辆实际行驶的轨迹与期望的轨迹的误差最小，根据车辆的模型，确定预瞄偏差与方向盘转角之间的传递函数关系；最后根据该传递函数，就可以得到最优的方向盘转角输入。基于最优预瞄理论的反馈控制可以采用经典的 PID 控制律来实现横向距离偏差和航向角偏差的解耦反馈控制，也可以采用基于车辆动力学模型的现代控制理论方法如 LQR、MPC 等来实现车辆动力学状态反馈控制。

基于最优曲率预瞄理论对最基础的单点预瞄模型进行阐述。驾驶员驾驶车辆时，眼睛一般会瞄着前方的一些点或者一段路径，假设如果驾驶员的眼睛一直瞄着前方某一固定时间段的一点，如图 7.5 所示，该固定时间段为 T，那么驾驶员希望从 t 到 $t+T$ 这一时间段刚好可以从 A 点开到 B 点，或者说到 $t+T$ 时刻时实际到达位置离 B 点距离最小，如果用目标位置与实际位置之间的横向位移差作为目标函数，那么该目标函数可以表示为

$$J \triangleq \frac{1}{T} \int_t^{t+T} (f(t+\tau) - y(t+\tau))^2 w(\tau) d\tau \tag{7-6}$$

其中，w 为加权因子。如果默认终点 T 时刻终点误差最小可以使得目标函数 J 近似取得最小值，那么可以取终点误差为 0 来计算方向盘输入值。

在 $t+T$ 时刻，车辆的实际位置为

$$y(t+T) = y(t) + T\dot{y}(t) + \frac{T^2}{2}\ddot{y}(t) \tag{7-7}$$

因而，可以得到一个最优的侧向加速度表达式：

$$\ddot{y}^*(t) = \frac{2}{T^2}[f(t+T) - y(t) - T\dot{y}(t)] \tag{7-8}$$

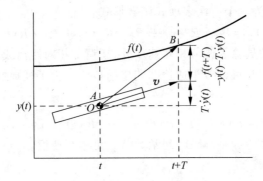

图 7.5 单点预瞄驾驶员方向盘决策示意图

在稳态情况下(车速和方向盘转角不变),可以得到最优曲率表达式:

$$\frac{1}{R^*(t)} = \frac{2}{T^2 v^2}[f(t+T) - y(t) - T\dot{y}(t)] \tag{7-9}$$

进而可以得到最优的方向盘转角:

$$\delta_{sw}^*(t) = \frac{2iL}{T^2 v^2}[f(t+T) - y(t) - T\dot{y}(t)] \tag{7-10}$$

其中,i 为转向系统的转向传动比,v 为车速,L 为车辆前后轴距。

整个过程其实是假设不存在驾驶员反应之后的情况发生,因此实际方向盘转角 δ_{sw} 与理想最优方向盘转角 δ_{sw}^* 相等,中间通过一个理想环节 I 来表示,如图 7.6 所示。但是在非理想环节中这个理想环节 I 将被滞后环节所取代,因而系统框图可以简化成如图 7.7 所示的实际框图形式。

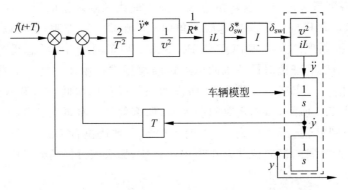

图 7.6 稳态低速情况下的驾驶员-汽车闭环系统框图

因而,可得出汽车横向位移 y 对预期轨道输入 f 的传递函数为

$$\frac{y}{f}(s) = \frac{e^{Ts}}{\frac{T^2}{2}s^2 + Ts + 1} \tag{7-11}$$

进而可以将该表达式写成更简洁且更易理解的形式:

$$\frac{y}{f}(s) = P(s) \cdot F(s) \tag{7-12}$$

其中, $P(s) = e^{Ts}$ 称为"预瞄器", $F(s) = \dfrac{T^2}{2}s^2 + Ts + 1$ 称为"跟随器"。只有使低频域内满足 $P(s) \cdot F(s) \approx 1$, 即"跟随器"传递函数的倒数尽可能接近于"预测器"传递函数, 才能使得整个系统达到尽可能好的追随效果。

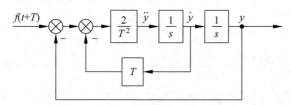

图 7.7　稳态低速情况下的非理想驾驶员-汽车闭环简化系统框图

将"预测器"传递函数进行泰勒级数展开得

$$P(s) = 1 + Ts + \dfrac{T^2}{2}s^2 + \dfrac{T^3}{3!}s^3 + \cdots \tag{7-13}$$

将式(7-12)与式(7-13)比较可知,"跟随器"的传递函数可为

(1) 二阶跟随器。

$$F(s) = \dfrac{1}{1 + Ts + \dfrac{T^2}{2}s^2}$$

(2) 三阶跟随器。

$$F(s) = \dfrac{1}{1 + Ts + \dfrac{T^2}{2}s^2 + \dfrac{T^3}{6}s^3}$$

在低频域内, $F(s)^{-1}$ 是 $P(s)$ 的二阶或三阶近似表达式, 因为汽车操纵运动是一个"低通滤波器", 即不论输入信号含有多高的频率成分, 汽车操纵运动的位移只能有较低频的成分, 也就是说是一个理想的低频跟随系统。

接下来采用二自由度模型重点分析预瞄误差与转向角之间的关系。如图 7.8 所示, 假设车辆沿着一个期望的半径为 R 的圆周轨迹稳态行驶, 预瞄距离为 d, e 为预瞄横向偏差, h 为预瞄点到转向中心的距离。根据车辆二自由度模型(见式(2-53)), 可以得到车辆的稳态行驶状态满足下列方程

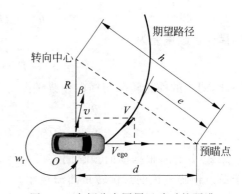

图 7.8　车辆稳态圆周运动时的预瞄跟随示意图

$$\begin{bmatrix} -\dfrac{2C_{\alpha f} + 2C_{\alpha r}}{mV_{ego}} & -V_{ego} - \dfrac{2C_{\alpha f}l_f - 2C_{\alpha r}l_r}{mV_{ego}} \\ -\dfrac{2C_{\alpha f}l_f - 2C_{\alpha r}l_r}{I_z V_{ego}} & -\dfrac{2C_{\alpha f}l_f^2 + 2C_{\alpha r}l_r^2}{I_z V_{ego}} \end{bmatrix} \begin{bmatrix} V_{ys} \\ \omega_{rs} \end{bmatrix} = \begin{bmatrix} \dfrac{2C_{\alpha f}}{m} \\ \dfrac{2C_{\alpha f}l_f}{I_z} \end{bmatrix} \delta_s \tag{7-14}$$

其中, δ_s 为稳态行驶时的前轮转角, 下标 s 代表车辆稳态行驶时的状态量。根据车辆稳态

响应(见式(2-56))可得

$$\frac{V_{ys}}{\omega_{rs}} = T = l_r - \frac{ml_f}{2C_{\alpha r}L}V_{ego}^2 \tag{7-15}$$

可见,车辆稳态行驶时的侧向速度可以表示成横摆角速度与纵向车速的函数。根据车辆稳态圆周运动可得

$$V_s = \sqrt{V_{ys}^2 + V_{ego}^2} = R\omega_{rs} \tag{7-16}$$

根据式(7-15)和式(7-16)可得

$$\omega_{rs} = \frac{V_{ego}}{\sqrt{R^2 - T^2}} \tag{7-17}$$

根据式(7-14)可得前轮转角输入与稳态横摆角速度的关系

$$\omega_{rs} = \frac{V_{ego}/L}{1 + KV_{ego}^2}\delta_s \tag{7-18}$$

其中,$K = \frac{m}{L^2}\left(\frac{l_f}{2C_{\alpha r}} - \frac{l_r}{2C_{\alpha f}}\right)$ 为稳定性因数或不足转向系数。根据式(7-17)和式(7-18)可得稳态行驶时的前轮转角为

$$\delta_s = \frac{L}{\sqrt{R^2 - T^2}}(1 + KV_{ego}^2) \tag{7-19}$$

预瞄点到稳态回转中心的距离为

$$h_s = \sqrt{R^2 + d^2 - 2Rd\cos\left(\frac{\pi}{2} + \beta\right)} = \sqrt{R^2 + d^2 + 2Rd\frac{V_{ys}}{V_s}}$$

根据式(7-15)和式(7-16)可得

$$h_s = \sqrt{R^2 + d^2 + 2dT}$$

则横向预瞄偏差为

$$e_s = h_s - R = \sqrt{R^2 + d^2 + 2dT} - R \tag{7-20}$$

因此,期望的前轮转角与横向预瞄偏差之间的映射关系为

$$\frac{\delta_s}{e_s} = \frac{L(1 + KV_{ego}^2)}{\sqrt{R^2 - T^2}(\sqrt{R^2 + d^2 + 2dT} - R)} \tag{7-21}$$

利用式(7-21),根据横向预瞄偏差可直接求得最优的前轮转角,因此,式(7-21)也被称为基于单点预瞄理论的最优转角前馈控制。

式(7-21)较为复杂,一般用其简化形式。首先,已知条件$|T| \ll R$以及假设$|d^2 + 2dT| \ll R^2$,则根据泰勒公式可得

$$\sqrt{R^2 - T^2}(\sqrt{R^2 + d^2 + 2dT} - R) \approx R^2\left(\sqrt{1 + \frac{d^2 + 2dT}{R^2}} - 1\right) \approx \frac{1}{2}(d^2 + 2dT)$$

则式(7-21)可简化为

$$\delta_s = \frac{2L(1 + KV_{ego}^2)}{d^2 + 2dT}e_s \tag{7-22}$$

因此,为了使车辆以最小的误差沿着期望的路径行驶,期望的前轮转角输入是预瞄误差

及车速、预瞄距离以及车辆结构参数的函数。由式(7-22)可见,最优的前轮转角与道路的曲率半径无关,所以理论上道路的曲率对控制器的影响很小。此外,由于方程中包含车辆的速度,所以对于车速的变化具有一定的自适应性。

由于模型误差和环境干扰、系统不确定性的影响,仅依靠式(7-22)所示的最优前馈控制很难保证有较好的控制效果以及系统稳定性。另外,由于在车辆横向控制中,车辆的航向角反映了路径跟踪的切线方向的跟踪效果,对路径跟踪结果的影响较大,而在式(7-22)中并未考虑预瞄点的航向偏差信息。因此,需要基于车辆动力学模型设计考虑预瞄偏差和航向偏差的反馈控制,与基于最优预瞄理论的前馈控制相结合,才能在实际中取得较为理想的车辆横向控制效果。

考虑车辆行驶道路的复杂性,预瞄距离的选取对预瞄跟随效果的影响很大,在车速较低时,如果预瞄的距离过大,就会导致车辆前方的信息无法很好地利用;当车速较高时,如果预瞄距离过短,则会丢失部分未来道路的信息,从而使控制效果变差。因此需要综合车速和预瞄时间来选取合适的预瞄距离,采用一阶线性预瞄模型为

$$d_p = t_p V_{ego} + d_0$$

其中,d_p 表示预瞄距离,t_p 表示预瞄时间,V_{ego} 表示车辆当前的纵向车速,d_0 表示固定的预瞄距离。

7.2.3 多点预瞄

虽然单点预瞄可以进行路径跟随控制,然而采用单点预瞄模型可能导致前方道路的情况与车辆当前状态不一致的情况,从而使得跟随效果变差。而且实际驾驶员在开车的过程中,也不可能只关注前方道路上某一点的信息。而多点预瞄模型可以充分利用前方道路的信息,能够取得比单点预瞄更好的横向控制效果。多点预瞄一般也称为区段预瞄,即驾驶员的预瞄点不再是前方固定时段的某一个预瞄点,而是一个区段上的多个预瞄点,当预瞄点的个数足够多时,也就构成了所谓的区段预瞄。如图 7.9 所示,其中曲线 $B_0 B_n$ 为预瞄区段。

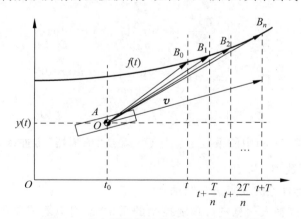

图 7.9 多点预瞄驾驶员方向盘决策示意图

假设汽车的横向理想轨迹为

$$y^*(t+\tau) = y(t) + \tau \dot{y}(t) + \frac{\tau^2}{2} \ddot{y}(t) \tag{7-23}$$

将其代入式(7-6)中,可得

$$J = \frac{1}{T}\int_t^{t+T}\left(f(t+\tau)-y(t)-\tau\dot{y}(t)-\frac{\tau^2}{2}\ddot{y}(t)\right)^2 w(\tau)\mathrm{d}\tau \tag{7-24}$$

为求最优曲率,即最优侧向加速度 $\ddot{y}^*(t)$,令 $\dfrac{\mathrm{d}J}{\mathrm{d}\ddot{y}}=0$,即可得

$$\ddot{y}^*(t)\int_t^{t+T}\frac{\tau^4}{4}w(\tau)\mathrm{d}\tau = \int_t^{t+T}\frac{\tau^2}{2}f(t+\tau)w(\tau)\mathrm{d}\tau -$$
$$y(t)\int_t^{t+T}\frac{\tau^2}{2}w(\tau)\mathrm{d}\tau - \dot{y}(t)\int_t^{t+T}\frac{\tau^3}{2}w(\tau)\mathrm{d}\tau \tag{7-25}$$

从而可得

$$C_{\ddot{y}}\ddot{y}^* = f_e(t) - y - C_{\dot{y}}\dot{y} \tag{7-26}$$

其中

$$\begin{cases} C_{\dot{y}} = \int_t^{t+T}\tau^3 w(\tau)\mathrm{d}\tau \Big/ \int_t^{t+T}\tau^2 w(\tau)\mathrm{d}\tau \\ C_{\ddot{y}} = \int_t^{t+T}\frac{\tau^4}{2}w(\tau)\mathrm{d}\tau \Big/ \int_t^{t+T}\tau^2 w(\tau)\mathrm{d}\tau \\ f_e(t) = \int_t^{t+T}\tau^2 f(t+\tau)w(\tau)\mathrm{d}\tau \Big/ \int_t^{t+T}\tau^2 w(\tau)\mathrm{d}\tau \end{cases}$$

由于

$$f_e(s)/f(s) = \int_t^{t+T}\tau^2 w(\tau)\mathrm{e}^{\tau s}\mathrm{d}\tau \Big/ \int_t^{t+T}\tau^2 w(\tau)\mathrm{d}\tau \tag{7-27}$$

因此定义"预测器" $P(s)=f_e(s)/f(s)$,同理,将 $P(s)$ 进行泰勒级数展开可得如下形式

$$P(s) = 1 + P_1 s + P_2 s^2 + P_3 s^3 + \cdots \tag{7-28}$$

其中,

$$\begin{cases} P_1 = \int_t^{t+T}\tau^3 w(\tau)\mathrm{d}\tau \Big/ \int_t^{t+T}\tau^2 w(\tau)\mathrm{d}\tau \\ P_2 = \int_t^{t+T}\frac{\tau^4}{2}w(\tau)\mathrm{d}\tau \Big/ \int_t^{t+T}\tau^2 w(\tau)\mathrm{d}\tau \\ P_3 = \int_t^{t+T}\frac{\tau^5}{3!}w(\tau)\mathrm{d}\tau \Big/ \int_t^{t+T}\tau^2 w(\tau)\mathrm{d}\tau \\ P_n = \int_t^{t+T}\frac{\tau^{n+2}}{n!}w(\tau)\mathrm{d}\tau \Big/ \int_t^{t+T}\tau^2 w(\tau)\mathrm{d}\tau \end{cases}$$

对照式(7-26),式(7-28)中的系数 $C_{\dot{y}}$ 与 $C_{\ddot{y}}$ 就是"预测器"传递函数 $P(s)$ 泰勒级数展开式的一阶与二阶系数 P_1 与 P_2。

对预测-跟随系统理论的要点进行归纳:

(1) 一个根据未来输入信息进行跟随控制的系统,总可以看成是由一个"预测器"与一个"跟随器"相串联的系统组成,即预瞄-跟随系统。

(2) "预测器"传递函数完全由预测未来输入信息的方式所确定,在确定了"预测器"传递函数之后,取其 n 阶展开的倒数作为"跟随器"传递函数,从而构成一个理想的"n 阶预测-跟随系统"。

(3) 阶数 n 过高时会使得 $F(s)=P(s)_n^{-1}$ 增加实部较大的极点,导致系统不稳定,经计算证明,理想的预测-跟随系统应取 $n=2$ 或 $n=3$。

根据单点预瞄控制理论可直接求得多点预瞄时的前轮转角控制律为

$$\delta_s = 2L(1+KV_{ego}^2)\sum_{i=1}^{n}\frac{G_i e_i}{d_i^2+2d_i T} \tag{7-29}$$

其中,G_i 为各预瞄点误差的权重系数,d_i 和 e_i 分别为每个预瞄点对应的预瞄距离和预瞄偏差,n 为预瞄点个数。

7.2.4 最优预瞄

实际上,在不同的情况下,驾驶员采用不同的预瞄时间,预瞄时间增大时,跟随轨迹的误差会有所增大,但方向盘的运动量与转动速度都明显减小,汽车的横向加速度也会显著降低。当汽车在一个交通情况简单而路面宽阔的道路上行驶时,汽车轨迹允许有较大的误差。因此驾驶员宁愿会牺牲一点轨迹上的偏差也要满足自身的驾驶舒适性,一方面减小方向盘的忙碌程度,另一方面减小侧向加速度。所以驾驶员选择前视时间时,应该兼顾多个目标,即轨迹偏差量 E、方向盘角速度 $\dot{\delta}_{sw}$ 和横向加速度 $\ddot{y}$,所以一个综合多目标最优的指标函数应该表述如下,即式(7-6)的变形形式:

$$J \triangleq \frac{1}{T}\int_t^{t+T}\left[\left(\frac{E}{\hat{E}}\right)^2+\left(\frac{\dot{\delta}_{sw}}{\hat{\dot{\delta}}_{sw}}\right)^2+\left(\frac{\ddot{y}}{\hat{\ddot{y}}}\right)^2\right]d\tau \tag{7-30}$$

其中

$$E = f(t+\tau)-y(t)-\tau\dot{y}(t)-\frac{\tau^2}{2}\ddot{y}(t) \tag{7-31}$$

$$\dot{\delta}_{sw}(t) = \frac{2iL}{T^2 v^2}[\dot{f}(t+T)-\dot{y}(t)-T\ddot{y}(t)] \tag{7-32}$$

将式(7-31)与式(7-32)代入式(7-30)中,再令 $\frac{dJ}{d\ddot{y}}=0$,即可得到区段预瞄方式下的最优解。同 7.2.2 节,可以求出"预测器"的一阶、二阶,以及 n 阶系数,从而可以得到相应的 n 阶预瞄-跟随系统。式中的 $\hat{E}$、$\hat{\dot{\delta}}_{sw}$、$\hat{\ddot{y}}$ 分别为对应的"控制值",一般可以取 $\hat{E}=0.5m$,$\hat{\dot{\delta}}_{sw}=360°/s$,$\hat{\ddot{y}}=0.3g$。一般最优预瞄时间 T 取 1~1.4s 较好。

7.2.5 自适应预瞄

如果车速较低,汽车横向运动没有进入非线性区间,固定预瞄时间均可获得较好的轨迹跟随效果。当汽车运动在速度较高、轨迹复杂、有边界约束(道路宽度约束)的条件下,固定预瞄时间往往难以完成驾驶任务。在有边界约束的条件下,速度高于一定值之后,不能求解到满足边界约束的固定的预瞄时间,如图 7.10 所示(仿真条件为路面峰值附着系数为 0.8,车速为 130km/h 时,采用固定预瞄时间)。取预瞄时间 $T=0.5s$ 时,轨迹出现振荡;取预瞄

时间 $T=0.8\mathrm{s}$ 时,边界约束段的出入口处出现超出边界的情况;取预瞄时间 $T=1.2\mathrm{s}$ 时,大部分边界约束段都出现超出边界的现象。T 取其他值也不能完成驾驶任务。因此,在有边界约束的情况下,为了提高驾驶员模型的适应性,驾驶员模型需要采用自适应的预瞄时间。

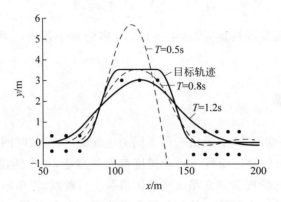

图 7.10 固定不同预瞄时间下的仿真结果

在某一位置处,选取不同的预瞄时间 T,计算在一定时间内的运行轨迹和目标轨迹之间的偏差,边界的距离,时间 $t+T$ 结束时的车身横摆角和对应位置处目标轨迹的切线方向的偏差。其中轨迹偏差的优化函数设计如下:

$$J_1 = \int_t^{t+T} (f(t+T) - y(t))^2 \mathrm{d}\tau \tag{7-33}$$

为了满足边界(路宽)约束,驾驶员模型须设计轨迹和边界位置之间距离的优化函数。其目的是通过该优化函数,将车辆约束在远离道路边界的位置,保证汽车安全通过:

$$J_2 = \int_t^{t+T} \frac{|(f(t+T) - y(t))/\Delta|}{1 - |(f(t+T) - y(t))/\Delta|} \mathrm{d}\tau \tag{7-34}$$

式中,Δ 为中心线到边界的距离,在非边界约束段,$\Delta \to +\infty$。

为了减小下一阶段转向控制难度,需要建立 $t+T$ 时刻车身横摆角和对应位置处目标轨迹的切线方向的偏差优化函数:

$$J_3 = |\varphi_v - \varphi_r| \tag{7-35}$$

式中,φ_v 表示 $t+T$ 时刻车身横摆角,φ_r 表示 $t+T$ 时刻车所在位置处目标轨迹的切向方向和 x 轴的夹角。

预瞄时间选择时,在一定范围内,预瞄时间越长,车辆越容易保持稳定,但预测计算精度变差。显然,预瞄时间和整车转向运动的动态响应时间特性相关,因此可以采用预瞄时间和整车转向运动响应相关的时间的差值作为优化函数:

$$J_4 = (T - T')^2 \tag{7-36}$$

式中,T 为进行推算时所采用的预瞄时间;T' 为与车辆转向响应特性相关的时间。速度高时 T' 可以取到 $1\mathrm{s}$ 或更短,速度低时则适当增大。

定义综合优化指标为

$$J = w_1 J_1 + w_2 J_2 + w_3 J_3 + w_4 J_4 \tag{7-37}$$

式中,w_1、w_2、w_3、w_4 为权系数,不同的选取方式对应不同的驾驶风格。例如增大 w_1 的取值,意味着更注重轨迹跟随的位置精度;增大 w_2 的取值,表示更注重轨迹远离边界;增大 w_3 的取值,意味着更注重下一阶段的可控性;而增大 w_4 的取值,意味着更注重取较接近的预瞄时间。最后通过迭代优化,可以得到合适的预瞄时间 T。

7.3 车辆横向动力学控制

7.3.1 横向动力学模型假设

首先分析车辆所受作用力和车辆运动的分布规律,车体在车辆坐标系下的 6 个自由度分别为 3 个平动和 3 个转动,包括纵向、侧向和垂向运动,以及横摆、俯仰和侧倾运动,车辆受力模型如图 7.11 所示,本章主要关注智能车横纵向解耦控制,因此车辆的横纵向动力学模型是主要的研究对象。为了建立车辆动力学模型,假设采用如图 7.12 所示的单车模型以及如下假设条件:

(1) 只考虑纯侧偏轮胎特性,忽略轮胎力的纵横向耦合关系;
(2) 用单车模型描述车辆运动规律,忽略载荷的左右转移;
(3) 忽略空气动力学的影响;
(4) 忽略车辆垂向运动的影响。

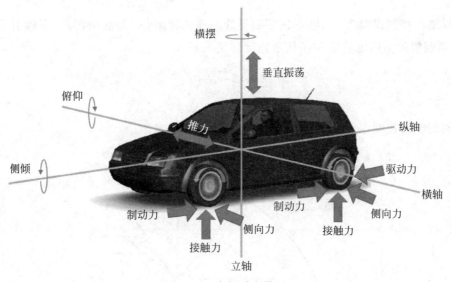

图 7.11 车辆受力模型

接下来将分别对车辆动力学进行建模并设计相应的 H_∞ 控制器。

7.3.2 横向动力学模型

根据式(2-48)~式(2-52),式(2-54)可转换为

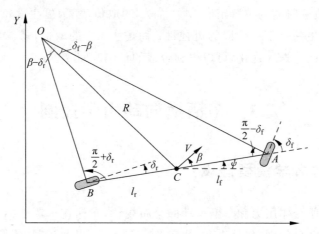

图 7.12 车辆单车模型

$$\frac{\mathrm{d}}{\mathrm{d}t}\begin{bmatrix}y\\\dot{y}\\\psi\\\dot{\psi}\end{bmatrix}=\begin{bmatrix}0 & 1 & 0 & 0\\0 & -\dfrac{2C_{\alpha f}+2C_{\alpha r}}{mV_{\mathrm{ego}}} & 0 & -V_{\mathrm{ego}}-\dfrac{2C_{\alpha f}l_{\mathrm{f}}-2C_{\alpha r}l_{\mathrm{r}}}{mV_{\mathrm{ego}}}\\0 & 0 & 0 & 1\\0 & -\dfrac{2C_{\alpha f}l_{\mathrm{f}}-2C_{\alpha r}l_{\mathrm{r}}}{I_z V_{\mathrm{ego}}} & 0 & -\dfrac{2C_{\alpha f}l_{\mathrm{f}}^2+2C_{\alpha r}l_{\mathrm{r}}^2}{I_z V_{\mathrm{ego}}}\end{bmatrix}\begin{bmatrix}y\\\dot{y}\\\psi\\\dot{\psi}\end{bmatrix}+\begin{bmatrix}0\\\dfrac{2C_{\alpha f}}{m}\\0\\\dfrac{2C_{\alpha f}l_{\mathrm{f}}}{I_z}\end{bmatrix}\delta$$

(7-38)

假设横向控制误差为 e_1，即车辆距引导线的横向距离，e_2 为航向误差，车辆引导线的曲率为 c，则期望的横向加速度和横摆角速度满足关系式：

$$\begin{cases}\dot{\psi}_{\mathrm{des}}=cV_{\mathrm{ego}}\\a_{y\mathrm{des}}=V_{\mathrm{ego}}\dot{\psi}_{\mathrm{des}}\end{cases}$$

车辆的横向控制误差示意图如图 7.13 所示。

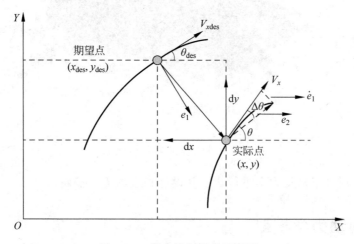

图 7.13 横向控制误差示意图

则航向误差为
$$e_2 = \psi - \psi_{\text{des}} \tag{7-39}$$
横向速度误差为
$$\dot{e}_1 = \dot{y} + V_{\text{ego}} e_2 = V_{\text{ego}} \sin(e_2) \tag{7-40}$$
横向加速度误差为
$$\ddot{e}_1 = a_y - a_{y\text{des}} = (\ddot{y} + V_{\text{ego}} \dot{\psi}) - V_{\text{ego}} \dot{\psi}_{\text{des}} = \ddot{y} + V_{\text{ego}} \dot{e}_2 \tag{7-41}$$

结合式(7-38)~式(7-41),可得车辆横向控制模型为

$$\frac{\mathrm{d}}{\mathrm{d}t}\begin{bmatrix} e_1 \\ \dot{e}_1 \\ e_2 \\ \dot{e}_2 \end{bmatrix} = \begin{bmatrix} 0 & 1 & 0 & 0 \\ 0 & -\dfrac{2C_{\alpha f} + 2C_{\alpha r}}{mV_{\text{ego}}} & \dfrac{2C_{\alpha f} + 2C_{\alpha r}}{m} & -\dfrac{2C_{\alpha f}l_f - 2C_{\alpha r}l_r}{mV_{\text{ego}}} \\ 0 & 0 & 0 & 1 \\ 0 & -\dfrac{2C_{\alpha f}l_f - 2C_{\alpha r}l_r}{I_z V_{\text{ego}}} & \dfrac{2C_{\alpha f}l_f - 2C_{\alpha r}l_r}{I_z} & -\dfrac{2C_{\alpha f}l_f^2 + 2C_{\alpha r}l_r^2}{I_z V_{\text{ego}}} \end{bmatrix} \begin{bmatrix} e_1 \\ \dot{e}_1 \\ e_2 \\ \dot{e}_2 \end{bmatrix} +$$

$$\begin{bmatrix} 0 \\ \dfrac{2C_{\alpha f}}{m} \\ 0 \\ \dfrac{2C_{\alpha f}l_f}{I_z} \end{bmatrix} \delta + \begin{bmatrix} 0 \\ -V_{\text{ego}}^2 - \dfrac{2C_{\alpha f}l_f - 2C_{\alpha r}l_r}{m} \\ 0 \\ -\dfrac{2C_{\alpha f}l_f^2 + 2C_{\alpha r}l_r^2}{I_z} \end{bmatrix} c \tag{7-42}$$

定义状态变量为 $X = [e_1, \dot{e}_1, e_2, \dot{e}_2]^T$,则式(7-42)写成状态空间的形式为
$$\dot{X} = AX + B_1 \delta + B_2 c \tag{7-43}$$
其中,系统矩阵为

$$A = \begin{bmatrix} 0 & 1 & 0 & 0 \\ 0 & -\dfrac{2C_{\alpha f} + 2C_{\alpha r}}{mV_{\text{ego}}} & \dfrac{2C_{\alpha f} + 2C_{\alpha r}}{m} & -\dfrac{2C_{\alpha f}l_f - 2C_{\alpha r}l_r}{mV_{\text{ego}}} \\ 0 & 0 & 0 & 1 \\ 0 & -\dfrac{2C_{\alpha f}l_f - 2C_{\alpha r}l_r}{I_z V_{\text{ego}}} & \dfrac{2C_{\alpha f}l_f - 2C_{\alpha r}l_r}{I_z} & -\dfrac{2C_{\alpha f}l_f^2 + 2C_{\alpha r}l_r^2}{I_z V_{\text{ego}}} \end{bmatrix}$$

$$B_1 = \begin{bmatrix} 0 \\ \dfrac{2C_{\alpha f}}{m} \\ 0 \\ \dfrac{2C_{\alpha f}l_f}{I_z} \end{bmatrix}, \quad B_2 = \begin{bmatrix} 0 \\ -V_{\text{ego}}^2 - \dfrac{2C_{\alpha f}l_f - 2C_{\alpha r}l_r}{m} \\ 0 \\ -\dfrac{2C_{\alpha f}l_f^2 + 2C_{\alpha r}l_r^2}{I_z} \end{bmatrix}$$

在式(7-43)中,系统参数在不同车速、不同方向盘转角范围内是不同的,为了实现该模型覆盖全车速范围和控制器的快速求解,利用分段线性化的方法分段求解,在每一个小区间段内,车辆横向控制系统都可认为是线性时不变(Linear Time Invariant,LTI)系统,在不同

区间段内系统模型又是不同的,因而,可将式(7-43)转换为一种线性变参数(Linear Parameter-varying,LPV)系统,针对LTI系统的一些控制策略设计方法(例如LQR控制方法、H_∞控制方法等)依然适用于LPV系统,这就大幅降低了车辆横向动力学控制器设计的难度。

7.3.3 最优预瞄时距

人类驾驶员能够根据未来的期望行驶轨迹适当的调整驾驶策略,模仿这种驾驶员行为建立驾驶员预瞄模型,以预测和自适应动态变化的行驶环境。因此,为了实现车辆横向自适应鲁棒控制,抑制系统非线性、不确定性以及环境干扰所带来的影响,采用驾驶员最优预瞄模型,即以系统(见式(7-43))在车辆预瞄点处的横向运动状态 X_p 作为全状态反馈信息,实现车辆横向动力学控制。

预瞄时间的选取至关重要,应该充分考虑驾驶环境信息、车辆行驶状态以及决策规划结果等。密歇根大学彭辉教授指出,预瞄时间过大、过小都会增加轨迹跟踪误差,对大多数驾驶员来说,其预瞄时间为 $0.5\sim 2s$。清华大学李红志对选取固定不同的预瞄时间时的双移线工况进行了仿真分析,发现车辆在高速、轨迹复杂等环境下,固定预瞄时间难以完成相关的驾驶任务。吉林大学李英利用预瞄点曲率的指数函数实现预瞄时间的自适应修正。为了不依赖于驾驶员经验,并保证所提出的预瞄控制策略能适用于所有的交通场景。因此需要建立能适用于多种工况的自适应最优预瞄时距模型,即

$$\underset{0<t_p\leqslant T}{\arg\min}\ \underset{x_d}{\arg\min}\ \underset{x_s}{\arg\min}\ J(t_p,x_d,x_s) \tag{7-44}$$

其中,t_p 为预瞄时间。假设在第6章中车辆逆动力学模型求解的结果中,车辆期望运动轨迹可表示为解耦后的5次多项式,即

$$\begin{cases} s(t)=a_0+a_1 t+\dfrac{1}{2}a_2 t^2+\dfrac{1}{6}a_3 t^3+\dfrac{1}{24}a_4 t^4+\dfrac{1}{120}a_5 t^5 \\ d(t)=b_0+b_1 t+\dfrac{1}{2}b_2 t^2+\dfrac{1}{6}b_3 t^3+\dfrac{1}{24}b_4 t^4+\dfrac{1}{120}b_5 t^5 \end{cases}$$

其中,a_i 和 b_i 分别为基于横纵向解耦的二次规划算法对式(6-150)和式(6-151)优化求得的多项式系数,且 $x_s=[a_0,a_1,a_2,a_3,a_4,a_5]^T$,$x_d=[b_0,b_1,b_2,b_3,b_4,b_5]^T$。选取不同的预瞄时间 t_p,其对应的参考预瞄点为 $(s(t_p),d(t_p))$,将获得不同的横向控制效果。但是,目前对最优预瞄控制的研究主要停留在离线仿真与评价方面,而对在线的实时优化和控制方面的研究较少。因此,需要设计合适的预瞄时距优化模型,而其难点在于提出一个可以实时计算的在线优化目标和优化算法,根据该优化模型求解最优的预瞄时间 t_p,基于参考预瞄点 $(s(t_p),d(t_p))$ 的横向运动状态建立起车辆横向实时反馈控制方法,进而获得理想的控制效果。

彭辉教授针对如图7.14所示的多点预瞄示意图,研究了多预瞄点处横向控制累积误差,借鉴该多点预瞄思想,以时间区间 $[0,t_p]$ 内的累积代价函数作为优化目标函数,建立预瞄时间的优化模型,该方法的实质相当于一种连续的无穷多点预瞄模型。基于该思想以目标车道的中心线作为参考线建立Frenét坐标系,如图7.15所示,首先考虑采用不同预瞄时距时的轨迹跟踪横向控制误差。

第 7 章　系统动力学与控制

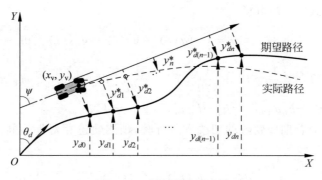

图 7.14　多点预瞄示意图

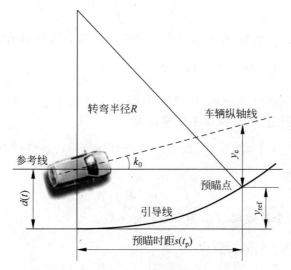

图 7.15　车辆在 Frenét 坐标系下的位置关系图

车辆期望轨迹为 $(s(t),d(t))$，采用预瞄时间 t_p 时的预测轨迹相对期望轨迹的横向偏差为

$$y_e(t) = d(t) + k_0 s(t_p) - y_{ref}(t) \tag{7-45}$$

其中，$y_{ref}(t)$ 为由参考线造成的横向偏差的变化，根据式 (6-105) 可得

$$y_{ref}(t) = y_0 + k_0 s(t) + \frac{1}{2} c_0 s^2(t)$$

则预瞄时距优化模型的第一个优化函数选择累积的轨迹偏差

$$J_1 = \int_0^T y_e^2(t) dt = J_{10} + J_{11} \tag{7-46}$$

其中，与 t_p 无关的目标函数 J_{10} 可作为一个能忽略的常数项，J_{11} 为有效目标函数

$$\begin{cases} J_{10} = \int_0^T [d(t) - y_{ref}(t)]^2 dt \\ J_{11} = 2k_0 s(t_p) \int_0^T [d(t) - y_{ref}(t)] dt + T k_0^2 s^2(t_p) \end{cases} \tag{7-47}$$

根据目标函数式(7-47)可得

$$J_{10} = \int_0^T [d(t) - y_{\text{ref}}(t)]^2 dt = \int_0^T [d(t) - y_0(t) - k_0 s(t)]^2 dt - \frac{1}{2} c_0 x_s^T H_{d4} x_s$$

$$= \frac{1}{6} c_0 V_{\text{ego}}^2 T^3 + \frac{1}{24} \bar{c}_3 T^4 + \frac{1}{120} \bar{c}_4 T^5 + \frac{1}{720} \bar{c}_5 T^6 - \frac{1}{2} c_0 x_s^T H_{d4} x_s$$

其中,系数为 $\bar{c}_3 = b_3 - k_0 a_3, \bar{c}_4 = b_4 - k_0 a_4, \bar{c}_5 = b_5 - k_0 a_5$。

为了保证车辆沿着期望轨迹的切线方向行驶,预测轨迹相对期望轨迹的横向速度的累积偏差为

$$J_2 = \int_0^T [\dot{d}(t) + \dot{\psi} s(t_p) + k_0 \dot{s}(t_p) - \dot{y}_{\text{ref}}(t)]^2 dt \tag{7-48}$$

根据式(7-48)可得

$$J_2 = J_{20} + J_{21} \tag{7-49}$$

其中,目标函数 J_{20} 与 t_p 无关,可作为一个常数项,J_{21} 为有效目标函数,其表达式为

$$J_{20} = \int_0^T [\dot{d}(t) - \dot{y}_{\text{ref}}(t)]^2 dt$$

$$J_{21} = T [\dot{\psi} s(t_p) + k_0 \dot{s}(t_p)]^2 - 2 y_{\text{ref}}(T) [\dot{\psi} s(t_p) + k_0 \dot{s}(t_p)]$$

为了保证车辆的舒适性,横向加速度偏差为

$$J_3 = \int_0^T [\ddot{d}(t) + 2\dot{\psi}\dot{s}(t_p) + k_0 \ddot{s}(t_p) - \ddot{y}_{\text{ref}}(t)]^2 dt \tag{7-50}$$

根据式(7-50)可得

$$J_3 = J_{30} + J_{31} \tag{7-51}$$

其中,第一项 J_{30} 是一个常数项,J_{31} 为有效目标函数。

$$J_{30} = \int_0^T [\ddot{d}(t) - \ddot{y}_{\text{ref}}(t)]^2 dt$$

$$J_{31} = T [2\dot{\psi}\dot{s}(t_p) + k_0 \ddot{s}(t_p)]^2 - 2V_{\text{set}} [k_0 + c_0 s(T)] [2\dot{\psi}\dot{s}(t_p) + k_0 \ddot{s}(t_p)]$$

忽略优化目标函数中的常数项 J_{10}, J_{20}, J_{30},则预瞄时距优化模型为

$$\underset{0 < t_p \leqslant T}{\arg \min} J(t_p) = w_4 J_{11} + w_3 J_{21} + w_2 J_{31} \tag{7-52}$$

其中,w_2, w_3, w_4 为权重系数。根据 Karush-Kuhn-Tucker(KKT) 条件可得

$$\frac{\partial}{\partial t_p} J(t_p) = w_4 \frac{\partial}{\partial t_p} J_{11}(t_p) + w_3 \frac{\partial}{\partial t_p} J_{21}(t_p) + w_2 \frac{\partial}{\partial t_p} J_{31}(t_p) = 0 \tag{7-53}$$

显然,式(7-53)是关于 t_p 的一个9次多项式方程,方程的系数与当前路况、车辆行驶状态相关,通过常规牛顿迭代法或二分法等算法即可实时求解式(7-53),故在本章中对其解法不做详细描述,具体算法可参阅数值分析相关经典教材。求得最优的预瞄时间 t_p 后,则最优的参考预瞄点为 $(s(t_p), d(t_p))$。以如图2.6和图2.7所示的换道场景为例,经过优化后的预瞄时间为1.6909s。

7.3.4 横向动力学控制

采用驾驶员预瞄模型设计车辆横向动力学状态反馈控制器,基于道路回旋线模型(见式(5-17)),假设参考预瞄点 $(s(t_p), d(t_p))$ 处的横向运动状态 $X_p = [e_{1p}, \dot{e}_{1p}, e_{2p}, \dot{e}_{2p}]^T$ 与

车辆当前位置处的横向运动状态 $X=[e_1,\dot{e}_1,e_2,\dot{e}_2]^{\mathrm{T}}$ 之间满足二阶近似关系,则预瞄点处的横向运动状态为

$$\begin{cases} e_{1\mathrm{p}} = e_1 + e_2 s(t_\mathrm{p}) + \dfrac{1}{2}cs^2(t_\mathrm{p}) \\ \dot{e}_{1\mathrm{p}} = \dot{e}_1 + \dot{e}_2 s(t_\mathrm{p}) + cV_{\mathrm{ego}}s(t_\mathrm{p}) \\ e_{2\mathrm{p}} = e_2 + cs(t_\mathrm{p}) \\ \dot{e}_{2\mathrm{p}} = \dot{e}_2 + cV_{\mathrm{ego}} \end{cases} \tag{7-54}$$

其中,$s(t_\mathrm{p})$ 为最优的纵向预瞄距离,t_p 为根据式(7-53)求得的最优预瞄时间。则系统状态 X_p 与 X 满足关系

$$X_\mathrm{p} = \bar{B}_0 X + \bar{B}_1 c \tag{7-55}$$

其中

$$\bar{B}_0 = \begin{bmatrix} 1 & 0 & s(t_\mathrm{p}) & 0 \\ 0 & 1 & 0 & s(t_\mathrm{p}) \\ 0 & 0 & 1 & 0 \\ 0 & 0 & 0 & 1 \end{bmatrix}, \quad \bar{B}_1 = \begin{bmatrix} \dfrac{1}{2}s^2(t_\mathrm{p}) \\ V_{\mathrm{ego}}s(t_\mathrm{p}) \\ s(t_\mathrm{p}) \\ V_{\mathrm{ego}} \end{bmatrix}$$

令车辆转向系统的传动比为 i_w,则

$$\delta = \frac{\delta_\mathrm{b} + \delta_\mathrm{f}}{i_\mathrm{w}} \tag{7-56}$$

其中,δ_b、δ_f 分别为方向盘转角输入的反馈控制和前馈控制。

当在大曲率道路行驶时,由于式(7-43)中曲率 c 的存在,导致稳态偏差不为 0,因此,首先就需要设计前馈控制器。暂时先不考虑系统状态是否可测的问题,采用驾驶员预瞄控制策略,且假设反馈控制器为

$$\delta_\mathrm{b} = i_\mathrm{w} K X_\mathrm{p} \tag{7-57}$$

其中,K 为反馈控制增益。根据式(7-43)、式(7-55)和式(7-56)可得

$$B_1 \delta + B_2 c = B_1 K \bar{B}_0 X + B_1 K \bar{B}_1 c + \frac{1}{i_\mathrm{w}} B_1 \delta_\mathrm{f} + B_2 c \tag{7-58}$$

显然无法通过前馈控制得到恒定的零稳态偏差,但是可以让 $\dot{e}_1$ 的前馈偏差为 0,令

$$\delta_\mathrm{f} = \frac{2C_{\alpha\mathrm{f}} l_\mathrm{f} - 2C_{\alpha\mathrm{r}} l_\mathrm{r} + mV_{\mathrm{ego}}^2}{2C_{\alpha\mathrm{f}}} i_\mathrm{w} c \tag{7-59}$$

则

$$B_1 \delta + B_2 c = B_1 K \bar{B}_0 X + B_1 K \bar{B}_1 c + B_3 c \tag{7-60}$$

其中

$$B_3 = \left[0, 0, 0, \frac{mV_{\mathrm{ego}}^2 l_\mathrm{f} - 2C_{\alpha\mathrm{r}} l_\mathrm{r}^2 - 2C_{\alpha\mathrm{r}} l_\mathrm{f} l_\mathrm{r}}{I_z}\right]^{\mathrm{T}} \tag{7-61}$$

因此,考虑前馈控制后的车辆横向控制模型(7-43)为

$$\dot{X} = AX + B_1 K \bar{B}_0 X + B_1 K \bar{B}_1 c + B_3 c \tag{7-62}$$

考虑转向系统传动比和车辆动力学模型的不确定性、非线性特性,以及系统的随机干

扰,式(7-43)可写为

$$\dot{X} = AX + B_1 K \bar{B}_0 X + B_1 K \bar{B}_1 c + B_3 c + B_1 w_1 + w_2 \tag{7-63}$$

其中,w_1、w_2 分别为转向系统和横向动力学系统的干扰与不确定性。由于引导线曲率 c 较小且注意到 B_3 的特点,因此可将 c 视为道路环境干扰,构造新的干扰向量为 $w = [c, w_1, w_2^T]^T$,令状态反馈控制律为 $u = K\bar{B}_0 X$,则式(7-63)转换为

$$\dot{X} = AX + B_1 u + (B_0 + B_1 K \bar{B}_2) w \tag{7-64}$$

其中,w 为 2-范数有界的随机干扰,即 $w \in L_2[0,\infty)$。增益矩阵 $B_0 = [B_3, B_1, \mathbf{1}]$,$\bar{B}_2 = [\bar{B}_1, \mathbf{0}, \mathbf{0}]$,其中 $\mathbf{1}$ 和 $\mathbf{0}$ 分别为全 1 和全 0 的列向量。

由于视觉传感器仅能直接测量出横向偏差 e_1 和航向偏差 e_2,状态变量 X 并不完全是可测的,因此,构造观测向量 $Y = [e_1, e_2]^T$,则观测方程为

$$Y = CX \tag{7-65}$$

其中,观测矩阵为

$$C = \begin{bmatrix} 1 & 0 & 0 & 0 \\ 0 & 0 & 1 & 0 \end{bmatrix} \tag{7-66}$$

同时,考虑传感器的测量误差以及外界干扰,因此,针对横向动力学系统模型式(7-64)和式(7-65)设计 Luenberger 观测器:

$$\begin{cases} \dot{\hat{X}} = A\hat{X} + B_1 u + L(Y - \hat{Y}) \\ \hat{Y} = C\hat{X} \end{cases} \tag{7-67}$$

其中,$\hat{X}$、$\hat{Y}$ 分别为 X、Y 的状态估计值,L 为观测器增益。

针对式(7-64),考虑系统状态 X 不可测,设计基于观测器的状态反馈控制器:

$$u = K\bar{B}_0 \hat{X} \tag{7-68}$$

其中,K 为状态反馈控制增益,则闭环系统为

$$\begin{cases} \dot{X} = AX + B_1 K \bar{B}_0 \hat{X} + (B_0 + B_1 K \bar{B}_2) w \\ \dot{\hat{X}} = A\hat{X} + B_1 K \bar{B}_0 \hat{X} + L(CX - C\hat{X}) \end{cases} \tag{7-69}$$

定义观测器观测误差为 $e_X = X - \hat{X}$,则式(7-69)等价于

$$\begin{cases} \dot{X} = (A + B_1 K \bar{B}_0) X - B_1 K \bar{B}_0 e_X + (B_0 + B_1 K \bar{B}_2) w \\ \dot{e}_X = (A - LC) e_X + (B_0 + B_1 K \bar{B}_2) w \end{cases} \tag{7-70}$$

构造增广向量 $\bar{X} = [X^T, e_X^T]^T$,则增广系统为

$$\begin{cases} \dot{\bar{X}} = \bar{A}\bar{X} + \bar{B}w \\ X = \bar{C}\bar{X} \end{cases} \tag{7-71}$$

其中,系统矩阵为

$$\bar{A} = \begin{bmatrix} A + B_1 K \bar{B}_0 & -B_1 K \bar{B}_0 \\ 0 & A - LC \end{bmatrix}, \quad \bar{B} = \begin{bmatrix} B_0 + B_1 K \bar{B}_2 \\ B_0 + B_1 K \bar{B}_2 \end{bmatrix}, \quad \bar{C} = [I, 0] \tag{7-72}$$

注释 7.1 由于在前馈控制器(见式(7-59))和系统模型(见式(7-64))中都考虑了道路

曲率,所设计的横向动力学控制器对道路环境的变化具有一定的自适应性。结合预瞄时距优化模型(见式(7-53)),包含了预瞄时间段 $t \in [0, T]$ 内的轨迹跟踪性能最优,因此,本章中所提出的基于单点最优预瞄的横向 H_∞ 控制器,能轻易达到与多点预瞄相类似的最优控制效果。

当求得增益 K 和 L 后,方向盘转角输入为

$$\delta_{\text{wheel}} = \delta_\text{b} + \delta_\text{f} = i_\text{w} K(\overline{B}_0 \hat{X} + \overline{B}_1 c) + \frac{2C_{\alpha f} l_f - 2C_{\alpha r} l_r + mV_{\text{ego}}^2}{2C_{\alpha f}} i_\text{w} c \quad (7\text{-}73)$$

接下来将重点求解控制器增益矩阵 K 和观测器增益矩阵 L。

7.3.5 控制器设计方法

控制器设计方法较多,为了保证系统在考虑非线性特性、强干扰、参数不确定性等因素时仍能保持较好的控制性能,车辆横向控制系统就必须满足一定的鲁棒性。因此,本章以鲁棒 H_∞ 控制方法为例对矩阵 K 和 L 进行设计求解,首先给出系统具有 H_∞ 性能的定义。

定义 7.1 当采用基于观测器(见式(7-67))的状态反馈控制器(见式(7-68))时,针对闭环系统(见式(7-71))且 $w \in L_2[0, \infty)$,若满足如下条件,则系统具有 H_∞ 性能:

(1) 当 $w = 0$ 时

$$\lim_{t \to \infty} \overline{X} = 0 \quad (7\text{-}74)$$

(2) 当 $w \in L_2[0, \infty)$ 时

$$\int_0^T \| X \|^2 \mathrm{d}t < \lambda_{\max}(P) \| \overline{X}(0) \|^2 + \gamma^2 \int_0^T \| w \|^2 \mathrm{d}t \quad (7\text{-}75)$$

其中,$\gamma > 0$。

注释 7.2 定义 7.1 给出了系统具有 H_∞ 性能的详细描述,其中,式(7-74)表明在没有干扰时系统将渐近收敛到 0,即系统最终的状态估计误差和控制误差将趋近于 0。式(7-75)考虑了 $\lambda_{\max}(P) \| \overline{X}(0) \|^2$,因此在初始条件未知或存在较大的初始误差时,系统仍能保持较好的 H_∞ 性能。

引理 7.1 Schur 补定理:给定正定对称矩阵 H 和 R,则式(7-76)等价于式(7-77)。

$$\begin{bmatrix} H & S \\ S^\text{T} & R \end{bmatrix} > 0 \quad (7\text{-}76)$$

$$H - SR^{-1}S^\text{T} > 0 \quad (7\text{-}77)$$

根据引理 6.1 和引理 7.1,可直接得到如下推论。

推论 7.1 给定实矩阵 M、E、F,则式(7-78)成立的条件是存在正数 $\varepsilon > 0$ 满足式(7-79)。

$$M + EF + F^\text{T}E^\text{T} < 0 \quad (7\text{-}78)$$

$$\begin{bmatrix} M & E & \varepsilon F^\text{T} \\ E^\text{T} & -\varepsilon I & 0 \\ \varepsilon F & 0 & -\varepsilon I \end{bmatrix} < 0 \quad (7\text{-}79)$$

接下来将根据定义 7.1 和引理 6.1、引理 7.1 给出车辆横向动力学控制器的设计准则。

定理 7.1 给定常数 $\gamma>0$，式(7-71)具有 H_∞ 性能的条件是存在正定对称矩阵 P_1、P_2 和矩阵 Q，正数 $\alpha>0$，$\varepsilon>0$ 满足如下 LMI。

$$\Sigma = \begin{bmatrix} AP_1+P_1A^T-\alpha^2 I & -B_1K & B_0 & B_1K & \varepsilon P_1\bar{B}_0^T & P_1 & 0 & 0 \\ -K^TB_1^T & \Sigma_{22} & P_2B_0 & 0 & 0 & 0 & P_2B_1^T & 0 \\ B_0^T & B_0^TP_2 & -\gamma^2 I & 0 & 0 & 0 & 0 & \varepsilon\bar{B}_2^TK^T \\ K^TB_1^T & 0 & 0 & -\varepsilon I & 0 & 0 & 0 & 0 \\ \varepsilon\bar{B}_0P_1 & 0 & 0 & 0 & -\varepsilon I & 0 & 0 & 0 \\ P_1 & 0 & 0 & 0 & 0 & -I & 0 & 0 \\ 0 & B_1P_2 & 0 & 0 & 0 & 0 & -\varepsilon I & 0 \\ 0 & 0 & \varepsilon K\bar{B}_2 & 0 & 0 & 0 & 0 & -\varepsilon I \end{bmatrix} < 0$$

(7-80)

其中，$\Sigma_{22} = A^TP_2 + P_2A - QC - C^TQ^T$，观测器增益矩阵为 $L = P_2^{-1}Q$。

证明：定义 Lyapunov 函数为 $V = \bar{X}^TP\bar{X}$，则其导数为

$$\dot{V} = \dot{\bar{X}}^TP\bar{X} + \bar{X}^TP\dot{\bar{X}} = \bar{X}^T(\bar{A}^TP+P\bar{A})\bar{X} + w^T\bar{B}^TP\bar{X} + \bar{X}^TP\bar{B}w \quad (7\text{-}81)$$

为了建立 H_∞ 性能，引入一个性能指数

$$J = \dot{V} + X^TX - \gamma^2 w^Tw \quad (7\text{-}82)$$

根据式(7-71)和式(7-81)，则式(7-82)等价于

$$\begin{aligned} J &= \dot{V} + \bar{X}^TC^TC\bar{X} - \gamma^2 w^Tw \\ &= \bar{X}^T(\bar{A}^TP+P\bar{A}+C^TC)\bar{X} + w^T\bar{B}^TP\bar{X} + \bar{X}^TP\bar{B}w - \gamma^2 w^Tw \\ &= \begin{bmatrix}\bar{X}\\w\end{bmatrix}^T \Pi \begin{bmatrix}\bar{X}\\w\end{bmatrix} \end{aligned} \quad (7\text{-}83)$$

其中

$$\Pi = \begin{bmatrix} \bar{A}^TP+P\bar{A}+C^TC & P\bar{B} \\ \bar{B}^TP & -\gamma^2 I \end{bmatrix} \quad (7\text{-}84)$$

定义 $P = P_1^{-1} \oplus P_2$ 和 $Q = P_2L$，则不等式 $\Pi < 0$ 可写成

$$\begin{bmatrix} \Pi_{11} & -P_1^{-1}B_1K\bar{B}_0 & P_1^{-1}(B_0+B_1K\bar{B}_2) \\ -\bar{B}_0^TK^TB_1^TP_1^{-1} & P_2A+A^TP_2-QC-C^TQ^T & P_2(B_0+B_1K\bar{B}_2) \\ (B_0+B_1K\bar{B}_2)^TP_1^{-1} & (B_0+B_1K\bar{B}_2)^TP_2 & -\gamma^2 I \end{bmatrix} < 0$$

(7-85)

其中，$\Pi_{11} = P_1^{-1}(A+B_1K\bar{B}_0) + (A+B_1K\bar{B}_0)^TP_1^{-1} + I$。对式(7-85)分别左乘和右乘 $P_1 \oplus I \oplus I$，根据式(7-80)，利用引理 6.1 和引理 7.1，可得

$$\begin{bmatrix} AP_1 + P_1 A^{\mathrm{T}} + P_1 P_1 + \Delta_1 & -B_1 K & B_0 \\ -K^{\mathrm{T}} B_1^{\mathrm{T}} & P_2 A + A^{\mathrm{T}} P_2 - QC - C^{\mathrm{T}} Q^{\mathrm{T}} + \Delta_2 & P_2 B_0 \\ B_0^{\mathrm{T}} & B_0^{\mathrm{T}} P_2 & -\gamma^2 I + \Delta_3 \end{bmatrix} < 0 \tag{7-86}$$

其中,$\Delta_1 = \frac{1}{\varepsilon} B_1 K K^{\mathrm{T}} B_1^{\mathrm{T}} + \varepsilon P_1 \bar{B}_0^{\mathrm{T}} \bar{B}_0 P_1 - \alpha^2 I$,$\Delta_2 = \frac{1}{\varepsilon} P_2 B_1^{\mathrm{T}} B_1 P_2$,$\Delta_3 = \varepsilon \bar{B}_2 K K^{\mathrm{T}} \bar{B}_2^{\mathrm{T}}$。根据引理 6.1,且注意到 $\|\varepsilon \bar{B}_0 P_1 - B_1 K\| \neq 0$,因此,存在正数 $\alpha > 0$ 使得

$$\Delta_1 = \frac{1}{\varepsilon} B_1 K K^{\mathrm{T}} B_1^{\mathrm{T}} + \varepsilon P_1 \bar{B}_0^{\mathrm{T}} \bar{B}_0 P_1 - \alpha^2 I \geqslant B_1 K \bar{B}_0 P_1 + P_1 \bar{B}_0^{\mathrm{T}} K^{\mathrm{T}} B_1^{\mathrm{T}} \tag{7-87}$$

其中,采用正数 $\alpha > 0$ 是为了保证不等式 $\Pi < 0$ 的成立以及避免 $\Pi \leqslant 0$。

对式(7-86)左乘和右乘矩阵因子 $P_0 = P_1^{-1} \oplus I \oplus I$,可得 $\Pi < 0$,则

$$J = \dot{V} + X^{\mathrm{T}} X - \gamma^2 w^{\mathrm{T}} w < 0 \tag{7-88}$$

即

$$\int_0^T (\dot{V} + X^{\mathrm{T}} X - \gamma^2 w^{\mathrm{T}} w) \, \mathrm{d}t < 0 \tag{7-89}$$

其中

$$\int_0^T \dot{V} \mathrm{d}t = V(T) - V(0) \geqslant -\lambda_{\max}(P) \|\bar{X}(0)\|^2 \tag{7-90}$$

则式(7-89)等价于

$$\int_0^T \|X\|^2 \mathrm{d}t < \lambda_{\max}(P) \|\bar{X}(0)\|^2 + \gamma^2 \int_0^T \|w\|^2 \mathrm{d}t \tag{7-91}$$

根据定义 7.1,则系统具有 H_∞ 性能 γ。

根据定理 7.1,基于观测器(见式(7-67))的车辆横向动力学状态反馈控制器(见式(7-68))设计问题就转换为求解如下所示的标准凸优化问题:

$$\underset{\varepsilon > 0, P_1 > 0, P_2 > 0, Q}{\arg \min} \alpha \tag{7-92}$$
$$\text{s.t.} \ \Sigma < 0$$

注释7.3 通过引理 6.1 和引理 7.1,成功地将双线性矩阵不等式(BMI)$\Pi < 0$ 转换为线性矩阵不等式(LMI)$\Sigma < 0$,从而实现增益矩阵 K 和 L 的快速求解。

注释7.4 由于结合了引导线规划算法对驾驶环境的适应性,横向动力学控制策略对环境与测量噪声的抑制能力,以及预瞄驾驶员模型对车速与场景的适应能力,因此,所提出的车辆横向控制算法具有较好的鲁棒性,在不同的行驶环境下都能取得较好的效果。

智能车横向动力学控制系统框架如图 7.16 所示,首先根据环境信息与本车运动状态进行车辆逆动力学解耦求解,即求得期望的横纵向运动轨迹,然后,根据车辆横向动力学设计 H_∞ 控制策略实现车辆期望轨迹到方向盘转角的逆解算,将解算出的期望方向盘转角控制指令发送给线控转向系统,同时,利用预瞄点的状态信息进行反馈控制,进而实现车辆的横向动力学控制。

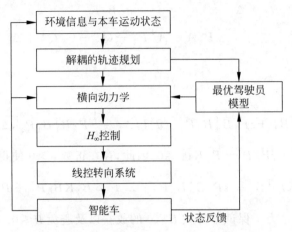

图 7.16 智能车辆横向动力学控制系统框架

7.4 车辆纵向动力学控制

7.4.1 驾驶员纵向驾驶行为特征

基于常规 ACC 设计方法的纵向控制方法在多车道多车辆(MLMV)交通场景中很难取得较为理想的效果,尤其是环境中存在多个人类驾驶的车辆所带来的干扰时,系统性能将大幅降低。针对无车间通信且具有人类驾驶车辆干扰的 MLMV 纵向跟车问题,常规做法是从 MTT 结果中筛选出跟车主目标即 CIPV,以 CIPV 作为唯一跟车目标实现纵向控制。基于该思想,一种最常用的方法就是切换控制方法,例如清华大学张德兆博士所提出的多模式切换控制策略。清华大学李克强院士等利用模式切换和 MPC 实现了多车状态反馈控制,每次只利用一辆目标车的运动状态进行 MPC 反馈控制,多辆目标车之间利用模糊逻辑规则进行切换选择最合适的目标车,将多车跟车问题简化为单车跟车问题。因此,针对环境干扰问题,尤其是必须考虑的人类驾驶车辆的随机行为对本车纵向驾驶的影响因素,以及强干扰环境中的系统鲁棒性和稳定性,有必要对 MLMV 纵向跟车行驶问题进行进一步的研究。

针对 MLMV 交通场景,综合考虑本车道 CIPV 以及相邻车道多个车辆的影响,设计 MLMV 纵向动力学控制架构如图 7.17 所示,根据 MTT 结果筛选出本车道 CIPV 以及相邻车道 PO 进而根据 MLMV 纵向动力学对本车的纵向行驶状态进行反馈控制。

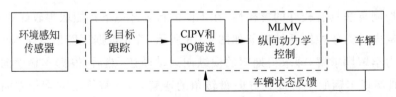

图 7.17 MLMV 纵向动力学控制架构图

7.4.2 纵向动力学模型

首先分析 MLMV 纵向动力学。忽略相隔多个车道的交通参与车辆对本车纵向控制的影响,仅考虑本车道和相邻车道的交通参与车辆的影响,假设该交通场景中共有 N 个车辆。以如图 7.18 所示的三车道交通场景为例,交通场景中的参与车辆 i, $i=1,2,\cdots,N$ 记为 (d_i,δ_i),根据目标车辆 (d_i,δ_i) 与本车的相对位置以及是否换道等情况,利用"虚拟车"的概念筛选出最终的主目标即 CIPV,假设 CIPV 相对本车的纵向相对距离、相对速度和相对加速度分别为 d_i、v_i 和 a_i。

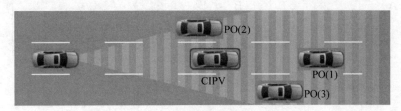

图 7.18 MLMV 交通场景

1. 本车动力学

针对本车,将本车底盘系统简化为一阶惯性环节,即

$$a_{\text{ego}}(k+1)=\left(1-\frac{T_s}{\tau}\right)a_{\text{ego}}(k)+\frac{T_s}{\tau}a_{\text{ref}}(k) \tag{7-93}$$

其中,τ 为底盘系统的时间常数,T_s 为控制器采样周期。设驾驶员设定的期望车速为 V_{set}(在短时间内可假设为常数),定义本车的状态向量为

$$x_{\text{ego}}(k)=\begin{bmatrix}V_{\text{ego}}(k)-V_{\text{ref}}\\a_{\text{ego}}(k)\end{bmatrix} \tag{7-94}$$

其中,参考车速为 $V_{\text{ref}}=\min\{V_{\text{set}},V_c,V_{\lim}\}$,其中,$V_c$ 为经过优化后的期望车速。定义系统输入为 $u(k)=a_{\text{ref}}(k)$,则本车的子系统状态方程为

$$x_{\text{ego}}(k+1)=A_0 x_{\text{ego}}(k)+B_0 u(k) \tag{7-95}$$

其中,系统矩阵为

$$A_0=\begin{bmatrix}1 & \tau\\0 & 1-\dfrac{T_s}{\tau}\end{bmatrix},\quad B_0=\begin{bmatrix}T_s-\tau\\ \dfrac{T_s}{\tau}\end{bmatrix} \tag{7-96}$$

实际上,本车子系统模型(见式(7-95))相当于一个目标车速的自适应跟踪过程。

2. 目标车动力学

针对筛选出的 CIPV 目标车辆的子系统状态向量为

$$x_i(k)=\begin{bmatrix}d_i(k)-d_{\text{ref}}(k)\\v_i(k)\\a_i(k)\end{bmatrix} \tag{7-97}$$

采用 ACC 跟车时距模型,则

$$d_{\text{ref}}(k) = T_h V_{\text{ego}} + r_0 \tag{7-98}$$

其中,T_h 为跟车时距,$r_0 = 1\text{m}$ 为车辆完全停止后两车的最小距离。则目标车辆 CIPV 的子系统状态方程为

$$x_i(k+1) = A_i x_i(k) + B_i x_{\text{ego}}(k) - \bar{B}_i u(k) \tag{7-99}$$

其中,系统矩阵为

$$A_i = \begin{bmatrix} 1 & T_s & \frac{1}{2}T_s^2 \\ 0 & 1 & T_s \\ 0 & 0 & 1 \end{bmatrix}, \quad B_i = \begin{bmatrix} 0 & \frac{1}{2}[(T_s-\tau)^2+\tau^2]-\tau T_h \\ 0 & T_s-\tau \\ 0 & \frac{T_s}{\tau} \end{bmatrix} \tag{7-100}$$

$$\bar{B}_i = \begin{bmatrix} \frac{1}{2}[(T_s-\tau)^2+\tau^2]+T_h(T_s-\tau) \\ T_s-\tau \\ \frac{T_s}{\tau} \end{bmatrix}$$

3. 多车道多车辆纵向动力学模型

考虑目标车与本车状态耦合的纵向动力学,定义系统状态向量

$$x(k) = \begin{bmatrix} x_i(k) \\ x_{\text{ego}}(k) \end{bmatrix} \tag{7-101}$$

同时考虑系统的不确定性和随机干扰,则车辆的动力学系统方程可描述为

$$x(k+1) = Ax(k) + Bu(k) + w(k) \tag{7-102}$$

其中,干扰满足 $w(k) \in L_2[0,\infty)$,系统矩阵为

$$A = \begin{bmatrix} A_i & B_i \\ 0 & A_0 \end{bmatrix}, \quad B = \begin{bmatrix} -\bar{B}_i \\ B_0 \end{bmatrix} \tag{7-103}$$

4. 约束条件

考虑到舒适性、动力性以及跟车启停功能的需求,假设最大加速度与车速相关,即

$$a_{\max,\text{acc}}(k) = a_{\max}\left[1 - \frac{V_{\text{ego}}(k)}{V_{\max}}\right] \tag{7-104}$$

其中,$a_{\max}$ 为 ACC 功能的最大加速度,则期望加速度满足约束条件:

$$\begin{cases} -a_{\max} \leqslant a_{\text{ego}}(k) \leqslant a_{\max,\text{acc}}(k) \\ -\Delta a_{\max} \leqslant a_{\text{ego}}(k+1) - a_{\text{ego}}(k) \leqslant \Delta a_{\max} \\ -a_{\max} \leqslant a_{\text{ref}}(k) \leqslant a_{\max} \end{cases} \tag{7-105}$$

其中，$\Delta a_{\max}$ 为最大冲击度。为了方便处理，将不等式约束(7-105)转换为

$$\begin{cases} -a_{\max} \leqslant a_{\text{ego}}(k) \leqslant a_{\max} \\ -2a_{\max} + a_{\max,\text{acc}}(k) \leqslant a_{\text{ego}}(k) \leqslant a_{\max,\text{acc}}(k) \\ -\Delta a_{\max} \leqslant a_{\text{ego}}(k+1) - a_{\text{ego}}(k) \leqslant \Delta a_{\max} \\ -a_{\max} \leqslant a_{\text{ref}}(k) \leqslant a_{\max} \end{cases} \quad (7\text{-}106)$$

7.4.3　最优跟车时距

对于如图 7.19 所示的一个典型跟车场景，本车在车道内跟随前车行驶，相邻车道内的车辆试图寻找机会切入本车道。在该场景中，过小的跟车时距 T_h 在前车切入后会导致本车急减速甚至存在碰撞风险，过大的跟车时距会造成车辆频繁切入本车道且影响交通安全和通行效率，同时，假设跟车时距也与车速有关。因此，综合考虑纵向跟车行驶的安全性以及车辆切入本车道所带来的影响，寻求不同车速下的最优跟车时距，是提高智能车辆纵向跟车控制性能的基础。

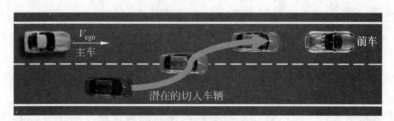

图 7.19　典型跟车场景

正常跟车行驶时，若跟车距离太近容易发生碰撞事故，若跟车距离太远则容易被旁车切入车道以及影响通行效率，因此，为了获取不同车速下的最优跟车时距，建立跟车的经验概率模型

$$\text{PF}(T_h, V_{\text{ego}}) = (1-k)\exp\left[-\left(\frac{d_{\text{ref}}}{a_{\text{NCI}}}\right)^{b_{\text{NCI}}}\right] + k\left\{1 - \exp\left[-\left(\frac{d_{\text{ref}}}{a_{\text{CI}}}\right)^{b_{\text{CI}}}\right]\right\} \quad (7\text{-}107)$$

其中，式(7-107)中的第一项表示碰撞概率，第二项表示相邻车道车辆切入本车道的概率，碰撞概率和切入概率都与本车车速 V_{ego} 和跟车时距 T_h 相关，k 表示这两个概率之间的权重系数，a_{NCI}、b_{NCI}、a_{CI}、b_{CI} 分别为模型中与车速有关的参数。根据驾驶数据拟合所得的结果，$b_{\text{NCI}} = 3.44709$，$b_{\text{CI}} = 3.027836$，且拟合所得 a_{NCI}，a_{CI} 的表达式为

$$\begin{cases} a_{\text{NCI}} = -0.0033 V_{\text{ego}}^2 + 0.6515 V_{\text{ego}} - 0.3184 \\ a_{\text{CI}} = -0.0031 V_{\text{ego}}^2 + 0.6676 V_{\text{ego}} + 7.4344 \end{cases} \quad (7\text{-}108)$$

跟车时距 T_h 的优化模型为

$$T_h = \arg\min_{T_h > 0} \text{PF}(T_h, V_{\text{ego}}) \quad (7\text{-}109)$$

考虑式(7-109)的连续性，则最优解为

$$T_h = \frac{\partial}{\partial T_h} \text{PF}(T_h, V_{\text{ego}}) = 0 \quad (7\text{-}110)$$

根据式(7-98),则不同车速下的最优跟车时距 T_h 满足

$$-(1-k)b_{NCI}\exp\left[-\left(\frac{d_{ref}}{a_{NCI}}\right)^{b_{NCI}}\right]\left(\frac{d_{ref}}{a_{NCI}}\right)^{b_{NCI}-1}\frac{V_{ego}}{a_{NCI}}+$$

$$kb_{CI}\exp\left[-\left(\frac{d_{ref}}{a_{CI}}\right)^{b_{CI}}\right]\left(\frac{d_{ref}}{a_{CI}}\right)^{b_{CI}-1}\frac{V_{ego}}{a_{CI}}=0 \tag{7-111}$$

化简后可得

$$\exp\left[\left(\frac{d_{ref}}{a_{NCI}}\right)^{b_{NCI}}-\left(\frac{d_{ref}}{a_{CI}}\right)^{b_{CI}}\right]-\frac{(1-k)b_{NCI}a_{CI}^{b_{CI}}}{kb_{CI}a_{NCI}^{b_{NCI}}}d_{ref}^{b_{NCI}-b_{CI}}=0 \tag{7-112}$$

其中,$d_{ref}=T_h V_{ego}+r_0$,则式(7-112)可表示为

$$f_h(T_h,V_{ego})=0 \tag{7-113}$$

其中,非线性函数 $f_h(T_h,V_{ego})$ 满足

$$\begin{cases} f_h(T_h,V_{ego})=\exp\left[\left(\frac{d_{ref}}{a_{NCI}}\right)^{b_{NCI}}-\left(\frac{d_{ref}}{a_{CI}}\right)^{b_{CI}}\right]-\frac{(1-k)b_{NCI}a_{CI}^{b_{CI}}}{kb_{CI}a_{NCI}^{b_{NCI}}}d_{ref}^{b_{NCI}-b_{CI}} \\ f'_h(T_h,V_{ego})=\exp\left[\left(\frac{d_{ref}}{a_{NCI}}\right)^{b_{NCI}}-\left(\frac{d_{ref}}{a_{CI}}\right)^{b_{CI}}\right]\left[\frac{b_{NCI}}{a_{NCI}}\left(\frac{d_{ref}}{a_{NCI}}\right)^{b_{NCI}-1}-\frac{b_{CI}}{a_{CI}}\left(\frac{d_{ref}}{a_{CI}}\right)^{b_{CI}-1}\right]V_{ego}- \\ \qquad \frac{(1-k)b_{NCI}a_{CI}^{b_{CI}}(b_{NCI}-b_{CI})}{kb_{CI}a_{NCI}^{b_{NCI}}}V_{ego}d_{ref}^{b_{NCI}-b_{CI}-1} \end{cases}$$

$$\tag{7-114}$$

利用迭代法求解式(7-113),进而求得不同车速时的最优跟车时距 T_h,其迭代算法如下所示。

输入　　　　V_{ego}:当前车速
　　　　　　$T_h(0)$:跟车时距初值
　　　　　　ε:小于该阈值,迭代结束
迭代过程　　迭代次数 $k=0$
　　　　　　计算非线性函数值 $f_h(T_h(k),V_{ego})$
If　　　　　$|f_h(T_h(k),V_{ego})|>\varepsilon$　　　　//还未收敛到最优解,继续迭代
　　　　　　迭代次数 $k=k+1$
　　　　　　计算非线性函数值 $f_h(T_h(k),V_{ego})$ 及其导数值 $f'_h(T_h(k),V_{ego})$
　　　　　　计算时距更新值 $T_h(k+1)=T_h(k)-\dfrac{f_h(T_h(k),V_{ego})}{f'_h(T_h(k),V_{ego})}$
Else　　　　//收敛到最优解,迭代结束
　　　　　　最优跟车时距 $T_h^*=T_h(k+1)$
End
输出　　　　T_h^*:最优跟车时距

由于不同车速时的最优跟车时距 T_h 也不同,为了满足实时性需求,将式(7-113)离线求解后,在实际应用中直接进行查表调取即可。假设权重系数 $k=0.5$ 即碰撞概率和切入概率在式(7-107)中同等重要,利用迭代法求得的离线结果如图7.20所示。由图7.20可见,在城市低速工况下($V_{ego}<10km/h$),最优跟车时距 T_h 随着车速的增加而快速增加以保证近距离的跟车安全性;在市区快速工况下($10km/h\leqslant V_{ego}<70km/h$),最优跟车时距 T_h

随着车速的增加而减小以提高交通行效率；在高速工况下($V_{ego} \geqslant 70\text{km/h}$),最优跟车时距 T_h 随着车速的增加而快速增加且随后近似不变,在保证安全性的前提下保持较高的通行效率。利用离线求得的最优跟车时距表,车辆纵向控制性能和算法的实时性得到兼顾。

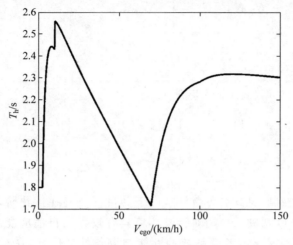

图 7.20　最优跟车时距

7.4.4　纵向动力学控制

针对式(7-102),设计状态反馈控制器：

$$u(k) = Kx(k) \tag{7-115}$$

其中,K 为状态反馈控制增益,则闭环系统为

$$\begin{cases} x(k+1) = (A+BK)x(k) + w(k) \\ z(k) = x(k) \end{cases} \tag{7-116}$$

其中,$z(k)$ 为被控输出。则多车纵向动力学 H_∞ 控制问题就转换为求解控制器增益 K 使得式(7-116)满足式(7-106),且具有 H_∞ 性能 $\gamma > 0$,即

$$\sum_{k=0}^{T} \|z(k)\|^2 < \lambda_{\max}(P)\|x(0)\|^2 + \gamma^2 \sum_{k=0}^{T} \|w(k)\|^2 \tag{7-117}$$

注释 7.5　式(7-117)定义了式(7-116)的 H_∞ 性能,其中,该定义还考虑了 $\lambda_{\max}(P) \cdot \|x(0)\|^2$,因此在初始条件未知或存在较大的初始误差时,系统仍能保持较好的 H_∞ 性能；尤其是当发生本车变道或者相邻车道车辆切入本车道、本车道 CIPV 切出本车道这三种情况时,系统状态将发生较大的突变,根据式(7-117),则式(7-116)仍能保持较好的 H_∞ 性能。

定义输出变量：

$$y = \begin{bmatrix} y_1 \\ y_2 \\ y_3 \end{bmatrix} = \begin{bmatrix} a_{ego}(k) \\ a_{ego}(k) + \dfrac{a_{\max}}{V_{\max}}[V_{ego}(k) - V_{set}] \\ a_{ego}(k+1) - a_{ego}(k) \end{bmatrix} = Cx(k) \tag{7-118}$$

其中

$$C = C_0 + C_K K, \quad C_0 = \begin{bmatrix} 0 & 0 & 1 \\ 0 & \dfrac{a_{\max}}{V_{\max}} & 1 \\ 0 & 0 & -\dfrac{T_s}{\tau} \end{bmatrix}, \quad C_K = \begin{bmatrix} 0 \\ 0 \\ \dfrac{T_s}{\tau} \end{bmatrix} \tag{7-119}$$

则式（7-116）满足性能约束条件：

$$\begin{cases} -a_{\max} \leqslant y_1(k) \leqslant a_{\max} \\ -a_{\max}\left(1+\dfrac{V_{\text{set}}}{V_{\max}}\right) \leqslant y_2(k) \leqslant a_{\max}\left(1-\dfrac{V_{\text{set}}}{V_{\max}}\right) \\ -\Delta a_{\max} \leqslant y_3(k) \leqslant \Delta a_{\max} \\ -a_{\max} \leqslant u(k) \leqslant a_{\max} \end{cases} \tag{7-120}$$

在车辆横向 H_∞ 控制（见式（7-68））中，由于其目标轨迹在优化阶段就已经考虑了系统的性能约束条件，而预瞄驾驶员模型对行驶环境具有较强的自适应能力，因此，在设计车辆横向 H_∞ 控制器时则不需要再考虑系统的性能约束条件。反之，在车辆纵向 H_∞ 控制（见式（7-115））中，虽然在速度规划阶段就已经考虑了系统的性能约束条件，但是 CIPV 的存在导致优化后的目标车速对纵向控制的影响较小，同时，考虑环境的不确定性和测量噪声的影响，在设计车辆纵向 H_∞ 控制器时必须再次考虑系统的性能约束条件。

7.4.5 控制器设计方法

引理 7.2 定义椭球体

$$F = \{x \in \mathbf{R}^n, y \in \mathbf{R}^m \mid y = Cx, \alpha_l \leqslant y_l \leqslant \beta_l, l = 1, 2, \cdots, m\} \tag{7-121}$$

其中，$C = [C_1^T, C_2^T, \cdots, C_m^T]^T \in \mathbf{R}^{m \times n}, \alpha_l < 0 < \beta_l$，则式（7-121）等价于

$$F = \{x \in \mathbf{R}^n \mid \|Fx + f\| \leqslant 1\} \tag{7-122}$$

其中

$$F = [F_1^T, F_2^T, \cdots, F_m^T]^T, \quad f = [f_1, f_2, \cdots, f_m]^T, \quad F_l = \dfrac{2C_l}{\beta_l - \alpha_l}, \quad f_l = -\dfrac{\beta_l + \alpha_l}{\beta_l - \alpha_l} \tag{7-123}$$

则式（7-122）等价于

$$F = \left\{ x \in \mathbf{R}^n \,\Bigg|\, \begin{bmatrix} x \\ 1 \end{bmatrix}^T \begin{bmatrix} F^T F & F^T f \\ f^T F & f^T f - I \end{bmatrix} \begin{bmatrix} x \\ 1 \end{bmatrix} \leqslant 0 \right\} \tag{7-124}$$

引理 7.3 可持性椭球体。定义椭球体

$$E = \{\xi \in \mathbf{R}^n \mid \xi^T Q^{-1} \xi \leqslant 1\} \tag{7-125}$$

假设系统初值是已知的且满足 $x(k) \in E, \forall k \geqslant 0$，系统的状态反馈控制率为 $u(k) = YQ^{-1}x(k)$，则控制输入的范数的上确界为

$$\max_{k \geqslant 0} \|u(k)\| = \max_{k \geqslant 0} \|YQ^{-1}x(k)\| \leqslant \max_{x \in E} \|YQ^{-1}x\| = \lambda_{\max}(Q^{-1/2} Y^T Y Q^{-1/2}) \tag{7-126}$$

定理 7.2 给定常数 $\gamma>0$，式(7-116)具有 H_∞ 性能 γ 的条件是存在正定对称矩阵 P、矩阵 S 和正数 $\rho>0, \eta>0, a>0, b>0$ 同时满足如下 5 个 LMI。

$$\Sigma_0 = \begin{bmatrix} -\gamma^2 I & 0 & 0 & \rho I \\ 0 & -P+I-\eta F^T F & -\eta F^T f & \rho A^T + S^T B^T \\ 0 & -\eta f^T F & \eta - \eta f^T f & 0 \\ \rho I & \rho A + BS & 0 & -P \end{bmatrix} < 0 \tag{7-127}$$

$$\Sigma_1 = \begin{bmatrix} \rho I & P \\ P & \rho I \end{bmatrix} > 0 \tag{7-128}$$

$$\Sigma_2 = \begin{bmatrix} 1 & ax^T(0) \\ ax(0) & P \end{bmatrix} > 0 \tag{7-129}$$

$$\Sigma_3 = \begin{bmatrix} \Delta a_{\max}^2 P & T_s(S-\rho \bar{C})^T \\ T_s(S-\rho \bar{C}) & b\tau^2 \end{bmatrix} > 0 \tag{7-130}$$

$$\Sigma_4 = \begin{bmatrix} a_{\max}^2 P & S^T \\ S & b \end{bmatrix} > 0 \tag{7-131}$$

其中，控制器增益矩阵为 $K=\rho^{-1}S$，矩阵 $\bar{C}=[0,1]$。

证明： 定义 Lyapunov 函数为 $V(k)=x^T(k)Px(k)$ 以及差分为

$$\Delta V(k) = V(k+1) - V(k) = x^T(k+1)Px(k+1) - x^T(k)Px(k) \tag{7-132}$$

为了建立 H_∞ 性能，引入一个性能指数

$$J(k) = \Delta V(k) + z^T(k)z(k) - \gamma^2 w^T(k)w(k) \tag{7-133}$$

根据式(7-116)和式(7-132)，则式(7-133)等价于

$$\begin{aligned} J(k) &= \Delta V(k) + z^T(k)z(k) - \gamma^2 w^T(k)w(k) \\ &= x^T(k)[(A+BK)^T P(A+BK) - P + I]x(k) + \\ &\quad x^T(k)(A+BK)^T Pw(k) + w^T(k)P(A+BK)x(k) + \\ &\quad w^T(k)(P-\gamma^2 I)w(k) \\ &= \begin{bmatrix} w(k) \\ x(k) \end{bmatrix}^T \Theta \begin{bmatrix} w(k) \\ x(k) \end{bmatrix} \end{aligned} \tag{7-134}$$

其中

$$\Theta = \begin{bmatrix} P-\gamma^2 I & P(A+BK) \\ (A+BK)^T P & \Theta_{22} \end{bmatrix}$$

$$\Theta_{22} = (A+BK)^T P(A+BK) - P + I \tag{7-135}$$

首先考虑式(7-120)中的 $y_1(k), y_2(k)$，根据引理 7.2，则

$$\begin{bmatrix} x(k) \\ 1 \end{bmatrix}^T \begin{bmatrix} F^T F & F^T f \\ f^T F & f^T f - 1 \end{bmatrix} \begin{bmatrix} x(k) \\ 1 \end{bmatrix} \leqslant 0 \tag{7-136}$$

其中

$$F = \begin{bmatrix} 0 & 0 & \dfrac{1}{a_{\max}} \\ 0 & \dfrac{1}{V_{\max}} & \dfrac{1}{a_{\max}} \end{bmatrix}, \quad f = \begin{bmatrix} 0 \\ \dfrac{V_{\text{set}}}{V_{\max}} \end{bmatrix} \tag{7-137}$$

考虑式(7-136),基于 S-procedure 方法,则式 $J(k) < 0$ 等价于存在正数 $\eta > 0$ 满足条件:

$$\begin{bmatrix} w(k) \\ x(k) \end{bmatrix}^{\mathrm{T}} \Theta \begin{bmatrix} w(k) \\ x(k) \end{bmatrix} - \eta \begin{bmatrix} x(k) \\ 1 \end{bmatrix}^{\mathrm{T}} \begin{bmatrix} F^{\mathrm{T}} F & F^{\mathrm{T}} f \\ f^{\mathrm{T}} F & f^{\mathrm{T}} f - 1 \end{bmatrix} \begin{bmatrix} x(k) \\ 1 \end{bmatrix} < 0 \tag{7-138}$$

即

$$\begin{bmatrix} w(k) \\ x(k) \\ 1 \end{bmatrix}^{\mathrm{T}} \Omega \begin{bmatrix} w(k) \\ x(k) \\ 1 \end{bmatrix} < 0 \tag{7-139}$$

其中

$$\Omega = \begin{bmatrix} P - \gamma^2 I & P(A + BK) & 0 \\ (A + BK)^{\mathrm{T}} P & \Theta_{22} - \eta F^{\mathrm{T}} F & -\eta F^{\mathrm{T}} f \\ 0 & -\eta f^{\mathrm{T}} F & \eta - \eta f^{\mathrm{T}} f \end{bmatrix} < 0 \tag{7-140}$$

根据引理 7.1,可得

$$\begin{bmatrix} -\gamma^2 I & 0 & 0 & \rho I \\ 0 & -P + I - \eta F^{\mathrm{T}} F & -\eta F^{\mathrm{T}} f & A^{\mathrm{T}} + K^{\mathrm{T}} B^{\mathrm{T}} \\ 0 & -\eta f^{\mathrm{T}} F & \eta - \eta f^{\mathrm{T}} f & 0 \\ I & A + BK & 0 & -P^{-1} \end{bmatrix} < 0 \tag{7-141}$$

根据式(7-128),可得 $P^{-1} > \dfrac{1}{\rho^2} P$,则式(7-141)等价于

$$\begin{bmatrix} -\gamma^2 I & 0 & 0 & \rho I \\ 0 & -P + I - \eta F^{\mathrm{T}} F & -\eta F^{\mathrm{T}} f & A^{\mathrm{T}} + K^{\mathrm{T}} B^{\mathrm{T}} \\ 0 & -\eta f^{\mathrm{T}} F & \eta - \eta f^{\mathrm{T}} f & 0 \\ I & A + BK & 0 & -\dfrac{1}{\rho^2} P \end{bmatrix} < 0 \tag{7-142}$$

对式(7-142)左乘和右乘矩阵因子 $I \oplus I \oplus I \oplus \rho I$,同时令 $S = \rho K$,则式(7-142)等价于式(7-127)。因此,若式(7-127)和式(7-128)成立,则 $J(k) < 0$,即

$$J(k) = \Delta V(k) + z^{\mathrm{T}}(k) z(k) - \gamma^2 w^{\mathrm{T}}(k) w(k) < 0 \tag{7-143}$$

则

$$\sum_{k=0}^{T} [\Delta V(k) + z^{\mathrm{T}}(k) z(k) - \gamma^2 w^{\mathrm{T}}(k) w(k)] < 0 \tag{7-144}$$

其中

$$\sum_{k=0}^{T} \Delta V(k) = x^{\mathrm{T}}(T+1) P x(T+1) - x^{\mathrm{T}}(0) P x(0) \geqslant -\lambda_{\max}(P) \parallel x(0) \parallel^2 \tag{7-145}$$

则式(7-144)等价于

$$\sum_{k=0}^{T} \| z(k) \|^2 < \lambda_{\max}(P) \| x(0) \|^2 + \gamma^2 \sum_{k=0}^{T} \| w(k) \|^2 \quad (7\text{-}146)$$

则式(7-116)具有 H_∞ 性能 γ。

接下来再考虑式(7-120)中的 $y_3(k)$，根据式(7-127)可得

$$y_3(k) = \frac{T_s}{\tau}(K - \bar{C})x(k) = \frac{T_s}{\tau}(\rho^{-1}S - \bar{C})x(k) \quad (7\text{-}147)$$

根据式(7-138)可得 Θ，则 $\Theta_{22} < 0$，则式(7-116)是渐近稳定的，则存在正数 α 使得 $V(k) < \alpha^2 V(0)$。令 $Q^{-1} = \beta^2 P$，则

$$x^{\mathrm{T}} Q^{-1} x = \beta^2 x^{\mathrm{T}} P x \leqslant \alpha^2 \beta^2 x^{\mathrm{T}}(0) P x(0) < \alpha^2 \beta^2 \rho^2 x^{\mathrm{T}}(0) P^{-1} x(0) \quad (7\text{-}148)$$

令 $a = \alpha\beta\rho$，根据式(7-129)和引理 7.1，可得

$$x^{\mathrm{T}} Q^{-1} x \leqslant 1 \quad (7\text{-}149)$$

即 $x(k) \in E, \forall k \geqslant 0$。根据引理 7.3，输出 $y_3(k)$ 的范数的上确界为

$$\begin{aligned}
\max_{k \geqslant 0} \| y_3(k) \| &= \max_{k \geqslant 0} \| \frac{T_s}{\tau}(\rho^{-1}S - \bar{C})x(k) \| \\
&\leqslant \max_{x \in E} \| \frac{T_s}{\tau}(S - \rho\bar{C})x \| \\
&= \rho^{-2} \frac{T_s^2}{\tau^2} \lambda_{\max}[Q^{1/2}(S - \rho\bar{C})^{\mathrm{T}}(S - \rho\bar{C})Q^{1/2}]
\end{aligned} \quad (7\text{-}150)$$

则根据式(7-120) $y_3(k)$ 的约束条件等价于

$$\rho^{-2} \frac{T_s^2}{\tau^2} Q^{1/2}(S - \rho\bar{C})^{\mathrm{T}}(S - \rho\bar{C})Q^{1/2} < \Delta a_{\max}^2 I \quad (7\text{-}151)$$

根据引理 7.1，令 $b = \rho^2 \beta^2$，则式(7-151)等价于式(7-130)，即约束条件 $\| y_3(k) \| \leqslant \Delta a_{\max}$ 等价于 $\Sigma_2 > 0, \Sigma_3 > 0$。

最后再考虑式(7-120)中的 $u(k)$，即输入约束条件 $\| u(k) \| \leqslant a_{\max}$。根据引理 7.3，控制输入 $u(k)$ 的范数的上确界为

$$\max_{k \geqslant 0} \| u(k) \| = \max_{k \geqslant 0} \| \rho^{-1} S x(k) \| \leqslant \max_{x \in E} \| \rho^{-1} S x \| = \rho^{-2} \lambda_{\max}(Q^{1/2} S^{\mathrm{T}} S Q^{1/2}) \quad (7\text{-}152)$$

则控制输入约束 $\| u(k) \| \leqslant a_{\max}$ 等价于

$$\rho^{-2} Q^{1/2} S^{\mathrm{T}} S Q^{1/2} < a_{\max}^2 I \quad (7\text{-}153)$$

根据引理 7.1，则式(7-153)等价于式(7-131)，即控制输入约束 $\| u(k) \| \leqslant a_{\max}$ 等价于 $\Sigma_2 > 0, \Sigma_4 > 0$。

根据式(7-128)，则带约束的迹优化问题 $\min \mathrm{tr}(PP)$ 就转换为如下所示的标准凸优化问题：

$$\begin{aligned}
&\underset{\eta>0, a>0, b>0, P>0}{\arg\min} \rho \\
&\text{s.t.} \begin{cases} \Sigma_0 < 0 \\ \Sigma_i > 0, \quad i = 1,2,3,4 \end{cases}
\end{aligned} \quad (7\text{-}154)$$

根据定理 7.2，MLMV 纵向动力学状态反馈控制器设计问题就转换为求解如式(7-154)所示的标准凸优化问题。

注释 7.6 在带性能约束的 MLMV 纵向动力学控制问题中，由于考虑了相邻车道车辆

的影响,车辆的舒适性和安全性都得到了保证。利用可持性椭球体和 S-procedure 方法,将带性能约束的 H_∞ 控制器设计问题转换为标准迹优化问题。

智能车纵向控制系统框架如图 7.21 所示,首先根据环境信息与本车运动状态进行车辆逆动力学解耦求解,即求得期望的运动轨迹和目标车速,然后,根据 MLMV 纵向动力学设计 H_∞ 控制策略实现车辆期望轨迹到加速度与减速度的逆解算,将解算出的期望加速度、减速度控制指令发送给线控驱动、线控制动系统,同时,利用驾驶员模型和车辆状态信息进行反馈控制,进而实现车辆的纵向动力学闭环控制。

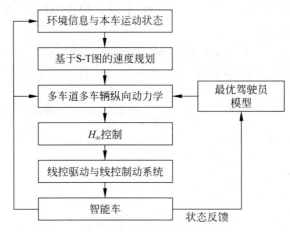

图 7.21　车辆纵向控制系统框架

7.5　本章小结

考虑系统的非线性和不确定性,尤其是环境的动态不确定性,本章利用解耦与鲁棒设计的思想针对车辆横纵向动力学逆解算问题,分别对如下工作进行详细说明。

(1) 为了抑制系统非线性、不确定性以及环境干扰,实现车辆横向自适应鲁棒控制,本章首先建立了最优驾驶员模型,以预测和自适应动态变化的行驶环境,通过单点最优预瞄方法达到与多点预瞄相近的效果。基于单车模型假设建立了车辆横向动力学模型,设计了基于曲率的前馈控制和以最优预瞄点的横向运动状态作为反馈信息的反馈控制,并基于 Lyapunov 稳定性理论设计了横向动力学控制器设计准则。由于结合了引导线规划算法对驾驶环境的适应性,预瞄驾驶员模型对车速与场景的自适应能力,以及 H_∞ 控制策略对噪声的抑制能力,所提出的车辆横向控制算法具有较好的鲁棒性与自适应性,在不同的行驶环境下都能取得较好的效果。

(2) 考虑车辆系统的性能约束和干扰,为了设计带性能约束的 H_∞ 控制策略,本章基于可持性椭球体理论和 Lyapunov 稳定性理论,发展了车辆动力学控制的鲁棒性设计准则。首先,针对 MLMV 跟车行驶场景,基于驾驶员纵向驾驶行为特征建立了车辆纵向动力学模型。考虑跟车行驶的安全性以及车辆切入本车道所带来的影响,利用经验概率模型求得最优的跟车时距。由于考虑了相邻车道车辆的影响,尤其是当前车切入切出、本车换道与避障时,基于所提出的"虚拟车"的目标车辆筛选方法和设计的纵向动力学控制方法具有较好的舒适性和安全性。

第 8 章

线 控 底 盘

8.1 概 述

8.1.1 早期底盘电控系统

车辆发展之初的底盘很少有电子控制部件,制动和转向都是直接通过与制动转向系统机械结构相连来达到。

第一代底盘控制系统是汽车底盘控制技术发展的最初阶段,起源于 20 世纪 80 年代,其代表为 ABS(制动防抱死系统)、4WS(四轮转向系统)、EPS(电动助力转向系统)、TCS(牵引力控制系统)等控制系统在底盘上的应用。这类单一功能的电子控制系统主要由传感器、电子控制单元(ECU)和执行机构组成。下面通过这一时期的电子控制系统的构成简要介绍该时期的底盘控制系统的特点。

首先简要介绍 ABS 系统的工作原理和结构组成。汽车在制动过程中,当车轮滑动率在 20%~30%时,轮胎制动力附着系数最大。此时车轮能获得的地面制动力也达到最大。当制动力矩进一步增大时,车轮的滑移率快速增大,使得制动力系数减小,侧向力接近零。因而,将滑移率保持在稳定区域是 ABS 的主要控制目标。ABS 系统主要由电子控制单元、轮速传感器和制动压力调节装置组成。常见的轮速传感器分为磁电式、霍尔式和磁阻式,其主要目的是将车轮转动信号转变为可被读取的电信号。电子控制单元内包含软硬件部分。硬件部分包含计算电路和驱动电路,计算电路计算实际的控制量,驱动电路通过改变莫斯管的开闭来完成对电磁阀和电机的控制。制动压力调节装置又称为液压本体,由电磁阀、电动泵、低压储液室组成,以完成普通制动、保压制动、减压制动和增压制动等多种压力调节模式。

电动助力转向系统由助力电机直接提供转向助力,省去了液压动力转向系统的大部分结构,例如动力转向油泵、软管、液压油、传送带和装于发动机上的皮带轮。驾驶员在操纵方向盘转动时,转矩传感器获得方向盘的转矩大小,转角传感器获得转动方向和转动速度,并将这些信号传递给电子控制单元。电子控制单元依据车速、转动信号等计算出实际所需的助力力矩,并由助力转向的电机来完成转向助力。

由此可见,这一时期的控制系统大多由传感器、执行器和电子控制单元组成,由于这一阶段整车网络等相对不发达,使得各个控制系统均有独立的硬件资源,功能之间协同性小,大多处于互不关联的状态。

8.1.2 线控底盘系统

第二代底盘控制技术以线控(Control by Wire)技术为代表。在这一代控制技术中最为显著的一些特点是，电子控制部分通过加装或取代等方式改变了传统的机械结构和执行器的直接连接关系，此外随着车载通信网络技术的进一步发展，各控制系统之间的协同性进一步发展。线控制动(Brake by Wire，BBW)系统主要以电子驻车制动(Electric Parking Brake，EPB)系统、电控液压制动(Electric Hydraulic Brake，EHB)系统、电子机械制动(Electric Mechanical Brake，EMB)系统等为代表。

线控制动系统主要实现三大功能：制动助力、主动制动、新能源汽车的制动能量回收。诸多BBW系统中，最理想的制动莫过于EMB系统，该系统直接通过电机向制动盘施加制动力对车辆进行制动，因此无需液压油或制动回路。这不仅可省去诸多管路和传感器，且信号传递更加迅速。然而，由于成本和可靠性的问题，该系统仍处于试验阶段，尚未应用于量产车。例如大众在巴黎车展上展出的Passat GTE混合动力车型。EHB系统准确来说是一种半解耦的BBW系统，其保留了液压制动管路，但是踏板与主缸分离，改为用电机来推动主缸，实现驾驶员与制动系统解耦。例如最近几年实现量产的博世的iBooster(见图8.1)、天津英创汇智的TBooster、上海拿森的NBooster等。近年来，集成式BBW系统也是市场较为关注的一种BBW系统，例如大陆的MK C1、博世的IPB、天津英创汇智的OneBox等。

图8.1 博世公司的iBooster

线控转向(Steering by Wire，SBW)系统的概念于20世纪50年代就被提出，至今已有近70年的历史。但是，受限于电控技术的发展，直到20世纪90年代，各个汽车企业才逐渐推出装配SBW系统的概念车型，SBW技术也慢慢走入公众视野。典型的例如1999年宝马推出的BMWZ22，2001年奔驰推出的F400 Carving，2002年通用推出的GM Hy-Wire，2003年丰田推出的Lexus HPX，2005—2011年日产陆续推出的PIVO、PIVO 2和PIVO3，以及近些年来英菲尼迪的Q50和耐世特的SBW系统等。其中，只有英菲尼迪Q50是一款量产车型，该车装备的线控转向系统保留了机械备份，但采用离合器进行连接。系统正常工作时，离合器断开；当系统出现故障时，离合器闭合，使得驾驶员能够对车辆进行机械操纵，以此实现冗余设计。而耐世特公司在上海车展上展示的随需转向系统和静默方向盘系统，则完全取消了机械连接，使得系统更为轻便，转向更为灵活。此外，配备静默转向系统的车辆还可以在自动驾驶模式下自动将转向管柱收缩至仪表板内，从而增加可用空间，提升驾驶舱舒适度。尽管最后 Q50 被召回，但仍不失为一次大胆的尝试，系统安全性和可靠性仍制约着线控转向系统的发展。

8.2 线控驱动系统

线控驱动作为最成熟的线控技术之一，可通过直接扭矩通信、伪油门安装、节气门调节等方法实现。针对开放发动机和电机扭矩通信接口协议的车辆，线控驱动控制器直接通过 CAN 网络向发动机或者电机发送目标扭矩请求，实现整车纵向速度控制。此种方案无须进行机械改装，结构简单可靠。

线控驱动的概念出现在 20 世纪 70 年代，随着电子信息技术的发展，国内外多款车型均配备了线控油门系统。丰田 Lexus 的 LS430 车型采用了全电子的线控油门系统，通过传感器冗余设计提升了行车安全性。国内自主研发的线控油门系统也在实车上得到应用，如一汽红旗 HQ3 和奇瑞旗云 CVT 汽车，使得线控驱动技术已然成为应用最为成熟的线控技术之一。当前传统燃油车上的线控驱动技术主要集中在电子节气门控制及容错控制，国内外学者对其进行了广泛研究。与传统燃油汽车和集中式驱动汽车的转矩平均分配策略相比，分布式驱动汽车可矢量分配各车轴或车轮的驱动转矩，有利用于协调整车各项性能。

针对不开放扭矩通信接口协议的车辆，安装节气门调节机构或者伪油门也可实现线控驱动功能。控制器根据车辆状态、加速踏板开度及其变化速率，利用内部算法程序预判驾驶员需求功率或转矩，然后通过电信号控制执行电机的动作，调节发动机节气门开度，进而改变发动机输出扭矩和功率。除此之外，还可以基于伪油门线控驱动技术路径，控制器接收加速度请求指令，将其转换为对应油门开度的电压值输出，进而代替原车油门踏板开度传感器的电压信号，如图 8.2 所示。

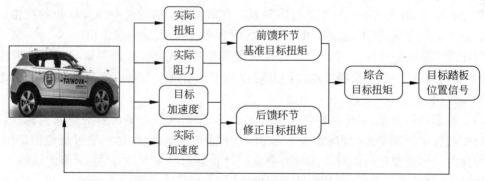

图 8.2 天津英创汇智的线控驱动控制原理图

线控驱动系统是最成熟的线控技术之一，其开放的控制接口主要为油门控制、速度控制、加速度控制。下面详细介绍如何通过线控驱动系统的控制接口达到期望的车速。

8.2.1 油门控制

油门控制主要是将纵向控制中计算出的期望加速度转换为期望的油门开度。目前对车辆油门控制的设计主要有两种思路：一种是建立精确的纵向动力学模型，但是模型参数较多，结构复杂，不利于控制系统的设计；另一种是采用简化的线性模型，简化的线性模型结构简单，参数少，方便系统设计，但是模型存在鲁棒性差、对复杂环境的抗干扰能力弱等缺点。基于以上考虑本书采用前馈加反馈的方法对油门控制进行设计。首先根据车辆的纵向动力学模型，分别建立车辆的驱动/制动的逆纵向动力学模型作为前馈补偿，然后采用PID算法对纵向控制中计算出的期望加速度和车辆的实际加速度之差进行反馈调节，使得误差快速收敛，有利于提高系统的控制精度。所设计的油门控制，前馈控制可提高系统的响应速度，反馈控制可保证系统的鲁棒性。具体控制逻辑如图8.3所示。

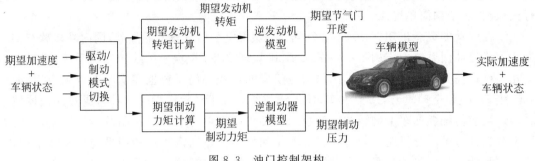

图8.3 油门控制架构

1. 驱动/制动切换控制策略

车辆在实际行驶过程中是驱动/制动不断切换的过程，但是从安全和节能的角度出发，驱动/制动应该满足以下条件。

（1）驱动/制动不能同时工作。避免发动机的驱动力矩和制动器的制动力矩同时存在，对车辆的零部件产生损伤。

（2）驱动/制动之间的切换不能过于频繁。在需要制动时首先利用发动机的反拖、风阻及地面的滚动阻力等，若不足以提供所需的制动力时，制动系统再起作用。

因此为了最大限度保证驾驶的舒适性和零部件的可靠性，设置驱动/制动的"回滞"区间，建立车辆的驱动/制动切换策略。因此可以利用发动机反拖制动的过程作为驱动和制动切换的临界状态。

为了制定切换规则，在仿真软件中建立无油门、无制动的车辆滑行的仿真实验，以获得车辆行驶过程中不同车速（最高车速120km/h）下的最大减速度，然后通过线性插值绘制出最大减速度随车速变化的曲线。同时为避免驱动和制动的频繁切换，在切换曲线的上下分别设置回滞区间，宽度为$2\Delta h$，从经验上可取$\Delta h = 0.1 \text{m/s}^2$，如图8.4所示。

当期望加速度$a_{des} > a_{sw} + 0.1$时，车辆进行驱动控制；当期望加速度$a_{des} < a_{sw} - 0.1$时，车辆进行制动控制；中间部分则保持原有控制状态或者是滑行状态。

2. 发动机逆模型

当期望的加速度达到驱动控制的请求时，节气门开启为车辆提供行驶的驱动力。因此，首先以期望加速度作为输入，根据纵向动力学模型计算期望发动机扭矩，然后以期望发动机扭矩和发动机当前转速作为逆发动机MAP图的输入，得到期望的节气门开度。

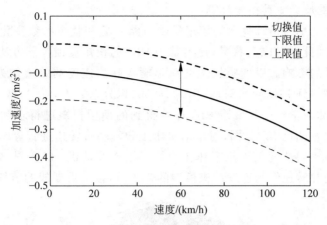

图 8.4 驱动/制动控制切换逻辑曲线

在计算发动机的期望扭矩时,如果仅使用纵向动力学模型,需要精确的车辆参数以及道路环境参数,易受外界环境的影响,因此本节以纵向动力学模型作为前馈输入,并结合 PID 的反馈输入得出发动机的期望扭矩。

1) 基于车辆纵向动力学模型的前馈驱动扭矩

根据车辆纵向行驶动力学方程式整理得

$$ma_x = F_x - F_a - F_i \tag{8-1}$$

式中,a_x 为车辆纵向加速度,F_x 为纵向轮胎力,F_a 表示空气阻力,F_i 为坡道阻力。

车轮的运动方程为

$$I_w \dot{\omega}_w = -F_x r_{\text{eff}} + T_{\text{wp}} - T_{\text{wb}} - T_r \tag{8-2}$$

式中,I_w 为车轮的转动惯量,$\dot{\omega}_w$ 为横摆角加速度,r_{eff} 为车轮有效半径,T_{wp} 为驱动扭矩,T_{wb} 为制动扭矩,T_r 为滚动阻力扭矩。

将式(8-2)整理可得

$$F_x = \frac{T_{\text{wp}} - T_{\text{wb}} - T_r - I_w \dot{\omega}_w}{r_{\text{eff}}} \tag{8-3}$$

将式(8-3)代入式(8-1),可得

$$ma_x = \frac{T_{\text{wp}} - T_{\text{wb}} - T_r - I_w \dot{\omega}_w}{r_{\text{eff}}} - F_a - F_i \tag{8-4}$$

其中,假设车轮为纯滚动状态,则 T_{wp} 可根据动力传动系统动力学得到

$$T_{\text{wp}} = \left[\left(T_e - I_e \frac{a_x i_g i_0}{r_{\text{eff}} i} \right) K - I_t \frac{a_x i_g i_0}{r_{\text{eff}}} \right] i_g i_0 \eta_t \tag{8-5}$$

式中,T_e 为发动机输出扭矩,I_e 为曲轴和泵轮转动惯量,K 为离合器传动比,I_t 为变速器转动惯量,i 为液力变矩器速比,i_g 为变速器传动比,i_0 为主减速器传动比,η_t 为传动效率。

用期望加速度代替车辆实际加速度,即 $a_{\text{des}} = a_x$,则分别可求出相应的发动机扭矩和制动扭矩。同时,车辆在进行驱动时制动扭矩为零,即 $T_{\text{wb}} = 0$。因此,将式(8-4)、式(8-5)联立,可得期望的发动机扭矩为

$$T_{\text{edes}} = \left(\frac{mr_{\text{eff}}^2 i + I_e K i_g^2 i_0^2 \eta_t + I_t i_g^2 i_0^2 i \eta_t + I_w i}{K i_g i_0 i \eta_t r_{\text{eff}}} \right) a_{\text{des}} + \frac{T_r + F_a r_{\text{eff}} + F_i r_{\text{eff}}}{K i_g i_0 \eta_t} \tag{8-6}$$

2）基于 PID 的反馈驱动扭矩计算

由于车辆的纵向动力学计算出的扭矩易受道路环境和整车参数变化的影响，导致计算结果十分不稳定，因此针对以上状况，提出基于 PID 的扭矩反馈控制方法，以此减少外部环境对扭矩计算结果的影响。以期望加速度和车辆实际加速度的差值作为 PID 控制器的输入，通过调试，最终得到 PID 的比例系数 K_P 为 50，积分系数 K_I 为 1，微分系数 K_D 为 0。

最终，将前馈动力学模型和反馈 PID 计算得到的期望扭矩进行求和，得出期望的发动机输出扭矩。根据发动机 MAP 图，对发动机扭矩和发动机转速进行等间距划分，采用线性插值的方法得出节气门开度关于扭矩和转速的三维逆发动机 MAP 图，如图 8.5 所示。以期望的发动机转矩和转速作为逆发动机模型的输入，可以求得期望的节气门开度。

彩图 8.5

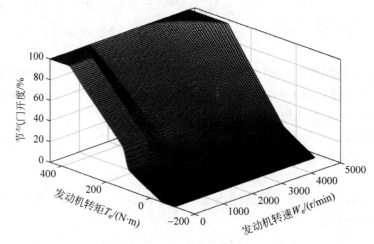

图 8.5　逆发动机 MAP 图

8.2.2　速度控制与加速度控制

当线控驱动系统为速度控制接口时，可以通过计算出的期望加速度转化为期望速度，具体公式如下：

$$v_{des} = v + K \cdot T \cdot a_{des} \tag{8-7}$$

其中，v_{des} 为期望纵向车速；v 为当前时刻车速；K 为增益系数，可根据实际情况进行调节；T 为系统的采样周期；a_{des} 为纵向控制计算的期望加速度。

当线控驱动系统为加速度控制接口时，可根据纵向控制中计算出的期望加速度进行直接反馈控制。

在实际控制中，为了保证响应速度和控制精度，一般采用前馈与反馈控制相结合的控制策略，即前馈控制利用车辆纵向行驶方程求得前馈驱动/制动扭矩，反馈控制利用实际速度与期望速度的偏差或者实际加速度与期望加速度的偏差并结合 PID 控制算法，可直接获得反馈驱动/制动扭矩，如下所示：

$$\frac{T_1}{r} = Gf\cos\alpha + \frac{C_D A}{21.15}v_{des} + G\sin\alpha + \delta m a_{des} \tag{8-8}$$

$$T_2(t) = K_P e(t) + K_I \int_0^t e(\tau) d\tau + K_D \dot{e}(t) \tag{8-9}$$

$$T = T_1 + T_2 \tag{8-10}$$

其中,T_1 和 T_2 分别是前馈与反馈控制扭矩,反馈误差为

$$e(t) = \begin{cases} v_{\text{des}}(t) - v_{\text{ego}}(t), & \text{速度控制} \\ a_{\text{des}}(t) - a_{\text{ego}}(t), & \text{加速度控制} \end{cases} \tag{8-11}$$

8.3 线控制动系统

线控制动系统指能够以电子形式控制制动力的制动系统,其面世的初衷是提供精准的制动执行部件和满足 ADAS 减速度控制的需求等。

传统燃油汽车制动系统由制动踏板、真空助力器、制动主缸、制动油路、液压控制单元和制动轮缸组成,仅能够实现助力功能。新能源汽车由于用电动机代替发动机,若仍希望通过真空助力器实现制动助力,必须加装真空泵,不仅增加了系统的冗余度和复杂度,还提高了整车制造成本。自20世纪90年代以来,线控系统开始从飞机向汽车应用延伸,线控制动系统按照执行机构和实现方式的不同主要分为两类:电子液压制动(EHB)系统和电子机械制动(EMB)系统。本节主要介绍目前较成熟的电子液压制动系统方案及其制动能量回收策略。

8.3.1 电子液压制动系统

电子液压制动系统将传统制动系统中的部分机械部件用电子元件替代,仍保留了原有成熟可靠的液压制动系统,保证了制动系统的可靠性;同时,电子液压制动系统仍可采用12V 的车载电源,现有车辆的电路系统即可满足要求。此外,电子液压制动系统具有安全、舒适、响应快、易于实现再生制动、制动力可精确控制等优点,并且通过控制算法能够实现防抱死制动系统(ABS)、电子稳定性控制系统(ESC)、牵引力控制系统(TCS)等主动安全控制功能。

1. 电子液压制动系统架构

如图 8.6 所示,电子液压制动系统共分成 4 大部分:制动踏板单元、液压驱动单元、制动执行单元、控制系统。制动踏板单元包括制动踏板、踏板模拟器等,负责为驾驶员提供合适的制动踏板感觉,同时获取驾驶员意图。

液压驱动单元包括电动机+减速机构、液压泵+高压蓄能器等形式。由于电动汽车制动主缸最高建压需求往往超过 15MPa,因此在采用电动机作为液压压力动力源的电子液压制动系统中,均需要加装减速增扭机构,以增大电动机的最大输出转矩,减小电动机体积,节约成本。电动机+减速机构通过将电动机的力矩转换为直线运动机构上的推力从而推动主缸产生相应的液压力;液压泵+高压蓄能器通过高压蓄能器的高压能量来提供主缸液压力或轮缸制动力以实现主动调节。该系统通过制动踏板单元获取制动驾驶意图从而向整车控制器发送指令,以控制高压蓄能器、电磁阀和泵产生相应的液压力;当高压蓄能器内压力不足时,液压泵将对高压蓄能器增压。

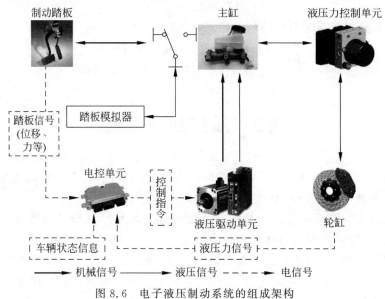

图 8.6 电子液压制动系统的组成架构

制动执行单元包括主缸、液压管路、轮缸等。这些机构与传统制动系统的结构保持一致,将推动主缸的推力转换为制动器的液压力,最后通过摩擦力作用在制动盘上产生相应的制动力矩。

控制系统包括电控单元(ECU)、液压力控制单元(HCU)、液压力传感器、踏板力传感器以及踏板位移传感器等。HCU 用以精确调节轮缸液压力。液压力传感器作为反馈单元将液压力实时反馈到整车控制器里,用作控制算法的输入量。踏板力传感器和踏板位移传感器用来检测驾驶员的踏板信号,从而获得驾驶员意图。

2. 电子液压制动控制逻辑概述

电子液压制动系统液压力控制分为主缸液压力控制和轮缸液压力控制。轮缸液压力控制层面又分为轮缸液压力上层控制和电磁阀底层控制。前者用于计算出电磁阀的控制指令;后者用于确定电磁阀的控制方法。电子液压制动系统的液压力控制架构如图 8.7 所示。

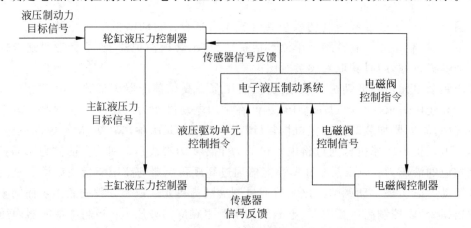

图 8.7 电子液压制动系统的液压力控制架构

1) 主缸液压力控制

传统制动系统由于制动踏板与主缸活塞推杆之间的机械连接未解耦和真空助力器的非线性使主缸液压力难以精确控制。而且,在电子稳定性控制中,电动机液压泵的能力和 HCU 的限制对控制效果有很大影响,此时如果能够对主缸液压力精确控制,会较大改善控制效果和提高车辆稳定性。由此可见,传统制动系统不能满足要求,而 EHB 系统能够精确控制主缸液压力,即利用一定的控制算法计算出电动机或电磁阀的控制指令,稳定、准确、快速地跟踪目标主缸液压力,从而满足制动系统的新要求。其中,液压驱动单元属于电动机+减速机构形式的 EHB 系统,对主缸液压力控制的过程实际上是对电动机的控制过程,控制器输出为电动机的命令电流或命令力矩;液压驱动单元属于液压泵+高压蓄能器形式的 EHB 系统,对主缸液压力控制的过程是对电磁阀的控制过程,控制器输出为电磁阀的控制指令。

2) 轮缸液压力控制

轮缸液压力控制的工作原理是接收由上层算法(制动防抱死控制算法、车辆稳定性控制算法、电液复合制动分配算法)等计算得到的轮缸目标压力,根据当前车轮所处的实际工作位置,结合电磁阀的工作特性以及包含制动管路和制动轮缸在内的 EHB 系统的压力特性,得到电磁阀的实际控制指令。同时不断监测当前轮缸实际压力和目标压力,以便及时调整电磁阀的控制指令和工作状态,使轮缸实际压力尽快地达到目标压力。

EHB 为整车控制提供了更迅速、更精确的执行器,但其对液压力控制的精度和控制算法的鲁棒性要求也进一步提高。与传统制动系统相比,EHB 系统中主动控制在制动工况中的所占比重越来越高。因此,液压力控制算法的优劣成为 EHB 系统能否实现精确快速液压力调节的关键,也是能否与整车良好匹配的关键。

8.3.2 电子稳定性控制

1. 电子稳定性控制系统结构

电子稳定性控制是用于保证整车动力学稳定的关键配件,其工作过程可涉及车辆的制动、驱动和转向系统等,基本功能有 ABS、TCS 和 AYC 等,可在紧急情况下对车辆的行驶状态进行主动干预,防止车辆在高速行驶转弯或制动过程中失控。电子稳定性控制总成是以电控、信息交互、液压控制和执行为一体的集成式动力学控制单元,其具体结构如图 8.8 所示。电子稳定性控制可以简单分成 ECU 和 HCU 两个部分。ECU 负责电控部分,包括 MCU、CAN 信号交互、驱动电路、线圈等;HCU 为液压系统执行机构,包括液压回路、液压元器件、电机等。两者协同工作,共同实现对车辆 4 个轮缸制动力的精确调控。

2. 电子稳定性控制工作原理

电子稳定性控制的基本工作原理可描述为以整车制动系统为平台,结合车身动态参数对 4 个制动分泵压力进行精准调控,以实现整车制动安全等目标。也就是说,电子稳定性控制实时监测车辆行驶状态等信息,在必要时刻会由 ECU 部分发出指令,控制 HCU 中液压阀等执行元件产生动作,通过对液压回路中压力的合理分配实现对 4 轮制动力矩的动态调

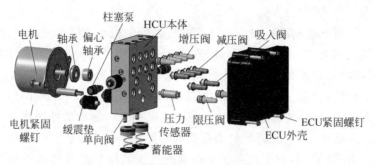

图 8.8 电子稳定性控制具体结构

控,进而保证车辆行驶过程中纵向和横向的车身稳定性。

电子稳定性控制主要控制流程如图 8.9 所示。在得到名义状态和车辆实际状态后,电子稳定性控制据此计算出所需要的附加横摆力偶矩,输送至底层的车轮滑移率控制器给出准确的车轮制动力,通过底层控制器驱动 HCU 中的阀和泵配合工作,快速实现目标车轮主动制动,并在调控完成后解除制动,从而完成车辆的回稳调控。在此过程中,如果检测到发动机输出力矩过大,超出车辆当前状态维持稳定行驶的极限,电子稳定性控制的 ECU 会通过发动机管理系统扭矩接口强制发动机减小输出力矩,以维持车辆的稳定性。

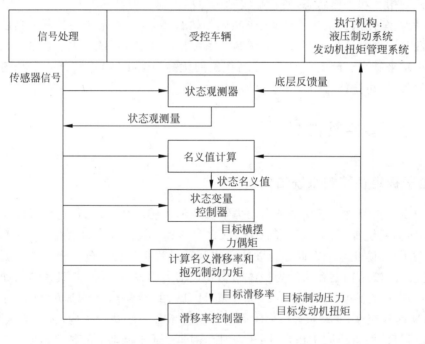

图 8.9 电子稳定性控制主要控制流程

图 8.10 是最常见的电子稳定性控制的整车制动系统的液压回路原理图,虚线内为 HCU 部分,ECU 部分未表示。其中,共包括 12 个电液伺服阀和 1 个有刷电机,均可通过软件进行逻辑调控。液压回路通常呈 X 形布置,即左前轮与右后轮的制动分泵组成回路一,右前轮与左后轮的制动分泵为回路二,两条液压回路完全对称。当回路一(回路二)发生液压管路堵塞或者关键液压单元损坏时,回路二(回路一)进行制动时可以保证前后轴均存在

制动力,从而保证车辆安全停车;如果是 H 形布置,即两前轮为一回路,两后轮为另一回路,当前轴回路发生故障时,此时只存在后轴制动力矩,在转向工况,后轴轮胎侧向力减小,前轴外侧轮对车身横摆力矩增大汽车转向角速度,车身容易发生难以控制的转向抖动,甚至导致行驶车辆甩尾。所以,HCU 的 X 形布置更有利于保证车辆的制动稳定性。

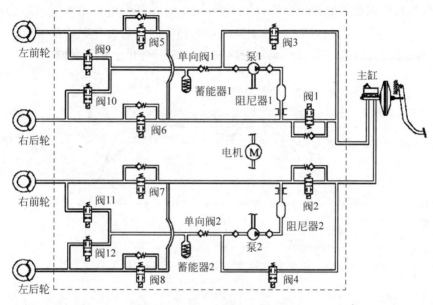

图 8.10　HCU 液压回路原理图

由于两条回路完全对称,因此下面仅对其中一条回路的工作过程进行介绍。单回路中有 3 个常开阀(限压阀 1,增压阀 5、6)、3 个常闭阀(吸入阀 3,减压阀 9、10)、1 个柱塞泵(泵 1)、1 个单向阀(单向阀 1)和 1 个蓄能器(蓄能器 1)。

当驾驶员正常制动时,HCU 无动作。在踏板推杆的作用下,制动液由主缸经出油口达到限压阀 1 和吸入阀 3,由于吸入阀 3 是常闭阀,且限压阀 1 存在并联的单向阀,因此只要主缸出油口压力大于限压阀 1 左侧压力,制动液均会流过限压阀 1。所以限压阀通常用来调节从轮缸回流主缸的液量。由于增压阀 5、6 均为常开阀,因此制动液经限压阀 1 可直接通过增压阀 5、6,需要说明的是,由于增压阀并联了单向阀,增压阀与限压阀类似,只会保持单向压差,因此增压阀通常用来调节从主缸进入轮缸的液量。

正常制动时,制动压力不超过减压阀耐压极限,油液会直接进入制动分泵;主动减压时,即 ABS 减压工况,轮缸压力大于或等于主缸压力,但是轮缸又需要降低压力时。此时减压阀 9、10 通电打开,电机带动柱塞泵进行工作。在整条液压回路中,可以将泵 1 看作低压源,轮缸液量由轮缸流经减压阀 9、10,到达蓄能器 10。如果蓄能器液量没有充满,则液量进入蓄能器 10;如果蓄能器液量充满,液量流经单向阀 1、阻尼器 1,最终流经限压阀 1,流回主缸。整个动作最终目的是实现轮缸压力比主缸压力低。

制动保压时,制动主缸常常带有一定的制动压力,保压过程中,限压阀 1 通电关闭,吸入阀 3 断电关闭,制动主缸同 HCU 内部的液压管路被隔断,驾驶员踩出的制动压力无法进入 HCU 内部,同时轮缸左前轮压力由于限压阀处于关闭状态,同样也无法泄压,这样便实现了保压功能。

3. 电子稳定性控制系统

主动增压工况从本质上看是轮缸压力大于等于主缸压力情况下,对轮缸液量进行分配调控的过程。对于一次典型的主动增压过程,分为增压、保压、减压 3 段调控(见图 8.11),每个阶段有其具体调控参数和最终的效果指标,图中稳态目标压力是 p_{target},稳态压力的精度范围在 $p_{\text{target}}^{-} \sim p_{\text{target}}^{+}$,目标压力梯度是 ∇p,压力梯度的控制精度在 $\nabla p^{-} \sim \nabla p^{+}$;以增压阶段为例,减压阶段同理,$t_1$ 是系统延迟时间,t_2 是上升时间,t_3 是调整时间。

彩图 8.11

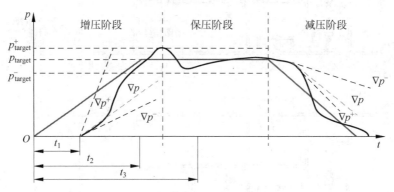

图 8.11 评估线控系统压力特性图

主动增压控制工况初始条件为:所有阀均不通电,柱塞泵电机也不通电,主缸与轮缸之间处于压力稳态平衡,主缸压力 p_{MC} 与认为与轮缸压力 p_{WC} 相等。

采用 PWM 调制的主动增压思路是:

(1) 电磁阀电磁力 F_M 与电磁阀电流 i_c 呈线性关系,电磁阀电流 i_c 与 PWM 占空比 D_c 呈线性关系,因而可以推导出 $D_c \propto F_M$。当阀芯位置到达稳定时,电磁力 F_M 近似与液压力 F_H 相等。又 $F_M \propto \Delta P$,综上所述,可得出 $D_c \propto \Delta P$;因此可以认为调节电磁阀占空比即可调节阀两端压差。

(2) 柱塞泵泵油过程与其初始条件、进出油口压差 Δp_p 和电机转速 ω_p 有关,因此可以认为在主动增压过程中,泵油过程只与初始背压 p_{MC} 和电机转速 ω_p 有关。根据式(8-12)在主动增压过程中,增压过程只与背压 p_{MC} 和电机占空比 D_c 有关。

$$\omega_p = f_1(u_a, T_L) = f_1(g_1(D_c), g_2(\Delta p_a)) = f_2(D_c, p_{\text{MC}}) \tag{8-12}$$

该策略主要目的是对上层的目标压力进行响应。根据数据采集模块反馈的实际压力和目标压力值进行逻辑判断,包括判断应该处在压力控制的模式和应该控制的轮缸序号。根据轮缸控制序号选择增压阀控制,例如在左前右后回路中,如果要控制左前轮缸压力,则关闭右后轮的增压阀。根据压力应该增、保、减的压力控制模式,选择相对应的控制步骤。例如在增压和减压模式中,根据期望增减速率和背压查增减压速率二维图表,得到应该控制的柱塞泵电机和限压阀的动作参数,将控制参数输入到下层的 HCU 来进行动作。保压模式则比较简单,只需要对限压阀通电全关操作,保证轮缸与主缸液压压差力小于电磁阀电磁力即可。

值得注意的是,在该策略的主动建压过程中,由于需要实际压力反馈,除了集成在 HCU 中的主缸压力传感器之外,还需要轮缸外加压力传感器。因此该策略是采用压力闭环的主动建压过程。

8.3.3 电动助力器

1. E-Booster 系统结构

车辆制动系统的组成一般包括制动踏板、助力器、制动管路、ABS/ESC 和盘式（鼓式）制动器等。助力器对制动踏板进行助力以使高压制动液经管路推动末端执行器夹紧卡盘实现制动，近年来，E-Booster 即电动助力器开始逐渐取代真空助力器。E-Booster 本质上是用电机及其执行机构代替真空泵和真空助力器，实现制动助力和主动制动介入。图 8.12 所示为一种较典型的电动助力器结构示意图，主要包括制动踏板、减速增扭机构和主缸等。电机作为系统动力源，根据踏板位移等信号经减速增扭进行实时助力，以实现真空助力器的功能，此外还可实现主动制动等。需要说明的是，除了图示的滚珠丝杠减速方案外，目前较主流的方案还有螺母螺杆、涡轮蜗杆和齿轮齿条等。

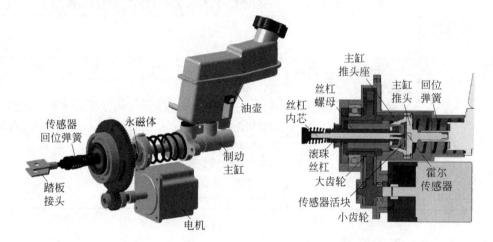

彩图 8.12

图 8.12 典型的电动助力器结构示意图

根据驾驶员踏板力与轮缸压力的耦合程度，制动系统可以分为耦合、解耦和半解耦 3 种耦合形式。制动系统的耦合与否，从原理上决定了是否具备参与深度能量回收的能力。

耦合式制动助力器表现为驾驶员输入踏板力与主缸压力、轮缸压力是完全唯一的线性关系，代表类型为传统的真空助力器。因为踏板力与轮缸压力是线性关系，所以制动力矩不能与用于制动能量回收的电机反拖力矩协同控制，电机反拖制动只能在主缸跳增值范围以下参与，在制动过程中会浪费较多的动能。

在解耦式制动器中，驾驶员输入踏板力与主缸压力、轮缸压力完全解耦，由踏板模拟器提供驾驶员踏板脚感，以电信号的形式对制动系统的压力进行控制。代表类型为湿式的 EHB 和 EMB 等。完全解耦的线控制动能够参与深度制动能量回收，并且由于脚感是由踏板模拟器提供，因此再生制动对脚感的影响也微乎其微。但是全解耦式制动器存在两个问题：一是踏板感不能反馈实际路感，路感因人而异，影响因素较小；二是缺少冗余备份，助力器失效伺服力中断时，车辆可能失去制动能力，存在安全性隐患。

E-Booster 采用半解耦的方式，在正常助力模式下实现踏板力与主缸压力的耦合；在特定工况(如一级失效、紧急制动、再生制动等)下,通过与 ESC 协同控制可以实现踏板力与轮缸压力的解耦。E-Booster 没有踏板感觉模拟器,在正常的驾驶员脚踩制动过程中,踏板感完全由制动系统回路内油液提供。该种工况可认为 E-Booster 是耦合系统。如果处于需要踏板力与制动系统解耦的工况时,通过与 ESC 的协同控制,由 ESC 进行液量分配(蓄能器存储油液,或柱塞泵抽取油液),从而实现驾驶员踏板力与制动系统的解耦,此时 E-Booster 又能成为解耦系统。半解耦式制动器结构既能够参与深度制动能量回收,又具有冗余备份制动功能,兼顾了安全性与驾驶员踏板脚感;缺点是程序复杂,软件调试脚感中可能出现脚感不线性乃至制动踏板振荡的现象。

可以根据表 8.1 详细比较 3 种制动系统耦合方式。

表 8.1 制动系统耦合类型比较

类型	耦合系统	解耦系统	半解耦系统
耦合方式定义	踏板力与制动系统压力是唯一的线性关系	踏板力与制动系统压力不存在唯一的对应关系	制动系统耦合关系可以根据工况进行切换
是否具有踏板模拟器	无	有	无
代表产品	包含传统真空助力器的制动系统	EMB,采用踏板模拟器的湿式 EHB	E-Booster
优势	准确反馈 ABS 路感;安全性高	踏板感线性可调,控制程序逻辑简单	准确反馈 ABS 路感;比解耦系统省电;踏板感线性可调
劣势	无法独立实现线控制动;踏板感唯一不可调	无法感知 ABS 路感;无法感知制动系统衰退;功能安全性极其依赖于冗余系统控制程序逻辑复杂	程序复杂

2. E-Booster 工作原理

E-Booster 除了具有传统真空助力器的助力制动和失效备份功能之外,还可以实现车辆的主动制动。下面以图 8.13 所示的电动助力器为例介绍以上 3 种功能的工作过程,其他减速方案类似,此处不再赘述。

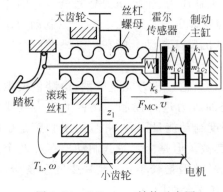

图 8.13 E-Booster 结构示意图

主动制动过程:电机旋转推动丝杆螺母旋转,同时壳体限制滚珠丝杠的旋转运动,推动丝杆平动,进一步推动主缸进行增压同时带动踏板前进。

备份制动过程:丝杆螺母与大齿轮通过滑动槽连接,大齿轮旋转时能够带动丝杆螺母旋转,从而推动主缸。当大齿轮卡死或不工作时,驾驶员踏板力直接传递给丝杆内芯,驱动丝杆螺母与大齿轮发生滑动,从而将力传递给主缸推头推动主缸增压。驾驶员踩踏板的过程中并不带动电机旋转,实现了踏板力和电机力的解耦。

助力制动过程:驾驶员踩下制动踏板,电机

控制器计算对应的助力电流。电机通过一级齿轮放大电机转矩,大齿轮带动丝杆螺母旋转,同时限制滚珠丝杠的旋转,从而保证丝杆能平动。主缸推头座和丝杆固连在一起,推动主缸推头进行增压。同时,传感器活块会被踩下,抵住主缸推头,和电机助力一起推动主缸。

3. E-Booster 控制逻辑

E-Booster 主要功能包括制动助力功能、主动建压功能和再生制动能量回收中的踏板力补偿等。

1) 制动助力功能

因为在驾驶员制动踏板助力去程建压过程中是线性系统,踏板力与 E-Booster 伺服力一一对应。因此,要控制助力过程脚感需要控制电机的力矩。对电机采用单电流环闭环控制,控制逻辑如图 8.14 所示。根据 E-Booster 集成的相对位移传感器,计算驾驶员制动踏板意图,根据压力传感器采集得到的实际主缸压力作为修正信号。然后根据相应的电机模型,计算出目标电流,根据下层电流闭环控制对 E-Booster 的电机力矩执行线性输出,最后完成整个 E-Booster 的制动助力动作。

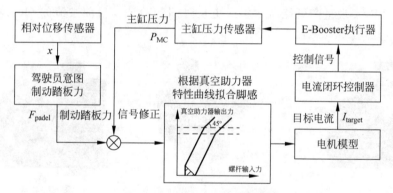

图 8.14 E-Booster 控制逻辑

2) 主动建压功能

主动建压采用压力闭环加电流闭环双闭环策略。控制逻辑如图 8.15 所示。底层采用母线电流闭环控制,为了加强控制的动态响应特性,选择了抗饱和控制策略。在外环压力环控制中,为了提高压力偏差收敛速度,引入了分段 PI 控制器的设计。虽然分段 PI 具有目标精度高、转矩脉动更小的优点,但是存在两个比较明显的缺点:

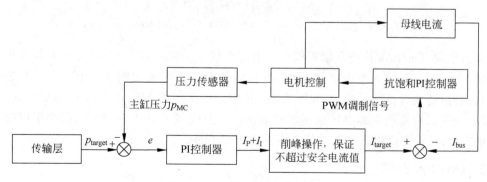

图 8.15 双闭环控制逻辑框图

（1）匹配调节参数更多，导致后期适配不同车型时匹配难度更大；

（2）在离散系统中，由于比例、积分系数的不连续导致控制量也会不连续，会使系统在动态调节中产生阶跃突变，对系统的动态特性产生影响。

8.3.4 OneBox

1. OneBox 发展综述

OneBox 又称集成线控制动系统，顾名思义，即把 ESC 和 E-Booster 高度集成于一个更小空间内。该技术是新能源车及智能驾驶的下一步应用趋势，除博世 IPB（Integrated Power Brake）、大陆 MKC1 和 ZF TRW 的 IBC（Integrated Brake Control）之外，韩国万都也有类似集成产品，名为 IDB（Integrated Dynamic Brake），第一代 iDB1+RCU 或第二代 iDB2 HAD 是针对自动驾驶车辆；日立的技术路线有所改变，在分体式 eActuator 基础上也开发了集成式 ESC-Boost 产品。国内现有产品技术水平还入不了竞争之列，伯特利有了定型的样机 WCBS，实现量产可能需 2 年或更长时间的验证。目前主流的 OneBox 产品方案如图 8.16 所示。

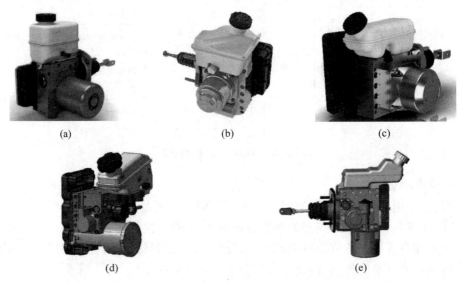

图 8.16　目前主流的 OneBox 产品方案
(a) 博世 IPB；(b) 大陆 MKC1；(c) ZF TRW 的 IBC；(d) 万都 IDB；(e) 伯特利 WCBS

目前来看，OneBox 线控制动不仅在纯电车领域全面铺开，燃油车也开始大量采用。未来大型 SUV 和豪华车可能全面使用 OneBox 线控制动取代传统制动。由于用户的选择惯性，国内恐怕还是首选博世的 IPB，德系可能更倾向于大陆的 MKC1，美系可能更倾向于 ZF TRW 的 IBC。韩系则可能继续沿用比较老的由万都提供的 iBAU+PSU，高端车可能引入博世的 IPB，日系则仍以日立和爱信为主的封闭供应链。

2. OneBox 原理

如图 8.17 所示，以大陆的 MKC1 为例，OneBox 一般包括油壶、电子控制单元、液压执行单元(阀体、电磁阀、柱塞泵等)、踏板感觉模拟器,有刷电机和踏板连接装置等。与 E-Booster+ESC 相比集成度更高、性能更好、安全性更佳,不仅具备高动态建压能力,而且可实现能量回收,提供自动驾驶所需的冗余制动。

图 8.17　大陆 MKC1 结构示意图

同样以大陆的 MKC1 为例,介绍 OneBox 的工作原理。如图 8.18 所示,其内部包含 14 个电磁阀、2 个压力传感器、1 个位移传感器和电机、踏板模拟传感器等。正常制动时,踏板位移信号经电子控制单元根据既定逻辑处理得到电机控制指令,如目标电流等,从而实现电机对制动踏板的助力功能,同时,模拟器处电磁阀通电,低压区制动液进入为驾驶员提供适当的脚感反馈。

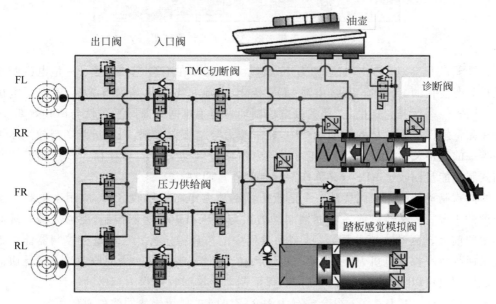

图 8.18　制动过程,MKC1 工作原理图

当电机失效时,回路内液压力完全由踏板提供,此时同样可以产生一定的制动力。需要说明的是,这种工况下模拟器处电磁阀关闭,因回路所提供的反馈力较大,不需要模拟器工作(见图 8.19)。

8.3.5　乘用车电液协同制动

在耦合制动系统中,液压制动与踏板力呈确定的线性关系,液压制动与电机回馈制动不能协同控制。在制动过程中,如果识别驾驶员输入踏板力意图在跳增值以下时,只能单纯依靠电机回馈制动;在跳增值以上时,由于液压制动力矩只与驾驶员输入意图有关,电机制动力矩无法介入。可认为其是电机回馈制动加上液压制动的延迟的制动能量回收策略,称为叠加式制动能量回收(SRBS)。

此种策略存在的问题:一是制动能量回收可利用区间较窄;二是对于单轴驱动车型而言,

彩图 8.19

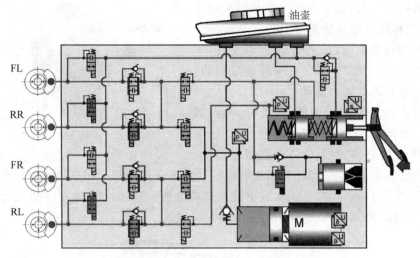

图 8.19 电机失效，MKC1 工作原理图

电机回馈制动只会对单轴施加制动力矩，制动力分配存在不合理的现象；三是电机制动力矩是在动态变化的，与转速变化、电池 SOC 变化、电池状态变化等均有关系，就需要电机控制牺牲回收效率保证力矩稳定，单独以电机制动力矩很难同时兼顾平顺性与回收效率。

在完全解耦或半解耦的制动系统中，轮缸压力与踏板力解耦、驾驶员意图与轮缸压力不再是唯一的线性关系，液压制动力矩可以与电机回馈制动力矩同步存在。该控制模式叫作协同式制动能量回收(CRBS)，又称作深度制动能量回收。

协同式制动能量回收的优势：一是能拓宽制动力矩能量回收区间，应用于更高车速和减速度的工况；二是通过前后轴回馈制动力矩与液压力矩的协调控制，能够完美实现制动过程中的前后轴制动力矩分配，保证制动过程中的车身稳定性；三是电机控制器能根据最优能量回收效率控制电机力矩，制动力矩进行动态补偿，来提高能量回收效率；四是协同式制动能量回收可以根据制动器调节脚感，保证制动能量回收过程中脚感的一致性。

本节以 ESC+E-Booster 组合方案为例介绍协同式制动能量回收的具体策略。

制动能量回收过程通常发生在 E-Booster 的助力制动过程，图 8.20 所示为制动能量回收过程中 E-Booster 与 ESC 协同工作的逻辑关系和信号交互。需要说明的是，ESC 作为车身稳定控制的核心配件，协同控制的主控逻辑在 ESC 之中，包括信号传输、决策分配和液量分配等。

ESC 参与液量分配过程中仍然以流量模型作为基础。根据图 8.21 所示，轮缸的液量流入流出与腔室五液流量完全一致，而腔室五液量交换只存在增压阀和减压阀处，因此轮缸液量的流入流出只与腔室四和腔室三有关。在能量回收中，吸入阀和限压阀是不打开的，因此可以认为腔室一永远关闭，腔室四与主缸连通，不存在压力差。因为两条 HCU 中两条回路完全对称，以包含左前轮和右后轮的回路 1 举例，并且规定主缸流出液量为正，轮缸流入液量为正。以下针对制动能回收中，单回路液流量的分配进行分析。记主缸制动液流量为 q_{MC}，那么左前、左后、右前和右后分别表示为 q_{FL}、q_{RL}、q_{FR} 和 q_{RR}。

当 $q_{MC}>0$，要求 $q_{FL}=0$ 且 $q_{RR}=0$ 时：增压阀 5、6 均打开，减压阀 9、10 均打开，主缸流出液量经阀 1 流经阀 5、6，再流经阀 9、10，最终流入蓄能器 1 中。应注意的是，由于蓄能

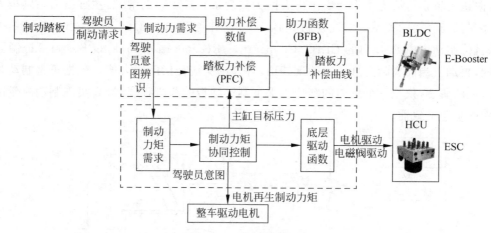

图 8.20 协同控制原理

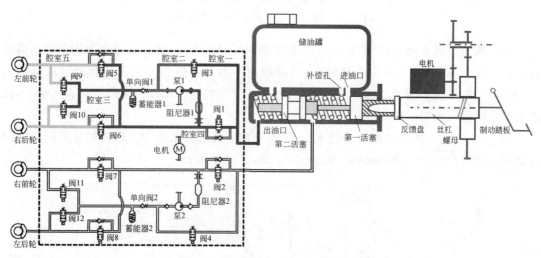

彩图 8.21

图 8.21 协同控制 ESC 工作原理图

器容积有上限,因此 q_{MC} 应小于蓄能器最大容积。

当 $q_{MC}>0$,要求 $q_{FL}>0$ 且 $q_{RR}=0$ 时:根据左前轮需求液流量控制增压阀 5 电磁力,关闭减压阀 9,打开增压阀 6,打开减压阀 10,液量最终流入左前轮轮缸与蓄能器。

当 $q_{MC}>0$,要求 $q_{FL}=0$ 且 $q_{RR}>0$ 时:根据右后轮需求液流量控制增压阀 6 电磁力,关闭减压阀 10,打开增压阀 5,打开减压阀 9,液量最终流入右后轮轮缸与蓄能器。

当 $q_{FL}=0$ 且 $q_{RR}=0$ 时,此时蓄能器内有液量,要求 $q_{MC}<0$ 时:打开增压阀 5、6,关闭减压阀 9、10,柱塞泵电机工作,蓄能器 1 内液量经过单向阀 1、泵 1、限压阀 1 回到主缸。

上述前三种情况是驾驶员制动时 ESC 的动作情况,第四种是制动结束之后对蓄能器内的液量的处理。

在 E-Booster 与 ESC 协同控制中,其目的是在保证轮缸压力与踏板力解耦的情况下,实现液压制动力矩与电机制动力矩的协调控制。E-Booster 在制动系统中实质上起到了踏板力模拟器和过滤器的作用。因为在 E-Booster 的丝杠螺母机构工作中,尽量避免径向的扭矩,径向扭矩较小可认为基本为零。再者因为实现了轮缸压力的解耦,主缸压力与踏板力之间不存在任何直接的关系。协同控制 E-Booster 工作原理如图 8.22 所示,当制动踏板被踩下时,目标制动力由 ESC 内的 CRBS(Cooperative Recuperative Braking System)控制器进行分配,再加上当前实际主缸压力的反馈值,计算出应该补偿的压力值。根据正常制动时驾驶员习惯的脚感,模拟一个反向的踏板力保证制动踏板的跟脚程度,最终实现制动能量回收过程中的脚感一致性。

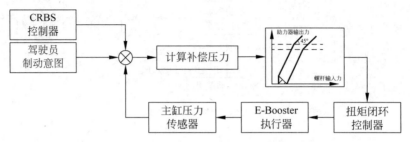

图 8.22 协同控制 E-Booster 工作原理

在制动力分配方面,制动能量回收中需要识别驾驶员意图,然后根据意图设计控制器进行控制。因为 E-Booster 可识别踏板力,以踏板力作为驾驶员制动意图的判断。以踏板力作为制动意图的优势在于系统的动态特性较好,能较快响应稳态过程中的阶跃输入信号,而踏板位移信号则相对滞后。

图 8.23 为制动能量回收策略,F_{Xb1}、F_{Xb2} 分别是前后轴制动力。根据驾驶员制动意图将制动过程分为 4 个阶段,分别以 S_1、S_2、S_3、S_4 来表示。

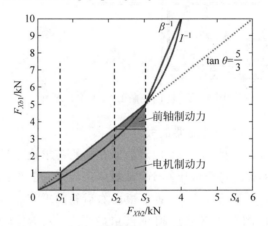

图 8.23 CRBS 制动力分配策略

S_1 阶段,制动踏板力较小,只存在电机回馈制动力矩。

S_2 阶段,总制动力矩随着踏板力的增大而增大,此时电机回馈制动力矩尚未达到峰值,只存在电机制动力矩和后轴液压制动力。

S_3 阶段,电机制动力矩已经达到了峰值,此时电机制动力矩、前后轴液压制动力同时介入。

S_4 阶段,由于识别驾驶员制动意图较强,进入紧急制动模式,EBD 比例阀作用介入,曲线斜率降低;此时以车辆安全性优先的原则,退出制动能量回收,只存在液压制动力。

8.4 线控转向系统

自1894年第一款现代意义上具备方向盘的转向系统出现开始,汽车的转向系统大致经历了5个阶段:早期的纯机械转向系统(MS,见图8.24);福特最早提出的液压助力转向系统(HPS,见图8.25);丰田首推的电子液压助力转向系统(EHPS,见图8.26);新一代的电动助力转向系统(EPS,见图8.27);摆脱机械连接的线控转向系统(SBW,见图8.28)和具有主动转向功能的前轮主动转向系统(AFS,见图8.29)等。可见,车辆转向系统一直在向着电动化、灵活化、简洁化的方向发展。特别是随着近年来自动驾驶技术的发展,SBW系统研发水平的高低已成为一个车企的核心竞争力之一,得到了大量的关注。

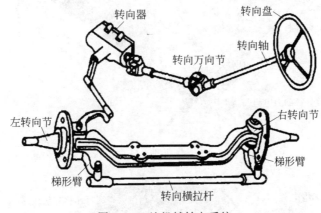

图 8.24 纯机械转向系统

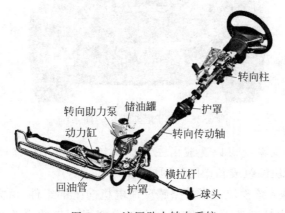

图 8.25 液压助力转向系统

8.4.1 线控转向系统构型

线控转向系统的一般架构如图 8.30 所示,该转向系统不再像传统转向系统一样通过转向柱进行转角信号和转向力的传递,而是通过传感器检测方向盘转角信号,控制器接收到该转角信号后直接控制转向电机实现转向。

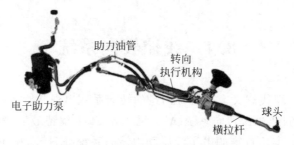

图 8.26 电子液压助力转向系统

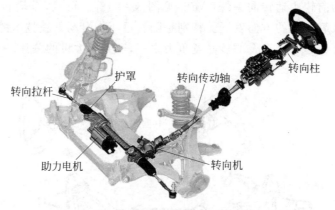

图 8.27 电动助力转向系统

图 8.28 英菲尼迪线控转向系统

总体而言,线控转向系统可以看成由三个模块组成:路感反馈模块、转向执行模块及 SBW 控制模块。各模块的组成和作用分别如下。

(1) 路感反馈模块:该模块包括自路感反馈电机向上的组件,由方向盘组件、转角传感器、力矩传感器、涡轮蜗杆减速器、永磁无刷电机等组成。它的主要功能是接收来自 SBW 控制模块的命令,并向驾驶员提供反馈力矩,以反映路面的变化以及来自路面的轮胎力。在自动驾驶过程中,它还会从上层控制策略接收转向指令,并将方向盘转到所期望的位置。

(2) 转向执行模块:该模块包括自转向电机向下的组件,由永磁同步电机、行星齿轮减速器、转角传感器、齿轮齿条减速器等组成。它的主要功能是接收来自 SBW 控制模块的指令,并将前轮转到所需位置。

(3) SBW 控制模块:对于 SBW 系统而言,该模块主要包括两个控制器,即路感反馈控

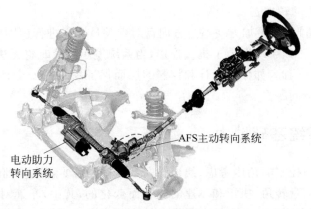

图 8.29 前轮主动转向系统

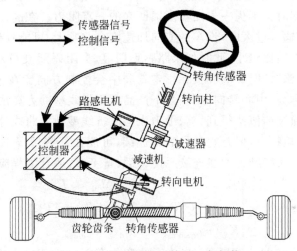

图 8.30 线控转向系统的一般架构

制器和转向执行控制器。对于路感反馈控制器,其主要功能是在动态驾驶环境中集成各路传感器信号以计算路感反馈电机的期望电流(人工驾驶中)或期望转角(自动驾驶中),并将命令发送给路感反馈模块进行执行。对于转向执行控制器,其主要功能是从驾驶员及其他相关系统接收转向指令,计算出所需的电机转角,并将该命令发送至转向执行模块进行执行。在某些情况下,转向电机的目标转角也应该能够独立调整,以避免驾驶员误操作带来的不必要风险。此外,SBW 控制模块还负责整个系统的故障诊断,在系统发生故障时,能够及时诊断和分离故障,并通知控制模块采取相应的安全策略。

由于取消了机械连接,线控转向系统带来几个明显好处:

(1) 节省部分转向机械结构在驾驶舱内占用的空间;

(2) 布置灵活,可依驾驶员喜好进行个性化设计;

(3) 可以过滤路面不平等原因造成的震动,提高驾驶员舒适性;

(4) 避免追尾等车祸过程中转向柱侵入对人体造成的伤害;

(5) 转向比设置灵活,可以在更大范围内调节转向比,增加车辆动力学稳定性;

(6) 相较 EPS 而言,可以获得更快的响应速度;

(7) 方便实现主动转向；

(8) 自动驾驶情形下，更加方便通过方向盘对驾驶员介入进行识别等。

然而，也正是由于该系统取消了机械连接，当系统发生故障时将无法通过机械冗余的方式来保证系统安全。因此，如何从设计和控制的层面保证系统的安全性就成为该系统能否得到广泛应用的关键问题。

8.4.2 转向系统基础助力

从车辆动力学与控制的角度考虑，线控转向系统首先需要解决基础助力问题，即确定基础助力是如何随方向盘转角、扭矩和车速的变化而变化的，其中，车速对基础助力的影响最大，这是因为在不同车速下的路面转向阻力特性有着显著的不同。在低速状态下转向阻力往往更大，此时 EPS 的任务是使得低速转向轻便一些，这种情况下理想的路感是能够用较小的力来操纵汽车，同时又不失去方向盘反馈回来的一点阻力。在高速状态下，如果猛打方向盘或者方向盘转角输入过大时，汽车的侧向加速度会非常大，可能导致侧滑甚至侧翻。高速行驶时，汽车回正力矩比较小，此时如果路感不明显，会阻碍驾驶员对车辆行驶状态的判断，即司机所说的"发飘"情况。驾驶员在正常驾驶中会控制方向盘在关于零点对称的一个范围内，该转动范围称为"中心转向区"。当下产品常用折线型助力算法，在不同车速下标定几条助力曲线，然后通过插值法得到一张助力表格。折线型助力曲线计算量较小，也能体现出不同转向区间的力矩特点，但是它的导数不连续，可能在某些情况下产生不平顺的手感。可采用参数拟合方法，所得助力曲线连续平滑，参数量不多，适合工程应用。可以表示如下：

$$T_a = \begin{cases} 0, & 0 \leqslant T_d \leqslant T_{d0} \\ K_v(v) f(T_d), & T_{d0} < T_d \leqslant T_{dmax} \\ K_v(v) T_{mmax}, & T_d > T_{dmax} \end{cases} \quad (8-13)$$

其中，$K_v(v)$ 为助力曲线的速度梯度，与速度的变化有关。$f(T_d)$ 为方向盘力矩的变化梯度。在所需转向力比较小时一般不需要助力，T_{d0} 就是助力电机开始工作时的方向盘力矩，T_{dmax} 为达到最大助力力矩时的方向盘力矩。$f(T_d)$ 的变化规律同样由汽车原地转向实验测得，拟合公式如下：

$$f(T_d) = \frac{T_{mmax}}{2} \left\{ \sin\left[\pi \left(\frac{T_d - T_{d0}}{T_{dmax} - T_{d0}}\right)^a - \frac{\pi}{2}\right] + 1 \right\} \quad (8-14)$$

式中 a 表示转向路感的助力系数，由实验数据拟合得到。

因为车速较快时转向阻力会减小，所以 EPS 助力一般会随着车速增大而减小，$K_v(v)$ 的拟合公式如下：

$$K_v(v) = \frac{c(1 - E_v)}{E_v} \quad (8-15)$$

其中

$$E_v = \begin{cases} E_{v0} + (1 - E_{v0}) \left(\dfrac{v}{v_{max}}\right)^b, & v \leqslant v_{max} \\ 1, & v > v_{max} \end{cases} \quad (8-16)$$

式中 E_v 是另一个转向感觉系数，而 E_{v0} 是在特定工况实验中测定的值；系数 b 表示了助力力矩随车速变化的情况；c 代表助力电机的最大助力系数；当 $v > v_{max}$ 时，将 E_v 设置为 1，助力力矩为零，这是因为高速状态下转向阻力小，为保证一定的路感 EPS 将不再提供助力。参数拟合后的助力曲面如图 8.31 所示。

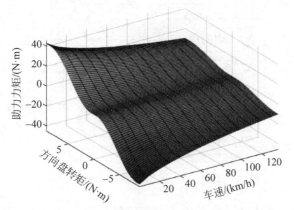

彩图 8.31

图 8.31　EPS 随速可变助力曲面

由于微控制器的计算能力有限，一般也有采用直线型或者折线型助力曲线的。直线型曲率单一，不能体现出转向力矩的梯度变化。折线型助力曲线计算量较小，也能体现出不同转向区间的力矩特点，但是它的导数不连续，可能在某些情况下产生不平顺的手感。

8.4.3　转向系统路感模拟

路感指汽车行驶中驾驶员通过方向盘得到的转向阻力矩，该阻力矩主要包含两部分：回正力矩和摩擦力矩。其中，回正力矩是保持车辆正常行驶的力矩，该数值的确定是汽车设计中的一个难题，通常由经验、半经验、统计或实验的方法获得。回正力矩与前轮的受力状态存在直接关系，而前轮受力又和汽车状态、路面情况直接相关，因此，通常把总的回正力矩除以总的力传动比看成是路感。除回正力矩以外，驾驶员还要求能够感受到转向过程中的阻力矩。理论上讲，摩擦阻力矩越小，获得的路感会越清晰。但是，摩擦阻力矩过小，可能会导致系统的逆效率过高，当汽车行驶在颠簸的路面上时就可能会造成冲击，导致驾驶手感变差。因此，设计转向系统时通常会保留一部分阻力，减少路面冲击对驾驶员的影响。路感理论上可以采用在齿轮齿条上安装传感器的方法直接测量获得，但是，这种方法一来安装不太方便，成本比较高，二来采集到的数据噪声较多，需要经过滤波才能使用，很少采用。

基于函数估计的方法通常是将路感设计为一些车辆行驶参数的函数关系式，在不同条件下为驾驶员提供不同的路感，简单高效，但是自适应性和精度较差。不同的研究人员考虑力矩产生的因素不同，提出的表达式也不尽相同。一种常见的研究方法是将路感分为主反馈力矩、摩擦力矩、阻尼力矩、惯性力矩和回正力矩几个部分，每个部分用一个特定函数进行经验拟合计算，各部分汇总后综合得到模拟路感，如图 8.32 所示。

比较简单的是通过实车进行反馈电流曲线的标定，即在不同车速下分别标定一组曲线，可以在不同车速下向驾驶员反馈适当的路感，可根据实际需求增加标定点，或者采用模糊控制等方法来加强其适应性。

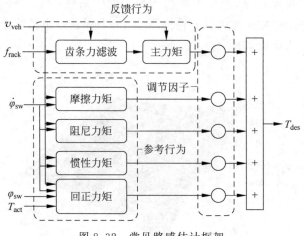

图 8.32 常见路感估计框架

基于动力学模型的方法通过参考传统车辆路感产生的动力学原理建立相关的动力学模型,根据车辆的动态响应、驾驶员的方向盘输入等计算与路感相关的轮胎力、摩擦力矩等,最终计算出路感。转向阻力矩主要来源是轮胎与地面的接触,因此轮胎模型的准确性对转向系来说至关重要。传统的轮胎模型分为三大类:理论模型、经验模型以及半经验模型,其中应用最多的是魔术公式,它通过三角函数对轮胎力学特性进行描述。动力学计算方法设计的路感与传统车辆更加接近,适应性较强,但存在车轮定位参数难以获得的问题,需要通过各种算法来克服。

SBW 中路面阻力不能传递给驾驶员,靠路感电机模拟产生转向阻力,而这个特点也为路感设计创造了灵活的方式。例如可以在汽车上设置几挡不同大小的路感,来满足各种驾驶人群对路感的偏好,让驾驶员感觉舒适的同时也能反映路面情况是 SBW 系统的研究热点。

8.4.4 线控转向控制策略

SBW 通过电子信号指令控制转向电机动作,故转角传动比是灵活可调的。当然最简单的方式就是按照有机械连接的情况设置固定传动比,不过目前也有一些设置方法使得驾驶稳定性和舒适性得以提升。根据不同行车状态适当调整转向执行算法,能够提高车辆的操纵稳定性。一般的设计原则是在低速时减小转向传动比,提高转向灵敏性;高速时增大转向传动比,保证转向平稳性。不同的方案可以通过驾驶模拟器仿真或者实车驾驶感受来评估。由于驾驶员模型难以精确建立,并且不同驾驶员之间的操控习惯千差万别,故融合多种传感器信息对控制指令进行估计是目前最可行的方案。

当目标转向角确定后,转向控制可简化为一个位置跟随控制问题,其基本结构如图 8.33 所示。在车辆行驶过程中,转向系统的动力学参数可能发生变化,路面阻力也是一个难以确定的外部干扰,这些因素使得被控对象具有一定的时变和非线性特征,需要控制方法具有一定的鲁棒性。

在 EPS 系统的开发过程中,经常会遇到助力增益系数较大,造成系统不稳定的现象。在 EPS 系统中除助力增益外,电流环控制的延时以及系统的等效阻尼均会对系统稳定性造

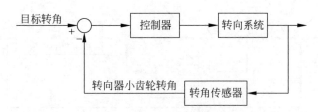

图 8.33 转向控制基本结构

成影响。由于转向系统机械结构由很多弹性阻尼元件构成,而系统的基本运动特性主要与低频元件有关,因此为方便对系统特性进行研究,将转向系统机械模型进行适当的简化。如图 8.34 所示,忽略转向体旋转动力学,将左右转向体到小齿轮的所有元件等效为一个弹簧质量阻尼系统,并且弹簧连接车轮的一端固定,等效刚度为 K_r,等效总转动惯量为 J_{eq},等效总阻尼为 C_{eq};转向助力简化为转向盘转矩的增益,增益系数为 K_a,得到简化的转向系统动力学方程为

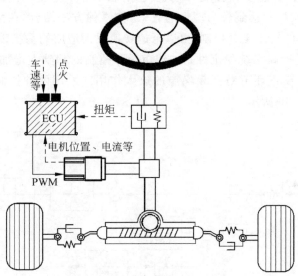

图 8.34 EPS 系统简化模型

$$J_{eq}\ddot{\theta}_p + C_{eq}\dot{\theta}_p = T_c + T_a - T_r \tag{8-17}$$

其中,简化后的转向柱扭矩为

$$T_c = K_c(\theta_{sw} - \theta_p) \tag{8-18}$$

考虑电流环响应一阶滞后特性的转向助力矩为

$$T_a = \frac{1}{\tau_0 s + 1} K_a T_c \tag{8-19}$$

车轮与地面形成的转向阻力矩为

$$T_r = K_r \theta_p \tag{8-20}$$

EPS 控制系统简化模型如图 8.35 所示。

求出系统开环传递函数为

$$G_k(s) = \frac{K_c(\tau_0 s + 1) + K_c K_a}{(\tau_0 s + 1)(J_{eq} s^2 + B_{eq} s + K_r)} \tag{8-21}$$

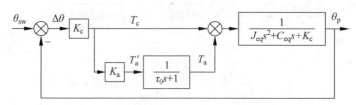

图 8.35 EPS 控制系统简化模型

实验表明,助力增益系数 K_a 的增大会提高系统响应快速性,但影响系统响应稳定性,在驾驶员转向过程中会造成转向盘抖动甚至振荡。在 EPS 系统中为了使助力增益系数 K_a 满足足够大的助力需求,而不影响系统的稳定性,需要对系统进行相位补偿。

对比转矩微分控制和齿轮反馈控制两种方法的优缺点。转矩微分补偿控制能够提高系统的稳定性和快速性,但是在助力增益系数较大时,对系统高频噪声的放大作用较强,仍会使系统不稳定;而齿轮转速反馈控制可以提高系统的稳定性,但是系统的响应速度变慢。因此,为了使相位补偿控制达到较为理想的效果,将两种方法结合,在齿轮转速反馈控制的基础上增加超前校正的转矩微分控制,可以抵消转速反馈造成的系统带宽减小,同时进一步增加了系统相位裕度提高系统稳定性;在转矩微分控制的基础上增加齿轮转速反馈控制,其阻尼可以降低超前校正环节对高频噪声的放大作用。采用两种控制的综合控制方法的 EPS 系统模型如图 8.36 所示。

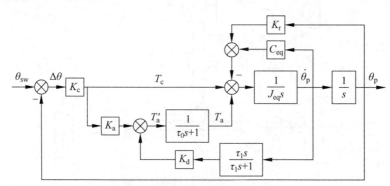

图 8.36 综合补偿法 EPS 系统模型

实际中,最常用的控制方法还是 PID 控制器,其中应用最为广泛的位置伺服控制结构大致可以分为两大类:一种是将速度环作为位置环的内环的控制结构,如图 8.37 所示;另一种是仅采用速度环的控制结构,如图 8.38 所示。理论上,图 8.37 所示的控制结构是一种能够保证系统性能的比较好的做法。然而,由于有些实际中的系统缺少速度传感器(例如

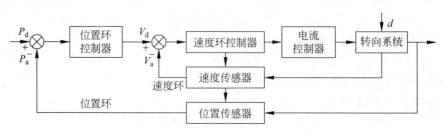

图 8.37 带有速度环内环的控制结构

SBW系统),速度只能由位置传感器估算得到,这在有些情况下是不太准确的,特别是在存在噪声干扰的情况下。因此,很自然的想法是采取如图8.38所示的控制结构,即仅仅利用系统中的位置传感器来构造传感器。

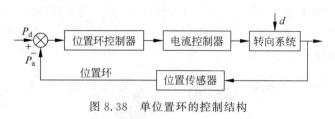

图8.38 单位置环的控制结构

8.5 人机共驾系统

虽然无人驾驶被广泛认为是汽车智能化的终极目标,然而,受限于智能驾驶汽车技术各个阶段的发展规律、法律与法规、事故责任划分等约束以及系统安全冗余要求,驾驶员作为驾驶过程的参与者甚至驾驶主体在相当长的时期内仍将是事实,驾驶员与车辆智能驾驶系统共同操控车辆仍将是未来一段时间内的主流技术路线。因此,研究人机共驾系统即驾驶员和车辆智能驾驶系统均具有车辆线控底盘控制权的智能汽车系统,深入理解驾驶员操控行为和车辆智能控制系统之间的交互机制和冲突机理,进而构建车辆安全冗余操控机制,建立人机协同共驾系统,也是智能驾驶汽车技术发展过程中需要解决的关键问题。

人机共驾系统主要包括车辆智能驾驶系统、驾驶员监测系统(Driver Monitoring System,DMS)和人机交互(Human Machine Interaction,HMI)模块。人机共驾系统的基础是车辆智能驾驶系统,主要由感知层、决策层、规划层和执行层组成,以保证车辆具有基本的智能驾驶能力。感知层实现对交通环境和自车运动状态的感知,包含各类雷达、摄像头、GPS、轮速计、陀螺仪等传感器硬件,基于运动学模型和动力学模型对相应的传感器数据进行处理。决策层和规划层依据感知层的环境信息和车辆状态,制定驾驶任务并规划出合理的车辆运动轨迹。执行层通过控制线控转向、线控驱动、线控制动等子系统,使车辆按照规划的目标轨迹和速度完成相应的驾驶任务。

人机共驾相较于自动驾驶最为显著的区别是引入了驾驶员,且与车辆智能驾驶系统共同享有车辆的控制权,因此,需要DMS让机器能够感知到驾驶员的状态、行为等。DMS通常采用布置在仪表板上朝向驾驶员的摄像头,用来拍摄驾驶员面部,通过机器学习等图像处理算法分析获得驾驶员眼动、疲劳程度、注意力分散程度等数据,同时,还可以通过转向盘转角/力矩传感器、加速踏板开度传感器、制动行程传感器获得驾驶员动作数据。

为了实现驾驶员和车辆智能驾驶系统的沟通与交流,HMI也是人机共驾系统必不可少的模块,一般包括:用于增强驾驶员感知能力的各类盲点监测、预警和辅助驾驶系统;用于提醒驾驶员的各类声、光、电信号和转向盘与座椅振动功能;用于驾驶员开闭指定功能和设定功能等级的各类按钮,以及显示系统当前工作状态的指示灯等;具有力反馈功能的线控转向和线控制动系统等。通过HMI形成了驾驶员与车辆智能驾驶系统的沟通桥梁,使双方能够进行有效表达。人机共驾系统通过分析DMS相关数据和HMI交互结果,并融合周围环境和车辆状态,确定最合适的驾驶权切换时机或驾驶权分配权重。

根据车辆底盘控制权分配方式的不同,人机共驾系统可以分为切换型和共享型两种模式,如图 8.39 所示。在切换型人机共驾系统中,车辆底盘控制权被分时赋予驾驶员或车辆智能驾驶系统,由切换控制逻辑在二者之间进行转换,且二者不能同时工作。在共享型人机共驾系统中,车辆底盘控制权按照一定的权重被同时分配给驾驶员和车辆智能驾驶系统,二者可同时工作也可分时独立工作。

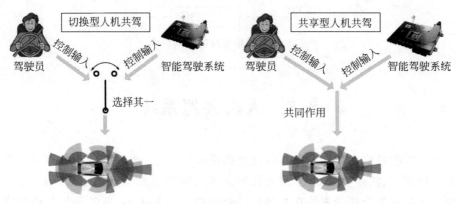

图 8.39 人机共驾系统两种控制模式

在切换型人机共驾系统中,车辆底盘控制权在驾驶员和车辆智能驾驶系统二者之间动态切换,系统根据驾驶员和系统工作状态对二者控制输入进行评价,然后由切换控制逻辑进行判断和决策,选择其中最优的控制输入接入车辆底盘控制,如图 8.40 所示。该控制模式的优点主要包括:驾驶员和车辆智能驾驶系统之间不存在交互和耦合作用,车辆底盘控制主权明确清晰;车辆底盘控制方式改变较小,驾驶员适应性好。而它的缺点主要是在底盘控制权切换过程中,难以保证驾驶员具有良好的工作状态。该模式的主要设计难点在于如何评价驾驶员和车辆智能驾驶系统哪一方的控制输入的性能更优,并在此基础上根据驾驶员状态和系统工作状态等因素合理选择底盘控制权切换时机,实现底盘控制权的平滑、无扰切换。

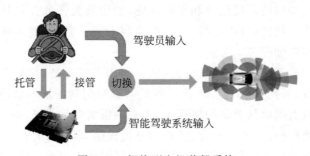

图 8.40 切换型人机共驾系统

在共享型人机共驾系统中,驾驶员和车辆智能驾驶系统同时享有车辆的控制权,两者通过线控底盘相应的执行机构进行交互和耦合,任何一方均可以实时地实现对车辆底盘的协同控制和独立控制。驾驶员和车辆智能驾驶系统共同操控车辆的过程类似于一场人机博弈,双方根据自身的目标和对方的行为进行博弈并获得各自最优的控制输入,以期望在车辆底盘控制权共享的情况下最大化地实现自身目标。该控制模式的优点主要包括:驾驶员始终或大多数情况下是参与到车辆操控过程的,可以保证驾驶员状态的一致性;操纵过程中存在人机交互与耦合作用,便于驾驶员掌握车辆智能驾驶系统的工作状态。该模式的缺点主要在于驾驶员和车辆智能驾驶系统均可以同时对车辆产生控制作用,当两者驾驶意图不同时,易形成人机冲突。因此,在该模式下需要重点关注的问题是如何预防人机冲突的出现,并在冲突发生后如何及时消解,以保证驾驶员享有对车辆底盘的优先控制权,而当驾驶员发生不当操作时,车辆智能驾驶系统能够及时纠正、辅助驾驶员的操纵输入以保证车辆行驶安全。

在共享型人机共驾系统中,按照驾驶员和车辆智能驾驶系统双方控制结合方式的不同,该模式可以分为串联式和并联式两种共享型人机共驾系统。串联式共享型人机共驾系统示意图如图 8.41 所示,车辆智能驾驶系统不直接对线控底盘进行控制,仅对驾驶员的操纵输入按照一定的比例进行叠加或修正,达到驾驶员和车辆智能驾驶系统同时控制车辆的效果。此时车辆底盘的实际控制输入为

$$U = U_h + U_m = (1+K)U_h \tag{8-22}$$

其中,U 为车辆底盘的实际控制输入,U_h 为驾驶员操纵输入,U_m 为车辆智能驾驶系统的操纵输入,K 为车辆智能驾驶系统对驾驶员操纵输入的修正系数。

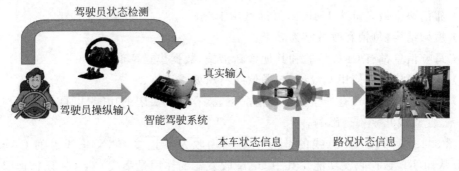

图 8.41 串联式共享型人机共驾系统

并联式共享型人机共驾系统示意图如图 8.42 所示,驾驶员和车辆智能驾驶系统的控制输入同时直接作用于线控底盘,系统通过调节车辆底盘控制权分配系数 K 实现最优的人机耦合控制。车辆底盘的实际控制输入为驾驶员和车辆智能驾驶系统的叠加,即

$$U = KU_h + (1-K)U_m \tag{8-23}$$

其中,K 为车辆底盘控制权分配系数。

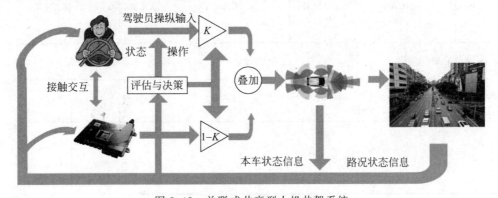

图 8.42 并联式共享型人机共驾系统

8.6 CAN 通信

1. CAN 总线基本特点

随着现代化建设的不断加强,汽车电子装置也在不断增加,而作为汽车上最重要的通信总线之一的 CAN 总线已然变成不可缺失的一部分。通过 CAN 总线可实现系统及系统控制之间的通信,从而形成完整的车载总线网络系统。

CAN 总线在汽车上使用过程中充分考虑了环境的恶劣程度,是目前唯一具有国际标准的现场总线。它在诸多总线使用过程中独占鳌头,成为汽车总线的主要代名词之一,其特点有:

(1) CAN 通信方式十分灵活,网络上任意一个节点可在任意时刻向网络上发送其他节点信息,无主从之分;

(2) CAN 网络可按照节点类型分不同优先级,可满足 CAN 总线不同实时性要求;

(3) 可点对点、单点对多点以及多种传送方式接收数据;

(4) 通信速率最高可达 1MB/s,最远可达 10km;

(5) 短帧结构,每帧有效数字为 8 个;

(6) 每帧信息都有 CRC 校验和其他诊断措施,数据出错率低;

(7) 一般通信介质使用双绞线,对通信线材料要求不高;

(8) 通信节点在出现有严重错误的情况下,具有自动关闭的功能,可自动切断与总线之间的联系,使总线几乎不受影响。

由图 8.43 所知,CAN 总线的节点主要利用收发器连接 CAN 总线上的 CAN_H 和 CAN_L 从而实现数据收发功能。其中 CAN 收发器的作用是集成 CAN 协议物理层部分功能,主要是为了完成电信号转换、电气保护、过热保护等多项功能;CAN 控制器作用是集成 CAN 协议中的物理层及数据链路层,完成通信数据的位流、帧处理、位速率控制、接收滤波、总线错误管理和微处理器接口逻辑等多项工作。

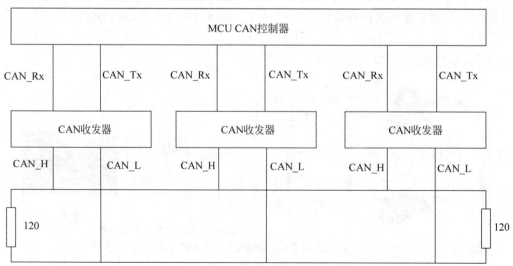

图 8.43 CAN 总线网络示意图

2. CAN 分层结构

CAN 总线不仅仅依赖于物理层、数据链路层,同时应用层、传输层、网路层、表示层等都不可或缺。其中应用层用于解析 CAN 总线数据,即通过协议解析出的相应消息占位所表达的含义。CAN 分层结构如图 8.44 所示。

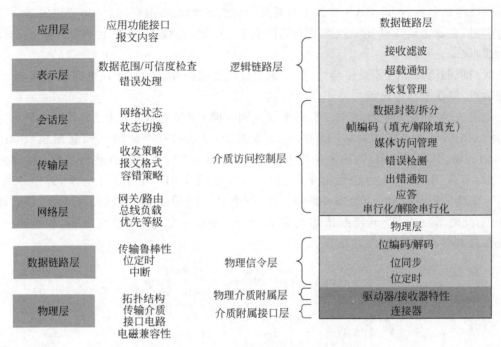

图 8.44　CAN 分层结构

一般在实际电路设计中常在 CAN_H 和 CAN_L 之间串联一个电阻,其电阻并非设计在控制器内部,若电阻在控制器内部,控制器从总线断开之后,总线也会随之失效。CAN 总线分显性和隐性,具体表示方式如图 8.45 所示。

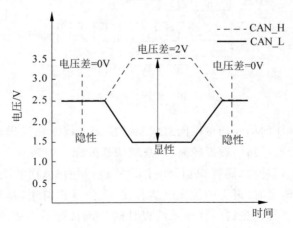

图 8.45　显性和隐性示意图

3. CAN 仲裁机制

CAN 总线访问机制采用的是非破坏性仲裁。非破坏性一般意味着仲裁的胜出者(即优先级高的信息)不被打扰,不需要重新进行启动,同时仲裁失败者不会受到破坏,等本条信息完成发送之后,再进行下一次仲裁,直到胜出而获得发送权。该机制要求相关的物理驱动器必须按线与机制执行,即 CAN 总线上有显性与隐性两种逻辑电平,当一个节点发送一个显性电平时,它就会覆盖其他节点发送的隐性电平。CAN 总线中,显性电平为逻辑 0,隐性电平为逻辑 2。

线与机制简而言之便是位与计算,一般为显性覆盖隐性。相当于在电路通电时,有一个接地端点,整条电路电压就是 0 了。

如图 8.46 所示的仲裁示例。有三个节点同时向 CAN 总线发送信息,分别为节点 1 的 ID 为 0x15A,节点 2 的 ID 为 0x3D2,节点 3 的 ID 为 0x1F6。仲裁从帧起始位(Start of Frame)开始,其中三个 ID 的第 1 位均为显性电平(逻辑 0),仲裁没有胜负之分;接着仲裁第 2 位,节点 ID 0x1F6 为隐性电平(逻辑 1),其他两个 ID 仍为显性电平,故节点 3 ID 0x1F6 仲裁失败而退出;再接着仲裁第 3 位,两个 ID 电平仍相同,仲裁没有胜负;接着仲裁第 4 位,此时节点 1 ID 0x15A 依然为显性电平,而另一个 ID 为隐性电平,故节点 1 ID 0x15A 仲裁胜出,向总线发送信息。

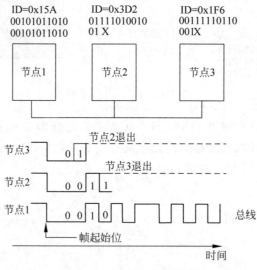

图 8.46　仲裁过程示意图

总线空闲状态下,任何单元均可以向总线发送报文。数据在发送过程中要实现快速发送,即要求数据物理传输通路的速度较高,对总线快速分配。如果两个及两个以上单元同时传送报文,总线就会出现冲突,需要识别符的位形式进行仲裁从而解决冲突。当 CAN 总线以报文单位进行数据传送时,报文的优先级结合在 11 位标识符中,具有最低二进制数的标识符有最高的优先级。其优先级一旦在系统设计时被确认即不能更改。CAN 总线可通过位仲裁解决冲突。

CAN 总线采用非归零(NRZ)编码,所有节点以"线与"方式连接至总线。CAN 网络的所有节点可能试图同时发送信息,但其简单的仲裁规则确保仅有一个节点控制总线并发送信息。低有效输出状态(0)起决定性作用。仲裁期间,一般每个发送器都会去发送位电平并与被监控的总线电平进行比较。若电平相同,该单元可继续发送信息,否则该单元将失去仲裁,并退出发送状态,具体如图 8.47 所示。

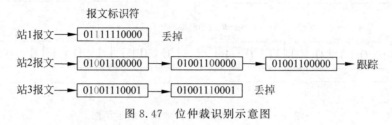

图 8.47 位仲裁识别示意图

图 8.47 中所有标识符都有相同的两个 01,直到第 3 位进行比较,站 1 报文丢掉,站 2 和站 3 报文的 4、5、6 位相同,直到第 7 位,站 3 报文丢失。

1) 优点

无论哪一站报文被率先传送,报文起始已经在网络上传送了。

所有未获得总线读取权的站都成为具有最高优先权报文接收站,并且不会在总线再次空闲前发送报文。

CAN 具有较高的效率是因为总线仅仅被那些请求总线悬而未决的站利用,这些请求是根据报文在整个系统中的重要性而按顺序处理的。

2) 缺点

CAN 总线采用的是固定优先级,当所有节点都随机向总线发送数据时,低优先级的节点比高优先级的节点的失败率更大。

每次较低优先级节点都会在总线竞争中失败,从而导致它的数据都发不出去,或者发送数据延时较大。

4. CAN 通信数据格式

多数厂商定义的 CAN 总线字节发送顺序均为先发送 LSB,最后发送 MSB。即:首先发送 byte0(LSB),然后按 byte1、byte2、…、MSB 的顺序发送。当一个信号的数据长度不超过 1 字节(8 位)时,Intel 和 Motorola 两种格式编码完全一样。

1) Intel 格式

信号的高位(S_msb)将放在高字节(MSB)的高位,信号的低位(S_lsb)将放在低字节(LSB)的低位。这样,信号的起始位就是低字节的低位。如图 8.48 所示,看一个 16 位数据长度的信号。信号数据为 0x36A5,在 CAN 的低字节填入 0xA5,在 CAN 的高字节填入 0x36。

如图 8.49 所示,信号数据为 0x6A5,起始位为 0,长度为 12。填入过程:起始位 0 即 byte0 的 bit0,信号长度为 12,也就可以得出,信号会使用 byte0 的 8bit+byte1 的 4bit。byte0 字节填入信号的低字节,即 0xA5,byte1 字节填入信号的高字节,即 0x6。

2) Motorola 格式

信号的高位(S_msb)将被放在低字节(MSB)的高位,信号的低位(S_lsb)将被放在高字

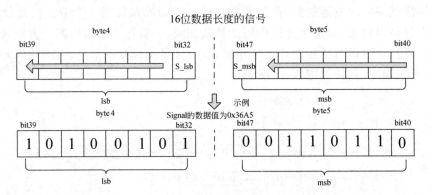

图 8.48　Intel 格式 16 位数据长度示例图

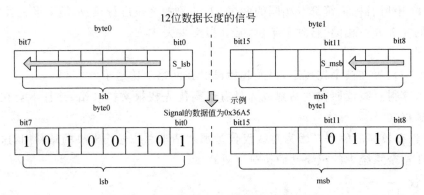

图 8.49　Intel 格式 12 位数据长度示例图

节（LSB）的低位。这样，信号的起始位就是高字节的低位。如图 8.50 所示，为一个 16 位数据长度的信号。信号数据为 0x36A5，在 CAN 的高字节填入 0xA5，在 CAN 的低字节填入 0x36。

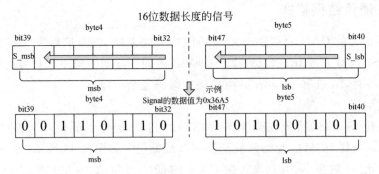

图 8.50　Motorola 格式 16 位数据长度示例图

如图 8.51 所示，发送数据为 0x6A5，起始位为 12，长度为 12。填入过程：起始位 12 即 byte1 的 bit4，信号长度为 12，也就可以得出，信号会使用 byte1 的 4bit + byte0 的 8bit。byte0 字节填入信号的高字节，即 0x6A。byte1 字节填入 0x5。

通过以上分析可见，Intel 格式的数据低字节在前，高字节在后；Motorola 格式的数据高字节在前，低字节在后。

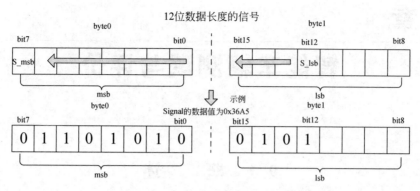

图 8.51 Motorola 格式 12 位数据长度示例图

8.7 本章小结

本章简要介绍了智能驾驶车辆线控底盘相关的理论知识以及各类构型,首先回顾了汽车底盘系统发展历程,接下来对线控驱动、线控制动、线控转向这三大主要的线控底盘系统进行展开说明,其中重点探讨了乘用车的线控制动系统。此外,还对车载 CAN 通信网络相关理论知识进行了简要说明。

第 9 章

智能车辆测试与评价

9.1 概 述

9.1.1 智能车测试目的

　　自动驾驶是汽车产业与人工智能、物联网、高性能计算等新一代信息技术深度融合的产物,是当前全球汽车与交通出行领域智能化和网联化发展的主要方向,已成为各国争抢的战略制高点。在大规模商用化之前,需要在可控的真实环境中进行大量试验,以保障公共出行安全。从自动驾驶测试技术国际发展情况来看,美国与欧洲多国走在自动驾驶产业发展前端,积极推动自动驾驶的测评工作,日本、新加坡、韩国以及我国也紧随其后,利用各自的优势技术,积极开展自动驾驶测评。

　　自动驾驶汽车是当前汽车工业发展的热点,也是未来汽车的发展方向之一。随着人工智能、传感器检测等核心技术的突破和完善以及整体可靠性的提升,自动驾驶车辆上公共道路行驶与商用化也逐渐成为可能。为了保障自动驾驶汽车能安全上路,一方面应从自动驾驶系统的技术要求出发,分析其技术功能;另一方面应从自动驾驶系统的安全性角度出发,研究自动驾驶汽车上路后会存在的安全性问题,从而提出对自动驾驶汽车运行安全性测试的需求,确定测试评价的范围。

　　在汽车电子行业,技术从应用探索到市场推广,从试验阶段到大规模商业化,都需要进行大量的测试与评价。对于自动驾驶的测评,从技术属性角度,需要验证的是自动驾驶系统是否具备类人的驾驶技能,是否能满足预期的要求。自动驾驶尤其是 L3 及以上级别的自动驾驶汽车,与现存的高级辅助驾驶系统(ADAS)相比,最大的不同在于从单一功能、单一节点的控制变成了复杂功能、多节点的一体化协同控制。需要感知系统、决策与规划系统和控制系统的正确协同配合。从可靠性角度,对自动驾驶汽车的测评是为了使其在公共道路安全、可靠地运行,各国的道路交通都具有一定的复杂性,不确定场景多。同时,恶劣天气、极端路况等突发事件也会给自动驾驶汽车的安全运行带来极大的挑战。因此,要验证的是自动驾驶汽车能否在任何情况下都保证安全运行。在量产之前,一方面需要进行长期大量的试验,另一方面还要验证在极端环境下车辆是否能正常运行。综上两点,对自动驾驶的安全性测评是必不可少的。

9.1.2 智能车测试法规

　　测试评价是智能驾驶汽车自动驾驶功能开发、技术应用和商业推广不可或缺的重要环节。不同于传统汽车,智能驾驶汽车的测试评价对象变为人-车-环境-任务强耦合系统。随着驾驶自动化等级的提高,不同等级自动化水平所实现的功能逐级递增,导致对其进行测试验证极具挑战性,部分国家和地区已出台相应的法律法规允许智能驾驶汽车进行公路测试,以充分验证智能驾驶汽车的安全性。除了道路测试,围绕智能驾驶汽车测试评价环节所需的标准体系和相关测评方法,各国的政府机构、科研院所、相关企业开展了大量研究工作。

智能车实车测试依据主要包括 ISO 标准、SAE 标准、国家标准、欧盟标准四大标准,部分标准明细如表 9.1 所示。

表 9.1 国际上与智能车相关的部分实车测试标准

序号	标准	标准号	标准名称
1	ISO 标准	ISO 11270	车道保持辅助系统(LKA)性能要求及试验方法
2		ISO 15622	自适应巡航控制系统(ACC)性能要求及试验方法
3		ISO 15623	前向碰撞预警系统(FCW)性能要求及试验方法
4		ISO 17361	车道偏离预警系统(LDW)性能要求及试验方法
5		ISO 17387	换道决策辅助系统(LCDA)性能要求及试验方法
6		ISO 22178	低速跟随系统(LSF)性能要求及试验方法
7		ISO 22839	前向车辆碰撞缓解系统(FVCM)性能要求及试验方法
8		ISO 34501	自动驾驶系统测试场景术语与通用信息
9		ISO 34502	基于自动驾驶车辆安全认证为目的的场景工程框架设定
10		ISO 34503	自动驾驶系统的设计运行域分类
11		ISO 34504	场景特征及场景分类定义
12		ISO 34505	基于场景的自动驾驶系统的评测体系
13	SAE 标准	SAE J2399	自适应巡航控制系统(ACC)操作特性和用户界面
14		SAE J2808	车道偏离预警系统(LDW)用户界面信息
15		SAE J3029	商用车前向碰撞缓解系统(FVCM)测试规程
16		SAE J3045	商用车车道偏离预警系统(LDW)最低性能要求和测试规程
17		SAE J3087	自动紧急制动系统(AEB)性能测试
18	国标	GB/T 20608—2006	自适应巡航控制系统(ACC)性能要求与检测方法
19		GB 26149—2017	乘用车轮胎气压监测系统的性能要求和试验方法
20		GB/T 26773—2011	车道偏离预警系统(LDW)性能要求与检测方法
21		GB/T 33577—2017	车辆前向碰撞预警系统(FCW)性能要求和测试规程
22		GB/T 30186—2019	商用车辆自动紧急制动系统(AEBS)性能要求及试验方法
23		JT/T 883—2014	营运车辆行驶危险预警系统技术要求和试验方法
24		JT/T 1242—2019	营运车辆自动紧急制动系统性能要求和测试规程
25	欧标	ECE R79	关于就汽车转向系统(ACSF)方面批准机动车辆的统一规定
26		ECE R130	关于就车道偏离预警系统(LDW)方面批准机动车辆的统一规定
27		ECE R131	关于就自动紧急制动系统(AEB)方面批准机动车辆的统一规定
28		ECE R141	关于就胎压监测系统(TPMS)方面批准机动车辆的统一规定

智能车仿真测试方面。德国自动化及测量系统标准协会(ASAM)是一家非政府的汽车领域标准化制定机构,1998 年由数位行业专家为标准化 ECU 开发与测试中的数据交互而创立,致力于实现开发流程中各环节的数据信息自由交换。随着自动驾驶技术的发展,仿真测试对于自动驾驶的安全落地至关重要,ASAM 发布的 Open X 标准得到了全球广泛关

注,热度逐渐提升。成员单位提出希望制定更多的仿真领域标准并以 Open X 命名,如图 9.1 所示。

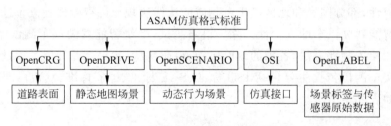

图 9.1 ASAM 测试标准体系

作为一个完整的仿真测试场景描述方案,Open X 系列标准主要包括 OpenCRG、OpenDRIVE 和 OpenSCENARIO。仿真测试场景的静态部分(如道路拓扑结构、交通标志标线等)由 OpenDRIVE 文件描述,道路的表面细节(如坑洼、卵石路等)由 OpenCRG 文件描述;仿真测试场景的动态部分(如交通车的行为)由 OpenSCENARIO 文件描述。

9.2 常用测试方法

在智能驾驶开发过程中,为保证产品的安全、质量和可靠性,测试过程必不可少,而科学、完善的测试评价体系对提高智能汽车研发效率、健全技术标准和法律法规、推进产业创新发展至关重要。但智能汽车测试评价对象已从传统的人、车二元简单独立系统变为复杂的人-车-路强耦合系统,测试场景及测试用例难以穷尽,评价维度纷繁复杂,传统汽车的测试评价技术已经不能满足智能汽车测试需求。

根据测试场景的真实性及可靠性,智能车的常见测试手段一般包括 4 种,分别是仿真模拟测试、硬件在环测试、封闭场地实车测试、开放道路实车测试,如图 9.2 所示,随着测试过程的不断深入,测试结果的真实性和可靠性也在不断增大。从测试性质上分,前两种都属于仿真测试类型,后两种属于实车测试类型。仿真测试中,一般都需要建立丰富的场景库来模拟实际道路情景,而纯仿真模拟测试与硬件在环测试所不同的是,前者的所有场景、参与车辆、传感器、控制器都在仿真系统里搭建,相对成本较低,但与真实情况会有一定差别,不能完全精确模拟出所有参与部件的特性;而硬件在环测试平台中,可以用一部分实际硬件系统取代相应的软件系统,例如激光雷达、毫米波雷达、摄像头、各种控制器、线控转向系统、线控驱/制动系统等,当然也可以将整个实车置于所构建的仿真环境中,总之硬件取代软件越多越能逼真仿真效果。不同的测试方法,无论是在测试使用的时间和成本都不同;测试方法之间的合理搭配,在保证极高覆盖度的同时,成本也会进入可控的范围之内。在自动驾驶的开发过程中,模型在环仿真—软件在环仿真—台架在环仿真—车辆在环道路测试的开发流程是最经济、高效的开发流程。

基于模型的开发方法是以数字化模拟仿真技术为基础,通过构建多维度的模拟仿真工具链实现控制模型从纯离线仿真、实时软硬件或多物理硬件实体在环仿真,到实车开发与测试的无缝连接,从而形成了包括智能汽车电子控制系统等在内的产品从概念到定型、高效、

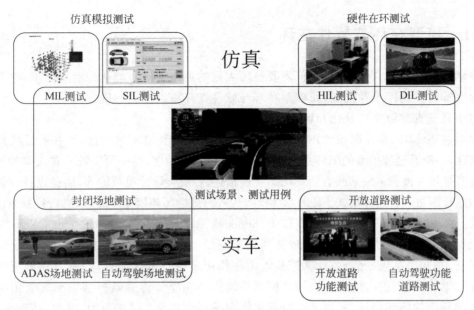

图 9.2 智能车常见测试手段

安全、低成本、可靠、完整的开发与测试方法与流程。基于模型的开发和基于 V 模式的电控系统开发流程,通过软硬件并行开发实现产品的设计与制造,通过测试用例和验证方法保证产品可靠性,已成为现代汽车最重要的设计理念。

4 种测试手段的各自特点如图 9.3 所示。作为智能驾驶测试中的三大要素分别为人、车、路,它们在 4 种测试手段中都有各自的特点,仿真模拟测试中的三个要素都是虚拟模型;实车路试中的三大要素都是真实实体;硬件在环测试中的人可以是虚拟模型也可是真实实体,同样车也可以是实体或者模型或者部分实体部分模型;封闭场地测试中只有路是模拟实体道路搭建的近似真实道路。

		人	车	路
仿真模拟 (Simulation)		虚拟	虚拟	虚拟
在环/模拟器 (XIL/Simulator)		真实/虚拟	真实/虚拟	虚拟
场地测试 (Field Tests)		真实	真实	模拟
实车路试 (Road Tests)		真实	真实	真实

图 9.3 4 种测试手段的特点

仿真测试和实车测试都有各自的优缺点。仿真测试的效率高、测试可重复性强、测试过程完全安全、测试成本低并可实现自动测试和加速测试,但其缺点就是不能完全精确模拟道路实际场景以及车辆各个部件的工作性能;实车测试中测试场景无限丰富、测试结果准确度高、与真实情况完全吻合,其缺点就是场景可重复性低、安全性低、测试成本高、测试周期长等。

9.2.1 模型在环与软件在环

自动驾驶在真正商业化应用前,需要经历大量的道路测试才能达到商用要求,然而道路测试存在非常多的困难和挑战,而模型在环与软件在环可以很大程度上构建人车环境模型,满足对于高逼真度数字场景化和场景库的不同需求。

模型在环(MIL)是控制系统开发初级阶段通常采用的仿真测试方法,旨在验证代码逻辑的正确性,一般通过纯模型的闭环系统仿真测试验证控制性能,是一种比较节省成本的测试方法。模型是指对被测系统某些方面的动态特性描述,一般会设计模拟输入,通过设计评价指标对模型进行测试。将通过测试验证的系统模型代入测试的闭环模型中,可以进行控制算法的开发测试。常用的测试仿真环境有 MATLAB/Simulink、ASCET 或是自由软件 Scilab/Xcos 等。

模型在环仿真测试系统应用于智能驾驶车辆如图 9.4 所示。其中,控制器接收反馈的车辆状态、感知决策规划信息,计算控制输出并作用于执行机构模型,产生力和力矩作用在车辆动力学模型上,进而构成一个闭环控制系统。环境感知传感器模型模拟真实传感器对真实行驶环境的感知信息,例如毫米波雷达模型模拟真实毫米波的发射、回波、传递和接收,检测并定位障碍物和非机动车等目标信息。在感知/决策/规划模型上,根据车辆当前运动状态、障碍物信息等实现决策和规划。整个模型在环仿真过程利用所搭建的环境模型、车辆模型、传感器模型及控制器模型等在仿真软件下完成,成本低、效率高,方便开发和测试控制算法,在控制器开发的初级阶段有着极大的优势。

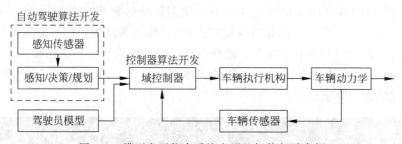

图 9.4 模型在环仿真系统应用于智能驾驶车辆

软件在环(SIL)相比于模型在环的开环测试方法,引入环境要素与之产生交互,同时还会引入场景库作为测试用例。软件在环测试不考虑目标硬件,可以在服务器上大量部署,成本较低,核心用于验证研发功能的闭环运行正确性。软件在环是目前最有潜力的测试手段之一,模型测试虽然自动化率高,但不能直接发现自动驾驶系统的功能性问题;而硬件在环测试、实车测试等虽然可以更加直观地发现问题,但是成本高、花费时间长。而软件在模型在环、硬件在环、实车测试之间取得了较好的平衡,是一种性价比非常高的手段。

以高级辅助驾驶系统软件在环测试系统为例进行分析,如图 9.5 所示,其中车辆模拟系统模拟了车辆的动力学关系,可以实现车辆的横纵向控制;场景模拟系统模拟了真实环境中的各类因素;传感器模拟系统模拟了真实传感器对环境信息的检测;控制策略用于功能的实现,可以在仿真环境中进行验证。

自动驾驶开发过程中常用的仿真软件有 MSC 公司的 Adams 和 VTD、Ansys 公司的 Ansys 和 Optis、IPG 公司的 CarMaker 和 TruckMaker、MathWorks 公司的 MATLAB/

第 9 章 智能车辆测试与评价

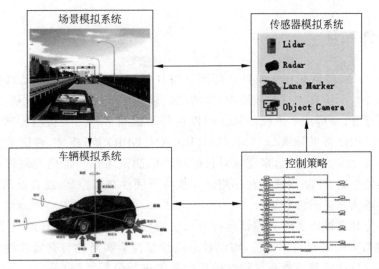

图 9.5 软件在环测试仿真

Simulink、Mechanical Simulation 的 CarSim、Mentor 公司的 DRS360、TESIS 公司的 TESIS、VI-grade 公司的 VI-grade、PanoSim 公司的 Panosim、Tass International 公司的 PreScan 等。以 PreScan 仿真软件为例,如图 9.6 所示,它包含丰富的测试场景,如各种形状的道路、建筑物、路障等;具备实际中常见的感知传感器,如摄像头、毫米波雷达、激光雷达等;可以与支持和擅长于算法开发的 MATLAB/Simulink 进行联合仿真;具有精度较高的车辆动力学模型。PreScan 是一款非常适合自动驾驶功能开发的仿真软件。CarSim 测试场景如图 9.7 所示。

图 9.6 PreScan 测试场景

彩图 9.6

图 9.7 CarSim 测试场景

彩图 9.7

9.2.2 硬件在环

硬件在环(HIL)测试相比于软件在环测试增加了硬件部分,可将自动驾驶汽车的一部分或几部分硬件置于仿真测试的环境中,其测试结果相比于软件在环测试更接近真实值,但是由于硬件的部署,使得成本大幅增加。硬件在环测试通常将一个被测传感器/控制器/执行器和一系列模拟设备做硬线(PWM、UART、CAN、GPIO等)连接,将记录或模拟的原始数据反向构建成真实信号输入,来完成对目标硬件的测试工作。常见的硬件在环测试包括传感器硬件在环控制、控制器硬件在环测试和执行器硬件在环控制,或者根据测试需求将上述三种硬件在环测试进行任意组合。

硬件在环仿真测试以实时处理器运行对象仿真模型来模拟被控对象的运行状态,通过各类I/O接口与实际控制器相连接,实现对系统控制性能实时性与有效性的全面测试。以如图9.8所示的自动驾驶摄像头黑箱试验平台为例进行分析,试验平台由摄像头、dSPACE控制器、工控机、场景仿真模拟软件、CAN通信设备以及试验监控软件等组成,包括摄像头硬件在环和控制器硬件在环,可用于ADAS功能的开发测试。试验平台使用摄像头采集模拟场景的环境信息,通过CAN通信传入dSPACE控制器中,经过控制器计算的控制指令通过CAN通信发送到场景仿真软件中用于控制被测车辆,同时车辆动力学信息通过CAN通信传入摄像头和仿真场景中用于信息校正和更新。

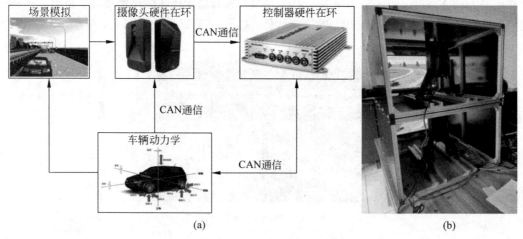

图9.8 自动驾驶黑箱试验平台
(a) 原理图;(b) 实物图

利用该测试平台进行硬件在环测试的主要技术优势包括:

(1)利用控制器在环测试可以在实时环境下验证控制算法的有效性,这也是硬件在环仿真与模型在环仿真的本质区别。

(2)利用传感器在环测试可以真实反映环境感知系统难以精确描述的非线性、不确定性特征,大幅提升仿真系统的置信度。

(3)在模型在环与软件在环仿真的基础上,利用实时仿真系统来模拟系统的实时化运行,完成算法的开发与验证,提高算法的开发效率。

9.2.3 台架在环

自动驾驶系统功能集成测试台架和一般针对较少硬件部署的硬件在环相比,测试的主体将是与自动驾驶功能相关的所有主体,不再是单个硬件单元。对于自动驾驶测试台架来说,为了测试自动驾驶功能,需要尽量部署真实传感器和执行器用于验证自动驾驶功能的表现,当部分硬件不支持在台架上工作的时候可仿真代替。台架在环的测试结果相比于硬件在环测试的真实性更高,但由于大量硬件的部署,成本也较之大幅提高;但相对于车辆测试,台架测试无论是在时间花费、成本支出还是在安全隐患上付出的代价都将远远低于车辆在环测试,并且还可最大程度模拟车辆在环测试。

9.2.4 车辆在环

车辆在环是自动驾驶商业化必经之路,它将实车引入测试闭环中代替车辆动力学模型,可最大程度还原商业化后的应用场景,能直接将问题暴露出来,更加具有真实性,因此进行大规模的车辆在环测试可有效验证产品安全性和可靠性。车辆在环测试一般是在封闭或半封闭的场地中系统地进行基于多场景的功能与性能测试,以验证智能车辆能否沉着应对复杂多变的交通场景、恶劣天气和极端路况等。其缺点在于测试时间长、成本极高,且受限于法律法规等因素。

基于整车的测试不再局限于某个模块或某个硬件,而是对整个驾驶系统做出综合判断,针对整车的测试往往使用真实环境作为测试用例。本章以本实验室测试车辆(见图 9.9)为研究对象进行分析。车辆配备摄像头、毫米波雷达、激光雷达和高精度组合惯性导航等传感器用于环境感知;部署 dSPACE 控制器用于控制策略的计算;车辆底盘用于执行 dSPACE 控制器的控制指令;CAN 通信用于信号传输:首先传感器和车身通过 CAN 通信将环境信息和车身信息传递到 dSPACE 控制器中,dSPACE 控制器利用输入信息、通过控制策略计算出控制输入指令并通过 CAN 通信将其发送到车辆底盘执行器。本试验设备可用于线控底盘及动力学域控制、智能驾驶汽车性能测试、车辆主动安全功能开发、分布式车辆动力学控制等相关研究。

(a)

(b)

图 9.9 车辆在环试验
(a) 车辆实物图;(b) 测试场景图

9.3 试验验证技术

9.3.1 试验验证技术面临的挑战

自动驾驶是未来汽车发展的一大主题，正得到快速的发展，然而自动驾驶车辆时有事故发生，让人们对自动驾驶憧憬的同时也心存顾虑。安全性难以保证、系统可靠性差是阻碍自动驾驶发展的重要原因，因此，为提高自动驾驶车辆安全、可靠性，自动驾驶汽车在真正商业应用之前，需要进行大量的试验验证。但是其作为新兴技术且将应用于开放、复杂、不确定的环境，而汽车行驶环境具有的典型随机特征和自然属性往往是不可预测、难以复现的，因此，自动驾驶汽车在试验验证方面仍然面临着非常大的挑战，主要可以分为①路测时间长、成本高；②测试场地匮乏，极端场景、危险工况的测试安全性及复现困难；③各国对自动驾驶的法律法规容忍度；④各国交通环境及习惯不同等，如图9.10所示。

图 9.10 自动驾驶研发测试面临的挑战

1. 路测时间长、成本高

路测是最大程度还原应用场景的测试方法，由于交通事故是一个小概率事件，例如，美国道路交通中发生一起人员死亡的事故概率为 1.09×10^{-9}/km，而德国高速公路发生一起人员死亡的事故概率是 1.52×10^{-9}/km，因此，如果要从统计学的角度直观地证明自动驾驶的安全性，其耗费的时间和成本将会非常高甚至难以实现。根据美国兰德公司的研究，自动驾驶系统想要达到人类驾驶员水平至少需要累计 177 亿 km 的驾驶数据来完善自动驾驶系统。如果配置一支 100 辆自动驾驶测试车的车队，每天 24 小时不停歇路测，平均时速 25 英里（40km）每小时来计算，需要 500 多年的时间才能完成目标里程，期间所耗费的时间和成本难以估量。

2. 测试场地匮乏、极端场景与危险工况的测试安全性及复现困难

由于自动驾驶测试存在一定程度的安全隐患，且自动驾驶将应用于多复杂场景下，因此对测试场地无论在规模还是质量上要求都非常高。首先，为保证测试的安全性，一般需要规模较大封闭的测试场景或具有安保措施的开放道路测试。其次,试验道路来源于现实场景中的道路,是现实场景中道路的集中、浓缩、高度还原的典型化道路;包括高速公路、城市道路、乡村道路等正常路面,及可造成汽车强烈颠簸的坏路等。此外,测试场还要布局适用于自动驾驶测试的基础设施,提供无人驾驶和车联网技术的测试环境;汽车在试验场的试验比在实验室或一般行驶条件下的试验更严格、更科学、更迅速、更实际。用于自动驾驶车辆测试的场地技术要求高、占地面积大、建造花费的时间和成本大,以至于测试场地匮乏。以我国为例,我国人口密度大、交通环境种类繁多且极其复杂,当前各地具备测试要求的场地加之当地政策对自动驾驶的支持程度不同,已经开放的测试道路和测试场景有限,尚不能满足各类主体的测试要求。即使已经公开的道路,尤其是高速公路上的自动驾驶测试仍然缺乏法律依据,阻碍了测试的进度。

自动驾驶车辆在极端场景和危险工况下,由于车辆的极限工作条件和智能驾驶系统的稳定性问题将可能导致非常严重的测试安全性问题。尤其是在开放的测试路段,车中需要配备安全员在紧急情况时随时接管,但安全员的注意力和接管反应时间都是影响安全性的重要因素,这不但对安全员的安全性进行考验,同时也考验着开放道路中其他正常行驶车辆和道路上行人的安全。此外,对极端场景和危险工况可遇不可求,复现较为困难,即使在开放的测试路段中,车辆之间的动态关系和交通标志显示问题等关键因素也难以模拟。

3. 各国对自动驾驶的法律法规容忍度

智能驾驶测试阶段是全面智能驾驶时代的"前夜",各国都在积极争取"制高点"。智能驾驶测试将进入"爆发期",智能测试的公共(交通)安全问题接踵而至,而"合法性"首当其冲,任何技术的产业落地都必须有相关的法律政策的保障实施。各个国家和地区之间对于自动驾驶的测试法律法规不同、监管力度不同,这种各自为政的法规在一定程度上造成了标准无法统一,企业需要在不同的区域适应不同的法规,这增加了巨大的隐形成本。

4. 各国交通环境及习惯不同

由于各国的交通环境、交通规则和驾驶习惯不同,测试的工作将大幅增加。以中国为例,中国交通密度大,交通压力繁重;城市道路中快递、外卖、行人混行情况普遍存在,交通环境更加复杂;有的地区交通标志设置不规范。这对于自动驾驶汽车的感知、决策能力提出了更高的要求,使得测试要求和测试难度大幅增加,测试工作量也大幅增加。

因此,只靠道路或场地测试显然无法满足智能汽车的测试验证需求。随着计算机软硬件技术的不断发展,以及物理建模、环境模拟与数值求解等技术的不断成熟,数字化模拟仿真技术被广泛地视为有效解决传统的基于开放道路或封闭试验场测试存在问题的重要手段,也是汽车智能驾驶技术与产品测试、验证和评价的必然途径。基于计算机模拟仿真技术的虚拟仿真测试不仅可复现性好,也具有不受时间、气候和场地限制等优点,且可代替危险性试验,可便捷、自动地调整试验参数,从而缩短开发周期、提高效率、降低成本、保障测试安全。但是,考虑模拟仿真测试的可靠性不足问题,综合采用模型在环、软件在环、硬件在环、台架在环、车辆在环等多种试验验证手段,将模拟仿真技术应用到产品开发的各个环节内(见图9.11),现已成为智能汽车工业的工程技术与产品研发的一种重要技术手段。

总体来说,虚拟仿真测试是加速自动驾驶研发过程和保证安全的核心环节,封闭场地测

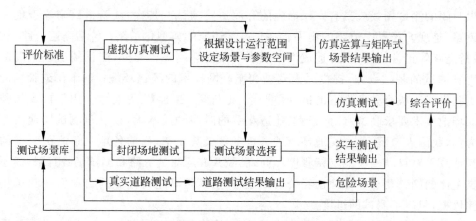

图 9.11 多种测试手段相结合形成研发闭环

试是自动驾驶研发过程的有效验证手段,真实道路测试是检测自动驾驶系统性能的必要环节,也是实现自动驾驶商业部署的前置条件。

9.3.2 测试评价流程

测试评价流程主要研究内容包括应用场景(测什么)、测试场景(在什么环境下测)、测试方法与技术(用什么方法和手段测)、评价方法(如何评价)。基于此提出构建智能网联汽车产品测试评价流程,如图 9.12 所示。

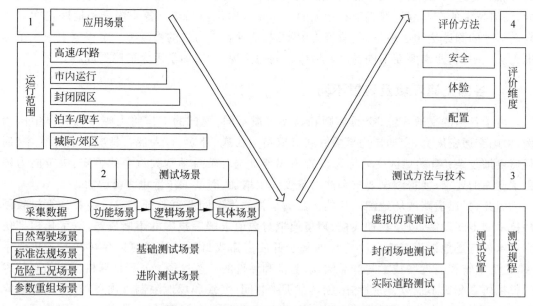

图 9.12 智能驾驶汽车产品测试评价流程

(1) 应用场景:一般地,测评流程应优先重点考虑 5 大连续运行场景:高速/环路、市内运行、泊车/取车、封闭园区和城际/郊区,其中高速/环路为封闭道路,城际/郊区为半封闭道路,具有连接性的道路。不同应用场景具有相对应的连续测评场景、测试方法和评价方法。

(2) 测试场景：通过自然驾驶数据、标准法规场景、危险工况场景和参数重组场景等数据来源构建测试场景库，该测试场景包括基础和进阶测试场景，满足基础测试和优化引导的需求。

(3) 测试方法与技术：采用虚拟仿真测试、封闭场地测试、实际道路测试相结合的测试方法，通过设置测试条件、测试规程、测试通过条件等，搭建可实现自动驾驶功能与运行设计域（Operational Design Domain，ODD）全覆盖的测试方法。

(4) 评价方法：通过安全、体验和配置三大维度对智能网联汽车产品的能力进行评价。该三大评价维度和其对应的评价指标包括基础指标和进阶指标，满足基础测试和优化引导的需求。

9.3.3 测试评价方法

汽车智能化指数是指为衡量或评价汽车智能化水平，根据标准化、合理性、易比较等准则，考虑美国 SAE 提出的自动驾驶等级划分等因素构建的对应各阶段智能汽车技术与产品的一体化、可延伸的基准指标。其宗旨是建立一系列立体化、实践性、全方位评价体系，充分发挥产品研发准则、技术测评标尺、科技发展导向等作用。汽车智能化指数是引领全球汽车智能化发展的风向标，其本质是汽车智能化水平的方法论、智能汽车研发的基准值及验证系统。其基本思想是借助可横向扩充和纵向深化的系统性指标，通过科学合理地确定各个指标的不同权重，进行各个子指标的详细对标，从而完成汽车智能化水平综合评价。

如图 9.13 所示的自动驾驶测试评价体系，其中测试评价的内容主要包括以下方面。

(1) 驾驶安全性：指车辆在道路上的驾驶行为决策结果是否足够安全。自动驾驶车辆也需要遵守交通规则，必须在各种驾驶情境（不论该情境是预期内还是预期外的）为用户提供导航，确保驾驶安全性。首先是对自动驾驶模块运行可靠性的判定，类似模块是否会发生软件的致命错误、内存泄漏和数据延迟等；其次是对自动驾驶基础功能的评价，如是否按照道路指示标志行车、是否冲撞行人、是否发生交通事故等。

(2) 驾驶舒适性：指车辆在道路上行驶期间驾驶员或乘员的驾乘体验是否舒适。依据行驶过程记录下的油门、刹车、转向状态，评估车辆驾乘是否平稳、转弯是否平顺；利用多自由度驾驶模拟器，通过驾驶员在环，评估驾驶员的体感判定和心理感受。其中，驾乘人员的体感判定包括横摆角速度、顿挫感等评估体系，心理感受包括心理安全感以及迟钝感等。

(3) 交通协调性：指车辆在道路上行驶时相对其他交通参与者的交通移动表现是否对交通环境造成不利影响。

(4) 标准匹配性：指按照国家或行业相关的法律法规，对自动驾驶行为做出评价。根据测试结果，从不同维度、按不同行业标准，对自动驾驶车辆做出评价。

汽车智能化指数的构建将贯穿汽车智能化水平发展进程全周期的评价体系，依据 SAE 提出的 L0～L5 不同阶段的汽车智能化等级，建立详细的横向扩充和纵向深化的系统性评价指标，并通过专业测评（实验室测评、虚拟场景测评、封闭场景测评）、实践工况（开放道路测评、科技赛事测评）、市场评价（品牌指标、满意度指标）等"三位一体"方法加权核算出对应指数。汽车智能化指数总体可从功能型和性能型两个阶段开展研究。对于目前已量产的智能汽车所处的 L1、L2 以及向 L3 的过渡阶段，则主要考虑高级驾驶辅助系统（ADAS）、

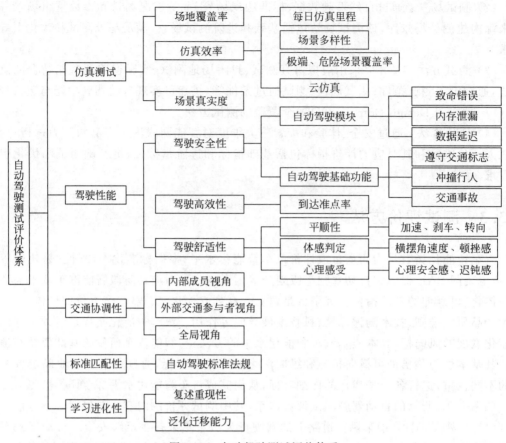

图 9.13 自动驾驶测试评价体系

V2X 通信功能等方面的评价指标，建立对应的三级树形指标层级结构，形成以单车智能和联网智能为基础，以高级驾驶辅助功能、车与车（V2V）、车与路（V2I）、车与网（V2N）以及车与人（V2P）等方面为划分依据，涵盖自适应巡航控制、自动泊车、车道保持辅助、前向碰撞预警、交通灯预警、在线/实时导航、行人穿行预警等功能的综合评价体系。

基于已建立的评价指标体系，综合利用主客观评价方法确定指标权重，并构建评价模型完成汽车智能化评价实例的具体实施流程。最终计算得出的评价分数与星级结果可为汽车智能化等级提供判断依据，从而促进智能汽车技术研发及产品开发水平的整体提升，也为社会消费者提供科学、合理、可靠的参考依据。

9.3.4 测试场景定义

自动驾驶测试场景是支撑智能驾驶汽车测试评价技术的核心要素与关键技术，通过场景的解构与重构对智能驾驶汽车进行封闭场地测试和虚拟测试已成为业内公认的最佳测试手段，得到广泛关注。

遍历测试方法是最基础的虚拟测试方法，即在一个可能存在可行状态（可行解）的状态全集中，依次遍历所有的元素，并判断是否为可行状态。在测试过程中，首先根据专家经验或智能汽车的功能边界,列举出可能遇到的所有逻辑场景,通过给定逻辑场景参数空间边界及离散条件等方式,生成所有可能的具体场景,然后将所有可能的场景依次进行试验,判断被测智能汽车算法在所有具体场景中的表现。这种方法可以发现被测算法在所有情况下的表现,对于算法的缺陷可以及时发现,但是这种穷举法测试效率低,测试成本高,尤其是智能汽车测试维度较多,极易发生维度爆炸的现象,无法将所有可能的场景全部进行测试。

组合测试方法通过分析被测车辆与周围车辆的运动关系来生成测试用例,该方法将与被测车辆运动相关的周围障碍物的位置及运动状态考虑在内,从而分析它们处于何种运动状态时会对被测车辆的运动产生影响,通过这些周围障碍物位置和运动状态的组合,即可大量生成相关的测试场景。

蒙特卡洛测试方法是一种统计学的方法,用来模拟大量随机、不确定的场景数据。该方法用于智能驾驶汽车的测试过程,首先需要进行大量的数据收集用以描绘场景可能的概率分布,并建立具体场景的概率分布曲线;根据概率分布曲线随机生成海量具体测试用例;统计并分析被测算法在不同具体场景中的测试结果。蒙特卡洛测试方法的好处是其测试结果具有统计意义,可反映被测算法在真实道路情况下的统计学情况。但由于自然驾驶数据中的安全场景占比较大,蒙特卡洛测试方法在生成具体场景的过程中会生成大量的安全场景,这极大地降低了测试效率。

场景建设及功能划分与智能网联汽车仿真测试、场地测试、道路测试密不可分,如图 9.14 所示。虚拟仿真测试应覆盖 ODD 范围内可预测的全部场景,包括不易出现的边角场景,覆盖 ODD 范围内全部自动驾驶功能;封闭场地测试应覆盖 ODD 范围内的极限场景,如安全相关的事故场景和危险场景,覆盖自动驾驶系统正常状态下的典型功能,验证仿真测试结果;真实道路测试覆盖 ODD 范围内典型场景组合的道路,覆盖随机场景及随机要素组合,验证自动驾驶功能应对随机场景的能力。

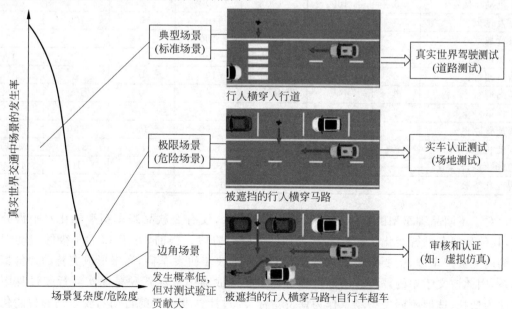

图 9.14　不同测试类型验证不同场景功能示意图

以某自动驾驶车辆测试为例，其测试场景总共分为 15 个场景，包括路段基础场景和关键点场景两大部分。路段测试总计 300 分，自动驾驶的关键区测试内容包括住宅区启动、林荫道通行、隧道通行、铁路道闸场景、交通事故绕行、施工绕行、调头行驶、车辆加油、非机动车横穿、行人过街、银行取款、车辆跟驰、路口通行、环岛通行、工作区域驻车共计 15 个考点。测试车辆在测试组限定时间内进场，完成测试，超出时间退出测试。发车间隔 30 分钟，测试全程时间不能超过 50 分钟。考点测试分数计算：每个考点单项科目 100 分，共 15 个考点，总计 1500 分。

针对世界智能驾驶挑战赛期间自动驾驶车辆的智能化水平进行测试，根据各车辆（共 6 辆）通过不同类型场景时的表现给予其相应的分数，以各场景分数为基数可计算得到每辆自动驾驶车辆的智能化水平总得分，通过归一化处理可得其对应的区间得分、综合得分以及星级，如表 9.2 所示。

表 9.2 某 6 款车型自动驾驶功能得分情况

评价指标	指标权重/%	车型					
		FA1	FA2	FA3	FA4	FA5	FA6
路段比赛	10	220	230	250	0	300	120
住宅区启动	6	100	100	100	100	100	0
林荫道通行	6	100	100	100	100	100	100
隧道通行	6	100	100	90	100	50	100
铁路匝道场景	6	100	100	100	100	100	0
交通事故绕行	6	60	60	100	0	60	60
施工绕行	6	100	100	100	0	100	0
掉头行驶	6	100	100	100	0	100	0
车辆加油	6	100	100	100	100	100	0
非机动车横穿	6	100	100	100	0	0	0
行人过街	6	0	0	100	0	100	0
银行取款	6	80	100	100	0	50	0
车辆跟驰	6	0	70	100	0	0	0
路口通行	6	100	70	100	0	0	0
环岛通行	6	0	100	100	0	100	0
工作区停车	6	100	50	0	0	50	0
智能化总得分	—	766	773	859	360	636	168
智能化区间得分	—	38.3	38.65	42.95	18	31.8	8.4
智能化综合得分	—	78.3	78.65	82.95	58	71.8	48.4
智能化等级	—	☆☆☆☆	☆☆☆☆	☆☆☆☆	☆☆☆	☆☆☆☆	☆☆

对于不同品牌车型的整体智能化水平得分而言，仅有 2 款品牌车型智能化水平得分较低，其他品牌车型智能化水平相差不大且处于较高阶段。当前，处于 L3、L4 级的自动驾驶车辆尚无量产车型，主要为科研院所及高校企业的改装研发车辆，尚未形成完善的评价指标体系，因此该文献中的评价方法以世界智能驾驶挑战赛中自动驾驶车辆实际行驶过程中的测评为依托，选取不同类型场景作为评价指标，经过计算发现当前自动驾驶车辆的智能化水平表现出参差不齐的特征，某些车辆的智能化水平较高，能够通过较多的实际通行场景且表现良好，甚至能够达到限定区域下的 L4 级自动驾驶水平；而某些车辆的智能化水平则较

低,能够通过的场景数量有限且表现较差,仅仅刚达到L3级自动驾驶水平。

9.4 智能车辆综合试验场

  智能汽车技术与产品的测试验证是保证系统安全可靠并实现大规模产业化应用所面临的重要挑战。智能车的4种测试手段在智能车辆开发阶段一般都要用到,纯仿真手段一般在前期理论试验中起到很重要的作用,由于其重复性好的特点可以对一些性能和算法进行反复实验和验证;当纯仿真实验证实相应方案和算法的可行性之后可以通过逐步添加硬件系统取代软件系统的方案来验证实际部件的反馈效果;而后是整车车辆在环实验验证;当前期的仿真或半仿真实验都完成并取得不错的效果后,就有必要进行实车环境测试了,可以先进行有条件的封闭场地测试,再进行无条件的封闭场地测试;最后,前述实验都通过后再进行公开道路测试,以确保道路测试的安全性要求。

  在封闭试验场建设与示范方面,美国、欧盟以及我国自动驾驶测试和示范园区的规模正在不断扩大,相关的自动驾驶示范应用也逐步开展,瑞典、日本、新加坡等国家也在进行封闭测试区或示范园区的建设。美国的自动驾驶测试场建设相对领先,2015年7月,全球首个自动驾驶封闭测试区Mcity正式建设完成,同时美国各州也根据产业需求不断开展测试场地建设,2017年1月,由美国交通部批准的自动驾驶试验场已增长至10余家,美国各个测试基地在运营方面也多鼓励机构与组织间建立合作伙伴关系,以便更好利用各方资源。在欧洲,瑞典是自动驾驶汽车测试的代表国家之一,2014年8月,位于布罗斯的AstaZero道路安全测试区域正式投入运营,这里的测试工作主要是研究如何通过技术手段来避免事故的发生。英国也积极推进网联和自动驾驶汽车的测试活动,其测试设施集群位于英国汽车产业核心区域,主要侧重于封闭测试区+可控公路+城市道路的测试场地建设。日本的自动驾驶工作紧随欧美的步伐,于2016年2月启动建设JARI自动驾驶试验场,主要有3片区域,包括恶劣环境测试区域、城市道路测试区域和多目的测试区域。

  在我国,相关部委、省市人民政府的相关部门也在积极推进自动驾驶测试基地的建设。2015年9月,工业和信息化部、浙江省人民政府签署《工业和信息化部浙江省人民政府关于基于宽带移动互联网的职能汽车、智慧交通应用示范合作框架协议》,选定杭州市西湖区云栖小镇和桐乡乌镇开展具体项目的试点工作。2016年6月,工业和信息化部在上海开展智能网联汽车试点示范。2016年11月,江苏省政府、工业和信息化部、公安部提出在无锡共建国家智能交通综合测试基地,推进自动驾驶测试工作。以上测试场地在建设过程中也充分利用各地地形、气候差异,以期实现差异化发展,为自动驾驶汽车测试提供运行环境,促进自动驾驶汽车产业化的快速发展。

  在路面测试方面,美国、德国和日本均积极推动,以作为自动驾驶汽车应用的基础。美国在州层面积极进行自动驾驶立法,截至2017年,16个州通过相关法案或行政令,明确测试条件和要求,允许企业在州层面展开路面测试。德国政府于2015年已允许在连接慕尼黑和柏林的A9高速公路上开展自动驾驶汽车测试项目,交通运输部门于2017年3月向柏林的Diginet-PS自动驾驶试点项目发放补贴,用于开发处理系统并提供自动驾驶的实时交通信息。日本Nissan公司已经在东京、硅谷和伦敦测试了旗下的自动驾驶汽车LEAF,积累安全测试记录。国内，北京市于2018年3月宣布北京经济技术开发区、顺义区和海淀区的33条道路作为首批开放测试道路，总里程约105km。北京自动驾驶测试试验用临时号牌共分为T1~T5共5个级别，百度率先拿到了5张T3牌照。据悉，北京市申请自动驾驶道路测试的考核极为严格，获得T3级别路测号牌的自动驾驶汽车应具有认知与交通法遵守、路线执行、应急处置等多项综合能力。从道路测试里程来看，北京、深圳、上海走在前列，超过100km，其余城市规划道路范围仍有限。从测试道路类别来看，目前上海分乘用和商用两类测试道路，北京将有望开放快速路测试，公开道路测试环境不断丰富。从开放道路智能化程度来看，5G测试环境逐渐被重点强化，例如重庆、济南。

我国智能车辆测试示范区建设已形成一定规模。目前全国有10余家国家级和数家省级智能网联测试示范区，主要通过对5G、V2X车路协同、模拟仿真、车联网等新技术的部署和应用，为自动驾驶、网联通信供应商等提供系统测试服务，推动汽车、信息通信、道路设施等内容的综合标准体系的建立。我国部分智能车辆测试示范区如表9.3所示。

表9.3 我国部分智能车辆测试示范区

级别	名称	特点	支持单位	所在地
国家级	国家智能汽车与智慧交通（京冀）示范区	绿色用车、智慧路网、智能驾驶、便捷停车、快乐车生活、智慧管理六大应用示范区	工业和信息化部	北京
国家级	天津西青国家级车联网先导区	智能网联标准制定验证，行业协同管理，车联网产业集聚，车路协同系统打造、100+城市级车联网应用场景	工业和信息化部	天津
国家级	国家智能网联汽车应用（北方）示范区	国内首家寒区智能汽车和智慧交通测试体验基地，可为辅助驾驶、自动驾驶和V2X网联汽车提供72种主测试场景和1200个子测试场景	工业和信息化部	长春
国家级	北汽盘锦无人驾驶汽车体验项目	综合运用V2X、V2V、V2I等诸多车联网相关技术	盘锦市大洼区人民政府	盘锦
国家级	国家智能交通综合测试基地	智能交通管理技术综合测试平台、交通警察实训平台与智能网联汽车运行安全测试平台	公安部、工业和信息化部	无锡
国家级	国家智能网联汽车（上海）试点示范区	服务智能汽车、V2X网联通信两大类关键技术的测试及演示	工业和信息化部	上海
国家级	浙江5G车辆网应用示范区（含杭州云栖小镇LTE-V车联网示范区、桐乡乌镇示范区）	杭州：基于LTE-V车联网标准的智能汽车的车-车、车-路信息交互场景乌镇：以视频技术为核心的透明示范路，4G+的宽带移动测试网络，智能化停车应用场景	工业和信息化部	杭州
国家级	武汉智能网联汽车和智慧交通应用示范区	智能驾驶、智慧路网、绿色用车、便捷停车、交通状态智慧管理等多个应用示范	工业和信息化部	武汉
国家级	国家智能网联汽车（长沙）测试区	包括高速公路模拟测试环境，以及无人机起降跑道	工业和信息化部	长沙

续表

级别	名称	特点	支持单位	所在地
国家级	广州智能网联汽车与智慧交通应用示范区	以5G试点网络和物联网为核心的产业生态体系	工业和信息化部	广州
国家级	福建平潭无人驾驶汽车测试基地	旅游体验试点,推进5G网络覆盖、人工智能、大数据等领域创新应用	平潭市人民政府	福州
国家级	重庆智能汽车与智慧交通应用示范区	智能驾驶、智慧路网、绿色用车、防盗追踪、便捷停车、资源共享、大范围交通诱导和交通状态智慧管理等8大应用	工业和信息化部	重庆
国家级	中国汽研智能网联汽车试验基地	中国首个大型综合智能网联汽车试验基地,包括智能网联汽车城市道路试验区、高速道路试验区、乡村道路试验区以及智能汽车数据中心	重庆市大足区人民政府	重庆
国家级	中德智能网联汽车试验基地	国际合作智能网联汽车自动驾驶试验基地	工业和信息化部	成都
国家级	国家智能网联汽车质量监督检验中心(湖北)	构建了56种智能网联测试场景,形成了完善的整车ADAS试验测试能力,可开展40余项智能网联汽车的检验项目	襄阳市人民政府	襄阳
省级	浙江德清智能网联汽车封闭测试场	首个全县域开放的城市级自动驾驶测试区,可开展智能公交、智慧停车、无人物流、L4自动驾驶网约车等示范应用	德清县人民政府	湖州
省级	常熟中国智能车综合技术研发与测试中心	包括典型真实道路交通环境和车联网设施等外场测试场地	常熟高新区	苏州
省级	芜湖百度"全无人驾驶汽车运营区域"	在技术研发、车辆测试、试点运营、标准完善、产特推动等方面为百度创造条件	芜湖市人民政府	芜湖
省级	银川智能网联汽车测试与示范运营基地	涵盖开放测试区、封闭测试区、虚拟场景测试实验室等	银川冰滨新区管委会	银川
省级	深圳智能网联交通测试示范区	构建从仿真测试,到封闭、半封闭环境测试,再到真实道路验证的完整流程,支持智能网联汽车研发,以及未来交通解决方案的落地	深圳市人民政府	深圳

9.5 本章小结

本章简要介绍了智能驾驶车辆测试与评价相关的知识,首先列出了测试过程中主要的参考依据如ISO标准、SAE标准、国家标准、欧盟标准四大标准中的相关法规,并对测试中的模型在环、软件在环、硬件在环、台架在环、车辆在环等测试方法进行详细说明,最后简单论述了试验验证技术和智能车辆综合试验场的现状。

参 考 文 献

[1] 李亮.汽车动力学与控制[M].北京:清华大学出版社,2022.

[2] 刘丛志.智能车辆系统动力学建模与仿真[M].北京:清华大学出版社,2022.

[3] 孙扬.无人驾驶车辆智能水平的定量评价[D].北京:北京理工大学,2014.

[4] 赵盼.城市环境下无人驾驶车辆运动控制方法的研究[D].合肥:中国科学技术大学,2012.

[5] 张卫忠.基于仿人智能控制的无人地面车辆自动驾驶系统研究[D].合肥:中国科学技术大学,2014.

[6] 连传强.基于近似动态规划的优化控制方法及在自主驾驶车辆中的应用[D].长沙:国防科学技术大学,2016.

[7] Li S B,li G F,Yu J Y,et al. Kalman filter-based tracking of moving objects using linear ultrasonic sensor array for road vehicles[J]. Mechanical Systems and Signal Processing,2018,98(1):173-189.

[8] Taek S,Hyoung K,Darko M. Iterative joint integrated probabilistic data association for multi-target tracking[J]. IEEE Transactions on Aerospace & Electronic Systems,2015,51(1):642-653.

[9] Bar-Shalom Y,Daum F,Huang J. The probabilistic data association filter[J]. IEEE Control Systems Magazine,2009,29(6):82-100.

[10] Aoude G S,Luders B D,How J P,et al. Sampling-based threat assessment algorithms for intersection collisions involving errant drivers[J]. IFAC Proceedings Volumes,2010,43(16):581-586.

[11] Martin A. Interactive motion prediction using game theory[D]. Padua:University of Padua,2013.

[12] 高振海,孙天骏,何磊.汽车纵向自动驾驶的因果推理型决策[J].吉林大学学报(工学版),2019,49(5):1392-1404.

[13] Dong C,Dolan J M,Litkouhi B. Intention estimation for ramp merging control in autonomous driving [C]//IEEE Intelligent Vehicles Symposium,2017,1692-1697.

[14] 宋晓琳,盛鑫,曹昊天,等.基于模仿学习和强化学习的智能车辆换道行为决策[J].汽车工程,2021,43(1):59-67.

[15] Bojarski M,Testa D D,Dworakowski D,et al. End to End Learning for Self-Driving Cars[J]. 2016,arXiv:1604.07316.

[16] Scott S,Junmin W,Richard J,et al. A feedforward and feedback integrated lateral and longitudinal driver model for personalized advanced driver assistance systems[J]. Mechatronics:The Science of Intelligent Machines,2018,50:177-188.

[17] Rajamani R. Vehicle Dynamics and Control[M]. London:Springer Science,2006.

[18] Xing Y,Lv C,Cao D. An Ensemble Deep Learning Approach for Driver Lane Change Intention Inference[J]. Transportation Research Part C:Emerging Technologies,2020,115:1-19.

[19] Hatwal H,Mikulcik E C. Some inverse solutions to an automobile path-tracking problem with input control of steering and brakes[J]. Vehicle System Dynamics,1986,15(2):61-71.

[20] 张丽霞,赵又群,吴杰.基于最优控制的汽车操纵逆动力学的研究[J].中国机械工程,2007,18(16):2009-2011.

[21] Howard T M,Green C J,Alonzo K,et al. State space sampling of feasible motions for high performance mobile robot navigation in complex environments[J]. Journal of Field Robotics,2008,25:325-345.

[22] Liu C,Lin C Y,Tomizuka M. The convex feasible set algorithm for real time optimization in motion planning[J]. SIAM Journal on Control & Optimization,2017,56(4):2712-2733.

[23] Li Y H, Sun Z P, Cao D P, et al. Real-time trajectory planning for autonomous urban driving: Framework, algorithms, and verification[J]. IEEE/ASME Transactions on Mechatronics, 2016, 21(2): 740-753.

[24] Campbell S F. Steering control of an autonomous ground vehicle with application to the DARPA urban challenge[D]. Cambridge: Massachusetts Institute of Technology, 2007.

[25] 姜岩, 赵熙俊, 龚建伟, 等. 简单城市环境下地面无人驾驶系统的设计研究[J]. 机械工程学报, 2012, 48(20): 103-112.

[26] Zhang Y, Chen H, Waslander S L, et al. Speed planning for autonomous driving via convex optimization[C]//International Conference on Intelligent Transportation Systems (ITSC). IEEE, 2018, 1089-1094.

[27] Yang D, Ümit Özgüner. Combining social force model with model predictive control for vehicle's longitudinal speed regulation in pedestrian-dense scenarios[J]. arXiv preprint, 2019, 1907.05178.

[28] Liu C. Designing robot behavior in human-robot interactions[D]. Berkeley: University of California, Berkeley, 2017.

[29] David G, Vicente M, Joshue P, et al. Speed profile generation based on quintic Bezier curves for enhanced passenger comfort[C]//International Conference on Intelligent Transportation Systems (ITSC). IEEE, 2016, 814-819.

[30] Fu Z J, Yu J N, Xie G W, et al. A heuristic evolutionary algorithm of UAV path planning[J]. Wireless Communications & Mobile Computing, 2018, 2018: 1-11.

[31] Meng Y, Wu Y M, CU Q, et al. A decoupled trajectory planning framework based on the integration of lattice searching and convex optimization[J]. IEEE Access, 2019, 7: 130530-130551.

[32] Julia N, Gao Y Q, Ashwin C, et al. Manoeuvre generation and control for automated highway driving [J]. IFAC Proceedings Volumes, 2014, 47(3): 6301-6306.

[33] Fan H Y, Zhu F, Liu C C, et al. Baidu Apollo EM motion planner[J]. arXiv preprint: Robotics, 2018, 1807.08048.

[34] Pacejka H B. Tire and Vehicle Dynamics[M]. 3rd ed. 2012. Butterworth-Heinemann, Oxford, United, kingdom.

[35] Mitschke M, Wallentowitz H. Dynamik der kraftfahrzeuge[M]. Berlin: Springer, 1972.

[36] 安部正人. 自動車の運動と制御[M]. 東京: 山海堂, 1992.

[37] Milliken W F, Milliken D L. Race Car Vehicle Dynamics[M]. SAE International, 1995.

[38] 余志生. 汽车理论[M]. 3版. 北京: 机械工业出版社, 2000.

[39] 郭孔辉. 汽车操纵动力学[M]. 长春: 吉林科学技术出版社, 1991.

[40] 宋健, 管迪华. 前轮定位参数与轮胎特性对前轮摆振影响的研究[J]. 汽车工程, 1990(4): 13-25.

[41] Dugoff H, Fancher P S, Segel L. An analysis of tire traction properties and their influence on vehicle dynamic performance[J]. SAE Transactions, 1970: 1219-1243.

[42] Guo K H, Lu D, Chen S K, et al. The UniTire model: a nonlinear and non-steady-state tyre model for vehicle dynamics simulation[J]. Vehicle system Dynamics, 2005, 43(1): 341-358.

[43] Milliken W F, Milliken D L. Race car vehicle dynamics[M]. Warrendale, PA: Society of Automotive Engineers, 1995.

[44] 沈俊, 宋健. 随机不平路面上的 ABS 制动研究[J]. 汽车工程, 2007(3): 230-233, 237.

[45] 余卓平, 肖振宇, 冷搏, 等. 分布式驱动电动汽车操纵稳定性控制评价体系[J]. 华东交通大学学报, 2016, 33(5): 25-32.

[46] 殷国栋, 陈南, 李普. 基于降阶观测器的四轮转向车辆扰动操纵稳定性控制[J]. 机械工程学报,

2004(10):68-72.

[47] 李彬,喻凡.车辆横摆稳定性的模糊控制[J].上海交通大学学报,2008(6):900-904.

[48] 李亮,贾钢,宋健,等.汽车动力学稳定性控制研究进展[J].机械工程学报,2013,49(24):95-107.

[49] 曲逸,许芳,于树友,等.基于扩张状态观测器的车辆横摆稳定模型预测控制器设计(英文)[J].控制理论与应用,2020,37(5):941-949.

[50] 王秋,曲婷,陈虹.基于随机模型预测控制的自主车辆转向控制[J].信息与控制,2015,44(4):499-506.

[51] Ungoren A Y, Peng H. An adaptive lateral preview driver model[J]. Vehicle System Dynamics, 2005, 43(4):245-259.

[52] Rajamani R, Tan H S, Law B K, et al. Demonstration of integrated longitudinal and lateral control for the operation of automated vehicles in platoons[J]. IEEE Transactions on Control Systems Technology, 2000, 8(4):695-708.

[53] 高振海,管欣,郭孔辉.预瞄跟随理论和驾驶员模型和汽车智能驾驶研究中的应用[J].交通运输工程学报,2002,2(2):63-66.

[54] 李升波,王建强,李克强.软约束线性模型预测控制系统的稳定性方法[J].清华大学学报(自然科学版),2010,50(11):94-98.

[55] Li S B, Qin X H, Li K Q, et al. Robustness analysis and controller synthesis of homogeneous vehicular platoons with bounded parameter uncertainty[J]. IEEE/ASME Transactions on Mechatronics, 2017, 22(2):1014-1025.

[56] Cheng S, Li L, Guo H Q, et al. Longitudinal collision avoidance and lateral stability adaptive control system based on MPC of autonomous vehicles[J]. IEEE Transactions on Intelligent Transportation Systems, 2020, 21(6):2376-2385.

[57] 李亮,程硕,刘子俊.汽车的底盘域控制器、系统及方法[P].中国:CN201911233011.3,2020-03-24.

[58] 熊璐,杨兴,卓桂荣,等.无人驾驶车辆的运动控制发展现状综述[J].机械工程学报,2020,56(10):127-143.